ALTTESTAMENTLICHE ABHANDLUNGEN

HERAUSGEGEBEN VON PROF. D^R. J. NIKEL, BRESLAU.

HEFT 1/2.

DER EINFLUSS PHILOS
AUF DIE ÄLTESTE CHRISTLICHE EXEGESE

(BARNABAS, JUSTIN UND CLEMENS VON ALEXANDRIA).

EIN BEITRAG ZUR GESCHICHTE
DER ALLEGORISCH-MYSTISCHEN SCHRIFTAUSLEGUNG
IM CHRISTLICHEN ALTERTUM.

VON

D^R. PAUL HEINISCH,
PRIESTER DER ERZDIÖZESE OLMÜTZ.

MÜNSTER i. W. 1908.

VERLAG DER ASCHENDORFFSCHEN BUCHHANDLUNG.

Imprimatur.

Monasterii, die 16. Januarii 1908.

No. 267. F. de Hartmannn,
Vic. Eppi Genlis.

DRUCK DER ASCHENDORFFSCHEN BUCHDRUCKEREI.

Vorwort.

Während die antiochenische Exegetenschule von Kihn (Die Bedeutung der antiochenischen Schule auf dem exegetischen Gebiet, Weißenburg 1866) eine zusammenhängende Darstellung erfahren hat, besitzen wir bisher noch keine eingehende Bearbeitung der allegorischen Schriftauslegung, welche in der alexandrinischen Exegetenschule gepflegt worden ist. Verdanken wir auch dem verstorbenen Professor Siegfried in Jena eine Untersuchung über die Allegoristik Philos, welche auf genauer Kenntnis von dessen Schriften beruht (Philo von Alexandria als Ausleger des Alten Testaments, an sich selbst und nach seinem geschichtlichen Einfluß betrachtet, Jena 1875), so ist doch der Einfluß, den der jüdische Exeget auf die griechischen Kirchenväter ausgeübt hat, in diesem Werke nur in seinen Umrissen gezeichnet, und überdies finden sich hier, besonders in der Untersuchung der Gottes- und Logoslehre, viele Ausführungen als auf philonische Gedanken zurückgehend hingestellt, die in Wirklichkeit aus dem Neuen Testamente oder aber aus der Popularphilosophie stammen. Es gilt dies vor allem von den griechischen Apologeten. Als ich, angeregt von Herrn Prof. Dr. Nikel in Breslau, es nun unternahm, die allegorische Schriftauslegung, wie sie in der alexandrinischen Exegetenschule geübt worden ist, zu untersuchen, da zeigte es sich sofort, daß dabei vor allem Philos Einfluß auf die christlichen Erklärer der Bibel zur Darstellung kommen mußte. Da jedoch der jüdische Exeget in der Auffassung des göttlichen Wortes nicht allein stand, sondern ein Kind seiner Zeit und seiner Umgebung war, so hatte ich dabei wenigstens kurz die Erklärung der hl. Schrift von seiten der jüdischen Alexandriner, die in Philos Zeitalter lebten, zu berücksichtigen. Indem aber dieselben sich an den Stoikern und deren Behandlung der griechischen Mythen gebildet hatten, so war einleitend auch auf diese einzugehen. Anderseits ist das Gebiet sehr ausgedehnt, welches auf der Suche nach Spuren des Einflusses, den Philo auf die christlichen Exegeten ausgeübt hat, zu durchstreifen notwendig war. Daher zog ich es vor, anstatt alle hier in irgend einer Hinsicht in Betracht kommenden Schriftsteller gleichzeitig zu berücksichtigen, wobei bedeutende Lücken unvermeidlich gewesen wären, zunächst nur die Allegoristik der griechischen Kirchenschriftsteller bis auf Clemens Alexandrinus einschließlich zu behandeln, zumal ja die Entwickelung der Allegoristik mit dessen Schüler Origenes einen gewissen Abschluß erreichte. Sollte ich nach Beendigung der wissenschaftlichen Arbeiten, welche gegenwärtig meine Zeit vollständig in Anspruch nehmen, genügende Muße finden, um dem Einflusse Philos auf die christliche Schriftauslegung weiter nachzugehen, so würde sich an die vorliegende Untersuchung zunächst eine Abhandlung über die Exegese des Origenes anschließen.

Breslau, den 8. Januar 1908.

Der Verfasser.

Inhalt.

Seite

Einleitung. Die Entwickelung der allegorischen Schrifterklärung.
- § 1. Griechen und Juden in den letzten Jahrhunderten vor Christus 1
- § 2. Die Allegorie bei den Griechen
  1. Geschichte der Allegorie 5
  2. Begründung und Gesetze der Allegorie 6
  3. Homer und die Philosophie 12
- § 3. Die Allegorie bei den Juden.
  1. Der allegorische Sinn der hl. Schrift 14
  2. Aristobul 16
  3. Der Aristeasbrief 20
  4. Das Buch der Weisheit 24
  5. Die jüdische Allegoristik auf ihrer Höhe . . . 26
  6. Philo von Alexandria 29
- § 4. Die Allegorie bei den Christen.
  1. Gründe für die Übernahme der allegorischen Schrifterklärung durch die Christen 30
  2. Clemens von Rom 36
  3. Der Barnabasbrief 36
  4. Justin der Martyrer 36
  5. Theophilus von Antiochien 38
  6. Irenäus von Lyon 40
  7. Clemens von Alexandria 41

Erster Hauptteil. Der Einfluß Philos auf die Hermeneutik der ältesten christlichen Exegeten.
- § 5. Die Inspirationslehre.
  1. Der Empfänger der Inspiration 42
  2. Der Umfang der Inspiration 47
  3. Die Tätigkeit des Exegeten 50
- § 6. Der Literalsinn und der allegorische Sinn der Schrift.
  1. Philo 52
  2. Barnabas 58
  3. Justin 62
  4. Clemens Alexandrinus 65
  5. Einteilung der Allegorie 67
- § 7. Hermeneutische Regeln 69
  - I. Der Ausschluß des Wortsinns 70
  - II. Die Regeln der Allegorie 77
    1. Der mehrfache Sinn einer Stelle 77
    2—4. Regeln, die auf den Inspirationsbegriff zurückgehen 80
    5. Wortableitungen und Wortspiele 88
    6. Verschiedene Lesarten des Textes 90
    7. Symbolik der Dinge 92
    8. Symbolik der Zahlen 102
    9. Erklärung der Eigennamen 109
    10. Die Einheit der Schrift und die Auslegung . . 112

Seite

Zweiter Hauptteil. Der Einfluß Philos auf die Erklärung des Alten Testaments im besonderen.

Erster Abschnitt.

§ 8. Die Lehre von Gott und vom Logos.
    1. Die Lehre von Gott 125
    2. Die Lehre vom Logos 137

Zweiter Abschnitt. Die geschichtlichen Abschnitte des Pentateuchs.

§ 9. Die Urgeschichte.
    1. Die Schöpfung der Welt 151
    2. Die Schöpfung des Menschen 159
    3. Paradies und Sündenfall 169
    4. Die Urgeschichte nach dem Sündenfall 174

§ 10. Die Patriarchengeschichte 185
    1. Abraham 187
    2. Isaak 201
    3. Jakob 205
    4. Joseph 205
    5. Thamar 210

§ 11. Die Geschichte des Moses
    1. Die Stellung des Moses in der Heilsgeschichte . . . 211
    2. Die Jugendgeschichte des Moses 212
    3. Die öffentliche Tätigkeit des Moses 217
    4. Der Tod des Moses 225

Dritter Abschnitt. Die mosaische Gesetzgebung.

§ 12. Begriff, Zweck und Einteilung des Gesetzes . . 227

A. Kultgesetze.

§ 13. Die Kultuspersonen.
    1. Die Priester 230
    2. Der Hohepriester 231

§ 14. Die Kultusorte: Die Stiftshütte.
    1. Die Konstruktion der Stiftshütte 240
    2. Die Geräte der Stiftshütte 242

§ 15. Die Kultuszeiten.
    1. Die Bedeutung der Feste im allgemeinen 249
    2. Der Sabbat 250
    3. Das Paschafest 250
    4. Sabbatjahr und Jobeljahr 251

§ 16. Die Kultushandlungen.
    1. Die Opfer 252
    2. Die Vorschriften über die levitische Reinheit . . . 257
    3. Die Speisegesetze 259
    4. Die Beschneidung 270
    5. Das Nasiräergelübde 271

B. Sittengesetze.

§ 17. 1. Die steinernen Tafeln 272
    2. Die zehn Gebote 273
    3. Sünden und Tugenden 277

C. Bürgerliche Gesetze.

§ 18. 1. Nächstenliebe 280
    2. Feindesliebe 284
    3. Tier- und Pfanzenwelt 286

Schluß 291

Stellenregister 293

Ausgaben.

Philonis Judaei opera ed. Thomas Mangey, 2 Bände, London 1742.
Philonis Alexandrini opera quae supersunt rec. L. Cohn et P. Wendland, vol. I—V, Berlin 1896—1906.
Philonis Judaei paralipomena Armena ed. Aucher, Venedig 1826.
Aristeae ad Philocratem epistula ed. P. Wendland, Lipsiae 1900.
T. Flavii Josephi opera omnia ed. B. Niese, 7 voll., Berlin 1887—1892.
Patres apostolici ed. F. X. Funk, vol. I ed. II, Tübingen 1901.
Justini philosophi et martyris opera ed. de Otto (Corpus apologetarum christ. saeculi secundi I—V) 3 Bd., Jena 3. Aufl. 1876—1881.
Clemens Alexandrinus ed. Stählin (Die griechischen christlichen Schriftsteller der ersten drei Jahrhunderte). Bd. 1—2. Leipzig 1905—1906.
Clementis Alexandrini opera ed. Migne (Ser. gr. VIII u. IX) Paris 1857.
Septuagintaausgabe von H. B. Swete 3. u. 2. Aufl. Cambridge 1899—1901.

Verzeichnis der häufiger zitierten Werke.

Anathon Aall, Der Logos. Geschichte seiner Entwickelung in der griech. Philosophie und der christl. Literatur. 2 Bd., Leipzig 1896—1899.
Aicher, Das Alte Testament in der Mischna (Bibl. Stud. XI, 4), Freiburg 1906.
Bardenhewer, Geschichte der altkirchlichen Literatur I. II., Freiburg 1902—1903.
Bigg, The christian platonists of Alexandria, Eight lectures, Oxford 1886.
Capitaine, Die Moral des Clemens von Alexandrien, Paderborn 1903.
Dausch, Die Schriftinspiration, Freiburg 1891.
Delitzsch, De inspiratione scripturae sacrae quid statuerint patres apostolici et apologetae secundi saeculi, Lipsiae 1872.
Diestel, Geschichte des Alten Testaments in der christlichen Kirche, Jena 1869.
Drummond, Philo Judaeus or the Jewish-Alexandrian Philosophy in its development and completion, 2 Bde. London 1888.
Elter, De gnomologiorum Graecorum historia atque origine commentatio part. V—IX. Bonner Universitätsprogramme 1894—1895.
Eugène de Faye, Clément d'Alexandrie. Étude sur les rapports du christianisme et de la philosophie grecque au II e siècle, Paris 1898.
Frankel, Über palästinensische u. alexandrinische Schriftforschung Breslau, 1854.
Freudenthal, Hellenistische Studien Breslau 1875.
Gfrörer, Philo und die alexandrinische Theosophie (auch unter dem Titel: Kritische Geschichte des Urchristentums I) 2 Teile, Stuttgart 1831.
Grube, Die hermeneutischen Grundsätze Justins des Martyrers (Katholik 1880 I, 1—42).
Grube, Die typologische Schrifterklärung Justins des Martyrers (Katholik 1880 II, 139—159).
A. Harnack, Lehrbuch der Dogmengeschichte I 3. Aufl., Freiburg 1894.
Heinze, Die Lehre vom Logos, Oldenburg 1872.
Helck, De Cratete Mallota, Leipziger Diss. 1905.
Hennecke, Neutestamentliche Apokryphen, Tübingen und Leipzig 1904.
Hennecke, Handbuch zu den neutestamentl. Apokryphen, Tübingen 1904.
Herriot, Philon le Juif. Essai sur l'école juive d'Alexandrie, Paris 1898.
de Hummelauer, Commentarius in Genesim (Cursus scripturae sacrae I, 1), Parisiis 1895.

VIII Verzeichnis der häufiger zitierten Werke.

de Hummelauer, Commentarius in Exodum et Leviticum, Parisiis 1897.
de Hummelauer, Commentarius in Deuteronomium, Parisiis 1901.
E. Kautzsch, Die Apokryphen und Pseudepigraphen des Alten Testaments 2 Bde., Tübingen und Leipzig 1900.
Kihn, Die Bedeutung der antiochenischen Schule auf dem exegetischen Gebiete, Weißenburg 1866.
Kutter, Clemens Alexandrinus und das Neue Testament, Gießen 1897.
Laemmer, Clementis Alexandrini de λόγῳ doctrina, Lipsiae 1855.
Leitner, Die prophetische Inspiration (Bibl. Stud. I, 4 u. 5), Freiburg 1896.
Maas, Aratea. Philologische Untersuchungen herausgeg. von Kiessling und Wilamowitz-Moellendorf XII, Berlin 1892.
J. G. Müller, Erklärung des Barnabasbriefes, Leipzig 1869.
J. G. Müller, Die messianischen Erwartungen des Juden Philo, Basel 1870.
Nikel, Die Lehre des Alten Testaments über die Cherubim und Seraphim, Breslau 1890.
Chr. Pesch, De inspiratione sacrae scripturae, Freiburg 1906.
Redepenning, Origenes I, Bonn 1841.
Ritter, Philo und die Halacha, Leipzig 1879.
Ryle, Philo and Holy Scripture or the quotations of Philo from the books of the Old Testament, London 1895.
Schanz, Das Alter des Menschengeschlechts (Bibl. Stud. I, 2), Freiburg 1896.
Scheck, De fontibus Clementis Alexandrini. Programma gymnasii Augustani ad St. Stephanum, Augustae Vindel. 1889.
P. Scholz, Handbuch der Theologie des Alten Bundes, 2. Bde., Regensburg 1861.
P. Scholz, Die hl. Altertümer des Volkes Israel, 2 Bde., Regensburg 1868.
E. Schürer, Geschichte des jüdischen Volkes im Zeitalter Jesu Christi, 3 Bd., 3. Aufl. Leipzig 1898—1901.
Semisch, Justin der Martyrer, 2 Bde., Breslau 1840—1842.
Siegfried, Die hebräischen Worterklärungen des Philo und die Spuren ihrer Einwirkung auf die Kirchenväter, Magdeburg 1863.
Siegfried, Philonische Studien, in Merx' Archiv für wissenschaftl. Erforschung des A. T. II, 2 (Halle 1872) 143—163.
Siegfried, Philo von Alexandria als Ausleger des Alten Testaments, Jena 1875.
Susemihl, Geschichte der griech. Literatur in der Alexandrinerzeit, II, Leipzig 1892.
Sprinzl, Die Theologie des hl. Justinus des Martyrers (Theol.-prakt. Quartalschrift 1884—1886).
Zahn, Geschichte des neutestamentlichen Kanons, Band I, 2, Erlangen und Leipzig 1889.
Zahn, Forschungen zur Geschichte des neutestamentl. Kanons und der altkirchl. Literatur, III (Supplementum Clementinum), Erlangen 1884.
Zeller, Die Philosophie der Griechen, Leipzig, I. 5. Aufl. 1892. III, 1. 3. Aufl. 1880. III, 2. 4. Aufl. 1903.
Ziegert, Zwei Abhandlungen über T. Flavius Klemens Alexandrinus, Heidelberg 1894.
Philo ist zitiert nach den Paragraphen bei Cohn und Wendland (vol. I—V) und außerdem nach den Seiten bei Mangey [M.]; die Quaestiones sind zitiert nach den Paragraphen und den Seiten bei Aucher [A.].
Clemens ist zitiert nach Kapiteln und Paragraphen bei Stählin (= Klotz) und den Seiten bei Potter [P.], welche in der Stählinschen und in der Migneschen Ausgabe, die selbst einen Abdruck von Potter bietet, angegeben sind.

Einleitung.

Die Entwickelung der allegorischen Schrifterklärung.

§ 1. Griechen und Juden in den letzten Jahrhunderten vor Christus.

Zu einer Zeit, in welcher durch Alexander den Großen die nationale Selbständigkeit der Völker aufgehoben, der Westen und der Osten, Griechen und Barbaren einander näher gebracht und in den wichtigsten Beziehungen gleichgestellt wurden, in welcher auch die Abgeschlossenheit, in der bis dahin griechische Geistesbildung sich entwickelt hatte, aufhörte und die Hellenen die größten geistigen Eroberungen machten, trat zum erstenmal das auserwählte Volk Gottes mit seiner mündlichen Überlieferung und seiner schriftlich aufgezeichneten Offenbarung in nähere Berührung mit der griechischen Welt. Griechische Betriebsamkeit drang in Palästina ein, gründete neue Städte und baute alte um, so daß griechische Ortsnamen bald in Menge im hl. Lande auftauchten. Der Geschäftsverkehr führte die Juden in die griechischen Städte Palästinas und über diese hinaus nach Kleinasien, Griechenland, Nordafrika, und bald erstreckte sich die jüdische Diaspora vom Innern Asiens bis an die Säulen des Herkules. Auch in der Zerstreuung bewahrten die Juden ihre religiöse Eigenart[1]. Sie besaßen fast überall Duldung ihres Kultus. Sie beobachteten Sabbate, Neumonde und Jahresfeste. Die Tempelsteuer wurde regelmäßig nach Jerusalem abgeführt, bis sie nach der Zerstörung der Stadt und des Tempels an den Jupiter Capitolinus entrichtet werden mußte. An den Hauptfesten wallfahrteten viele Juden regelmäßig nach Jerusalem. Im römischen Reich hatten sie eigene Vermögensverwaltung, sogar eigene Jurisdiktion, oft in Kriminalsachen, immer in Zivilsachen, und Befreiung vom Heeresdienste. Trotzdem aber die Juden der Diaspora in dieser Weise, wie es das Gesetz zur Pflicht machte, von ihrer heidnischen Umgebung sich abschlossen, so konnten doch selbst die der Religion der

---

[1] Schürer, Geschichte des jüd. Volkes³ III, 91—102.

Väter am treuesten Anhangenden der Pflege der griechischen Sprache nicht entraten, da sie durch den täglichen Verkehr auf sie angewiesen waren. Als dann auch die Kenntnis des Hebräischen unter ihnen immer mehr abnahm, so daß sie schließlich die hl. Schrift nicht mehr in der ursprünglichen Sprache verstanden, da wurde eine griechische Übersetzung der Bibel zur Notwendigkeit, und diese entstand in Alexandria.

Schon bei Beginn des babylonischen Exils hatten Auswanderungen der Juden nach Egypten stattgefunden [1]). Unter den ersten Begründern Alexandrias sollen sich Juden befunden haben, und unter Ptolemäus I. Lagi war eine größere jüdische Kolonie dort angesiedelt worden [2]). Da die Juden in Alexandria einen so starken Bruchteil der Bevölkerung ausmachten, daß sie im ersten Jahrhundert v. Chr. von den fünf Quartieren der Stadt zwei inne hatten [3]), bildeten sie, obgleich mit dem Bürgerrecht ausgestattet, einen selbständigen Kommunalverband mit einem Ethnarchen an der Spitze [4]). Nirgends aber übte die veränderte Umgebung einen solchen Einfluß auf jüdisches Denken aus als hier. In dieser Weltstadt herrschte der regste geistige Verkehr. Die verschiedenartigsten religiösen und philosophischen Ideen trafen hier zusammen. Der Orient spendete seine eigentümlichen Naturreligionen, seine Emanationslehren, seine dualistischen Systeme, die griechische Bildung ihre höchsten Blüten. Trotz ihres Partikularismus konnten die Gebildeten unter den Juden sich dem Einflusse des hellenischen Ideenkreises nicht entziehen. Sie traten aus ihrer Abgeschlossenheit heraus, machten sich mit griechischer Sitte und Kunst bekannt und studierten griechische Dichter, Geschichtsschreiber und Philosophen. Sie lernten nun eine ihren Vätern völlig fremde Form des Heidentums kennen, auf die die bisherigen jüdischen Vorstellungen vom Heidentume nicht paßten, und namentlich konnte es nicht fehlen, daß sie bei den griechischen Philosophen Gedanken wiederfanden, die ihrer eigenen religiösen Überzeugung nahe standen. Besonders die Systeme Platos und der Stoiker zogen sie an, jenes durch seinen Idealismus, dieses durch seine Moral. Für die Juden entstand jetzt die schwierige

---

[1]) Jer. 26, 21 ff.; 43, 5 ff.
[2]) Joseph. Ant. XII, 7; vgl. Bell. Jud. II, 487, 488.
[3]) Philo in Flacc. M. II, 525.
[4]) Joseph. Ant. XIV, 117.

§ 1. Griechen und Juden in den letzten Jahrhunderten vor Christus. 3

Aufgabe, diese neue Gedankenwelt mit ihren bisherigen Anschauungen und Vorstellungen auszugleichen, antike Philosophie und Offenbarungsglauben zu versöhnen. Aber noch eine zweite Aufgabe harrte der Lösung. Die Juden bildeten in ihrer Sonderstellung immerhin ein fremdes Element in der hellenischen Welt und waren überall unbequeme Mitbürger, die despectissima pars servientium, die taeterrima gens[1]). Ihre Religion galt als barbara superstitio[2]). Es wurde ihnen vorgeworfen, daß ihr Volk allen übrigen Kulturvölkern an Alter weit nachstehe und daß es für die Kultur nichts geleistet habe[3]). Besonders forderten sie den Spott heraus durch die Enthaltung vom Schweinefleisch, die Sabbatfeier und die bildlose Gottesverehrung. Daß die Juden das Schweinefleisch so verabscheuten, wurde von ihren Gegnern spöttisch dadurch erklärt, daß dieses Tier der Krätze ausgesetzt sei, einer Krankheit, an der die Juden einst selbst gelitten hätten, weshalb sie in Egypten übel behandelt worden wären[4]). Die Sabbatfeier erschien den Heiden als Trägheit, die bildlose Gottesverehrung als $\dot{\alpha}\vartheta\varepsilon\acute{o}\tau\eta\varsigma$. Die Berechtigung des Monotheismus den gebildeten Griechen gegenüber darzutun war nicht zu schwer. Daß die griechische Philosophie sich den religiösen Problemen zugewandt hatte, kam den Juden hierbei sehr zustatten. Auch für die Lehre, daß man von Gott kein Bild machen könne, fanden die Juden den Boden bereits von der Philosophie vorbereitet. Hatte sich schon Zeno gegen Tempel und Bilder erklärt[5]), so zeigte sich später bei den Griechen immer mehr eine Verinnerlichung des religiösen Bewußtseins. Der Stoiker Varro meinte, es stände besser um den Glauben seiner Zeit, wenn man bei der altrömischen Übung geblieben wäre, kein Götterbild aufzustellen[6]), und Seneca wies auf das Unsinnige hin, die Götterbilder anzubeten und diejenigen, welche sie verfertigt hätten, zu verachten[7]). Anders stand es mit den übrigen Vorwürfen. Da zudem die Juden die hl. Schrift über alle Produkte der Dichter und Philosophen stellten, wurden die Griechen auf die Bibel hingewiesen,

---

[1]) Tac. Hist. V, 8.
[2]) Cic. pro Flacco 28, 67.
[3]) Joseph. c. Ap. I, 1—218.
[4]) Tac. Hist. V, 4.
[5]) Clem. Str. V, 11, 76 P. 691.
[6]) Augustin. De civ. Dei IV, 31; vgl. Clem. Protrept. 4, 46 P. 41.
[7]) Lactant. Div. inst. II, 2, 14.

und es konnte nicht ausbleiben, daß sie aus ihr Argumente zur Bekämpfung des Judentums beibrachten. Was sie an der Schrift auszusetzen hatten, erfahren wir aus Philo. Den babylonischen Turmbau erklärten die Griechen für eine physische Unmöglichkeit und stellten die Erzählung auf gleiche Stufe mit der Sage der Aloiaden, die den Ossa und den Pelion auf den Olymp getürmt hatten, um in den Himmel zu gelangen [1]). Die Erzählung von der Paradiesesschlange wurde als Mythos bezeichnet [2]). Die Griechen wiesen ferner darauf hin, daß die hl. Schrift Gott als schwörend einführe [3]), und daß sie ihm menschliche Leidenschaften, Zorn, Eifer u. s. w., zuschreibe [4]), was doch der Würde Gottes nicht entspreche. Auch die Erzählung von Josephs Träumen gab Anlaß zum Spott [5]). Nicht minder bot das auf alle Lebensverhältnisse sich erstreckende Ritualgesetz mit seinen drückenden Forderungen den Griechen Angriffspunkte. Besonders die Speisegesetze schienen jeder Rechtfertigung vor dem Forum der Vernunft zu spotten. Legten die Juden diesen Vorwürfen gegenüber auch das Hauptgewicht auf den Gottesbegriff, ließen sie alles, was den Gegnern als absonderlich erschien und sie abstieß, als unwesentlich zurücktreten [6]), so mußten sie doch versuchen, ihre Religion mit ihren Anthropomorphismen und mit der Menge scheinbar sinnloser und zweckloser Vorschriften zu rechtfertigen und in einer annehmbaren Form darzustellen, und dies um so mehr, als sie nicht nur die Angehörigen des eigenen Volkes in ihrem Glauben stärken wollten, sondern auch ihren Gegnern Achtung vor der Religion Israels einzuflößen, ja sie womöglich zu sich herüberzuziehen beabsichtigten. Diese Aufgaben zu lösen, für sich die griechische Philosophie mit dem Buchstaben der Schrift auszugleichen, die Philosophie als ein Hilfsmittel zum tieferen Verständnis ihrer Religion zu benutzen, und diese selbst ihren Gegnern in einem möglichst günstigen Lichte erscheinen zu lassen, dazu bot den Juden die hellenische Philosophie selbst ein Mittel dar: es war die Allegorie.

---

[1]) De conf. ling. 2 ff. [M. I, 405].
[2]) De opif. m. 157 [M. I, 38].
[3]) Leg. alleg. III, 204 [M. I, 128].
[4]) Quod Deus sit immut. 60 [M. I, 282].
[5]) De Josepho 125 [M. II, 59].
[6]) Schürer, Gesch. des jüd. Volkes³ III, 105 ff.

§ 2. Die Allegorie bei den Griechen.
1. Geschichte der Allegorie.

Die ältesten griechischen Philosophen, welche mit der Entstehung der Welt und den weltbildenden Kräften sich beschäftigten, trafen in ihren Ansichten zum Teil wenigstens mit dem zusammen, was schon Homer und Hesiod ausgesprochen hatten [1]). Das Urwasser des Tales kann man dem Okeanos Homers, die Urluft des Anaximenes dem Chaos des Hesiod gleichsetzen. Als dann die Philosophen vom Volksglauben weiter abwichen, halfen sie sich, um dem Vorwurf der Irreligiosität zu entgehen, dadurch, daß sie ihre Lehrmeinungen in die Mythen hineindeuteten, als ob in den Götterfabeln die philosophischen Sätze wirklich enthalten wären. Dies ist die Allegorie: ὁ γὰρ ἄλλα μὲν ἀγορεύων τρόπος, ἕτερα δὲ ὧν λέγει σημαίνων, ἐπωνύμως ἀλληγορία καλεῖται [2]). Der allegorischen Erklärung begegnen wir zuerst bei den jüngeren Naturphilosophen, Demokrit, Metrodor von Lampsakus u. a. Später wurde die allegorische Mythendeutung besonders gepflegt von den Sophisten und der cynischen Schule nach dem Vorgange ihres Stifters Antisthenes. An letztere schlossen sich die Stoiker an. Der ethische Standpunkt dieser Philosophen forderte die Verteidigung, nicht die Zerstörung des Volksglaubens, da derselbe doch immerhin eine Schutzwehr gegenüber den menschlichen Leidenschaften darstellte. Dabei konnten sie sich freilich nicht verhehlen, daß vieles im Volksglauben nicht mit ihren Ansichten übereinstimmte. Insofern die Mythen den Anspruch machten, wirkliche Ereignisse zu berichten, galten sie den Stoikern als höchst verwerflich. Indessen glaubte man, in ihnen doch einen Kern von Wahrheit zu entdecken, nämlich einen physischen oder ethischen Satz in mythologischer Einkleidung. Die Brücke, die die religiösen Anschauungen des Volkes mit der Auffassung, welche die Stoiker von der Gottheit hatten, verband, war die Allegorie, von welcher diese Philosophen einen ausgedehnten Gebrauch machten. Schon Zeno [3]), noch mehr Kleanthes [4]), Chrysippus [5])

---

[1]) Vgl. zum Folgenden auch Zeller, Die Philosophie der Griechen III, 1 (3. Aufl. Leipzig 1880) 309—335.
[2]) Heracl. Alleg. Hom. 5.
[3]) Cic. de nat. deor. I, 14, 36.
[4]) ib. I, 14, 37.
[5]) ib. I, 15, 39; vgl. II, 24, 63.

und ihre Nachfolger bemühten sich, in den Götterfabeln ihre philosophischen Ideen nachzuweisen. So wurde der größte Epiker des Altertums durch ihre Umdeutung gerechtfertigt gegenüber dem Tadel Platos, der seine Dichtungen aus seinem Staate verbannt wissen wollte, weil sie von den Göttern Unwürdiges berichteten und die Sitten der Jugend verdürben. Auf demselben Standpunkte standen die römischen Stoiker. Varro, der gelehrteste Zeitgenosse Ciceros, bediente sich zur Erklärung der Mythen wie seine griechischen Vorgänger der Allegorie [1]), und Cicero selbst machte darauf aufmerksam, daß der Anstoß, den die Götterfabeln böten, durch die naturwissenschaftliche Deutung gehoben würde: Physica ratio non inelegans inclusa est in impias fabulas [2]). Die größeren Schriften, die wir über die allegorische Erklärung der Mythen besitzen, stammen sämtlich erst aus der Kaiserzeit, enthalten aber meist altes Gut [3]). Heraclitus [4]), Cornutus [5]), Plutarch [6]), Macrobius, Eustathius, welche hauptsächlich zu nennen sind, sind ebenso wie die Verfasser der Scholien zu Homer von Krates von Mallos abhängig [7]). Eine gedrängte Zusammenstellung der wichtigsten Allegorien finden wir bei Cicero [8]) und bei Philo [9]).

2. Begründung und Gesetze der Allegorie.

Um zu beweisen, daß Homer allegorisch erklärt werden müsse, soll schon Zeno nach dem Vorgange des Antisthenes darauf aufmerksam gemacht haben, daß der Dichter nur bei einem

---

[1]) Aust, Religion der Römer (Münster 1899) 6 f.

[2]) Cic. De nat. deor. II, 24, 64.

[3]) Über die umfangreiche Literatur orientiert Susemihl, Geschichte der griech. Literatur in der Alexandrinerzeit II, 28—61, 686, Vorw. IV.

[4]) Früher Heraclides genannt. Ausgaben: Allegoriae Homericae quae sub Heraclidis nomine feruntur, ed. N. Schow, Gottingae 1782, und Heracliti Allegoriae Homericae ed. E. Mehler, Lugd. Batav. 1851. Eine neue Ausgabe erscheint in Kürze in der Bibliotheca Teubneriana.

[5]) Cornuti Theologiae Graecae compendium, rec. et em. Car. Lang, Lipsiae 1881.

[6]) Plutarchus De vita et poesi Homeri ed. Dübner.

[7]) Maaß, Aratea (Philologische Untersuchungen herausgeg. von Kießling und Wilamowitz-Moellendorf XII, Berlin 1892), 165—203. Diels, Doxographi Graeci (Berol. 1879), 88 sqq.

[8]) Cic. De nat. deor. II, 25, 64—27, 69.

[9]) De decal. 54—56 [M. II, 189]

§ 2. Die Allegorie bei den Griechen.

Teile seiner Aussprüche die Wahrheit rede, an anderen Stellen aber sich der gewöhnlichen Meinung anpasse [1]). Die anstößigen Stellen, an denen dem Wortsinn nach „Sakrilegien und wilde Götterkämpfe" vorkommen, während Homer an anderen in höchst würdiger Weise von den Göttern redet, sind ohne Zweifel — so erklärten die Stoiker — allegorisch zu deuten (Heracl. 1. 2); denn hätte der Dichter nicht in Allegorien gesprochen, so wäre er ganz gottlos gewesen (πάντῃ γὰρ ἠσέβησεν, εἰ μηδὲν ἠλληγόρησεν Heracl. 1), und wäre dem Tantalus gleichzustellen (ib.), hätte er doch selbst den Ehebruch, der unter den Menschen als ein Verbrechen gilt, den Göttern zugeschrieben (ib. 69). Homer verwahrt sich ja selbst dagegen, daß man ihm eine derartige Gottlosigkeit zutraue:

Οὐκ ἂν ἐγώ γε θεοῖσιν ἐπουρανίοισι μαχοίμην (Il. VI, 129).
Νήπιοι οἳ Ζηνὶ μενεαίνομεν ἰσοφαρίζειν (Il. XV, 104).

(Heracl. 2), und daß er allegorisch verstanden sein will, läßt er deutlich erkennen, wenn er z. B. dem Odysseus, indem er die Leiden des Kampfes berichtet, Worte in den Mund legt, welche die Tätigkeit des Landmanns schildern:

Ὡς ὅτε πλείστην μὲν καλάμην χθονὶ χαλκὸς ἔχευεν
Ἄμητὸς δ᾽ ὀλίγιστος (Il. XIX, 222) (Heracl. 5).

Nach Analogie solcher Stellen sind jene zu erklären, welche von den Göttern etwas Unwürdiges aussagen (ib. 6). Wer es versteht, die unter dem Gewande der Dichtung verborgenen Wahrheiten aufzufinden, der wundert sich nicht, wenn er hört, daß Zeus gebunden wird Il. I, 399 ff. (Heracl. 21 ff.), oder daß die Götter Wunden davontragen (ib. 30. 34). Die Allegorie ist daher beim Mythos ein wahres ἀντιφάρμακον τῆς ἀσεβείας (ib. 22). Auch Widersprüche in der Erzählung fordern eine allegorische Deutung, so wenn Il. I, 44 von Apollo gesagt wird, er sei vom Zorn ergriffen worden, und v. 48 zu lesen ist, er habe sich fern von den Schiffen hingesetzt. Ein zürnender Gott wäre doch nahe herangegangen (Heracl. 13). Die allegorische Erklärung hat ferner stets dort einzusetzen, wo die Darstellung Homers eine unlösbare Schwierigkeit bietet oder der Dichter etwas direkt Unsinniges erzählt, so wenn Apollo seinen Zorn zuerst an den Mauleseln und den

---

[1]) Dio Chrysost. or. 53, 4 (ed. J. v. Arnim): ὁ δὲ Ζήνων οὐδὲν τῶν [τοῦ] Ὁμήρου ψέγει, ἅμα διηγούμενος καὶ διδάσκων, ὅτι τὰ μὲν κατὰ δόξαν, τὰ δὲ κατὰ ἀλήθειαν γέγραφεν ... ὁ δὲ λόγος οὗτος Ἀντισθένειός ἐστι πρότερον.

Hunden ausläßt Il. I, 50, die doch vernunftlose Tiere sind und nichts verbrochen haben (Heracl. 14). Daß je ein Mensch solche Kraft besessen hat, wie sie dem Heracles zugeschrieben wird, ist gleichfalls unglaublich (ib. 33). Daß Hephäst, wie Il. XVIII, 428 ff. berichtet wird, dem Achill die Waffen angefertigt hat, ist unhistorisch. Das wäre ja ein schöner Gott, der nicht einmal in der Nacht Ruhe hätte; übrigens gibt es im Himmel keine Metalle (Heracl. 43).

Die allegorischen Erklärungen werden von den Stoikern selbst in physische und ethische eingeteilt. Beide Arten werden bei der Allegorie des Götterkampfes Il. XX vorgetragen. „Homer stellt hier den Lastern die Tugenden, den streitenden Naturkräften ihre Gegensätze gegenüber" (Heracl. 54). Die physischen Deutungen beziehen sich auf die Natur der Dinge, die ethischen wollen die in den homerischen Erzählungen enthaltenen sittlichen Wahrheiten entwickeln.

1. Das wichtigste Mittel, die symbolische Bedeutung einer Person festzustellen, ist bei den Stoikern die Etymologie, die auf uns oft den Eindruck des Wortspiels macht. Zeus wird in Beziehung gebracht zu ζῆν, da er die Ursache des Lebens ist, und zu ζέσις, das Kochen, und bedeutet dann den glühenden Äther. Er heißt Δία, ὅτι δι' αὐτοῦ τὰ πάντα (Heracl. 23). Hera = ἀήρ (Umstellung der Buchstaben) ist die Luft (ib. 15); Poseidon, von πόσις abzuleiten, bedeutet das feuchte Element (ib. 17). Jupiter = iuvans pater (Cic. De nat. deor. II, 25, 64), Juno a iuvando (ib. II, 26, 66). Neptunus, von nare (paulum primis litteris immutatis), bedeutet das Meer (ib. II, 26, 66).

Auf diese Weise stellte es sich heraus, daß Zeus das eine Urwesen ist, das alle Dinge hervorgebracht hat, und daß die übrigen Götter zumeist Teile der Welt, also auch nur Erscheinungsformen des einen Gottes sind. Es schien damit bewiesen, daß der Mythos nichts anderes ist als eine Einkleidung des stoischen Pantheismus, und man glaubte auf Grund dieser Erkenntnis, die einzelnen Züge der Erzählung entsprechend deuten zu dürfen. Zeus ist Hades in seinen unteren, mit Dünsten erfüllten Luftschichten; denn die Luft ist dunkel, Hades aber ist gleich ἀΐδης (a priv. und ἰδεῖν; Heracl. 23. 41; Corn. 5). Indem Zeus in elementarisches Feuer übergeht, ist er Hephäst (Heracl. 26. 43; Corn. 19). Der Teil von Zeus, der in den oberen Regionen bleibt, wird als Athene bezeichnet, und da der feinere Stoff nach der Ansicht der Stoiker

§ 2. Die Allegorie bei den Griechen.

mit dem Geiste zusammenfällt, so ist Athene nach ihrem Namen
(ἀθρηνᾶ τις οὖσα) die Vernunft. So erklärt es sich, weshalb es
im Mythos heißt, daß die Göttin aus dem Haupte des Zeus entsprungen ist; denn der Kopf ist der Sitz des Verstandes. Aus
demselben Grunde wird Athene als immer jungfräulich bezeichnet;
denn die Vernunft ist stets unversehrt und kann durch keinen
Makel befleckt werden (Heracl. 19; Corn. 20). Daß die Weltordnung auf dem Gleichgewicht der Elemente beruht, ist Il. I, 399 ff.
durch die Fesselung des Zeus und seine Befreiung angedeutet.
Gegen Zeus, den Äther, erheben sich Hera, die Luft, Poseidon,
das Wasser, und Athene, die Erde [1]). Diese Götter sind miteinander verwandt, weil die Elemente sich miteinander vermischen.
Als durch die Fesselung des Äthers beinahe eine große Verwirrung der Elemente entstanden wäre, erscheint rechtzeitig Thetis
(ἀπόθεσις), die Vorsehung, die mit Briareus *(βριαρός)* d. i. mit
Kraft die Elemente in ihre Grenzen weist (Heracl. 25). Die Lahmheit des Hephäst erinnert an den Unterschied zwischen dem unvollkommenen irdischen und dem vollkommenen himmlischen
Feuer oder auch daran, daß das irdische Feuer das Holz so wenig entbehren kann, wie der Lahme den stützenden Stab. Wenn
Homer erzählt, daß Hephäst vom Himmel auf die Erde herabgeschleudert wurde (Il. I, 592 ff.), so will er damit die Wahrheit
ausdrücken, daß in der Urzeit die Menschen das Feuer an den
himmlischen Blitzen oder an den Sonnenstrahlen angezündet haben.
In Lemnos fiel Hephäst zur Erde, weil diese Insel reich an feuerspeienden Bergen ist (Heracl. 26). In den Götterkämpfen (Il. XX,
67 ff.) stehen sich Tugenden und Laster gegenüber. Ares und
Aphrodite werden von Athene d. h. die Unbesonnenheit und die
Ausschweifung wird von der Besonnenheit bekämpft und auch
besiegt. Leto, das Vergessen [2]), muß dem Hermes *(ὁ ἑρμηνεύων),*
dem offenbarenden Worte, weichen. Die Kämpfe der übrigen
Götter sind physisch zu deuten. Apollo, die Sonne, streitet wider
Poseidon, das Wasser, mit dem er aber Frieden schließt, weil
die Sonne sich von den Dünsten des Wassers nährt. Artemis
(ἀερότομος), der Mond, liegt im Kampfe mit Hera, der Luft,
die der Mond durchschneidet, wird aber von ihr besiegt, da der
Mond von der Luft (durch die Wolken) oft verdunkelt wird.

---

[1]) Hier wird Athene von *ἀνθεῖν* abgeleitet.
[2]) *Λητώ, οἱονεὶ ληθώ τις οὖσα καθ᾽ ἑνὸς στοιχείου μετάθεσιν* (Heracl. 55).

Hephäst überwindet den Flußgott Skamander d. h. das Feuer ist stärker als das Wasser (Heracl. 54—58). Dionysos ist der Wein; darauf weist die Trunkenheit hin, die dem Gotte angedichtet wird. Diese Feststellung bietet den Schlüssel zum Verständnis der Stelle Il. VI, 132 ff. Des Dionysos Ammen sind die Reben. Wenn Lykurg, der Weingärtner, kommt, um die Trauben abzuschneiden, fürchtet sich Dionysos; denn wie durch die Furcht der Geist verändert wird, ebenso erleidet der Traubensaft durch die Gärung eine Veränderung. Der Gott stürzt sich ins Meer, weil viele bei diesem Prozesse dem Most Meerwasser zusetzen, um den Wein haltbarer zu machen. Zuletzt nimmt ihn Thetis (ϑέσις) auf; denn der Most kommt endlich zur Ruhe (Heracl. 35).

2. Für die Erklärung des Homer sind ferner die Zahlen von Bedeutung. Neun Tage entsendet Apollo seine Pfeile; denn nach der allgemeinen Erfahrung bringen die ungeraden Tage bei körperlichen Krankheiten, die durch die Sonnenstrahlen (die Pfeile) hervorgerufen werden, die Entscheidung (Heracl. 14). Athene führt den Beinamen Τριτογένεια, in dessen erster Silbe man das Zahlwort τρεῖς zu finden glaubte. Dies gab bereits einem Schüler Chrysipps, dem Stoiker Diogenes Babylonius, Anlaß zu der Erklärung, daß hier auf die drei Teile der Philosophie, Physik, Ethik und Logik, hingewiesen werde, mit denen sich der Verstand (Athene) beschäftigen müsse [1]).

3. Bei der Erklärung des Dichters kann man von einer Stelle auf den Sinn einer anderen Stelle schließen. Homer nennt Il. V, 75 das Erz „kalt". Daraus folgt, daß das Erz immer etwas Kaltes bedeutet, also Il. XX, 271 die kalte Zone (Heracl. 51).

4. Auch die Stellung der Worte ist von Wichtigkeit und weist auf einen tieferen Sinn hin. In der Formel Jupiter optimus maximus steht optimus = beneficentissimus deshalb an erster Stelle, weil es etwas Größeres ist, als gnädig sich zu erweisen, als viele Schätze zu haben (maximus) (Cic. De nat. deor. II, 25, 64).

5. Die Deutungen, welche die Stoiker von den Göttern gaben, erwiesen sich, wie wir sahen, vorzugsweise als physische. Es ist

---

[1]) Τριτωνίδα δὲ καὶ Τριτογένειαν διὰ τὸ τὴν φρόνησιν ἐκ τριῶν συνεστηκέναι λόγων, τῶν φυσικῶν καὶ τῶν ἠθικῶν καὶ τῶν λογικῶν. Philodem »Über die Frömmigkeit« ed. Th. Gomperz 1. (Leipzig 1866) S. 83 f. Col. 6, 29 ff. Dieses Werk wurde früher dem Phaedrus unter dem Titel »Über die Götter« zugeeignet: Vgl. Christ, Geschichte der griech. Literatur 4. Aufl. (München 1905), 605.

dies ganz natürlich; denn da sie die Götter als reale Wesen ablehnten, mußten sie ihr Wirken als das der Naturkräfte hinstellen. Die Erklärung der Heroen und Helden dagegen ist meist ethisch. Wir lernen hier ein neues Gesetz der Allegorie kennen: **Dinge, Tiere und Menschen sind Symbole der Tugenden und Laster,** und zwar derjenigen, welche ihnen besonders eigentümlich sind. Heracles ist ein Lehrer der Menschen, eingeweiht in die himmlische Weisheit. Er bezwingt den Eber, den Löwen und den Stier d. i. die Lüste und Leidenschaften. Er vertreibt den Hirsch d. i. die Feigheit. Er säubert den Stall des Augias vom Schmutze oder, ohne Bild, das Leben der Menschen von Widerwärtigkeiten. Er verscheucht die Vögel, die windigen Hoffnungen, und brennt die vielköpfige Hydra des Übermutes mit dem Feuer der Ermahnung aus. Er bringt den dreiköpfigen Cerberus ans Tageslicht d. i. macht alle drei Teile der Philosophie den Menschen zugänglich. Er verwundet die Hera und den Hades. Hera, die Luftgöttin, bedeutet den Nebel der Unwissenheit, und der dreizackige Pfeil, dessen sich Heracles bedient, die dreiteilige Philosophie. Den Pfeil richtet er gegen den Himmel, weil der, welcher nach Weisheit strebt, seinen Geist nach oben lenkt. Wenn erzählt wird, daß auch Hades von diesem Pfeile niedergestreckt wird, so will das besagen, daß selbst das Verborgenste der Philosophie zugänglich ist (Heracl. 33. 34, wobei sich dieser Schriftsteller ausdrücklich auf die $\delta o\kappa\iota\mu\omega\tau\alpha\tau o\iota$ $\Sigma\tau\omega\ddot{\iota}\varkappa\tilde{\omega}\nu$ beruft). Odysseus zeigt durch sein Leben, wie man das Laster fliehen und die Tugend üben soll. Er verläßt das Land der Lotophagen d. i. entsagt den schlechten Genüssen. Er blendet den wilden Cyklopen d. i. beherrscht den Zorn. Er bindet die Winde, indem er durch Sternkunde die Schiffahrt sichert. Er läßt sich im Hause der Circe nicht verzaubern d. i. von der Lust nicht umstricken. Er hört den Gesang der Sirenen, indem er aus der Geschichte aller Zeiten sich reiche Erfahrung erwirbt. Er entgeht unverletzt der Scylla und Charybdis d. i. bleibt unberührt von Ausschweifungen und Schamlosigkeit. Er vergreift sich nicht an den Sonnenrindern, indem er nicht durch Unenthaltsamkeit sich versündigt (Heracl. 70). Wohl wollten die Stoiker mit diesen Erklärungen nicht die geschichtliche Persönlichkeit der Helden leugnen; sie fanden aber in ihrer Person und in ihren Taten höhere, philosophische Wahrheiten angedeutet.

6. Für die Erklärung des Homer kam endlich in Betracht, daß in den antiken Handschriften die Interpunktion sparsam war und Akzente und Spiritus in der Regel ganz fehlten; denn die moderne Prosodie wurde im wesentlichen erst im 7.—9. Jahrhundert n. Chr. durchgeführt. Es mußte daher der Leser und Erklärer sie selbst hinzufügen. Für die Schwierigkeiten der Interpunktion diene als Beispiel, was Aristoteles von dem Text des Heraclitus Ephesius sagt: es sei unsicher, ob $ἀεί$ zum vorhergehenden $ἔοντος$ oder zum nachfolgenden $ἀξύνετοι$ zu ziehen sei [1]). Zwar stellten die Grammatiker ein System von Akzenten, Spiritus und Interpunktionszeichen auf; allein diese wurden nur in den von den Grammatikern selbst rezensierten Exemplaren geschrieben, welche nicht ins große Publikum kamen. Wir finden daher in den Homerscholien die verschiedenen Möglichkeiten der Prosodie erörtert [2]). So glaubt Krates, man dürfe Il. I, 591 statt $βηλοῦ$ auch $Βῆλον$ lesen, weil ja Homer, in allem erfahren, auch mit der Religion der Semiten bekannt sei [3]). Il. XVIII, 489 lesen unsere Ausgaben: $οἴη δ' ἄμμορός ἐστι λοετρῶν Ὠκεανοῖο$. Da aber, so schließt Krates, Homer bei den astronomischen Kenntnissen, die man ihm doch zutrauen müsse, unmöglich behauptet haben könne, das Sternbild des Bären allein tauche in den Fluten des Ozeans niemals unter, so sei zu lesen: $οἷ· ἥ δ'$ . . . [4]). Dazu kommt noch, daß die Allegoristen den Ruhm Homers zu mehren glaubten, wenn sie einer Stelle einen vielfachen Sinn unterlegten.

3. Homer und die Philosophie.

Wie wir gesehen haben, fanden die Stoiker vermöge ihrer allegorischen Erklärung alle philosophischen Sätze, zu denen sie sich bekannten, bereits von Homer aufgestellt. Sie gingen aber noch weiter, indem sie behaupteten, alle früheren Philosophen hätten ihre Ansichten aus dem Dichter geschöpft.

Thales aus Milet sieht das Prinzip aller Dinge im Wasser. Dieser Lehrsatz geht auf Homer zurück: $τίς οὖν ἐγέννησε ταύτην$

---

[1]) Rhet. III, 5 (1407 b): Schwer lesbar ist $τὰ μὴ ῥᾴδιον διαστίξαι ὥσπερ τὰ Ἡρακλείτου· τὰ γὰρ Ἡρακλείτου διαστίξαι ἔργον διὰ τὸ ἄδηλον εἶναι ποτέρῳ πρόσκειται, τῷ ὑστέρῳ ἢ τῷ προτέρῳ, οἷον τοῦ λόγου τοῦ δ' ἔοντος ἀεὶ ἀξύνετοι ἄνθρωποι γίγνονται$.

[2]) Vgl. besonders die Scholien Nikanors und Herodians zur Ilias.
[3]) Helck, De Cratete Mallota (Leipziger Diss. 1905) 7 sqq. Maass, Aratea 245 sq.
[4]) Helck 40 sqq. Maass 189 sq.

τὴν δόξαν; οὐχ Ὅμηρος; denn dieser sagt Il. XIV, 246: Ὠκεανοῦ ὅσπερ γένεσις πάντεσσι τέτυκται (Heracl. 22). Anaxagoras läßt alles aus der Mischung von Wasser und Erde entstehen, indem er sich anschließt an Il. VII, 99: ἀλλ᾽ ὑμεῖς μὲν πάντες ὕδωρ καὶ γαῖα γένοισθε (Heracl. 22) [1]). Heraclit sieht im Feuer die Ursache der Welt und lehnt sich hierin an Il. XVIII, 468 ff. an, wo beschrieben wird, wie Hephäst (das Feuer) den Schild des Achill (das Bild des Alls) anfertigt (Heracl. 43). Empedocles nimmt die vier Elemente als Grundstoffe an. Aus diesen ist durch Einwirkung der bewegenden Kräfte Haß und Liebe *(νεῖκος καὶ φιλία)* die Welt entstanden. Die Liebe drang in die durch den Haß völlig getrennten Elemente ein und brachte so eine wirbelnde Bewegung hervor. Dies ist aber schon die Ansicht des Homer, der den Hephäst Krieg und Frieden auf dem Schilde Achills abbilden läßt (Heracl. 49) und die Aussöhnung zwischen Ares und Aphrodite erzählt (ib. 69). Plato unterscheidet zwischen dem vernünftigen, dem zornmütigen und dem begehrlichen Seelenteil; dem vernünftigen Seelenteil schreibt er als Sitz den Kopf zu, dem zornmütigen Seelenteil das Herz, dem begehrlichen die Leber. Wenn er da noch den Homer herabsetzt, so macht er sich diesem gegenüber einer großen Undankbarkeit schuldig, da er ja seine Theorie gerade dem Dichter entlehnt hat; denn Il. I, 197 ff. ergreift Athene, die Besonnenheit, den zürnenden Achill beim Haupte, dem Sitze der Überlegung; wenn die Helden zürnen, so beruhigen sie ihr Herz, weil in diesem der zornmütige Seelenteil wohnt, und Od. IX, 577 wird Tityus für seine Begierlichkeit dadurch bestraft, daß ein Geier ihm die Leber zerfleischt (Heracl. 17—20).

Aus all dem geht hervor, daß es den Stoikern bitterer Ernst war, wenn sie Überlieferungen und Dichtung mit den wissenschaftlichen Lehren zu vereinigen suchten, um einerseits sich selbst und dem Volke den Homer, an dem der Grieche sich von Kindesbeinen an erfreute, gegen die härtesten Vorwürfe zu retten, anderseits ihre philosophische Überzeugung dem Volksglauben, dessen Unwahrheit sie erkannten, nicht zum Opfer bringen zu müssen. Die Allegorie glich alle Widersprüche aus. Sie ließ dem Auge des Weisen unter der verbergenden Hülle des Mythos die reichste Fülle der erhabensten Wahrheiten sich offenbaren, ohne daß dieser

---

[1]) Dasselbe sagt Plutarch (De vita et poesi Homeri 93 [ed. Dübner p. 125]) von Xenophanes von Kolophon aus.

sich bewußt wurde, daß er in den Mythos einen ihm völlig fremden und vom Urheber gar nicht beabsichtigten Inhalt hineinlegte. Von den älteren Philosophen, die die Mythen allegorisch erklärten, müssen wir annehmen, daß sie sich darüber klar waren, daß sie in dem Dichter etwas suchten und fanden, woran dieser selbst gar nicht gedacht hatte. Den späteren Stoikern war dieses Bewußtsein völlig geschwunden; das Vorurteil, das sie für Homer und die Allegorie gefaßt hatten, hatte sie blind gemacht. Ihr Eifer im Auslegen und dessen Begründung beweisen, daß sie der Überzeugung waren, Homer habe den Sinn, den sie in eine Stelle hineintrugen, selbst in ihr verborgen niedergelegt, damit er vom Scharfsinn seiner Erklärer entdeckt würde. Für den Fall aber, daß ja jemand eine die Wahrheit unter Allegorien verhüllende Ausdrucksweise bei Homer auffällig finden sollte, machten sie darauf aufmerksam, daß auch die Philosophen ihre Lehren unter Bildern verbärgen, was dem Heraclit den Namen des Dunklen eingetragen hätte (Heracl. 24).

Die Juden fanden auf diese Weise durch die Stoiker den Weg gewiesen, auf dem sie nicht nur den Glauben der Väter mit der Philosophie der Griechen in Einklang bringen, sondern auch die Angriffe der Heiden auf ihre Religion abschlagen konnten. Wenn die Heiden alle Weisheit aus Homer ableiteten, so konnten sie ja dasselbe auf Moses anwenden. Es fragte sich nur, ob sie sich auch für berechtigt halten durften, diesen Weg einzuschlagen, mit ihrem hl. Buche in gleicher Weise zu verfahren wie die Griechen mit der Ilias und der Odyssee.

§ 3. Die Allegorie bei den Juden.

1. Der allegorische Sinn der hl. Schrift.

Die Frage, ob das Alte Testament außer dem Litteralsinn, wie er sich aus dem richtigen Verständnis der Worte ergibt, noch einen höheren, verborgenen, geistigen Sinn enthält, der nach der Absicht des hl. Geistes in gewissen Dingen, Personen und Handlungen liegt und der auch ein wahrer Sinn der Schrift ist, ist unbedingt zu bejahen [1]). So ist nach Jesu eigener Erklärung Jonas

---

[1]) S. Thom. Quodl. VII, q. 6. a. 15: S. Scriptura veritatem, quam tradit, dupliciter manifestat, per verba et per rerum figuras. Manifestatio autem, quae est per verba, facit sensum historicum seu litteralem; unde totum id ad sensum litteralem pertinet, quod ex ipsa verborum significatione

dadurch, daß er drei Tage und drei Nächte im Bauche des Fisches war, ein Vorbild Christi, der auch solange im Grabe ruhen sollte (Matth. 12, 39). Adam ist ein Typus Christi (Röm. 5, 14), die eherne Schlange ein Sinnbild der Erhöhung des Heilandes am Kreuze (Joh. 3, 14)[1]. Wenn aber die alexandrinischen Juden der letzten Jahrhunderte vor Christus von Allegorien im Gegensatz zum Wortsinn der Schrift sprechen, so haben sie keineswegs diesen geistigen Sinn, der auf den Messias und sein Reich hinweist, im Auge, sondern meinen ganz allgemein bildliche Reden. Auch solche finden sich in der Schrift. Ps. 79, 9—15 z. B. erzählt, wie Gott einen Weinstock aus Egypten nach Palästina verpflanzt, der dort Wurzel schlägt, das Land erfüllt und seine Zweige bis ans Meer ausbreitet. Dann aber zerstört Gott seine Umzäunung, so daß alle, die vorüber gehen, von ihm pflücken und die Tiere des Waldes ihn abweiden. Alle Züge dieser Erzählung gehen auf eine Weinpflanzung; der Sinn derselben aber ist der, daß Gott das Volk Israel mit Wohltaten überhäufte, dann aber, als es undankbar war, seinen Feinden überließ. Ez. 15 sind unter dem Bilde eines abgeschnittenen Weinstocks, der verbrannt wird, die Bewohner Jerusalems zu verstehen. Die Allegorie Ez. 17, 1—10 von den beiden Adlern wird v. 11—21 auf den Fall Jerusalems gedeutet. Sehr geläufig ist dem A. T. die Allegorie, die das Verhältnis Gottes zu seinem Volke unter dem Bilde des Brautstandes schildert; der Götzendienst Israels wird dementsprechend als Ehebruch bezeichnet (z. B. Jes. 50, 1; 54, 5). Bei allen diesen Allegorien geht aus Text, Zusammenhang und Sprachgebrauch hervor, daß die Erzählung nicht nach ihrem groben Wortsinn aufzufassen ist, sondern in einem bestimmten übertragenen Sinne; da dieser allein beabsichtigt ist, muß er uneigentlicher Wortsinn (sensus litteralis improprius seu translatus) genannt werden. Den alexandrinischen Juden aber genügte es, daß die hl. Schrift selbst Allegorien enthält, um die allegorische Interpretation der Stoiker sich zu eigen zu machen und auch dort Bilder zu suchen und zu finden, wo gar keine vorhanden sind. Übrigens bezeichneten sie auch die grobwörtliche Auffassung der Anthro-

---

recte accipitur. Sed sensus spiritualis consistit in hoc, quod quaedam res per figuram aliarum rerum exprimuntur, quia visibilia solent esse figurae invisibilium. Inde est, quod sensus iste, qui ex figuris accipitur, spiritualis vocatur.

[1] Vgl. die Lehrbücher der biblischen Hermeneutik.

pomorphismen, welche Gott Glieder beilegt, als „wörtliche" Auslegung, die Erklärung aber, welche in ihnen nur ein Bild für das Wirken Gottes findet, als „allegorisch", während nach dem heutigen Sprachgebrauch letztere Deutung, die den allein beabsichtigten Sinn der Schrift herausstellt, nur den „Litteralsinn" wiedergibt[1]).

Indem die gebildeten hellenistischen Juden die allegorische Erklärung auf die Schrift anwandten, waren sie sich nicht bewußt, daß sie dieser ganz fremde Ideen entwickelten. Die Philosophie sollte ihnen ein Mittel zum besseren Verständnis ihrer Religion sein. Daß sie vom Glauben der Väter abwichen, indem sie Lehrsätze der verschiedensten philosophischen Systeme, die oft genug mit dem Offenbarungsglauben unvereinbar waren, wie die Lehre von der Präexistenz der Seele, die Ideenlehre, die Lehre von der Bosheit der Materie, als scheinbar schriftgemäß annahmen, daran dachten sie nicht. Sie hielten sich vielmehr gerade für eifrige Juden, da sie an der Oberfläche der Schrift nicht verweilten, sondern in ihre Tiefe eindrangen. Wenn der gefundene Sinn mit den Lehren der Philosophie übereinstimmte, so suchten sie den Grund nicht in der Methode ihrer Auslegung, sondern in der Schrift selbst, die vermöge ihres göttlichen Ursprungs alle Wahrheit enthalten müßte, ja sie waren überzeugt, daß alle die philosophischen Sätze, die sie durch ihre Exegese in die Schrift hineintrugen, vielmehr von den Philosophen aus der Schrift geschöpft worden waren, gerade so wie nach den Stoikern die Philosophen ihre Meinungen dem Homer entnommen hatten.

2. Aristobul.

Es kann die Möglichkeit nicht bestritten werden, daß manche Juden, als sie im fremden Lande mit der griechischen Sprache auch griechische Ideen übernahmen, bereits zu der Zeit, als die Septuaginta entstand, die neuen Gedanken mit dem altehrwürdigen Bibelworte durch das Mittel der Allegorie in Einklang zu bringen suchten. In der Übersetzung des Pentateuchs aber läßt sich eine Einwirkung der allegorisierenden Richtung unter den

---

[1]) S. Thom. S. Theol. I q. 1. a. 10. ad 3: Non enim, cum scriptura nominat Dei bracchium, est litteralis sensus, quod in Deo sit membrum huiusmodi corporale, sed id, quod per hoc membrum significatur, sc. virtus operativa.

§ 3. Die Allegorie bei den Juden.

Schriftauslegern noch nicht nachweisen[1]); denn wenn die Übersetzer im Pentateuch zahlreiche Anthropomorphismen beseitigt haben, so sind diese Abweichungen vom Texte als Paraphrasen zu betrachten. Palästinensische und alexandrinische Juden waren sich darüber klar, daß die Wendungen, welche Gott einen Leib und Gemütsbewegungen zuschreiben, wegen der Geistigkeit Gottes nicht wörtlich aufgefaßt werden dürfen. Freilich sind diese Umschreibungen so häufig[2]), daß wir sie auch nicht als zufällig ansehen können, sondern aus ihnen entnehmen müssen, daß die Übersetzer bestrebt waren, Gott von der Welt möglichst zu trennen. Dann ist aber das Zugeständnis unvermeidlich, daß die Umgebung und ihre Ideen, die griechische Philosophie mit ihrer Betonung der Transcendenz Gottes wenigstens indirekt auf die Übersetzer ihren Einfluß ausgeübt hatte[3]). Damit ist dieser aber auch erschöpft. Weder die Lehre von den Mittelwesen noch die von der Präexistenz der Materie ist, wie Gfrörer[4]) und Dähne[5]) wollen, in der Septuaginta enthalten[6]).

Der erste jüdische Philosoph, der die allegorische Auslegung der Stoiker auf die hl. Schrift übertrug, war Aristobul[7]). Er verfaßte nach Clemens (Str. V, 14, 97) βίβλια ἱκανά, wohl nur ein umfangreiches Werk, das von den Kirchenvätern, denen es vorgelegen hat, als eine Erläuterung des mosaischen Gesetzes (d. i. des Pentateuchs) bezeichnet wird[8]). Aristobul lebte nach Eusebius

---

[1]) In der Septuaginta des Pentateuchs wollen Allegorien entdecken Gfrörer, Philo und die alexandrinische Theosophie (Stuttgart 1831), 2, 8—18, und Siegfried, Philo von Alexandria (Jena 1875) 17 f.

[2]) Beispiele bei Gfrörer und Siegfried a. a. O.

[3]) Vgl. Bois, Essai sur les origines de la philosophie judéo-alexandrine (Paris 1890) 142 ff. Drummond, Philo Judaeus (London 1888) I, 156 ff.

[4]) Philo und die alex. Theosophie 2, 15 ff.

[5]) Geschichtliche Darstellung der jüd.-alexandr. Religionsphilosophie II (Halle 1834) 1—72.

[6]) Zeller, Philosophie der Griechen III, 2 (4. Aufl. Leipzig 1903) 275—277. Bois a. a. O. 149 ff. Drummond a. a. O. 160 ff. Heinze, Die Lehre vom Logos 185.

[7]) Über ihn Schürer, Geschichte des jüdischen Volkes ³ III, 384 ff. (daselbst auch Literaturangaben). Gfrörer, Philo und die alex. Theosophie, 2, 71—121. Zeller, Philos. der Gr. III, 2⁴, 277 ff. Gercke, Art. Aristobulos in Pauly-Wissowas Real-Encyclopädie der klass. Altertumswissenschaft II, 918—920. Herriot, Philon le Juif (Paris 1898) 66—78. Heinze, a. a. O. 185 ff.

[8]) Die beiden einzigen Stücke, die im Wortlaut erhalten sind, stehen bei Euseb. Praep. evg. VIII, 10 [Migne 21, 635—642] und XIII, 12 [M. 21,

und Clemens unter dem judenfreundlichen Ptolemäus VI. Philometor (181—146), dem das Werk gewidmet war. Die Echtheit der ganzen Schrift wird vielfach bestritten, in jüngster Zeit besonders von Elter [1]), hauptsächlich weil Aristobul, um zu beweisen, daß die griechischen Philosophen und Dichter aus Moses geschöpft haben, unter den Namen Homer, Hesiod, Orpheus und Linus eine Anzahl von größtenteils unechten und gefälschten Versen zitiert, dem Protektor der Homerstudien in Alexandria aber unmöglich Homerfälschungen hätten gewidmet werden können. Allein wenn in dem Werke auch der König angeredet wird, so folgt daraus noch nicht, daß der Verfasser dasselbe dem Könige überreichen wollte, sondern nur, daß er die Juden bei den Griechen in ein günstiges Licht zu stellen suchte, eine Absicht, die der größte Teil der jüdisch-hellenistischen Literatur verfolgte. Die Annahme, Aristobul sei selbst das Opfer eines Fälschers geworden, dürfte überdies der Wahrheit am nächsten kommen. Wenn er aber selbst in dem einen oder anderen Falle mit bessernder Hand den Versen nachhalf, so wollte er nur den seiner Meinung nach unvollkommen ausgedrückten Gedanken des Dichters klar und deutlich zutage treten lassen. In dieser Weise rechtfertigt er selbst eine Änderung im Gedichte des Aratus (Euseb. Praep. evg. XIII, 12): „Wir haben uns eine Änderung erlaubt, indem wir das Wort Zeus, das im Gedichte stand, unterdrückten, wie es sich auch geziemte; denn dem Sinne des Gedichtes nach geht es auf den wahren Gott." Daß er dadurch eine Fälschung beging, kam ihm also gar nicht zum Bewußtsein. Gleiche und ähnliche gefälschte Verse treffen wir bei vielen Schriftstellern des Altertums, in größter Vollzähligkeit in der pseudojustinischen Schrift De monarchia. Sehr wahrscheinlich ist, daß die Fälschungen auf eine Hand zurückzuführen sind [2]), aber nicht, wie Elter [3]) will, auf den Verfasser

---

1097—1104]. Was sich an wörtlichen Ausführungen sonst bei Clemens Al. (Str. I, 15; I, 22; V, 14; VI, 3) und Eusebius (Praep. evg. VII, 14; IX, 6) findet, steht auch in jenen Fragmenten.

[1]) Elter, De Gnomologiorum Graecorum historia atque origine commentatio partes V—IX Bonner Universitätsprogramme 1894—1895. Gegen Elter s. Schürer [3] III, 388.

[2]) Schürer [3] III, 453—461 (Gefälschte Verse griechischer Dichter). Scheck, De fontibus Clementis Al. (Augustae Vind. 1889) 29 ff. Vgl. Susemihl, Gesch. der griech. Lit. II, 629—634.

[3]) Elter pars VI, col. 202 ff.

§ 3. Die Allegorie bei den Juden.

der Schrift De monarchia, überhaupt nicht auf einen Christen[1]), sondern auf einen Juden, und zwar wahrscheinlich auf **Hekatäus von Abdera**[2]).

Aristobul wollte, wie Clemens (Str. V, 14, 97) angibt, den Nachweis führen, daß die hl. Schrift alles das enthalte, was die besten griechischen Philosophen und Dichter später gelehrt haben, ja daß diese von Moses und den Propheten abhängig seien *(τὴν περιπατητικὴν φιλοσοφίαν ἔκ τε τοῦ κατὰ Μωυσέα νόμου καὶ τῶν ἄλλων ἠρτῆσθαι προφητῶν)*, indem sie sich (Euseb. Praep. evg. XIII, 12) einer bereits vor der Septuaginta entstandenen Übersetzung der Schrift bedient hätten[3]). Die Methode, nach der er verfuhr, war die stoische **Allegoristik**, weshalb auch Origenes unter den Schriftstellern, die das Gesetz allegorisch erklärten, neben Philo den Aristobul mit Namen anführt (Contra Cels. IV, 51 [M. 11, 1111]). Fast alle seine Deutungen, so weit sie uns in den Bruchstücken überkommen sind, beschäftigen sich mit den Anthropomorphismen in der Schrift. Wenn Moses der „göttlichen Macht" Hände und Füße, Gang und Antlitz zuschreibt, so darf man nicht bei den Ausdrücken der Schrift stehen bleiben, sondern muß in den tieferen Sinn einzudringen suchen; dann wird man die Weisheit und den prophetischen Geist des Moses bewundern. Der Gesetzgeber bedient sich nämlich der sinnlichen Ausdrücke, um etwas Geistiges zu bezeichnen. Wenn Moses erzählt, Gott habe mit starker Hand die Israeliten aus Egypten geführt, so ist bei dieser wie bei analogen Stellen an die Macht Gottes zu denken. Das Herabsteigen Gottes auf Sinai im Feuer ist nicht räumlich und körperlich aufzufassen; denn Gott ist überall. Moses wollte hier nur eine wunderbare Offenbarung Gottes schildern, die, ohne eine wirkliche, körperliche Erscheinung zu sein, in der Art einer Vision den Israeliten zu teil wurde. Das Stehen Gottes bezeichnet die Unwandelbarkeit seiner Werke, die feste Ordnung der Welt

---

[1]) Vgl. **Bardenhewer**, Geschichte der altkirchlichen Literatur I (Freiburg 1902) 218. **Schürer**[3] III, 389. **Gabrielsson**, Über die Quellen des Clemens Alexandrinus I (Upsala u. Leipzig 1906) 118; vgl. S. 192 ff.

[2]) Wann dessen Schrift »Über Abraham« oder »Über die Juden« entstanden ist, ist ungewiß. **Schürer** a. a. O. 461 ff. datiert sie ins dritte Jahrhundert, weil er den Aristeasbrief ums Jahr 200 verfaßt sein läßt. Sicher ist nur, daß sie vor letzterem anzusetzen ist, weil in ihm § 31 der Schriftsteller Hekatäus zitiert wird.

[3]) Über die jüdischen Apologeten vor Aristobul vgl. **Schürer**[3] III, 352 ff.

(Praep. evg. VIII, 10). Das Reden Gottes ist auf sein Wirken zu beziehen, wie es auch in der Schöpfungsgeschichte heißt: „Gott sprach, und es geschah" (Praep. evg. XIII, 12). Auf die allegorische Erklärung der Schöpfungstage und des Ruhens Gottes werden wir noch zurückkommen.

3. Der Aristeasbrief.

Daß der Aristeasbrief, welcher das Zustandekommen der Septuaginta berichtet, unecht ist, wird allgemein zugegeben. Die größte Uneinigkeit aber herrscht bezüglich der Abfassungszeit. Während Hilgenfeld[1]) ihn im dritten Jahrhundert v. Chr. entstanden sein läßt und Schürer[2]) ihn ins Jahr 200 datiert, rücken andere ihn ins erste Jahrhundert v. Chr. herab. Mit Recht hat P. Wendland[3]) darauf hingewiesen, daß unter den Namen der 72 Weisen (§§ 47 ff.) einmal Mattathias, dreimal Judas, dreimal Simon, dreimal Jonathan vorkommt, also die Namen der Helden aus den makkabäischen Kriegen, weshalb der Brief nach dieser Erhebung abgefaßt sein muß, daß ferner in ihm der Hohepriester Eleazar als selbständiger Regent der Juden erscheint[4]), der auf der Akra eine starke Besatzung liegen hat (§§ 100 ff.). Dies weist auf die Zeit nach 142, da in diesem Jahre mit der Anerkennung des Simon als Hoherpriester und Fürst der Juden durch den König Demetrius die Unabhängigkeit des jüdischen Volkes begann. Nach § 115 gehören die Häfen Askalon, Joppe, Gaza, Ptolemais zum jüdischen Reich. Bei Askalon und Ptolemais war dies nie der Fall; Aristeas irrt hier; dagegen wurde Joppe 146 von Jonathan, Gaza und das Küstenland 96 von Alexander Jannäus gewonnen[5]). Der äußerste terminus ad quem ist durch die Unterwerfung des hl. Landes unter die Römerherrschaft im Jahre 63 gegeben. Das Jahr 130, in dem ungefähr nach dem Prolog zum Buche Jesus Sirach die Übersetzung des Gesetzes, der Propheten und der übrigen Schriften vorlag, während der Brief nur von der

---

[1]) Zeitschrift f. wissenschaftl. Theologie XXIV (1881), 381.

[2]) Gesch. des jüd. Volkes³ III, 468 ff.

[3]) Praefatio XXVI seiner Aristeasausgabe in der Bibliotheca Teubneriana (Leipzig 1900); vgl. seine Einleitung zum Aristeasbriefe bei Kautzsch, Die Apokryphen und Pseudepigraphen des A. T. (Tübingen u. Leipzig 1900) II, 3.

[4]) Philo nennt ihn geradezu »Hoherpriester und König« (De vita Mosis II, 31 [M. II, 139]).

[5]) Schürer, Gesch. des jüd. Volkes³ II, 86. 93. 101. 114.

§ 3. Die Allegorie bei den Juden.

Übersetzung des Pentateuchs berichtet, läßt sich nicht zur näheren Bestimmung der Abfassungszeit des Briefes verwenden, da für Aristeas wie für Aristobul und Philo der Pentateuch der hauptsächlichste Teil der Bibel ist und er daher die übrigen Schriften als minder wichtig übergangen haben kann.

Zu einer Datierung des Briefes nach den Makkabäerkriegen werden wir auch durch den Bericht über das Zustandekommen der Septuaginta geführt. Aristobul erzählt darüber: ἡ δὲ ὅλη ἑρμηνεία τῶν διὰ τοῦ νόμου πάντων ἐπὶ τοῦ προσαγορευθέντος Φιλαδέλφου βασιλέως, σοῦ δὲ προγόνου, προσενεγκαμένου μείζονα φιλοτιμίαν, Δημητρίου τοῦ Φαληρέως πραγματευσαμένου τὰ περὶ τούτων (Euseb. Praep. evg. XIII, 12). Daß das Entstehen eines so wichtigen und für alle Folgezeit so bedeutungvollen Werkes, wie es die griechische Übersetzung der hl. Schrift ist, von den Ausschmückungen der Legende umgeben wurde, ist nicht zu verwundern. Zur Zeit des Aristobul lag bereits eine Erzählung vor, welche die Übersetzung, deren Notwendigkeit durch das religiöse Bedürfnis der Juden gegeben war, mit Ptolemäus II. Philadelphus und mit Demetrius als seinem vermeintlichen Bibliothekar in Verbindung brachte. In Wirklichkeit wurde der um die Bibliothek zu Alexandria hochverdiente Demetrius von Phaleron sofort nach der Abdankung des Ptolemäus I. Lagi (284) von dessen Nachfolger Ptolemäus II. Philadelphus seines Amtes enthoben. Diese Verwechslung der Personen konnte erst längere Zeit nach Ptolemäus II. vorkommen. Es ist aber auch zu beachten, daß die Septuaginta bei Aristobul zwar als ein bedeutendes Werk erscheint, aber noch nicht von dem verklärenden Lichte der späteren Zeit umstrahlt wird. Früher soll ja nach Aristobul bereits eine griechische Übersetzung des Pentateuchs oder wenigstens vieler Teile desselben existiert haben, welche von den heidnischen Philosophen und Dichtern benutzt worden war und vor welcher der Septuaginta, abgesehen von ihrer Vollständigkeit *(ὅλη ἑρμηνεία)*, kein Vorzug eingeräumt wird. Anders ist die Auffassung der Septuaginta im Aristeasbriefe. Hier rankt die Sage schon dichter. Die Übersetzung wird hingestellt als eine so genaue, daß sie einer Verbesserung nicht fähig ist: „„Da die Übersetzung in schöner, frommer und durchaus genauer Weise *(κατὰ πᾶν ἠκριβωμένως)* gefertigt ist, so ist es recht, daß sie in ihrem Wortlaut erhalten werde und keine Änderung stattfinde." Und nachdem alle den Worten beigestimmt hatten, befahl er nach ihrer Sitte, den zu verfluchen, der eine Bearbeitung unternehmen werde, indem er etwas hinzusetzte oder irgend etwas von dem Geschriebenen änderte oder ausließe" (§§ 310. 311). Ja, ihr Zustandekommen beruht geradezu auf göttlicher Fügung. Zwar gab es vor ihr bereits eine Übersetzung von Teilen der Schrift, aber diese war mangelhaft und durfte nicht benutzt werden. Von zwei heidnischen Schriftstellern, die sich ihrer bedienen wollten, wurde der eine geistesirre, der andere erblindete, und nur dadurch, daß sie von ihrem Vorhaben abstanden, wurden sie gerettet. Die hl. Schrift sollte nach Gottes Willen eben erst durch die Septuaginta den Heiden bekannt werden (§§ 312—316). Von dieser Auffassung ist nur ein Schritt zu der Überzeugung, welche zur Zeit Philos herrschend war, daß die Septuaginta selbst wie der Urtext inspiriert sei.

Auch in der Weise, wie über die Tätigkeit der Übersetzer berichtet wird, läßt sich von Aristobul über Aristeas bis Philo und Pseudo-Justin ein Fortschreiten der Sage feststellen. Aristobul weiß keine Einzelheiten zu erzählen, obwohl dies in einem Buche, das die hl. Schrift und das jüdische Volk verherrlichen will, das an einen Nachfolger Ptolemäus' II. sich wendet oder wenigstens sich diesen Anschein gibt, ganz am Platze gewesen wäre. Aristeas kann bereits melden, daß die Siebzig ihre Übersetzungen verglichen hätten, um eine Übereinstimmung derselben zu erzielen: „Und sie führten die Übersetzung aus, indem sie durch gegenseitige Vergleiche in einem Wortlaut übereinkamen" (§ 302). Philo weiß, daß, als sie die Vergleichung vornehmen wollten, eine vollständige Übereinstimmung der von jedem einzeln angefertigten Übersetzung entdeckten: „Wie in heiliger Begeisterung prophezeiten sie, nicht der eine dies, der andere jenes, sondern alle dieselben Namen und Worte, gleich als ob ein Souffleur unsichtbar den einzelnen vorsagte" (De vita Mosis II, 37 [M. II, 140]). Daß die Legende üppig fortwucherte, zeigt die Cohortatio ad Gentiles (c. 13), nach welcher die Übersetzer ihr Werk in einzelnen Zellen vollendeten, welche der Verfasser gesehen haben will, während sie bei Aristeas und Philo noch in einem gemeinsamen Raume arbeiteten.

Aus all dem geht hervor, das nicht Aristobul aus Aristeas geschöpft hat, wie Freudenthal[1]), Schürer[2]) und Drum-

---

[1]) Hellenistische Studien II (Breslau 1875) 167.
[2]) Gesch. des jüd. Volkes³ III, 469.

mond[1]) glauben, sondern daß der Aristeasbrief, da er eine reichere Entfaltung der Septuagintalegende repräsentiert, nach Aristobul verfaßt ist. Aristeas aber ist nicht von diesem abhängig, sondern stellt die Legende so dar, wie sie im Munde der Zeitgenossen lebte. Die Entwickelung der Septuagintalegende, wie sie im Aristeasbriefe gegeben ist, spricht wiederum dafür, daß das Werk des Aristobul vor dem Jahre 100 v. Chr. abgefaßt worden ist, da ein späterer Fälscher, besonders in christlicher Zeit, von dieser wichtigen Übersetzung sicher mehr gesagt haben würde, als wir bei jenem Schriftsteller finden.

Beim Aristeasbriefe interessiert uns besonders, daß auch er **Allegorien** enthält. Die Speisegesetze, ein besonders großer Stein des Anstoßes für die Griechen, sind eine Hülle wichtiger Lehren (143, 161). Indem nämlich der Gesetzgeber den Genuß mancher Tiere verbot, wollte er uns zu einem tugendhaften Leben anleiten (144). So beschädigt und verdirbt die Maus alles; dadurch, daß Moses das Essen von Mäusen untersagte, wollte er lehren, daß wir niemanden schädigen dürfen (164). Auch die anderen rituellen Bestimmungen sind Träger höherer Wahrheiten. Da die Hand die Handlung bedeutet, so erinnert die Vorschrift, vor dem Gebete die Hände zu waschen, die Juden an die Gerechtigkeit, die sie besitzen sollen (306). Dadurch, daß nur zahme, nicht wilde Tiere als Opfer dargebracht werden dürfen, wird auf die Beschaffenheit der Seele des Opfernden hingewiesen (170).

Wir sehen aber bei Aristeas die Allegorie nicht nur ziemlich ausgebildet, sondern wir finden bei ihm bereits den ersten schüchternen Versuch, diese Schriftauslegung zu rechtfertigen. Wie jeder Wissenschaft die Praxis vorangeht, wie man Krieg führte, ehe man an eine Theorie der Kriegskunst dachte, wie man redete und schrieb, ohne die Regeln der Grammatik erforscht zu haben, wie es Dichter gab, bevor Aristoteles über die Regeln der Dichtkunst schrieb, so wurde die hl. Schrift erklärt, bevor man eine Hermeneutik aufgestellt hatte. Wie man aber auf allen Gebieten der Kunst und Wissenschaft die Grundsätze, nach denen man verfuhr, sich allmählich klar machte, so traten auch die Regeln, nach denen man die hl. Schrift zunächst unbewußt behandelte, nach und nach ins Bewußtsein, und es entstand die biblische Herme-

---

[1]) Philo Judaeus or the Jewish-Alexandrian Philosophy in its development and completion (London 1888) I, 248 f.

neutik. Den Anfang finden wir bei Aristéas (144). Es ist Gottes unwürdig, durch Moses über so verächtliche Tiere wie Mäuse und Wiesel Gesetze zu geben. Nun liegt eine derartige Vorschrift Lev. 11, 29 tatsächlich vor. Mithin muß man nach einer tiefer liegenden Absicht Gottes suchen, also das Gesetz allegorisch erklären.

4. Das Buch der Weisheit.

Der Verfasser des Buches der Weisheit, ein hellenistischer Jude, ist vertraut mit griechischer Bildung [1]; denn er spricht vom Hades (1, 14; 16, 13), von Prytanen (13, 2), dem Lethestrom (16, 11), dem Manna als einer $ἀμβροσία$ $τροφή$ (19, 21) und zeigt Bekanntschaft mit den Lehren Platos, der Stoa und Epikurs. 13, 1—5 beweist er das Dasein Gottes aus der Schönheit der Natur. Auch dieser Umstand deutet darauf hin, daß neue Ideen in die jüdische Nation eingedrungen waren; denn für die altgläubigen Juden war das Dasein Gottes eine Tatsache, die keines Beweises bedurfte. Da der Verfasser bei der Art und Weise, wie er die betreffenden Ausdrücke vorbringt, offenbar eine gleiche Kenntnis auch bei seinen Lesern voraussetzt, so werden wir durch das Buch in eine Zeit geführt, in welcher griechische Wissenschaft unter den Juden schon heimisch war. Das Buch ist wahrscheinlich in Alexandria als dem Mittelpunkte griechisch-jüdischer Bildung entstanden. Auf Egypten weist die Anspielung auf den Tierdienst hin (15, 18. 19; 16, 1. 9). Sicher ist die Weisheit Salomos nach dem Prediger verfaßt [2]), welcher etwa im Jahre 130 v. Chr. entstand [3]). Bei der Entwickelung des jüdischen Alexandrinismus aber, den das Buch voraussetzt, ist als Abfassungszeit genauer die erste Hälfte des letzten vorchristlichen Jahrhunderts anzusehen. Unter den alexandrinischen Juden war in der Zeit, als das Buch entstand, die Allegorie bereits gang und gäbe. Es entspricht dem natürlichen Gange der Geschichte, daß die allegorische Erklärung sich zuerst mit den so auffälligen und anstößigen Anthropomorphismen beschäftigte (Aristobul), dann

---

[1]) Vgl. Siegfried, Philo von Alex. 22 ff. Derselbe, Das Buch der Weisheit, bei Kautzsch, Die Apokryphen und Pseudepigr. I, 476 ff.

[2]) E. König, Einleitung in das A. T. (1893), 435.

[3]) Peters, Ekklesiastes und Ekklesiastikus, in der Bibl. Zeitschr. I (1903), 149 f.

§ 3. Die Allegorie bei den Juden. 25

den anscheinend sinnlosen Speisegesetzen eine tiefere Bedeutung unterlegte (Aristeas); dazu sahen sich die Juden durch die Angriffe der Heiden gezwungen. Erst nachdem sie auf diese Weise in die allegorische Erklärung sich eingelebt hatten, können sie weitergegangen sein und in historischen Erzählungen und in Gegenständen einen höheren Sinn gesucht haben. Wir finden diesen Fortschritt im Buche der Weisheit. Hier werden Dinge und Berichte aus der Schrift unbeschadet ihrer Tatsächlichkeit als Einkleidungen einer höheren Wahrheit oder einer sittlichen Ermahnung aufgefaßt. Zwar gehört nicht hierher die Bezeichnung der ehernen Schlange als σύμβολον σωτηρίας (16, 6); denn die Schlange war es ja nicht, welche die Israeliten rettete; nur die, welche mit der gläubigen Hoffnung, daß Gott ihnen helfen werde, zu ihr aufschauten, wurden geheilt („Bete, daß er die Schlangen von uns nehme" Num. 21, 7). Die Rettung kam also von Gott; die eherne Schlange deutete sie nur an *(σύμβολον)* [1]. Als allegorisch aber muß die Auffassung der egyptischen Finsternis als Vorbild der künftigen Strafen, der Finsternis des Todes und der Hölle (17, 21), bezeichnet werden, vor allem die Erklärung des hohenpriesterlichen Obergewandes als Symbol der ganzen Welt (18, 24). Ferner findet der Verfasser in der Geschichte von der Rettung Noes durch die Arche die Lehre enthalten, daß Gott jedes Holz segnet, durch das gerechte Werke ausgeführt werden (14, 7). Die Veränderung, die mit dem Manna vorging, ist ein Hinweis, daß durch das Wort Gottes, nicht durch die natürlichen Erzeugnisse der Erde der Mensch genährt wird (auf Deut. 8, 3 beruhend) [2]. Daß das Manna vor Sonnenaufgang geholt werden muß, erinnert an die Pflicht, in aller Frühe Gott zu loben und ihm zu danken. Daß es beim Aufgang der Sonne zerschmilzt, enthält die Lehre, daß die Undankbaren vergeblich auf die Segnungen Gottes hoffen (16, 25—29).

Durch solche allegorische Erklärungen wird der kanonische Charakter des Buches nicht berührt. Unbeschadet der Inspiration konnte der Verfasser die Auffassung der hl. Schrift, wie sie unter seinen Zeitgenossen herrschte, sich aneignen, insofern sie nicht

---

[1] Daß Ps-Salomo in der ehernen Schlange ein Symbol des Logos-Messias sieht, als welche sie Jesus erklärt (Joh. 3, 14), geht aus seinen Worten nicht hervor.

[2] Philo geht einen Schritt weiter und erklärt das Manna geradezu als den Logos Gottes (Leg. alleg. III, 173 [M. I, 121]; Leg. alleg. II, 86 [M. I, 82]).

den übernatürlichen Ursprung der Schrift in Frage stellte, und argumenta ad hominem, welche die zuletzt angeführten Deutungen darstellen, kommen ja auch sonst in der hl. Schrift vor.

5. Die jüdische Allegoristik auf ihrer Höhe.

Von der Mitte des ersten vorchristlichen Jahrhunderts an wird die Allegorie unter den alexandrinischen Juden allgemein anerkannt und geübt. Philo spricht von Exegeten, welche die Schrift allegorisch erklären (De special. leg. II, 159 [M. II, 293]), und erwähnt selbst alte allegorische Kommentare, die für die Auslegung seiner Zeit vorbildlich waren (De vita contempl. M. II, 475). Auch führt er zahlreiche Erklärungen anderer an [1]).

Der allegorisierenden Richtung in der Exegese gehört der Verfasser des vierten Makkabäerbuches an [2]). Diese Schrift, welche in der Zeit zwischen der Unterwerfung Palästinas unter die Römer und der Zerstörung Jerusalems entstanden ist, rührt von einem strenggläubigen Juden pharisäischer Richtung her, in dessen Augen die jüdische Religion mit ihren gesetzlichen Vorschriften gleichzeitig Philosophie ist, die alle Tugenden lehrt (5, 22 f.). Ideale der Tugend sind die Patriarchen des ausgewählten Volkes (2, 17; 2, 19; 3, 6 ff.; 7, 14; 16, 19). Allegorisch sind nach dem Verfasser die Speisegesetze zu erklären; denn diese sollen für die Gesundheit der Seele sorgen (5, 25 f.). Auch die Erzählungen der Schrift legt er allegorisch aus. Dies beweist 2, 21—23, eine Stelle, die meines Wissens bisher noch nicht beachtet worden ist: „Als Gott den Menschen schuf, pflanzte er dessen gute und schlechte Triebe *(τὰ πάθη αὐτοῦ καὶ τὰ ἤθη)* um ihn her,

---

[1]) Leg. alleg. I, 59 [M. I, 55]; de cherub. 21 ff. [M. I, 142]; quod. det. pot. ins. sol. 22 [M. I, 195]; de post. Caini 41 [M. I, 233]; de plant. 52 M. I, 337]; ib. 70 [M. I, 340]; quis rer. div. her. 280 [M. I, 513]; de mut. nom. 141 [M. I, 599]; de somn. I, 118 [M. I, 638]; de Abr. 99 [M. II, 15]; ib. 217 [M. II, 31]; de Josepho 151 [M. II, 63]; de decal. 15 [M. II, 182]; de special. leg. I, 8 [M. II, 211]; de special. leg. II, 147 [M. II, 292]; de special. leg. III, 178 [M. II, 329]; Quaest. in Gen. I, 10.

[2]) Schürer [3] III, 393—397. Gfrörer, Philo und die alex. Theosophie 2, 173—200. Deißmann, Das sogen. vierte Buch der Makkabäer, bei Kautzsch, Die Apokryphen und Pseudepigr. des A. T. II, 149 ff. Den griechischen Text des Buches enthält die Septuagintaausgabe von Swete III,[2] 729—762.

und dann setzte er über sie alle den hehren Herrscher Verstand durch die Sinneswerkzeuge auf den Thron. Diesem gab er ein Gesetz, dessen Befolgung ihm eine Königsherrschaft voll Besonnenheit, Gerechtigkeit, Güte und Mannhaftigkeit verhieß." Daß diese Verse von dem ersten Menschen handeln, ist klar; daß sie eine allegorische Erklärung der Paradieseserzählung sind, erfahren wir aus Philo. Nach diesem ist das Paradies das Sinnbild der Tugend im allgemeinen (Leg. alleg. I, 45 [M. I, 52]). Die Bäume der Paradieses sind die Tugenden im einzelnen (ib. 56 [M. I, 54]). Der Baum der Erkenntnis ist das Laster (ib. 100 ff. [M. I, 64]). Die Quelle, die aus der Erde hervorkommt und „das ganze Angesicht der Erde" bewässert, bedeutet den Verstand, von dem wie von einer Quelle die Sinneswerkzeuge, dieses Angesicht der Erde (d. i. des Leibes), bewässert d. h. zum Erkennen angeleitet werden (ib. 28 [M. I, 49]). Der Fluß, der durch das Paradies strömt und sich in vier Arme teilt, ist die Grundtugend, $\dot{\alpha}\gamma\alpha\vartheta\acute{o}\tau\eta\varsigma$, die durch vier Haupttugenden, Klugheit, Gerechtigkeit, Mäßigkeit und Starkmut, die einzelnen Tugenden (Bäume des Paradieses) zur Betätigung bringt (ib. 63 [M. I, 56]). Über alles aber ist Adam gesetzt, d. i. der Verstand (ib. 92 [M. I, 62]). Diese Erklärung, die Philo vom Paradiese gibt, verbreitet über die unklare Stelle im vierten Makkabäerbuche Licht: Gott pflanzte bei der Schöpfung des Menschen die Bäume des Paradieses, gute und schlechte Triebe, über welche Adam, der Verstand, herrschen sollte. Dieser wohnte auf dem Angesichte der Erde, den Sinneswerkzeugen, welche er gebrauchte. Er erhielt das Gesetz, vom Baume der Erkenntnis nicht zu essen d. i. den bösen Trieben nicht nachzugeben. Hätte er dieses befolgt, so wäre ihm für immer das Paradies mit seinen vier Flüssen, den Kardinaltugenden, dieses Königreich des stoischen Weisen, zuteil geworden.

Vergleichen wir die umständliche Erklärung Philos mit der kurzen, das Verständnis voraussetzenden Deutung des Verfassers des vierten Makkabäerbuches, so ergibt sich große Wahrscheinlichkeit dafür, daß letzteres später als der allegorische Kommentar Philos entstanden ist und diesen benutzt hat, sowie daß wir als Entstehungsort der Schrift wahrscheinlich Alexandria anzusehen haben.

Die Therapeuten, eine hauptsächlich in Egypten lebende jüdische Sekte, von der wir nur durch Philos Schrift De vita contemplativa [1]) Kenntnis haben, sind ebenfalls der allegorischen Schrifterklärung zugetan. „Sie legen die Schrift allegorisch aus, weil sie die Worte für Symbole einer verborgenen Wahrheit halten, die nur angedeutet ist" (M. II, 475). „Bei der Erklärung der hl. Schriften bedienen sie sich immer der Allegorie; denn die ganze Gesetzgebung (d. i. der Pentateuch) scheint diesen Männern einem organischen Wesen zu gleichen, dessen Leib die Worte, dessen Seele der tiefere, unter den Worten verborgener Sinn ist" (M. II, 483). Was ihre allegorische Erklärung im einzelnen anlangt, so wissen wir nur so viel, daß sie besonders die Siebenzahl als „ewig rein und jungfräulich" sowie ihr Quadrat ehrten (M. II, 481); sie haben also dieser Zahl einen tieferen Sinn untergelegt.

Auch die Essener, die bekannte Sekte in Palästina, sind Anhänger der Allegorie. „Einer der Kundigsten unter ihnen tritt auf und erklärt, was (in den biblischen Schriften) dunkel ist; denn in diesen sind die meisten Lehren nach altertümlicher Weise in Symbole gekleidet" (Philo Quod omnis probus liber M. II, 458) [2]). Zum Gegenstand ihrer Forschung machten sie besonders die Schöpfungsgeschichte: „Philosophiert wird über das Entstehen des Alls" (ib.).

Josephus sucht gleichfalls das Verständnis der Schrift nicht in ihrem Wortsinn, sondern in einem unter der Hülle des Buchstabens verborgenen Sinn, obwohl er in Jerusalem geboren ist: „Alles ist der Natur der Dinge gemäß angeordnet, indem der Gesetzgeber einiges geschickt andeutet, anderes in würdiger Allegorie darstellt, anderes endlich, was er offen sagen durfte, mit klaren Worten ausspricht" (Ant. 1, 24). Abgesehen von ganz klaren Stellen ist also an manchen der Sinn nicht sogleich deutlich zu erkennen, aber er läßt sich doch den Worten entnehmen — hier mag Josephus vor allem die Anthropomorphismen im Auge haben —; an anderen Stellen ist der Sinn ganz verborgen. In vielen Erklärungen verrät er Abhängigkeit von Philo [3]), der für ihn ist „ein Mann, in allem berühmt und in der Philosophie nicht unerfahren" (Ant. 18, 259).

---

[1]) Die Frage, ob Philo der Verfasser dieses Buches ist, hat in neuester Zeit eine Menge von Schriften hervorgerufen. Dieselben sind angeführt bei Schürer³ III, 535—538.

[2]) Vgl. z. d. St. Zeller, Philos. d. Gr. III, 2⁴ S. 327 Anm. 4 und S. 328 Anm. 2.

[3]) Vgl. Siegfried, Philo von Alex. 278 ff. Freudenthal, Hellenistische Studien II, 218.

6. Philo von Alexandria.

Das hervorragendste Mitglied der jüdisch-alexandrinischen Exegetenschule war Philo von Alexandria [1]). Einer der einflußreichsten Männer seiner Zeit und einer der größten Gelehrten, welche das Judentum je hervorgebracht hat, hat er die Allegorie und die ihr zugrunde liegende griechisch-jüdische Religionsphilosophie zwar nicht geschaffen; wohl aber war er ihr bedeutendster Vertreter, der von allen Exegeten der allegorisierenden Richtung allein Schriften von Bedeutung hinterließ, die allegorischen Deutungen seiner Vorgänger sammelte und durch eigene vermehrte, die Hermeneutik der allegorischen Schule weiterführte und zur Vollendung brachte und deshalb auch auf die Exegese der älteren Kirchenschriftsteller einen nachhaltigen Einfluß ausübte. Geboren etwa 20—10 v. Chr. aus einer der vornehmsten Judenfamilien Alexandriens, ein Bruder des Alabarchen Alexander, kam er im Jahre 40 n. Chr. als Mitglied einer Gesandtschaft an den Kaiser Caius Caligula nach Rom, worüber er selbst einen Bericht verfaßte [2]). Dies ist das einzige sichere Datum aus seinem Leben. Durch umfassende Studien mit den Schätzen griechischer Literatur vertraut, seiner Sprache und Bildung nach Grieche, ist er dabei ein eifriger Jude, voll Begeisterung für seine Religion und sein Volk. Wenn er von Plato als dem großen und heiligen redet und die hl. Gemeinschaft der Pythagoreer bewundert, wenn er Hellas als die Wiege der Wissenschaft anerkennt [3]) und einen ausgedehnten Gebrauch von der griechischen Philosophie, namentlich von Plato und der Stoa macht, so stammen doch nach seinem Urteil alle Wahrheitselemente der griechischen Philosophie von den Juden. Orpheus ist mit Moses, Pythagoras mit den Schülern des Jeremias in Egypten bekannt geworden. Die griechischen Gesetzgeber und Philosophen haben den Pentateuch gekannt. Heraklit hat aus ihm geschöpft und hat daher gar keine Berechtigung, sich ob seiner Erfindungen zu rühmen [4]). Sokrates ist zu

---

[1]) Reiche Literaturangaben bei Schürer³ III, 487 ff. 542 ff. Über die Anordnung und Charakteristik seiner Schriften: Derselbe 367 ff. 497 ff. Herriot, Philon le Juif 136—173. L. Cohn, Einteilung und Chronologie der Schriften Philos. Leipzig 1899. Massebieau et Brehier, Essai sur la chronologie de la vie et des oeuvres de Philon. Paris 1906.

[2]) De legatione ad Caium.

[3]) De sacrif. Ab. et Caini 78 [M. I, 178].

[4]) Leg. alleg. I, 108 [M. I, 65]; quis rer. div. her. 214 [M. I, 503]; Quaest. in Gen. [A. 360].

Moses in die Lehre gegangen[1]). Wo aber die Philosophen von Moses abweichen, da ist die Lehre des Moses die bessere[2]). Dies alles wird von Philo bewiesen durch die allegorische Deutung der Schrift.

Wenn aber auch zur Zeit Philos die allegorische Erklärung in Alexandria in den weitesten Kreisen Anhänger zählte, so gab es unter den Juden dieser Stadt doch eine Partei, die der wörtlichen Erklärung der Schrift zugetan blieb und die Allegorie verwarf. Philo zeichnet sie selbst: „Jenen, die von einer unheilbaren Krankheit befallen sind, dem Pochen auf Worte, dem Kleben an Namen und an der Gaukelei mit Gebräuchen, wollen wir die geheiligten Geheimnisse nicht mitteilen" (De cherub. 42 [M. I, 146]). Er nennt sie τῆς ῥητῆς πραγματείας σοφισταί (De somn. I, 102 [M. I, 636]). Von Bedeutung und Ansehen kann indes diese Partei nicht gewesen sein; denn sonst könnte Philo nicht so verächtlich von ihr sprechen, und es wäre sonst auch unbegreiflich, daß wir von allen übrig gebliebenen Zeugen der alexandrinisch-jüdischen Bildung, das dritte Makkabäerbuch ausgenommen, nur die allegorische Richtung vertreten finden.

§ 4. Die Allegorie bei den Christen.

1. Gründe für die Übernahme der allegorischen Schrifterklärung durch die Christen.[3])

Als die Kirche ihre welterobernde Mission auszuführen anfing und die Christen sich vor die Notwendigkeit gestellt sahen, die hl. Schrift zu erläutern, da fand man eine allgemein verbreitete, von Griechen und Juden geübte und anerkannte Auslegung vor, die allegorische. Die am Wortsinn festhaltende exegetische Methode der palästinensischen Juden konnte für die christlichen Schriftsteller deshalb weniger in Betracht kommen, weil die Targumim und Midraschim in einer ihnen gänzlich fremden Sprache abgefaßt waren. Die

---

[1]) Quaest. in Gen. [A. 83].
[2]) Leg. alleg. II, 15 [M. 69].
[3]) Diestel, Geschichte des A. T. in der christl. Kirche (Jena 1869), 28 ff. Kihn, Die Bedeutung der antiochenischen Schule auf dem exegetischen Gebiete (Weissenburg 1866) 162 ff. Redepenning, Origenes I (Bonn 1841), 71. Bigg, The christian platonists of Alexandria (Oxford 1886), 56 ff. de Faye, Clément d'Alexandrie (Paris 1898), 126—137 (les Simpliciores); 138—148 (les Simpliciores et Clément).

Christen sahen sich also von vornherein veranlaßt, die allegorische Methode sich zu eigen zu machen. An Philo speziell schlossen sie sich um so lieber an, weil neben seiner glänzenden Sprache und geistvollen Untersuchung seine ungeheuchelte Frömmigkeit und seine Neigung zur Aszese auf sie Eindruck machte. Wie groß das Ansehen war, daß er genoß, können wir nicht nur daraus erkennen, das die christliche alexandrinische Exegetenschule auf ihn geradezu sich aufbaut, sondern auch daraus, daß später die Legende aufkam, er sei ein zweites Mal, unter der Regierung des Claudius, nach Rom gereist und habe bei dieser Gelegenheit den Apostel Petrus kennen gelernt und mit ihm Freundschaft geschlossen, so daß er vielleicht Christ geworden sei (Euseb. Hist. eccl. II, 17, 1). Wie ihr Stifter, so fand die Kirche sofort Feinde überall, unter Juden und Heiden. Anfangs bekämpften diese die neue Religion nur mit blutiger Verfolgung, bald aber auch mit den Waffen des Geistes. Die Waffen, die den Christen im Kampfe mit den Heiden dienen konnten, fanden sie bereits vor. Nachdem Aristobul und Philo den Satz aufgestellt hatten, daß die Philosophen ihre Lehre der Schrift entnommen hätten, folgten ihnen hierin die christlichen Lehrer. Alle Philosophen haben nach Justin und dem Verfasser der Cohortatio ad Gentiles ihre Weisheit aus Moses geschöpft[1]). Nur dadurch lassen sich die erhabenen Gedanken erklären, die sich bei den Heiden finden (Ap. I, 44; 59; Coh. ad. Gent. 8; 9; 10). Plato speziell hat seine Ideenlehre aus dem Pentateuch (Coh. ad. Gent. 29; 30). Derselben Ansicht ist auch Clemens. „Plato, den Funken hebräischer Philosophie anfachend, war nicht unbekannt mit David" (Paed. II, 1, 17). Er wendet auf die griechischen Dichter und Philosophen Joh. 10, 8 an: „Alle, die vor mir gekommen sind, sind Diebe und Räuber" (Str. II, 1, 1; Str. I, 17, 81). Daß die mosaischen Gesetze weit älter sind als die Philosophie der Griechen, beweist er chronologisch Str. I, 21, 101 ff. Auch in der Moralphilosophie sind nach der Ansicht des Clemens die Griechen von Moses abhängig (Str. II, 18, 78; vgl. Str. VI, 2, 4; Str. I, 15, 72; Str. II, 5, 20). Die Tatsache, daß die Philosophen doch auch in wichtigen Punkten von der Schrift abweichen, macht dem Justin und dem Clemens so wenig Schwierigkeiten wie ihren jüdischen

---

[1]) Dieser Gedanke kehrt bei den Apologeten oft wieder; vgl. z. B. Tatian Or. ad. Graecos 36—41; Theophilus Ad. Autol. III, 20—29.

Vorgängern. Die Philosophen haben in solchen Fällen die in der hl. Schrift nicht offen zu Tage liegende, sondern unter der Allegorie verborgene Wahrheit einfach nicht verstanden (Ap. I, 55. Str. V, 1, 10). Die Folge dieser Anschauung war natürlich, daß die Kirchenschriftsteller, wie sie nach dem Vorbilde der jüdischen Exegeten die Abhängigkeit der Philosophen von der hl. Schrift behauptet hatten, so auch an der Hand derselben Vorgänger die philosophischen Lehren mit Hilfe der Allegorie in die hl. Schrift hineinzudeuten suchten. Diese Schriftauslegung bot zugleich der jungen Kirche den Vorteil, den Heiden gegenüber ihren Glauben als einen durch das höchste Altertum geheiligten uud daher Achtung fordernden darstellen zu können. Zu solchem Vorgehen glaubten sich die Christen um so eher berechtigt, weil die Heiden selbst die Allegorie übten. Wir haben ja gesehen, wie die Stoiker ihren Homer erklärten. Manche Philosophen, z. B. die Pythagoreer, sehrieben Formeln vor, denen sie einen geheimen Sinn unterlegten. Clemens weist besonders Str. V, 8, 50 auf das Beispiel der griechischen Dichter und Philosophen hin: „Tausendes und Abertausendes könnten wir von den Philosophen und Dichtern in Bildern ($αἰνιγματωδῶς$) gesagt finden." Selbst die Egypter kannten und übten die Allegorie (Str. V, 7, 41). Daß auch den hellenistischen Juden die Wahrheit des Christentums auf dem Wege der Allegorie zu zeigen war, begreift sich aus der Hochschätzung, welche von ihnen dieser Schriftauslegung gegenüber bekundet wurde. Sie sahen in ihr eine hohe Kunst und Gelehrsamkeit, ein Lob, das Celsus manchem Christen spendete.

Erwies sich somit die Allegorie als geeignet, die Kirche wider Heiden und Juden zu verteidigen, so zeigte sie sich auch gegen gefährliche Strömungen in der Kirche selbst von nöten. Den Anthropomorphiten und deren grobsinnlichen Auffassung des Schrifttextes gegenüber erschien das der einzige Ausweg zu sein, daß man die geistige Bedeutung der Anthropomorphismen betonte. Den Chiliasten und ihrer wörtlichen Auslegung der Apokalypse mußte die uneigentliche, tropologische Bedeutung vieler Worte, der wahre Sinn der Allegorien und Parabeln dargetan werden. Freilich ist dieser verborgen liegende Sinn der Wortsinn. Er wurde aber damals als allegorischer Sinn aufgefaßt und bezeichnet, und es lag dann sehr nahe, weiter zu gehen und auch dort Allegorien zu suchen, wo keine vorhanden waren.

§ 4. Die Allegorie bei den Christen.

Die Gnostiker sahen nur im Christentum das Werk des wahren Gottes. Die alttestamentliche Offenbarung stammte in ihren Augen von einem niederen Äon. Marcion gar verwarf Gesetz und Propheten, weil er den Gott des Alten Bundes in Gegensatz brachte zum Gott des Neuen Bundes. Dieser „Häresie" gegenüber betonten die kirchlichen Schriftsteller die ideale Einheit und Übereinstimmung zwischen Altem und Neuem Bunde. Sie gingen aber auch hier zu weit, indem sie glaubten, daß der Neue Bund in seinen Umrissen bereits im Alten Bunde enthalten sei (Justin Ap. I, 52. Clem. Str. II, 23, 147). Folgerichtig sahen sie, von Barnabas angefangen, es als eine Hauptaufgabe der Exegese an, überall Beziehungen zwischen dem A. T. einerseits und Christus und seiner Kirche anderseits mittelst der allegorischen Erklärung nachzuweisen. Im A. T. ist ein ungeschrieben $(\mathring{\alpha}\gamma\varrho\mathring{\alpha}\varphi\omega\varsigma)$ vorhandener Sinn verborgen, der im N. T. offen zutage tritt. Was früher parabolisch ausgedrückt war, das wird jetzt in seinem eigentlichen Sinne verstanden. Der Herr wirkt, wie im N. T., so schon im A. T. Mit dem Evangelium beginnt nicht eine neue Entwickelung, sondern das im A. T. bereits Vorhandene wird im Evangelium nur ans Licht gebracht [1]). Diese wunderbare Übereinstimmung zwischen A. und N. T. zeigt die allegorische Erklärung (Str. V, 10, 60 ff.). Auf diese Weise konnten die Christen hoffen, auch viele Juden zu gewinnen. Sie konnten ihnen zeigen, daß der Übergang zur christlichen Kirche durchaus keinen Abfall vom Glauben ihrer Väter darstelle, da sie ja mit dem christlichen Bekenntnisse nur das annähmen, was im A. T. bereits enthalten sei (Dial. 113).

Die Allegorie erschien den Vätern ferner als das einzige Mittel, den Schwierigkeiten zu begegnen, welche der Inhalt des Alten Testaments darbot (Justin Dial. 57. 112). Sie brachte stets eine befriedigende Lösung, wo man in der Schrift Widersprüche zu finden glaubte (Dial. 65. 112). Vor allem aber bot sie einen Ausweg bei der Erklärung jener Stellen, die von den ehrwürdigen biblischen Personen sündhafte Handlungen berichteten. Allegorisch erklärt verlor die Blutschande der Thamar (Dial. 86) und die Polygamie der Patriarchen (Dial. 134. 141) alles sittlich Anstößige, das der Wortsinn enthielt.

---

[1]) Kutter, Clemens Al. und das Neue Testament (Gießen 1897), 102.

Auch zum Zwecke der Erbauung glaubte man die Allegorie nicht entbehren zu können. Wollte man spröderen Stoff, wie rein geschichtliche Partien des A. T., didaktisch verwerten, so bot die philonische Exegese, die in jeder Stelle der hl. Schrift die erhabensten sittlichen Wahrheiten fand, eine erwünschte Hilfe.

Die allegorische Erklärung empfahl sich endlich durch einen wichtigen Dienst, den sie der jungen Kirche leisten konnte und auch in der Tat geleistet hat. Bei den alexandrinischen Juden hatte sie Glauben und Wissen versöhnen sollen. Sie hatte es getan, aber unvermerkt hatte die Philosophie die Oberhand über die Religion gewonnen. Im Christentum harrte ihrer eine ähnliche Aufgabe, die sie besser gelöst hat. Alexandria, der Zentralpunkt weltlicher Wissenschaft, sollte auch die Geburtsstätte der kirchlichen Theologie werden. Je mehr Bekenner das Christentum auch in gebildeten Kreisen gewann, desto notwendiger wurde es, die kirchliche Lehre mit den Anschauungen der Zeit auszugleichen und sie in einer Form darzustellen, die nicht nur dem Herzen, sondern auch dem Verstande Befriedigung gewähren konnte. Wollte die Kirche ihrer Aufgabe, die ganze Menschheit, auch die Gebildeten, für das Christentum zu gewinnen, gerecht werden, so mußte sie selbst auf dem Gebiete der Literatur und der Wissenschaft den Wettkampf mit dem Heidentum aufnehmen. Es zeugt von großem Scharfblick und Verständnis für die Weltmission der Kirche, daß Clemens von Alexandria dies erkannte. Nun war aber die Wissenschaft durch den Gnostizismus in weiten Kreisen in Verruf gekommen. Auch in Alexandria gab es Christen, und diese bildeten die große Mehrheit, die jegliches Wissen, gestützt auf Stellen der hl. Schrift, wie I. Kor. 1, 20; Kol. 2, 8; Spr. 5, 3 als unnütz erklärten oder gar als Teufelswerk verwarfen. Clemens suchte diese eines Besseren zu belehren, und hierbei kam ihm die Allegorie zustatten. Indem er mit ihrer Hilfe zeigte, daß die philosophischen Sätze sämtlich bereits in der Schrift enthalten seien, zerstreute er das Mißtrauen der kurzsichtigen Brüder, die seine Ideen und Lehren sonst für gnostische gehalten hätten. Vermöge der allegorischen Erklärung war es für Clemens auch möglich, seine Lehre auf die hl. Schrift zu stützen und so den Grund zu einer Glaubenswissenschaft zu legen.

Es fehlte mithin nicht an Gründen, welche die Kirchenschriftsteller geradezu zwangen, die allegorisierende Methode der Auslegung anzunehmen. Es fragte sich nur, ob sie sich ihrer bedienen durften. Wie einst die Juden, so suchten jetzt die Christen die Berechtigung der allegorischen Erklärung in der Schrift, und nicht ohne Erfolg. Der Hebräerbrief ist durch und durch typologisch. Paulus stellt das A. T. hin als ein Vorbild des N. T. Kol. 2, 16. 17 bezeichnet er die Feste, Neumonde und Sabbate als einen „Schatten des Zukünftigen", als den „Leib Christi". I. Kor. 10, 4 erklärt er den Felsen, aus dem die Israeliten auf ihrem Wüstenzuge Wasser getrunken hatten, als einen „geistig aufzufassenden Felsen, nämlich Christus". I. Kor. 10, 11 fügt er nach Aufzählung einiger Tatsachen aus der alttestamentlichen Geschichte hinzu: „Das ist ihnen als Vorbild geschehen, es ist zur Warnung geschrieben für uns, die wir in den letzten Zeiten leben." Ähnlich dem Verfahren Philos zieht er I. Kor. 9, 9 aus Deut. 25, 4: „Dem dreschenden Ochsen sollst du das Maul nicht verbinden", den Schluß, das Gebot weise auf die Pflicht der Gemeinde hin, für den Unterhalt der evangelischen Arbeiter zu sorgen, eine Folgerung, die zweifelsohne außerhalb des Wortsinns liegt und nur eine Übertragung der Stelle ist. Vor allem aber mußte den kirchlichen Schriftstellern die Stelle Gal. 4, 22 ff. gelegen kommen, welche die beiden Frauen Abrahams, Hagar und Sara, auf die beiden Testamente deutet unter der ausdrücklichen Bemerkung: ἅτινά ἐστιν ἀλληγορούμενα. Wir haben hier nicht zu fragen, ob alle diese Stellen Allegorien sind; es genügt, daß die Kirchenschriftsteller die Allegorie von den Aposteln angewendet glaubten. Ja selbst der Heiland zeigte sich in ihren Augen der Allegorie zugetan, indem er sich den „wahren Weinstock" nannte (Clem. Paed. I, 8). Welche Aufforderung lag darin für sie, die allegorische Erklärung sich zu eigen zu machen! Die Christen forschten auch, ob nicht das Alte Testament selbst darauf hinweise, daß es allegorisch zu deuten sei, und sie fanden Stellen, die ihnen Recht zu geben schienen. Ez. 16, 3 spricht Gott zu den Bewohnern Jerusalems: „Dein Vater ist ein Amorrhäer und deine Mutter eine Hethitin." Dies ist offenbar bildlich zu verstehen (Justin Dial. 77). Ps. 77, 2 lautet: „Öffnen will ich meinen Mund in Gleichnissen." Es gilt also von der ganzen Schrift, daß sie parabolisch zu verstehen ist (Clem. Str. V, 4, 25). Wir dürfen uns also nicht wundern, daß die allegorische Erklärung von den ältesten Kirchenschriftstellern angewendet wurde und daß diese sich dabei nicht bewußt waren, daß sie ihre eigenen Gedanken in die Schrift hineintrugen, sondern vielmehr der festen Überzeugung waren, daß alle Gedanken, die sie durch die Allegorie aus der Schrift ableiteten, von den hl. Verfassern beabsichtigt seien; denn diese sind samt und sonders „Propheten".

2. Clemens von Rom. [1])

Schon bei Clemens von Rom finden wir einen Versuch zu allegorisieren. Der rote Faden, den Rachab an ihrem Hause aushängt und der die Ursache ist, daß alle, die in diesem Hause sich aufhalten, gerettet werden, bedeutet das Blut Christi, durch das alle Menschen Erlösung finden (I. Kor. 12). Wir werden nicht umhin können, hier einen Einfluß zu sehen, den die jüdische Allegoristik auf den geborenen Juden [2]) ausübte, der, da nach Hebr. 11, 31 Rachab durch ihren Glauben gerettet wurde, ihre Handlungsweise auf den Glauben an Christum bezog und in der roten Farbe des Fadens einen Hinweis auf das Blut Christi erblickte, welches für die Rettung der Menschheit vergossen worden ist.

3. Der Barnabasbrief. [3])

Der Verfasser des Barnabasbriefes [4]) ist von der jüdischalexandrinischen Schriftauslegung in weitgehendem Maße beeinflußt. Dafür, daß er mit Philo selbst bekannt ist, spricht, daß alle hermeneutischen Regeln, die sich bei ihm angewendet finden, von dem jüdischen Exegeten aufgestellt sind und daß er die Speisegesetze in gleicher Weise wie jener deutet. Wegen dieser allegorisierenden Exegese haben wir als wahrscheinlichen Wohnsitz des Verfassers Alexandria anzusehen.

4. Justin der Martyrer. [5])

Ob Justin wegen seiner allegorischen Schriftauslegung als Schüler Philos anzusehen ist, gilt als nicht ganz sicher. Allerdings finden wir unter seinen Deutungen, wenn er auch einige dem jüdischen Exegeten entlehnt haben kann, keine einzige, die er aus

---

[1]) Vgl. Bardenhewer, Gesch. der altkirchl. Lit. I, 98 ff.
[2]) Bardenhewer I, 104 f.
[3]) Vgl. Bardenhewer I, 86 ff.
[4]) Er wird im folgenden, analog dem Verfasser des Aristeasbriefes, kurzweg Barnabas genannt. Daß der Brief nicht vom Apostel Barnabas herrührt, muß als sicher gelten; vgl. Bardenhewer I, 91 f.
[5]) Bardenhewer I, 190 ff.

ihm geschöpft haben muß. Aber es ist doch wahrscheinlich, daß er bei seinen ausgedehnten Reisen auch Alexandria als einen Hauptsitz der Wissenschaft besucht hat. Jedenfalls hat er sich infolge seiner Polemik mit den Juden mit der allegorischen Schrifterklärung, die ja nicht auf ihre Geburtsstätte Alexandria beschränkt geblieben war, sondern von den hellenistischen Juden überhaupt gepflegt wurde, bekannt gemacht, wie auch sein Gegner Trypho als Exeget der alexandrinisch-allegorischen Schule erscheint, nicht als Vertreter der den Wortsinn weit mehr betonenden palästinensischen Schule. Unter den allegorischen Kommentaren aber standen die Werke Philos an erster Stelle. Ferner lehnt sich Justin in der Auffassung der Schrift im allgemeinen und in ihrer Erklärung im besonderen vollständig an die Hermeneutik des jüdischen Exegeten an, was wir noch nachweisen werden. Endlich gibt Justin eine genaue Beschreibung der Exegese Philos. Die Lehrer der Juden, so sagte er (Dial. 112. 113), sollten nicht darnach forschen, warum die Kamele an einer Stelle der Schrift nicht den weiblichen Artikel haben, oder was die weiblichen Kamele bedeuten, oder warum gerade so und so viel Maß Mehl oder Wein geopfert werden müsse, oder warum dem Namen Abram ein Alpha und dem Namen Sara ein Rho zugefügt worden sei (Ἀβράμ — Ἀβραάμ. Σάρα — Σάρρα). Nun fällt es dem Philo in Gen. 6, 12 auf, daß es heißt: τὴν ὁδὸν αὐτοῦ und nicht αὐτῆς, da das Subjekt ἡ σάρξ sei, und er fragt nach dem Grunde (quod Deus sit immut. 141 [M. I, 294]). Er entwickelt die symbolische Bedeutung des Kamels (de post. Caini 148 [M. I, 254]), erklärt, welcher symbolische Unterschied zwischen männlichen und weiblichen Vögeln ist (quod det. pot. ins. sol. 172 [M. I, 225]), und erläutert, warum gerade ein Zehntel Epha Mehl dargebracht wird (de congr. erud. gr. 100 ff. [M. I, 533]). Endlich zeigt er, was die scheinbar so geringfügige Namensänderung bei Abraham und Sara bedeutet (de mut. nom. 60 ff. [M. I, 587]). Justin verwirft aber diese Methode nicht, wie es den Anschein hat; denn er exegesiert bei gegebener Gelegenheit auch nicht anders. Er will vielmehr die Juden auf die Namensänderung Osee in Josue Num. 13, 17 aufmerksam machen, die weit eher des Nachdenkens wert sei, weil sie auf Jesum hinweise. Wir sind also wohl zu der Annahme berechtigt, daß Justin mit den Schriften Philos vertraut ist und an seiner Exegese sich gebildet hat. Daß er auch mit dem Barnabasbriefe bekannt ist, geht daraus hervor, daß beide eine Reihe alttestamentlicher Stellen in gleicher Weise auffassen, und zwar Ex. 17, 8 ff.: Dial. 90. 111 = Barn. 12; Num. 21, 8 f.: Dial. 91. 94. 112 = Barn. 12; Num. 13, 17: Dial. 113 = Barn. 12; Lev. 16, 7 ff. (bzw. die Halacha, daß die beiden Böcke, die am Versöhnungsfeste zur Verwendung kommen, ganz gleich sein müssen): Dial. 40 = Barn. 7.

Photius behauptet, die Autorität Justins habe die Aufnahme der allegorischen Interpretation in der Kirche veranlaßt: *ἐξ οὗ οἶμαι καὶ πᾶς ὁ ἀλληγορικὸς τῆς γραφῆς ἐν τῇ ἐκκλησίᾳ λόγος ἀρχὴν ἔσχεν εἰσρυῆναι* (Bibl. cod. 105; p. 86 Bekker). Dies trifft nicht zu. Wenn auch speziell die Typen, die Justin im Alten Testamente findet, von den späteren Kirchenschriftstellern in Anlehnung an Justin vielfach wiederholt werden, so hat doch nicht das Ansehen Justins die kirchlichen Schriftsteller zur allegorischen Erklärung der Schrift bewogen, sondern die oben dargelegten Gründe, weshalb wir die Allegorie schon vor Justin von Clemens Romanus und Barnabas angewendet sehen.

Der Verfasser der **Cohortatio ad Gentiles** beruft sich wiederholt auf Philo (cc. 9. 10. 13).

5. Theophilus von Antiochien. [1]

Auch Theophilus kennt einen allegorischen Sinn der Schrift und macht von ihm besonders bei der Erklärung der Urgeschichten der Genesis Gebrauch. Die Sonne ist nach ihm ein Bild Gottes, der Mond das des Menschen. Die ersten drei Tage der Schöpfungswoche sind ein Symbol der hl. Dreieinigkeit, der vierte Tag aber, an dem die Himmelskörper entstanden, erinnert an den Menschen, der des Lichtes bedarf. Die größeren Sterne weisen hin auf die Propheten, die kleineren auf die Gerechten, während die unstäten Planeten ein Bild derer sind, welche von Gott abfallen und sein Gesetz verlassen (Ad Autol. II, 15). Die Seeungeheuer und die fleischfressenden Vögel erinnern an die habsüchtigen und frevelhaften Menschen (l. c. II, 16). Der antiochenische Apologet weist aber dem allegorischen Sinne nur eine untergeordnete Rolle zu und erkennt den Literalsinn an allen Stellen der Schrift an. In schroffem Gegensatz zu Philo faßt er die Erzählungen von den sechs Tagewerken, von der Erschaffung des Weibes, von dem Paradies und dem Sündenfall wörtlich auf (Ad Autol. II, 12. 18—28),

---

[1] Bardenhewer I, 278 ff.

§ 4. Die Allegorie bei den Christen.

ja zum Beweise, daß die Schrift hier Tatsachen erzählt, erinnert er daran, daß die Frauen beim Gebären große Schmerzen zu überstehen haben und daß die Schlange auf dem Bauche kriecht und Erde frißt, wie es Gott nach dem Sündenfall zur Strafe verhängt hat (II, 23). Nur scheinbar spricht dagegen die Wendung, daß der Ausdruck „um das Paradies zu bebauen" (Gen. 2, 15) keine andere Tätigkeit bedeutet als die, das Gebot Gottes zu beobachten (II, 24). Auf eine Bekanntschaft des Apologeten mit Philo[1]) kann man nicht daraus schließen, daß er wie dieser Noe mit $\dot{\alpha}\nu\dot{\alpha}\pi\alpha\nu\sigma\iota\varsigma$ (III, 19), Eden mit $\tau\rho\upsilon\varphi\dot{\eta}$ (II, 24) und Sabbat mit $\dot{\varepsilon}\beta\delta o\mu\dot{\alpha}\varsigma$ (II, 12) übersetzt; denn die beiden ersten Etymologien gehen auf die Septuaginta (Gen. 6, 29 bezw. 3, 23) zurück, die letzte ergab sich für den Kirchenvater leicht daraus, daß der Sabbat der siebente Tag der Woche ist. Wie Philo faßt Theophilus das Meer als ein Bild der Welt auf. Während aber der jüdische Allegorist von der Unruhe und Gefährlichkeit des Meeres ausgeht (leg. alleg. II, 102 [M. I, 85]), macht der christliche Schriftsteller geltend, daß, wie das Meer, wenn es nicht durch den reichlichen Zufluß der Ströme und Quellen gespeist würde, wegen seines Salzgehaltes längst ausgetrocknet wäre, so auch die Welt, hätte sie nicht gleich süßem Wasser Gottes Gesetz und die Propheten, wegen ihrer Bosheit schon lange zugrunde gegangen wäre, und daß ferner, wie im Meere Inseln während des Sturmes eine Zufluchtsstätte böten, so auch in der Welt die katholische Kirche die Wahrheit lehrte, während die Ketzereien, felsigen Inseln gleich, allen Verderben brächten, welche bei ihnen eine Unterkunft suchten (II, 14). Dieser Unterschied zeigt, daß zwischen der Allegorie bei Philo und der bei dem Apologeten kein Zusammenhang besteht.

Wir haben also nicht nur eine direkte Bekanntschaft des Theophilus mit dem jüdischen Exegeten abzulehnen, sondern können wegen des Gegensatzes in der Auffassung der Schrift in ihrem Wortsinn und allegorischen Sinn nicht einmal eine indirekte Abhängigkeit des Kirchenvaters von Philo zugeben. Sein Gebrauch der Allegorie, mehr Anwendung der Schrift als Exegese derselben, erklärt sich aus der Neigung jener Zeit zu dieser Auslegung und seiner umfassenden Belesenheit in der griechischen Literatur, welche ja zu einem großen Teil der Allegorie huldigte.

---

[1]) Für diese tritt ein Siegfried, Philo von Alexandria 340.

6. Irenäus von Lyon. [1]

In der Geschichte der allegorisch-mystischen Schriftauslegung bedeutet die Exegese des Irenäus nur insofern einen Fortschritt, als dieser Kirchenvater die Allegorie als erster auf das Neue Testament anwendet. So erklärt er in der Stelle Matth. 5, 5: „Selig sind die Sanftmütigen; denn sie werden das Erdreich besitzen," das Erdreich als den Leib des Menschen, der vom Geiste Gottes in Besitz genommen werde (Adv. haer. V, 9, 4). Lazarus, der an Händen und Füßen mit Binden umwickelt im Grabe liegt, ist Symbol des in die Sünden verstrickten Menschen (V, 13, 1). Das Alte Testament ist für Irenäus durch und durch typisch. Die Äthiopierin, die Moses zur Frau nimmt, bedeutet die Heiden, die in die Kirche eintreten sollten (IV, 20, 12). Lea und Rachel sind Sinnbilder der beiden Testamente (IV, 21, 3; vgl. Gal. 4, 22), ebenso Abraham vor und nach der Beschneidung, die Zwillinge der Thamar (IV, 25) und die beiden Töchter Lots (IV, 31, 1. 2). Das Paradies ist Symbol der Kirche; die Bäume, von denen man essen darf, sind die hl. Schriften; der Baum der Erkenntnis ist der hochfahrende Verstand (V, 20, 2). Aber dabei ist zu beachten, daß zwischen der Exegese des Irenäus und der seiner jüdischen und christlichen Vorgänger ein großer Unterschied besteht. Letztere betrachten den Wortsinn als minder wichtig und leugnen ihn an vielen Stellen. Irenäus ist im Kampfe mit den Gnostikern genötigt, den Wortsinn voranzustellen und zu betonen. Auch dort, wo er allegorisiert, verkennt er den Wortsinn nicht, sondern sieht ihn als die Hauptsache an. Wohl stellt er die Regel auf, daß man das, was die Alten Unziemliches getan hätten, ohne daß es von der Schrift getadelt werde, als Vorbild ansehen müsse, und führt als Beispiel die Töchter Lots an. Indem er sie aber samt ihrem Vater entschuldigt, beweist er, daß er auch hier am Wortsinn festhält (IV, 31, 1—2). Ebenso nimmt er die Sünden Davids und Salomos als wirklich geschehen an (IV, 27, 1). Um den Chiliasmus, zu dem er sich bekennt, zu verteidigen, betont er ausdrücklich, daß die auf das tausendjährige Reich hinweisenden Stellen wörtlich, nicht allegorisch, zu deuten seien (V, 34—35), und wenn er sagt: „Daß die Propheten sehr vieles in Parabeln und Allegorien gesagt haben und nicht gerade nach dem Wortlaut, gestehen auch

---

[1] Bardenhewer I, 496 ff.

sie selber (sc. die Gnostiker)" (II, 22, 1), so will er in dem dazu angeführten Beispiel Jes. 61, 2 = Luc. 4, 19 nur die grobwörtliche Auffassung des Jahres als eines Zeitraumes von genau zwölf Monaten und des Tages als eines Zeitabschnittes von genau zwölf Stunden ablehnen.

Es fragt sich nun, an welche Exegeten Irenäus sich bei seiner sehr gemäßigten allegorischen Erklärung methodisch angeschlossen hat. Daß er mit Justin bekannt ist, geht daraus hervor, daß er von dessen Schriften fleißigen Gebrauch macht. Um nur eins anzuführen, beziehen beide Kirchenväter das Holz, das Elisäus ins Wasser warf (IV. Kön. 6, 1—7), auf das Kreuz Christi (Dial. 86 = Adv. haer. V, 17, 4). Die allegorische Erklärung der Wiederkäuer hat Irenäus aus Barnabas (Barn. 10, 11 = Adv. haer. V, 8, 3). Die oben angeführte Deutung von Matth. 5, 5 lehnt sich an Barn. 6, 11 an, wo die „Erde" auf den Menschen bezogen wird. Irenäus ist also nur durch Vermittelung des Justin und des Barnabas von Philo abhängig. Daß er die Schriften des jüdischen Exegeten selbst gekannt und als Ausleger an ihnen sich gebildet hat, läßt sich nicht erweisen und ist auch unwahrscheinlich. Deshalb und weil er bei seinem steten Festhalten am Wortsinn, dem er den allegorischen Sinn unterordnet, nicht zu den allegorischen Auslegern im eigentlichen Sinne, der alexandrinischen Exegetenschule (in weiterer Fassung des Begriffs), gerechnet werden kann, so soll er im folgenden, von der Erklärung der Speisegesetze abgesehen, nicht berücksichtigt werden.

7. Clemens von Alexandria. [1])

Der erste Kirchenschriftsteller, der exegetische Kommentare verfaßt hat, ist Clemens von Alexandria. Zwar sind diese, die Hypotyposen, bis auf wenige Reste, die in lateinischer Übersetzung unter dem Titel „Adumbrationes in epistulas catholicas" erhalten sind, verloren gegangen. Trotzdem besitzen wir in seinen anderen Werken mehr exegetische Ausführungen, als sie von irgend einem Kirchenschriftsteller vor ihm hinterlassen wurden. Da er auch nicht, wie seine Vorgänger, lediglich darauf ausgeht, den christlichen Glauben als den allein wahren zu rechtfertigen und zu verteidigen, sondern eine wissenschaftlich begründete Darstellung dieses Glaubens geben will, so übertrifft er in der Verwendung

---

[1]) Bardenhewer, Gesch. der altkirchl. Lit. II (1903), 15 ff.

der Schrift, die ja das Lehrgebäude stützen soll, auch was die Vielseitigkeit anlangt, bedeutend die älteren Schriftsteller. Wir finden bei ihm eine umfassende Kenntnis der jüdisch-alexandrinischen Exegeten Aristobul, Aristeas und Philo, von denen er Aristobul und Philo öfter mit Namen nennt, desgleichen der christlichen Schriftsteller.

Philo und Clemens waren für Origenes die Lehrer in der Hermeneutik und Exegese, in dem die alexandrinische Exegetenschule ihren Höhepunkt erreichte.

Der Einfluß, den die jüdisch-alexandrinische Exegetenschule und vor allem ihr Hauptvertreter Philo auf die Exegese der ältesten Kirchenschriftsteller ausgeübt hat und der nun bei Barnabas, Justin und Clemens Alexandrinus zur Darstellung kommen soll, besteht nicht nur darin, daß diese bei ihrer Auslegung der hl. Schrift die von den jüdischen Schriftstellern gebotenen Deutungen unverändert übernahmen. Die christlichen Interpreten schlossen sich vielmehr auch da, wo sie eigene Erklärungen boten, selbst da, wo sie Stellen des Alten Testamentes typologisch auf Christus deuteten oder das Neue Testament allegorisch auslegten, methodisch eng an Philo an. Wir haben also auch die Hermeneutik Philos und die der Kirchenschriftsteller einem Vergleich zu unterziehen. Da aber bei der Aufgabe der Exegese, den in einer Schrift niedergelegten Gedanken des Autors darzustellen, die Hermeneutik in engster Beziehung zu dem Inspirationsbegriff des Exegeten steht — die Auffassung von dem Ursprunge eines Buches muß doch auch auf die Auslegungsmethode ihren Einfluß ausüben —, so haben wir zunächst zu fragen, wie weit Philo auf den Inspirationsbegriff der ältesten christlichen Schriftausleger eingewirkt hat.

Erster Hauptteil.
Der Einfluß Philos auf die Hermeneutik der ältesten christlichen Exegeten.
§ 5. Die Inspirationslehre.
1. Der Empfänger der Inspiration.

Plato betrachtet die Entrückung des Menschen aus sich selbst als die notwendige Folge der Inspiration. Dem Einfluß des Göttlichen erliegt der Mensch in dem Maße, daß er vollständig bewußtlos ist. Plato vertritt also den mantischen Inspirationsbegriff[1]). Der Einfluß, den von allen griechischen Philosophen besonders Plato auf Philo ausgeübt hat, zeigt sich zuerst bei dessen Inspirationslehre. Nach diesem jüdischen Philosophen ist die Selbsttätigkeit des Menschen während der Inspiration völlig aufgehoben. Die Offenbarung [2]) empfängt der Mensch im Zustande der Ekstase, in dem ihm jedes natürliche Bewußtsein abgeht. Er ist nichts anderes als ein Kanal, durch den die Mitteilungen von seiten Gottes ohne Vermischung mit menschlicher Mitwirkung hindurchgehen. Er ist lediglich ein Instrument Gottes, das von diesem unsichtbar gespielt wird (quis rer. div. her. 259 [M. I, 510]). „Der Prophet verkündet absolut nichts Eigenes, sondern ist nur Dolmetscher, indem ein anderer ihm alles eingibt, was er vorträgt, und während der ganzen Zeit, in der er gottbegeistert ist, ist er ohne Bewußtsein *(γεγονὼς ἐν ἀνοίᾳ)*, da sein Verstand die Burg der Seele verlassen hat und fortgezogen ist" (de special. leg. IV, 49 [M. II, 343]). „Den Propheten pflegt dies zu geschehen; wenn sie nämlich weissagen und der Verstand inspiriert wird, bleibt er nicht in sich, da er den göttlichen Geist in sich aufnimmt und ihm Wohnung gewährt" (Quaest. in Gen. III, 9 [A. 181] ad Gen. 15, 12); vgl. quis rer. div. heres 264. 265 [M. I, 511]; de special. leg. I, 64. 65 [M. II, 221. 222]. Philo machte sich die Auffassung Platos von der Inspiration um so eher zu eigen, weil Gen. 15, 12 die Verzückung, in die Abraham gerät, als der Herr mit ihm das Bündnis schließen will, ἔκστασις genannt wird. Die Erörterung, die Philo über die Inspiration quis rer. div. heres anstellt, nimmt von dieser Schriftstelle ihren Ausgang.

---

[1]) Tim. 71 C: . . . *μαντείᾳ χρωμένην καθ᾿ ὕπνον, ἐπειδὴ λόγου καὶ φρονήσεως οὐ μετεῖχε . . . ἱκανὸν δὲ σημεῖον ὡς μαντικὴν ἀφροσύνῃ θεὸς ἀνθρωπίνῃ δέδωκεν· οὐδεὶς γὰρ ἔννους ἐφάπτεται μαντικῆς ἐνθέου καὶ ἀληθοῦς, ἀλλ᾿ ἢ καθ᾿ ὕπνον τὴν τῆς φρονήσεως πεδηθεὶς δύναμιν ἢ διὰ νόσον ἤ τινα ἐνθουσιασμὸν παραλλάξας.* Jon. 534 A. C.: *ὥσπερ οἱ κορυβαντιῶντες οὐκ ἔμφρονες ὄντες ὀρχοῦνται, οὕτω καὶ οἱ μελοποιοὶ οὐκ ἔμφρονες ὄντες τὰ καλὰ μέλη ταῦτα ποιοῦσιν . . . οὐ πρότερον οἷός τε ποιεῖν πρὶν ἂν ἔνθεός τε γένηται καὶ ἔκφρων καὶ ὁ νοῦς μηκέτι ἐν αὐτῷ ἐνῇ.* Wenn dieser Zustand eingetreten ist, *ὁ θεὸς ἐξαιρούμενος τούτων τὸν νοῦν τούτοις χρῆται ὑπηρέταις καὶ τοῖς χρησμῳδοῖς καὶ τοῖς μάντεσι τοῖς θείοις, ἵν᾿ ἡμεῖς οἱ ἀκούοντες εἰδῶμεν ὅτι οὐχ οὗτοί εἰσιν οἱ ταῦτα λέγοντες οὕτω πολλοῦ ἄξια οἷς νοῦς μὴ πάρεστιν, ἀλλ᾿ ὁ θεὸς αὐτός ἐστιν ὁ λέγων, διὰ τούτων δὲ φθέγγεται πρὸς ἡμᾶς.*

[2]) Weder Philo noch die ältesten Kirchenschriftsteller machen einen Unterschied zwischen Inspiration und Offenbarung, auch nicht zwischen Schrift- und Redeinspiration.

Dieselbe Ansicht von der Inspiration, zu der sich Philo bekennt, vertrat später der Montanismus; sie wurde aber von fast der ganzen Kirche verworfen. Nun finden wir bei Justin eine Aussage über die Inspiration, die sich mit den Wendungen, die Philo gebraucht, nahe berührt, weshalb Semisch [1]) und Delitzsch [2]) dem Apologeten den mantischen Inspirationsbegriff zuschreiben. Es handelt sich um die Stelle Dial. 115, wo Justin die Weissagung des Zacharias (2, 10—3, 2) dahin erklärt, daß der Prophet den Hohenpriester Jesus ebenso wie den Teufel und den Engel nicht im Vollbesitz seiner Kräfte, sondern in einer Verzückung, in der Ekstase, gesehen habe: τοῦτον δὲ αὐτὸν οὐκ ἐν τῇ ἀποκαλύψει αὐτοῦ ἑωράκει ὁ προφήτης, ὥσπερ οὐδὲ τὸν διάβολον καὶ τὸν τοῦ κυρίου ἄγγελον οὐκ αὐτοψίᾳ, ἐν καταστάσει ὤν, ἑωράκει, ἀλλ᾽ ἐν ἐκστάσει, ἀποκαλύψεως αὐτῷ γεγενημένης. Allein es ist offenbar, daß der Mensch einen Engel oder den Teufel nicht in gewöhnlichem Zustande wahrnehmen kann. Entweder müssen diese Scheinleiber annehmen, daß sie mit leiblichen Augen geschaut werden können, wie z. B. die Engelserscheinungen, die Abraham hatte — und diese Art von Erkennen ist an unserer Stelle ausgeschlossen —, oder der Mensch muß in eine Verzückung versetzt werden, so daß er mit seinem geistigen Auge sie erblickt, entsprechend dem Zustande, in dem Petrus Apg. 10, 10 sich befand und der von der Schrift auch ἔκστασις genannt wird. Dieses visionäre Schauen im Gegensatz zur Sinneserkenntnis bringt Justin mit den Worten οὐκ αὐτοψίᾳ, ἐν καταστάσει ὤν, ἑωράκει, ἀλλ᾽ ἐν ἐκστάσει, ἀποκαλύψεως αὐτῷ γεγενημένης zum Ausdruck. Mehr läßt sich aus dieser Stelle nicht schließen. Daß der Apologet sich jeden Akt der Inspiration als Ekstase gedacht habe, geht aus ihr nicht hervor [3]). Eine andere Äußerung dafür, daß Justin mit Philo der Meinung war, die Propheten hätten die Mitteilungen von seiten Gottes im Zustande der Bewußtlosigkeit empfangen, kann man nicht anführen, und ohne eine solche einfach auf Grund anderweitig beweisbarer Abhängigkeit von Philo den mantischen Inspirationsbegriff bei dem Apologeten vorauszusetzen, ist nicht

---

[1]) Semisch, Justin der Martyrer (Breslau 1840—42) II, 17.

[2]) Delitzsch, De inspiratione scripturae sacrae (Lipsiae 1872), 42 f.

[3]) Vgl. Grube, Die hermeneutischen Grundsätze Justins d. M. Katholik 1880 I, 11. Dausch, Die Schriftinspiration (Freiburg 1891) 50—52. Leitner, Die prophetische Inspiration (Freiburg 1896. Bibl. Stud. I, 4 u. 5) 110.

angängig. Zu dieser Zurückhaltung mahnt uns, daß auch Origenes einerseits die Propheten als Instrumente des hl. Geistes bezeichnet, die er nach Belieben benutzt (c. Cels. 2, 9), anderseits aber ihnen die Freiheit wahrt, etwas zu offenbaren oder zu verschweigen (in Ezech. 6, 1 [M. 13, 709]).

Dem philonischen Vergleiche des Inspirierten mit einem Instrumente Gottes begegnen wir auch bei dem Verfasser der Cohortatio ad Gentiles (c. 8). Die geheimnisvolle Einwirkung Gottes auf den Empfänger der Inspirationsgnade macht dieser unter dem Bilde der Zither und des Zitherspielers anschaulich. Es ist schwer einzusehen, warum der Apologet, der den Philo so oft lobend erwähnt, diesen Vergleich nicht dem jüdischen Schriftsteller entlehnt haben soll [1]. Daß er mit dem Bilde auch denselben Inhalt wie Philo verbindet, zeigt die Stelle in ihrem Wortlaut: „Weder durch die Natur noch durch menschliches Denken ist es den Menschen möglich, so große und göttliche Dinge zu erkennen, sondern durch ein Geschenk, welches von oben damals auf die heiligen Männer herabkam, welche nicht der Kunst der Rede bedurften, noch zu streiten und sich zu zanken brauchten [2], sondern sich nur rein der Einwirkung des göttlichen Geistes hinzugeben hatten *(καθαροὺς ἑαυτοὺς τῇ τοῦ θείου πνεύματος παρασχεῖν ἐνεργείᾳ)*, damit das göttliche, vom Himmel herabgekommene Plektron, wie eines Instrumentes, der Zither oder der Lyra, der gerechten Männer sich bedienend, die Kenntnis der göttlichen und himmlischen Dinge uns offenbare." Nur dadurch erkläre sich die wunderbare Übereinstimmung der hl. Schriftsteller, die doch zu verschiedenen Zeiten und an verschiedenen Orten gelebt hätten. Der Apologet sagt hier nicht nur, daß im Augenblicke der inneren Offenbarung eine Entrückung und Verzückung stattfinden könne [3], sondern er stellt die Propheten den heidnischen Philosophen

---

[1] Leitner a. a. O. 111 leugnet jeden Einfluß Philos auf den Inspirationsbegriff der Apologeten, »weil ein solcher schwer nachweisbar sei«, und will nicht einmal zugeben, daß der Verfasser der Coh. ad Gent. das Bild von ihm übernommen habe.

[2] Nämlich wie die Philosophen im Redekampf.

[3] So beurteilt Dausch a. a. O. 52 die Stelle und will daher dem Verfasser den mantischen Inspirationsbegriff nicht zuschreiben mit der an sich richtigen Bemerkung, daß das christliche Altertum zwischen dem Akt der übernatürlichen Mitteilung und dem Akt der Übermittelung an andere nicht unterschied.

gegenüber, welche letzteren nach der Wahrheit mit eigenen Kräften forschten, während den Propheten die göttlichen Offenbarungen ohne jede eigene Mitwirkung zuteil wurden. Selbst ihre Verstandestätigkeit denkt er sich ausgeschaltet, wie aus dem Gegensatz, der geistigen Anstrengung der Philosophen, hervorgeht. Auch ist der Wortlaut so allgemein, daß dieser Inspirationsbegriff auf jede göttliche Mitteilung zu beziehen ist.

Der philonische Vergleich des Inspirierten mit einem Instrumente kehrt bei Clemens wieder. Hierher ist aber nicht zu beziehen die Stelle Protrept. 1, 5 P. 5: Der Mensch ist eine Zither und eine Flöte, „damit jene schlage, diese blase den Herrn" *(ἵν' ἡ μὲν κρέκῃ, τὸ δὲ ἐμπνέῃ τὸν κύριον)*; denn dies geht auf die innere Harmonie, die jeder Mensch, wenn in ihm der Logos „wie in einem Tempel" wohnt, gewinnt, nicht auf die Inspirationsgnade, die doch nur einzelnen Menschen zuteil wurde [1]). Dies beweist die Gegenüberstellung von Makrokosmos und Mikrokosmos und das Folgende: „Als schönes atmendes Instrument hat Gott den Menschen erschaffen nach seinem Bilde." Dagegen nennt Clemens Str. VI, 18, 168 P. 827 die Propheten „Werkzeuge der göttlichen Stimme" und bemerkt Str. VII, 11 P. 868, daß der Herr es ist, der den Menschen die Gnosis lehrt, indem er „durch den menschlichen Mund wirkt". Indessen hat Clemens von Philo nur das Bild übernommen; sein Inspirationsbegriff ist, was die Person des Inspirierten anlangt, nicht der des jüdischen Exegeten. Dies zeigt die Stelle Str. III, 4, 38 P. 528. Die Juden haben auf die Heidenvölker hinweisend gesagt: „Sie widersetzten sich Gott und wurden gerettet" (Mal. 3, 15); „denn von Gott erleuchtet *(χρηματιζόμενοι)* reden die Propheten nicht nur, was sie von Gott hören, sondern sie selbst auch verkünden und teilen als Einwand das mit, was vom Volke geschwatzt wird, indem sie es wie Wünsche der Menschen berichten." Wenn aber die Propheten die göttlichen Mitteilungen mit den Worten der Menschen zu einer Rede vereinigen, dann sind sie nicht mehr willen- und bewußtlose Werkzeuge Gottes, sondern nur insofern Werkzeuge, als Gott sich ihrer bedient, um seine Worte den Menschen zu verkünden. Ihre Verstandestätigkeit ist während ihrer prophetischen Predigt nicht aufgehoben, ja nicht einmal in dem Augenblicke, in dem sie von

---

[1]) Dies übersehen Redepenning, Origenes I, 136, und Leitner a. a. O. 145.

§ 5. Die Inspirationslehre. 47

Gott Offenbarungen erhalten, wie die beiden Präsensformen beweisen *(τινὰ ἀκούειν λέγουσι παρὰ τοῦ θεοῦ)*, nach welchen die Mitteilung von seiten Gottes und die Verkündigung derselben von seiten des Propheten gleichzeitig gedacht ist.

2. Der Umfang der Inspiration.

Haben auch die Kirchenschriftsteller, abgesehen vom Verfasser der Cohortatio ad Gentiles, von Philo nicht den mantischen Inspirationsbegriff übernommen, so haben sie doch die Ausdehnung, die er der Inspiration gab, sich zu eigen gemacht. Philo ist Vertreter der strengsten Verbalinspiration. · Anstatt aber wenigstens den Grundtext mit der Septuaginta, deren er sich ausschließlich bediente, zu vergleichen, geht er stets nur von dem Texte aus, wie ihn die griechische Übersetzung bietet, indem er die Verbalinspiration auch auf diese ausdehnt. Die Übersetzer der Schrift sind ihm nicht nur *ἑρμηνεῖς,* sondern auch *ἱεροφάνται καὶ προφῆται,* die den Geist des Moses erreichten, die vom Texte nichts hinwegnahmen, auch nichts hinzufügten oder umstellten, sondern ihn ganz genau bis auf das Wort, die Silbe, den Buchstaben wiedergaben (de vita Mosis II, 34. 40 [M. II, 139. 140]). Wie weit sich für Philo die Inspiration der Septuaginta erstreckt, können wir daraus erkennen, daß er aus zufälligen Einzelheiten der Übersetzung weitgehende Schlüsse ableitet; nach seiner Überzeugung gibt es eben in der Schrift keine Zufälligkeit. So hält er es Gen. 24, 16. 20 für wichtig, daß nach dem einen Verse die Kamele aus der „Quelle", nach dem andern aus dem „Brunnen" getränkt werden (de post. Caini 153 [M. I, 255]). Er betont den Unterschied zwischen *ἐγκοιλία* Lev. 1, 9 und *κοιλία* Lev. 9, 14, während der hebräische Text an beiden Stellen קֶרֶב hat (leg. alleg. III, 144 [M. I, 115]). Sogar Fehler der Übersetzung, die ihm als solche entgehen, lehren nach seiner Meinung tiefe Wahrheiten, so Gen. 15, 15, wo die Septuaginta das תִּקָּבֵר des hebräischen Textes statt mit *ταφείς* durch *τραφείς* wiedergibt (quis rer. div. her. 284 ff. [M. I, 514]). Ja er macht zuweilen den äußeren Gleichklang, den griechische Wörter mit hebräischen Eigennamen haben, zur Grundlage seiner Erklärung. Von den Paradiesesflüssen läßt nach ihm z. B. *Φεισών* sich von *φείδεσθαι* ableiten und bedeutet daher die Klugheit, die die Seele vor der Sünde „bewahrt". *Εὐϊλάτ* kommt von *εὖ* und *ἵλεως* und bezeichnet die Ruhe und Heiterkeit der Seele (leg. alleg. I, 66 [M. I, 56]). Daß ihm das

Stehen und Fehlen des Artikels, die Wahl und Zusammensetzung der Wörter, der Gebrauch der Partikeln nicht bedeutungslos ist, daß er also auch auf diese Einzelheiten die Inspiration ausdehnt, werden wir weiter unten sehen.

Derselben Ansicht von dem Umfange der Inspiration begegnen wir bei dem Verfasser des Barnabasbriefes. Die Stellung eines Wortes im Satze ist nach ihm nicht etwa dem Zufall ausgesetzt und gleichgültig, sondern der Hagiograph ist von Gott dazu angetrieben worden, jedem Worte seine Stelle zuzuweisen, weil dadurch den Menschen eine Heilswahrheit verkündet werden soll. Dies gilt auch für die griechische Übersetzung. Es ist bedeutungsvoll, daß in der Erzählung, daß Abraham seine 318 Knechte beschnitt, zuerst die 18 angeführt werden, dann, nach einem Absatze *(διάστημα ποιήσας)*, die 300 (Barn. 9, 8). Die Handschriften der Septuaginta weichen Gen. 14, 14 in der Stellung der Worte von einander ab.

Auch Justin nimmt eine Verbalinspiration der hl. Schrift an mit der Ausdehnung auf die griechische Übersetzung. Er betont nicht nur oft, daß die Septuaginta den Urtext wörtlich wiedergibt (Dial. 68. 71. 120), sondern erklärt es auch für ein Wagnis, von ihr abzuweichen und selbst eine Übersetzung zu versuchen (Dial. 84. 68). Er exegesiert auf Grund von Übersetzungsfehlern, z. B. bei Ps. 21, 3. Hier wird ולא דומיה לי von der Septuaginta wiedergegeben mit καὶ οὐκ εἰς ἄνοιαν ἐμοί. Justin, der vielleicht ἄγνοιαν las, beweist daraus, daß Christus sein Leiden vorhergewußt habe (Dial. 99); vgl. den Übersetzungsfehler in Ex. 17, 16 und die Erklärung Justins Dial. 49. Der Apologet vergleicht die Septuaginta mit der von den Rabbinen angefertigten Übersetzung und kommt, ohne auf den Urtext zurückzugehen, zu dem Schluß, daß nur die Septuaginta genau mit diesem übereinstimmt (Dial. 131. 137). Könnten wir nach all dem noch zweifeln, daß Justin Vertreter der Verbalinspiration ist, so müßte uns die Behandlung von Ps. 81, 7 eines Besseren belehren. Hier legt der Apologet den Schwerpunkt auf den Plural ἄνθρωποι, während der hebräische Text den Singular אָדָם hat und die Rabbinen dementsprechend, wie dem Justin bekannt ist, die Übersetzung ἄνθρωπος boten (Dial. 124). Wer aber auf jedes einzelne Wort und jede Wortform, noch dazu bei einer Übersetzung, Wert legt und die weitgehendsten Folgerungen daraus ableitet, der bekennt sich eben zur Verbalinspiration.

§ 5. Die Inspirationslehre.

Grube[1]) und Sprinzl[2]) wollen in Abrede stellen, daß Justin die wörtliche Inspiration der Schrift annimmt, allein mit unzulänglichen Gründen; denn wenn Justin auch die Schrift „äußerst frei benutzt, Texte ändert, Interpunktionen verrückt"[3]), so kann man daraus noch nicht schließen, daß er Vertreter der Realinspiration sei. Philo behandelt den Text wie Justin, wie wir noch sehen werden, seine Zitate stimmen an den verschiedenen Stellen seiner Bücher nicht immer überein[4]), und trotzdem lehrt er die strengste Verbalinspiration. Wenn ferner Justin die jüdischen Rabbinen tadelt, daß sie sich an Kleinigkeiten hängen (Dial. 112), so sind die von ihm angeführten Beispiele nur Kleinigkeiten gegenüber der Bedeutung, die dem Namen Josue (Jesus) zukommt[5]). Und ist es nicht dieselbe Kleinigkeitskrämerei, wenn Justin nach Clemens Romanus alles Gewicht auf die Farbe des Fadens legt, den Rachab an ihrem Hause aufgehängt hat (Dial. 111)? Endlich soll die Äußerung Justins, daß in der hl. Schrift Kleinigkeiten auch minder gut ausgedrückt seien, mit der Annahme einer Verbalinspiration sich nicht vereinigen lassen. Allein Dial. 115, worauf Grube verweist, wirft der Apologet nur den Juden vor, daß sie so viele klare Stellen, an welchen der Sinn offen zutage liegt, unberücksichtigt lassen, um sich auf wenige zu stützen, die sie nicht verstehen oder die an sich dunkel und schwer verständlich ($\mu\dot{\eta}$ $\pi\varrho\grave{o}\varsigma$ $\tau\grave{o}$ $\dot{\alpha}\varkappa\varrho\iota\beta\acute{e}\varsigma$) sind, bei denen der Sinn in der Tiefe verborgen liegt und die sie dann falsch auslegen. Justin stellt hier leicht verständliche und schwer verständliche Schriftstellen einander gegenüber.

Daß der Verfasser der Cohortatio ad Gentiles die Verbalinspiration mit der Ausdehnung auf die Septuaginta vertritt, geht daraus hervor, daß er unter Berufung auf Philo betont, die Arbeiten der einzelnen Übersetzer hätten nicht nur dem Sinne nach, sondern auch in den einzelnen Worten übereingestimmt (c. 13).

---

[1]) Grube, Die hermeneut. Grundsätze Justins d. M., Katholik 1880, I, 12.

[2]) Sprinzl, Die Theologie des hl. Justinus d. M., in der Linzer Theol. prakt. Quartalschrift 1884, 289.

[3]) Es sollte richtiger heißen: Die Worte verschieden verbindet.

[4]) Vgl. Ryle, Philo and Holy Scripture, or the quotations of Philo from the books of the Old Testament (London 1895), der eine Zusammenstellung der von Philo zitierten Schriftstellen gibt.

[5]) Vgl. oben S. 37 f.

Alttest. Abhandl. I, 1. Heinisch, Der Einfluß Philos.

Auch nach Clemens Alexandrinus erstreckt sich die Inspiration der Schrift auf die scheinbar geringfügigsten Teile. Die Wahl der Worte, ja der Buchstaben und Silben war nicht dem Zufall unterworfen, sondern stand unter göttlicher Leitung. Im Anschluß an II. Tim. 3, 15 führt er aus, indem er die an dieser Stelle erwähnten ἱερὰ γράμματα auf Buchstaben deutet: „Heilig in Wahrheit sind die heilig und göttlich machenden Schriftzüge, und derselbe Apostel nennt die aus den hl. Schriftzügen und Silben zusammengesetzten Schriften, das Zusammengereihte, in der Folge „Gott hauchend [1]), nützlich zum Lehren, zum Beweisen, zur Rüge, zur Leitung in der Gerechtigkeit"" (Protrept. 9, 87 P. 71). Dies gilt nicht nur vom Urtext, sondern auch für die Septuaginta. Gott, der die Prophezeiungen gab, sorgte auch für ihre Übersetzung, „gleichsam eine griechische Prophetie" (Str. I, 22, 149 P. 410).

3. Die Tätigkeit des Exegeten.

Die hohe Vorstellung, die Philo von der göttlichen Natur und der Entstehung der hl. Schriften hatte und die in dem alten philosophischen Satze gipfelte: „Es ist nicht recht, daß Sterbliches und Unsterbliches zusammenwohnt" (quis rer. div. her. 265 [M. I, 511]), mußte auch auf das Amt und die Aufgabe des Exegeten einen verklärenden Schein werfen. Ist die hl. Schrift von gotterleuchteten Männern verfaßt und recht eigentlich Gottes Wort, so übersteigt das Verstehen der Schrift die natürlichen Kräfte des Menschen. Wenn die hl. Schriftsteller nicht aus eigener Kraft die göttlichen Gedanken in Worte kleiden konnten, so vermag auch der Interpret nicht aus eigener Kraft diese göttlichen Gedanken herauszustellen. Will daher Gott, daß der Mensch in die Wahrheiten der Schrift eindringe, so muß er ihn durch eine besondere Gnade dazu erleuchten und befähigen. Die Gnade, kraft welcher der Mensch erst zum vollen Verständnis der Schrift gelangen kann, wird von Philo mit der Inspirationsgnade verglichen, so daß nach ihm auch der Exeget sich einer Art Inspiration erfreut [2]). Philo schreibt sich selbst inspirierte Zustände zu. Wenn ihm schwierige Stellen, über die er lange vergeblich nachgegrübelt hat, plötzlich klar werden, so verdankt er dies nach

---

[1]) Clemens versteht, wie aus dem Vorhergehenden erhellt, das θεόπνευστος aktivisch.

[2]) Gfrörer, Philo u. die alex. Theosophie 1, 57 ff.

seiner Überzeugung einer göttlichen Inspiration (de cherub. 27 [M. I. 143]; de somn. II, 252 [M. I, 692]; de migr. Abr. 34 f. [M. I, 441]). Er ist aber bescheiden genug, diese Gabe des Schriftverständnisses nicht für sich allein in Anspruch zu nehmen. Jeder gute Jude ist nach ihm befähigt, die Gnade der Prophetie zu erhalten (quis rer. div. her. 259 [M. I, 510]), also ist er erst recht würdig, mit der Inspirationsgnade ausgerüstet zu werden, um die hl. Schrift verstehen zu können, und indem Philo Erklärungen anderer Exegeten übernimmt, gibt er zu, daß auch diesen bei der Auslegung der Schrift die erleuchtende Gnade Gottes zur Seite stand. Dies ist aber keineswegs so zu verstehen, als ob Philo Moses und die Propheten in eine Linie mit dem Exegeten stellt. Moses ist für ihn das höchste Vorbild der Menschheit, dem fast göttliche Verehrung zukommt, und wenn die anderen hl. Schriftsteller auch unter ihm stehen, wenn sie seine „Schüler" sind, so sind sie doch auch große Propheten und seine Freunde. Philo unterscheidet nur außer der Inspiration, die in reichstem Maße dem Moses, nicht ganz so vollkommen den anderen biblischen Schriftstellern zuteil geworden, noch eine zweite Art göttlicher Einwirkung, die zum Verständnis der Schrift nötig ist, die er sich von der Inspiration der hl. Schriftsteller vielleicht nur graduell verschieden dachte, die er aber doch von ihr unterschied. Nur eine andere Wendung für die dem Exegeten notwendige göttliche Erleuchtung ist es, wenn Philo sagt, derjenige, welcher die Schrift erklären wolle, müsse von Moses selbst in deren Geheimnisse eingeweiht sein (de cherub. 49 [M. I, 147]). An dieser Stelle macht Philo auch deutlich einen Unterschied zwischen dem in den Sinn der Schrift Eingeweihten und dem inspirierten Schriftsteller. Er selbst sei von Moses eingeweiht, Jeremias aber sei nicht nur μύστης, sondern auch ἱεροφάντης. In derselben Weise wie unser alexandrinische Exeget hielten es auch die Essener für ausgeschlossen, daß man ohne göttliche Einwirkung die Schrift verstehen könne: „Es ist unmöglich, daß die menschliche Seele die väterlichen Gesetze ohne göttliche Einhauchung erkennt" (quod omnis probus liber [M. II, 458]).

Nachdem die ältesten Kirchenschriftsteller mit Philo die Inspiration auf Wort und Silbe der Schrift ausgedehnt hatten, machten sie wie der jüdische Exeget auch das Verstehen der Schrift von einer besonderen göttlichen Gnade abhängig. Die Erinnerung daran, daß der Heiland selbst seine Jünger in das

Verständnis der Schrift eingeführt hatte (Luc. 24, 27. 45), mochte sie in dieser Folgerung bestärken (Justin Dial. 90). Schon Barnabas hält es für notwendig, daß Gott demjenigen seine Unterstützung zuteil werden lasse, der in den Geist der Schrift eindringen wolle. „Es weiß der, welcher das eingepflanzte Geschenk seiner Lehre in uns gelegt hat, daß niemand ein echteres Wort von mir gelernt hat" (9, 9; vgl. 6, 10). Diese Gnade ist den Christen im Gegensatz zu den Juden zuteil geworden; denn „darum hat Gott unsere Ohren und Herzen beschnitten, damit wir diese Dinge verständen" (10, 11). Justin sagt offen, daß man, um die Schrift zu verstehen, einer besonderen Gnade von Gott bedürfe, wie er sie selbst empfangen habe; von Natur aus besitze der Mensch nicht die Fähigkeit dazu. Wer diese Gnade nicht erhalte, könne in den Sinn der Schrift nicht eindringen (Dial. 7. 58. 92). Auch Clemens macht das Eindringen in den Sinn der hl. Schrift von einer Erleuchtung abhängig, die dem Gnostiker gegeben werde, damit er die Worte des hl. Geistes verstehen und verkünden könne (Str. VI, 15, 115 P. 798; vgl. Str. VII, 16). Daher müsse man sich von einem durch Gott in dieser Weise befähigten Exegeten in das Verständnis der Schrift einführen lassen (Str. V, 9, 56 P. 679). Allein so wenig wie Philo betrachteten die christlichen Schriftsteller die zum Verständnis der Schrift von Gott verliehene Erleuchtung als eine außerordentliche, der Inspiration gleiche Gnade. Barnabas schreibt sie jedem Christen zu; sie wird also nach ihm dem Menschen bei der Taufe zuteil. Justin bringt sie in Gegensatz zu einer bloßen Kunst, die nur auf die Zusammenstellung der Worte achtet; er betrachtet sie wie Barnabas als eine ordentliche, dem Christen verliehene Gnade (Dial. 58). Clemens endlich läßt die Möglichkeit offen, auch durch die Vermittelung eines Menschen, des Exegeten, in den Sinn der Schrift einzudringen, und gibt dadurch zu erkennen, daß er jenen göttlichen Beistand tief unter die Inspirationsgnade stellt.

§ 6. Der Literalsinn und der allegorische Sinn der Schrift.

1. Philo.[1]

Unter dem Schriftsinn verstehen wir die Gedanken, welche der hl. Geist durch den inspirierten Verfasser unter

---

[1] Gfrörer, Philo und die alex. Theosophie 1, 68 ff. Siegfried, Philo v. Alex. 162 ff. Chr. Pesch, De inspiratione sacrae scripturae (Freiburg 1906), 23.

§ 6. Der Literalsinn und der allegorische Sinn der Schrift. 53

der Form der menschlichen Sprache in der hl. Schrift niedergelegt hat.

Infolge der Entwickelung, welche die allegorische Erklärung der Schrift bei den Juden bereits hinter sich hatte, hält es Philo für selbstverständlich, daß die hl. Schrift sowohl einen durch den Buchstaben ausgedrückten, wörtlichen, als auch einen höheren Sinn in sich berge; denn nachdem er die Schicksale des Joseph bis zu dem Augenblicke berichtet hat, in dem er an Putiphar verkauft wird, fährt er fort: „Nach der wörtlichen Erzählung ziemt es sich, auch den allegorischen Sinn *(τὰ ἐν ὑπονοίαις)* wiederzugeben; denn so ziemlich alles oder doch das meiste der Gesetzgebung hat einen allegorischen Sinn" *(σχεδὸν γὰρ τὰ πάντα ἢ τὰ πλεῖστα τῆς νομοθεσίας ἀλληγορεῖται* de Josepho 28 [M. II, 46]). Philo will hier nicht sagen, der Pentateuch habe zum größten Teile nur den allegorischen Sinn, sondern zugleich den allegorischen Sinn. Dies geht daraus hervor, daß er eben, wo er dies ausspricht, die wörtliche Erklärung der Josephsgeschichte beendet hat, um nun die allegorische Deutung derselben anzuführen. Auch zu der Engelserscheinung, die Abraham Gen. 18 hatte, gibt Philo zuerst die wörtliche Auslegung, dann die allegorische mit der Übergangsformel: *τὰ μὲν οὖν τῆς ῥητῆς ἀποδόσεως ὡδὶ λελέχθω· τῆς δὲ δι' ὑπονοιῶν ἀρκτέον* (de Abr. 119 [M. II, 18]). Daß er in der hl. Schrift den Literalsinn und den allegorischen Sinn nebeneinander bestehen läßt, beweisen vor allem auch seine Quaestiones et Solutiones, in denen er fast stets zuerst den Literalsinn, dann den allegorischen Sinn der einzelnen Schriftstellen bietet mit überleitenden Formeln wie: littera haec est, littera haec sonat — ad mentem vero; quandoquidem littera manifesta est, quod ad sensus essentiam attinet, reddendum erit hoc modo. Wörtlich erklärt Philo einen großen Teil der Schöpfungsgeschichte, wie aus seinem Buche de opificio mundi hervorgeht. Die Sündflut faßt er als tatsächlich geschehen auf (de Abr. 40—46 [M. II, 7]). Was die hl. Schrift von den Patriarchen, dem jüdischen Volke und Moses berichtet, sieht er als historisch an, ja, er glaubt, daß Moses seinen Tod selbst aufgeschrieben habe (de Abr., de Josepho, de vita Mosis). Auch sucht er den biblischen Bericht dem vernünftigen Denken zuweilen durch beigefügte Erklärungen annehmbar zu machen. So bemerkt er zu der Erzählung Gen. 18, die Engel hätten Scheinleiber gehabt und nur scheinbar gegessen, weil sie in Wirklichkeit der Speise nicht bedürften (de Abr. 107—118

[M. II, 17. 18]). Im brennenden Dornbusche habe sich dem Moses eine schöne Gestalt gezeigt, die er für das Abbild des Ewigen gehalten hätte (de vita Mosis I, 66 [M. II, 91]). Bei der Gesetzgebung auf Sinai sei eine Stimme aus dem Feuer ausgegangen, indem die Flamme sich in Worte verwandelt habe, die den Hörern verständlich gewesen seien (de decal. 46 [M. II, 188]). Insbesondere sind nach Philo die mosaischen Gesetze und Vorschriften nach ihrem Wortsinn aufzufassen und zu erfüllen (de execrat. 154 [M. II, 434]). Als eifriger Jude mochte er fühlen, daß nur das Gesetz es war, welches das Volk, besonders im fremden Lande, zusammenhielt und es davor bewahrte, daß es im Völkergemisch aufging. Mit großem Ernst tritt er daher gegen eine Partei unter den alexandrinischen Juden auf, die aus der Allegoristik die äußersten Konsequenzen zog, den Wortsinn der Gesetze als etwas Unwesentliches betrachtete und sie nicht befolgte, sondern sich damit begnügte, den höheren Sinn der mosaischen Vorschriften zu erkennen. Einer solchen Auffassung des Gesetzes gegenüber weist Philo nachdrücklich darauf hin, daß man, wie man für den Leib als Behausung der Seele Sorge trage, so auch nach dem Wortsinn der Gesetze sich richten müsse; nur dann werde man ihren geistigen Sinn richtig verstehen. Auch müsse man durch Befolgung der Gebote für den guten Ruf Sorge tragen; denn zum vollkommenen Glücke gehöre nicht nur, daß man tugendhaft sei, sondern auch, daß man es scheine und den Ruhm der Tugend bei den Menschen habe; dieser aber werde nur demjenigen zuteil, welcher die nationalen Gesetze und Gebräuche hochachte (de migr. Abr. 88—94 [M. I, 450. 451]).

Keine Stelle der Schrift enthält nach Philo den Wortsinn allein [1]), sondern neben diesem geht stets der allegorische Sinn einher, vorausgesetzt, daß wir den Literalsinn im Geiste des jüdischen Exegeten als das Resultat des streng grammatikalischen Wortbegriffs auch bei den Anthropomorphismen auffassen; denn wenn Philo in der Lebensbeschreibung des Moses von der allegorischen Erklärung äußerst spärlichen Gebrauch macht und im ersten Teil des zweiten Buches (§§ 1—65) gar keine anführt, so hat dies seinen Grund in dem Zwecke dieser Schrift, mit dem Leben und den Taten des jüdischen Gesetzgebers einen möglichst weiten Leserkreis, selbst die Heiden, bekannt zu machen. Auch

---

[1]) Anders urteilt Gfrörer, Philo und die alex. Theosophie 1, 86.

die Tatsache, daß Philo den Wortsinn tief unter den allegorischen stellt, ist ein Beweis dafür, daß er den Wortsinn allein an keiner Stelle der Schrift gelten läßt.

So sehr aber Philo den Wortsinn als wahren und eigentlichen Sinn der Schrift anerkennt und für den größten Teil der Bibel auch aufrecht erhält, so sieht er es doch als unstatthaft an, bei ihm stehen zu bleiben, und erklärt, man müsse den Regeln der Allegorie folgen und mit ihrer Hilfe tiefer in den Sinn der Schrift einzudringen suchen. Diese Grundidee jeder allegorischen Schriftauslegung verteidigt er auf das entschiedenste den Anhängern des bloßen Wortsinns gegenüber *(πρὸς τοὺς τῆς ῥητῆς πραγματείας σοφιστάς* de somn. I, 102 [M. I, 636]). Der hauptsächlich vom hl. Schriftsteller beabsichtigte Sinn ist in seinen Augen der allegorische, der sich zum Literalsinn geradeso verhält, wie die Seele zum Leibe (de migr. Abr. 93 [M. I, 450]), oder wie der Körper zu seinem Schatten (de confus. ling. 190 [M. I, 434]), also viel höher steht als jener. Der allegorische Sinn zieht sich durch das ganze Gesetz; denn „alles in ihm ist ein sichtbares Symbol von unsichtbaren Wahrheiten und eine Andeutung von unausgesprochenen Lehren" (de special. leg. III, 178 [M. II, 329]). Der Wortsinn ist nicht viel mehr als eine Anpassung an das menschliche Bedürfnis. Dies geht daraus hervor, daß Num. 23, 19 gesagt wird: „Gott ist nicht wie ein Mensch", während es Deut. 1, 31 und 8, 5 heißt: „Wie ein Mensch erzieht er seinen Sohn." Da Gott mit einem Menschen nicht verglichen werden kann, so bringt nur die erste der beiden Aussagen die volle Wahrheit zum Ausdruck. Sie wendet sich an diejenigen, welche von Gott jede geschöpfliche Bestimmung fernhalten, die ihm nur ein Sein, nicht eine Gestalt zuschreiben, also an die Gebildeten und Denkenden. Mit der zweiten Schriftstelle bequemt Moses sich den Anschauungen der Schwächeren an, denen es unmöglich ist, von Gott sich eine richtige Vorstellung zu machen. Diesen gegenüber ist Moses wie ein verständiger Arzt, der dem schwerkranken Patienten die Wahrheit verbirgt, um ihn desto leichter zu heilen; denn unverständige Menschen müssen durch die Drohungen eines strengen Herrn auf dem rechten Wege erhalten werden, und deshalb wird ihnen Gott in der Art eines Menschen vorgestellt, welcher Verfehlungen rügt und bestraft. Der wahre Sinn der Stellen Deut. 1, 31 und 8, 5 ist also der allegorische, welcher dem Wortsinn der Stelle Num. 23, 19 entspricht (quod Deus sit immut. 53—69 [M. I, 281—283];

de somn. I, 237 [M. I, 656])[1]). Mit Recht kann der Exeget, wenn er eine allegorische Erklärung gibt, sagen: Des Moses Lehre ist dies, nicht die meine (de opif. m. 25 [M. I, 5]); denn Moses selbst erklärt, er sei nicht εὔλογος (Ex. 4, 10), d. h. sein Sinn sei nicht darauf gerichtet, schöne Worte zu sagen, sondern er strebe nach der vollen Wahrheit, welche in der Allegorie zum Ausdruck komme (de sacrif. Ab. et Caini 12 [M. I, 166]). Daher verwahrt sich Philo dagegen, daß man die von ihm vorgetragenen Deutungen als seine Erfindung ansehe, da sie doch in der hl. Schrift selbst enthalten seien (de somn. I, 172 [M. I, 646]).

Weil beide Arten des Schriftsinnes, sowohl der Wortsinn als auch der allegorische, vom hl. Verfasser beabsichtigt sind, so gehen sie nebeneinander her, ohne sich zu stören. Nach dem Wortsinn sind Adam und Eva die ersten Menschen (de opif. m. 134. 151 [M. I, 32. 36]); nach dem allegorischen Sinn sind sie Vernunft und Sinnlichkeit (leg. alleg. II, 24 ff. [M. I, 71]). Nach dem Wortsinn sind die Patriarchen Männer, nach der Allegorie Seelenzustände (de Abr. 52 [M, II, 9]). Nach dem Wortsinn ist Simeon der grausamste der Brüder Josephs (de Josepho 176 [M. II, 66]); nach der Allegorie ist er Symbol des Lernenden (de ebr. 94 [M. I, 371]). Nach dem Wortsinn wird Joseph von seinen Brüdern grundlos beneidet und unschuldig verfolgt (de Josepho 5. 6 [M. II, 42]); nach der Allegorie tun seine Brüder recht daran, daß sie ihn hassen und bedrücken; denn er ist Symbol der nach irdischen Ehren verlangenden Seele (de somn. II, 93 [M. I, 671]). Immer aber muß, wie für den Wortsinn, so auch für die Allegorie der Schrifttext die Grundlage und den Ausgangspunkt bilden; denn dieser ist ja die Hülle, aus der der verborgene Sinn herausgeschält werden soll.

Weil der höhere Sinn wohl im Texte enthalten ist, aber nicht auf der Oberfläche liegt, so ist er schwer zu finden, und es bedarf, abgesehen von der göttlichen Erleuchtung, tiefen Eindringens in die Schrift, um ihn zu ermitteln (leg. alleg. III, 147 [M. I, 116]). Er ist daher auch nur für wenige bestimmt (ἡ δ᾽ ἐν ἀποκρύφῳ καὶ πρὸς ὀλίγους ἀπόδοσις de Abr. 147 [M. II, 22]). In der Tat konnte eine derartige Auslegung, wie es die allegorische ist, über den Kreis der Gelehrten und Gebildeten, den sie sich in Alexandria vollständig erobert hatte, nicht hinausdringen; sie

---

[1]) Es ist dies derselbe Rechtfertigungsversuch der allegorischen Erklärung, wie wir ihm bereits bei Zeno begegnet sind; vgl. S. 6 f.

§ 6. Der Literalsinn und der allegorische Sinn der Schrift. 57

konnte der Natur der Sache nach nicht Gemeingut aller werden, weil dies die philosophische Unwissenheit der Menge verbot. Philo aber begnügt sich nicht damit, die allegorische Erklärung als ausschließliches Eigentum des Weisen in Anspruch zu nehmen, sondern behandelt sie geradezu als Geheimlehre und stellt sie in Parallele mit den griechischen Mysterien. Bevor er z. B. eine allegorische Deutung der im Pentateuch häufig erwähnten Beiwohnungen gibt, sagt er: „Nun wollen wir mit der Einweihung in die Mysterien *(τελεταί)* beginnen." Nachdem er die Allegorie angeführt, schließt er: „Dieses nehmet, ihr Eingeweihten *(μύσται)*, mit reinem Ohr wie heilige Geheimnisse in eure Seele auf und teilet es niemandem der Uneingeweihten mit, sondern bewahret und behütet es bei euch wie einen Schatz, in dem nicht vergängliche Dinge, wie Gold und Silber, aufgestapelt liegen, sondern das Schönste aller Güter, Gotteserkenntnis und Tugend und als beider Frucht das Wissen" (de cherub. 48 [M. I, 147]). Bei der Erklärung des Gesetzes, welches den unfreiwilligen Totschlägern eine sichere Zuflucht in den Levitenstädten verschaffte (Deut. 19, 5), sollen den Unmündigen die Ohren verstopft werden (de sacrif. Ab. et Caini 131 [M. I, 189]), und es ist keinem Uneingeweihten erlaubt, die mystische Deutung des Traumes, den Jakob vor seiner Rückkehr in die Heimat hatte (Gen. 31, 11—13), anzuhören (de somn. I, 191 [M. I, 649]). Daher wendet sich Philo so oft an die Eingeweihten, welche die hl. Geheimnisse vernehmen sollen (leg. alleg. III, 219 [M. I, 131] u. ö.).

Wenn man diese Mahnungen an sich betrachtet, so könnte man meinen, Philo habe seine allegorische Auslegung als Geheimlehre behandelt und sie der Öffentlichkeit gegenüber mit Zurückhaltung vorgetragen. Allein die angeführten Wendungen sind nichts anderes als alte Formeln, die den hellenischen Mysterien etwas Ähnliches an die Seite stellen sollten, was dem jüdischen Selbstbewußtsein schmeichelte. Daß zu seiner Zeit nicht an die Geheimhaltung der Allegorie gedacht wurde, beweisen seine eigenen Schriften; denn nicht nur in den streng allegorischen Abhandlungen, in denen er die genannten Formeln anführt, macht er von der allegorischen Erklärung Gebrauch, sondern auch in den an einen weiten Leserkreis sich wendenden historischen Schriften und in der Lebensbeschreibung des Moses. Nur insofern haben die Ausdrücke eine Bedeutung, als Philo will, daß die Allegorien nicht jedem Unverständigen und namentlich nicht Kindern mitgeteilt würden, damit nicht „die Perlen vor die Säue geworfen" würden und statt Vertiefung des Glaubens der Glaubenszweifel die Folge wäre.

Barnabas, Justin und Clemens Al. fassen den Wort- und den allegorischen Sinn und ihr gegenseitiges Verhältnis im wesentlichen ebenso auf wie ihr jüdischer Lehrer.

2. Barnabas.

Wie Philo, so unterscheidet Barnabas den Literalsinn und den allegorischen Sinn. Ersterer liegt offen zutage, letzterer, von Barnabas meist mit $\gamma\nu\tilde{\omega}\sigma\iota\varsigma$ bezeichnet, ist unter der Hülle des Buchstabens verborgen. Da er höher steht als der Wortsinn, so ist er auch nicht allen zugänglich, sondern nur jenen, welche sich über das Niveau der übrigen Menschen durch Einsicht und Tugend erheben, also denselben, welche Philo als „Eingeweihte" bezeichnet. „Vernehmet, was die Gnosis darüber sagt: ... Gepriesen sei unser Herr, ihr Brüder, der Weisheit und Einsicht in seine Geheimnisse ($\tau\tilde{\omega}\nu$ $\varkappa\varrho\upsilon\varphi\iota\omega\nu$ $\alpha\upsilon\tau o\tilde{\upsilon}$) uns verliehen hat. Es erzählt der Prophet eine Parabel des Herrn. Wer wird sie verstehen, wenn nicht einer, der weise und verständig ist und den Herrn lieb hat?" (6, 9. 10). Vorgänge, welche die hl. Schrift berichtet, sind als tatsächlich geschehen anzusehen. Wenn Personen genannt und handelnd eingeführt werden, so ist an wirkliche Personen und Handlungen zu denken. Aber Personen, Handlungen und Vorgänge deuten zugleich höhere Wahrheiten an. So war Abraham eine historische Person und nahm die Beschneidung wirklich vor; dieselbe aber ist zugleich ein Hinweis auf Jesum (9, 7). Jakob segnete Ephraim und Manasse; dies ist geschichtliche Tatsache. Ephraim und Manasse sind aber auch Typen der Christen und Juden; ersterer erhält beim Segen den Vorzug; denn die Christen sollen Erben des Bundes werden (13, 4ff.). In der Anerkennung des allegorischen Sinnes geht Barnabas sogar weit über Philo hinaus. Während dieser gerade bei den Gesetzen den Wortsinn beachtet und befolgt wissen will, steht Barnabas den alttestamentlichen Vorschriften und Zeremonien ebenso ablehnend gegenüber wie die von Philo bekämpfte Richtung unter den jüdischen Allegoristen, die den Wortsinn der Gesetze leugnete oder ihn doch als so unwesentlich betrachtete, daß die Erfüllung derselben nicht für nötig gehalten wurde. Die Gesetze, erklärt Barnabas, sind nicht „fleischlich", in ihrem Wortsinn, zu verstehen, sondern müssen „geistig", wie sie beabsichtigt sind, aufgefaßt werden. Sie sind lediglich Einkleidungen höherer Wahrheiten. „Es ist nicht das Gebot Gottes, nicht zu essen (von unreinen Tieren), sondern Moses hat in geistigem Sinne *(ἐν πνεύματι)* gesprochen." Die Juden aber „verstanden es nach der Begierde des Fleisches, als handelte es sich um die Nahrung" (10, 2. 9). Alle Gesetze hatten von Anfang an nur bildliche Bedeutung, und indem die Juden sie in ihrem Wortsinn befolgten, offenbarten sie, daß sie dieselben gar nicht verstanden. Der Bund, den Gott mit dem auserwählten Volke auf Sinai geschlossen hatte, war ja durch die Sünde der Abgötterei, deren sich die Juden sobald schuldig gemacht, von vornherein aufgelöst, was Moses selbst durch das Zerschlagen der Gesetzestafeln angedeutet hatte (4, 7. 8 vgl. 14, 1—5). Daß die Juden alle die gesetzlichen Bestimmungen, wie die Beschneidung, die Opfer, das Fasten, die Speisegesetze, trotz der deutlichen Mahnungen der Propheten, wie Deut. 10, 16: „Beschneidet eure Herzenshärtigkeit", wörtlich auffaßten und beobachteten, kann Barnabas sich nur daraus erklären, daß sie von einem bösen Engel getäuscht wurden (9, 4). Das ganze Zeremonialgesetz beruht also auf einem großen Mißverständnis. Nicht sinnfällige Opfer verlangt Gott, sondern ein zerknirschtes Herz (c. 2), nicht leibliches Fasten, sondern gute Werke (c. 3), nicht Beschneidung des Fleisches, sondern der Ohren und Herzen (c. 9), und die Juden dürfen sich dabei nicht einmal auf Abraham berufen, der als erster die Beschneidung vornahm; denn dieser hatte die geheime Absicht, durch dieselbe prophetisch auf Jesum hinzuweisen, was die Juden gar nicht verstanden haben (9, 7). Gott verlangt ferner nicht Enthaltung von dem Fleische gewisser Tiere, sondern Enthaltung von den Sünden, die durch jene Tiere symbolisiert werden (c. 10). In diesem geistigen Sinne hat auch David die Speisegesetze verstanden, was aus Ps. 1, 1 hervorgeht (10, 10). Die jüdische Sabbatfeier beruht gleichfalls auf Verkennung des göttlichen Willens (c. 15). Indes wird es sich Barnabas gefallen lassen müssen, wenn wir seine eigenen klaren, so weitgehenden Aussprüche etwas einschränken. Wenigstens den Ritus des Versöhnungsfestes mit dem Opfer der Böcke sowie das Opfer der roten Kuh erkennt er im Wortsinn an; denn wäre es unzulässig gewesen, die bei beiden Gelegenheiten vorgeschriebenen Zeremonien vorzunehmen und die Opfer wirklich darzubringen, was wir aus Kap. 2. schließen müßten, so hätte Gott auch nicht dadurch an das Kreuzesopfer Christi erinnern können. Nur indem die Opfer tatsächlich vollzogen werden, waren sie Typen Jesu (Kap. 7 u. 8). Wenn mithin die Juden die Bestimmungen, die Moses über diese Opfer gegeben hatte, wörtlich auffaßten, so haben sie ihn richtig verstanden, obgleich sie vielleicht, da sie den Bund gebrochen hatten, an sich zur Ausführung der diesbezüglichen rituellen Vorschriften in den Augen des Barnabas nicht berechtigt sein mochten.

Der allegorische Sinn, wie er für die Christen sich darstellt, ist der reine und unverfälschte, da ihm die jüdischen Gesetzeswerke nicht beigemischt sind: ὡς ἐν ἀκεραιοσύνῃ πιστεύσει ὁ λαός (3, 6).

Wir begegnen also bei Barnabas derselben Überschätzung des allegorischen Sinnes zu ungunsten des Wortsinns wie bei Philo. Nur darin weicht er von seinem Lehrer ab, daß er den Wortsinn beim Zeremonialgesetz nicht anerkennt. Dieser Unterschied in der Auffassung erklärt sich aus der Lage, in der beide Schriftsteller sich befanden. Philo war ein gesetzestreuer Jude, dem Glaube und Sitte seines Volkes über alles ging. Das Judentum aber stand und fiel mit der Erfüllung des Gesetzes. Barnabas dagegen schrieb an eine Gemeinde, in der Heiden- und Judenchristen zusammenwohnten [1]). Nun ist es wahrscheinlich, daß mit dem Wiedererstarken des Judentums nach dem Falle von Jerusalem die Judenchristen sich versucht fühlten, die Heidenchristen zur Beobachtung des alttestamentlichen Gesetzes zu überreden. Ihnen tritt nun der Verfasser unseres Briefes entgegen, „auf daß wir nicht gleich Proselyten dem Gesetze der Juden anheimfallen" (3, 6). In seinem Eifer, die Judenchristen in die ihnen gebührenden Schranken zurückzuweisen und die Heidenchristen vor der Neigung zum jüdischen Wesen zu bewahren, geht er aber, wie es bei der Polemik oft vorkommt, zu weit, indem er sich nicht begnügt zu sagen, der alte Bund sei mit dem Erscheinen Christi im Fleische außer Kraft gesetzt, sondern behauptet, er habe nie Geltung erlangt. Es sind also äußere Gründe, die den Barnabas zu seinem im christlichen Altertum von keinem kirchlichen Theologen mehr vertretenen, vom Neuen Testamente ebenso wie von Philo abweichenden Standpunkte geführt haben, und es gilt dies, ob man die Abfassungszeit des Briefes mit Funk [2]) und Bar-

---

[1]) Funk, Patres apostolici [2] I, S. XXVI. Bardenhewer, Gesch. der altkirchl. Lit. I, 95.

[2]) Kirchengeschichtliche Abhandlungen und Untersuchungen II (Paderborn 1899) 77 ff. und Patres ap. [2] I, XXV.

§ 6. Der Literalsinn und der allegorische Sinn der Schrift. 61

denhewer [1]) in das Ende des ersten Jahrhunderts verlegt, was wahrscheinlicher ist, oder mit Harnack [2]) und Veil [3]) die Zeit des Hadrian (die Jahre 130—131 bzw. 117—125) annimmt; denn wie der milde Nerva [4]), so befolgte auch der in Selbsttäuschung befangene Hadrian wenigstens in der ersten Zeit seiner Regierung eine den Juden freundliche Politik, die diese mit neuen Hoffnungen erfüllte und sie ermutigte, mit allen Kräften um die Wiedererlangung der nationalen Selbständigkeit sich zu bemühen [5]). Diese unternehmungslustige Stimmung der Juden mußte aber auch die Judenchristen beeinflussen, die ihre Abstammung von Abraham noch immer als einen Vorzug betrachteten und wünschten, daß die Heidenchristen mit ihnen das mosaische Gesetz beobachteten; denn nur die strengere Richtung der Ebioniten, die alle Christen auf das alttestamentliche Gesetz unbedingt verpflichten wollte, war zu der Zeit, als der Barnabasbrief abgefaßt wurde, aus der Kirche bereits ausgeschieden, als sich nämlich Thebutis nach dem Tode des Apostels Jakobus (63 n. Chr.), weil mit der Wahl des Simon zum Bischof von Jerusalem seine Hoffnung auf das Episkopat getäuscht wurde, von der Gemeinde trennte [6]). Der milderen Richtung, die das Gesetz nur für sich befolgte, wurde noch von Justin (Dial. 47) das Heil nicht abgesprochen. Der Umstand aber, daß die letztere die Erhebung Bar-Kochbas nicht begünstigte, beweist nur, daß sie dessen politische Bestrebung, ein selbständiges jüdisches Reich zu errichten, nicht billigte, nicht aber, daß sie keine Neigung hatte, die Heidenchristen für die freiwillige Beobachtung des jüdischen Zeremonialgesetzes zu gewinnen.

---

[1]) Gesch. der altkirchl. Lit. I, 92 ff.
[2]) Gesch. der altchristl. Lit. II, 1, S. 410 ff.
[3]) In Henneckes Handbuch zu den neutestamentlichen Apokryphen (Tübingen 1904), 235 ff.
[4]) Dio Cassius Hist. Rom. 68, 1. Kirchenlexikon [2] VI, 1936.
[5]) Unter Nervas Nachfolger Trajan erregten sie in Egypten, Cyrene und Libyen einen weitgreifenden Aufstand, bei dem es auf die Wiedergewinnung des hl. Landes abgesehen war und der nur mit Mühe unterdrückt werden konnte. Fast gleichzeitig erhoben sie sich, wenn auch erfolglos, in Mesopotamien. Als sie nach dem strengen Regiment Trajans unter Hadrian, der Jerusalem wieder aufbaute, sich erholt hatten, erfolgte der Aufstand Bar-Kochbas (132 n. Chr.). Vgl. Kirchenlexikon [2] VI, 1936 und I, 1991 ff.
[6]) Euseb. Hist. eccl. IV, 22. Vgl. Funk, Lehrbuch der Kirchengesch. [5] (Paderborn 1907), 70.

3. Justin.

Auch Justin [1]) unterscheidet den Literalsinn und den allegorischen Sinn. Daß er der hl. Schrift einen Literalsinn zuerkennt, geht daraus hervor, daß er Heiden und Juden gegenüber oft den Wortsinn zur Grundlage seines Beweises macht. Er will „aus dem Wortlaut" *(ἐξ αὐτῶν τῶν λόγων)* zeigen, daß der 109. Psalm auf Christus bezogen werden müsse (Dial. 33). Aus den Worten des Ps. 71 geht bestimmt hervor *(τῶν λόγων τοῦ ψάλμου διαρρήδην κηρυσσόντων),* daß der ewige König Christus gemeint ist (Dial. 34). Manche Stellen der Schrift sind so klar und deutlich, daß man sie nur zu hören braucht, um ihren Sinn zu verstehen (Dial. 56). Justin nimmt sogar in grobwörtlicher Auffassung von Deut. 8, 4 und 29, 5 an, daß während des vierzigjährigen Wüstenzuges infolge eines Wunders weder die Schuhe noch die Kleider der Israeliten sich abgenutzt hatten (Dial. 131). Auch glaubt er auf Grund der Prophezeiungen über den leidenden Messias, Jesus sei von unschönem Äußern gewesen (Dial. 15 u. ö.).

Außer dem Wortsinn enthält die Schrift nach Justin aber noch einen tieferen, geistigen Sinn. Alle alttestamentlichen Gesetze haben einen Wortsinn und mußten daher befolgt werden. Damit ist aber ihr Inhalt nicht erschöpft; es wohnt ihnen noch eine tiefere Bedeutung inne, indem sie, ganz allgemein gesprochen, die Juden belehren, bessern und dadurch zu Gott führen sollten. So ordnete Gott die Beschneidung an, um das auserwählte Volk zu ermahnen, seine Ungerechtigkeit und Herzenshärte abzulegen (Dial. 16. 19. 28). Daher kann derjenige keinen Anspruch darauf machen, die hl. Schrift zu verstehen, welcher beim Wortsinn stehen bleibt, ohne nach dem geheimen Sinn zu forschen. In diesen Fehler fallen die Heiden, welche nicht bedenken, daß Stellen wie Jes. 9, 6: „Ein Kind ist uns geboren, ein Sohn ist uns geschenkt, auf dessen Schultern Herrschaft ruht", Jes. 65, 2: „Ich breitete meine Hände aus nach einem ungehorsamen und widersprechenden Volke" u. a. symbolisch auf die Kreuzigung Jesu zu beziehen sind (Ap. I, 55; vgl. I, 35). Aber selbst die Juden dringen in den Sinn der Schrift nicht ein, da sie sich nur zu oft damit begnügen, die Gesetze fleischlich aufzufassen, sie in ihrem Wortlaut zu befolgen. So halten sie sich für fromm, weil sie das Gebot, am Osterfeste ungesäuerte Brote zu essen, beobachten;

---

[1]) Vgl. Grube, Die hermeneutischen Grundsätze Justins d. M. Katholik 1880 I, 28 f.

daran aber denken sie nicht, daß ihr Herz voll Unreinigkeit ist, während doch der höhere Sinn jener Vorschrift gerade dazu mahnt, von den bösen Werken abzulassen. Sie erfüllen also das Gesetz nach seinem Buchstaben, nicht aber nach seinem Geiste.

Außer diesem allegorischen Sinn, der mit der Auffassung Philos sich deckt, hat das alttestamentliche Zeremonialgesetz noch einen zweiten Untersinn. Gibt der erste zumeist moralische Lehren, so ist der zweite typisch. Er weist hin auf Christus. „Und wenn ich alles andere, was von Moses angeordnet ist, aufzählen wollte, so könnte ich zeigen, daß es Typen, Symbole und Vorherverkündigungen des Lebens, Wirkens und Leidens Christi sowie der Schicksale seiner Gläubigen sind" (Dial. 42). Da diese Stelle mit der Erklärung der hohenpriesterlichen Kleidung verbunden ist, so ist sie ein Beweis, daß Justin in dem mosaischen Gesetz auch einen typischen Sinn findet. So hat der ganze Opferkult den Zweck, die Juden vom Götzendienste abzuhalten (Literalsinn). Er sollte sie aber auch an ihre Sündhaftigkeit erinnern (moralischer Sinn) (Dial. 19. 22). Im typischen Sinne bedeutet speziell das Paschalamm den gekreuzigten Heiland (Dial. 40. 111); die beiden am Versöhnungsfeste darzubringenden Böcke sind Typen des leidenden und in der Herrlichkeit wiederkehrenden Jesus; das Opfer des Feinmehls, das dem gereinigten Aussätzigen vorgeschrieben war, ist ein Bild der Eucharistie (Dial. 40. 41).

Der geistige Sinn ist nach Justin auf die ganze hl. Schrift auszudehnen, so daß der Wortsinn nie allein steht. „Alles, was die Propheten gesagt und getan haben, haben sie in Gleichnissen und Vorbildern verhüllt" (Dial. 90). Diese Ansicht ist nur eine Folge davon, daß er das Alte Testament ganz im Neuen Testament enthalten glaubte (Ap. I, 52). Das Alte Testament ist nach Justin mithin eine große Prophetie. Die realen Weissagungen, die in der Form der Geschichte oder unter der Hülle äußerer Gebräuche gegeben sind, sind immer dunkel; ihr Sinn ist also durch die allegorische Deutung herauszuschälen. Die verbalen Weissagungen, die in Worten auf den Messias und sein Reich hinweisen, sind oft klar; ihr Wortsinn ist dann der vom Propheten zunächst beabsichtigte. Zuweilen ist auch bei ihnen die Weissagung unter Bildern verhüllt und muß durch die Allegorie gefunden werden. Auf beide Arten von Prophetien weist Justin Dial. 114 hin. Aber auch bei den verbalen Prophetien, die schon in ihrem Wortsinn messianisch sind, ist neben diesem noch ein allegorischer

Sinn zu suchen, so daß nach Justin tatsächlich keine Stelle der Schrift des höheren Sinnes entbehrt. Ein Beispiel bietet er in der Erklärung der Weissagung des Zacharias: „Siehe! Dein König kommt zu dir, sitzend auf einem Lasttier und dem Jungen einer Eselin" (Zach. 9, 9), und des sterbenden Jakob: „Bindend an den Weinstock sein Junges und an den Efeu das Junge einer Eselin" (Gen. 49, 11). Die Erfüllung findet Justin in dem (Matth. 21, 1—7) berichteten Vorgange, daß Christus durch seine Jünger eine Eselin, die mit ihrem Füllen am Eingange des Fleckens Bethphage angebunden war, sich zuführen ließ und auf ihr seinen Einzug in Jerusalem hielt (Ap. I, 32; Dial. 53). Außer diesem Wortsinn aber hat die Stelle auch einen allegorischen Sinn. Das Junge, das noch kein Joch getragen, bedeutet nämlich die Heiden, die erst mit dem Evangelium Zaumzeug und Joch auf sich nehmen und bereit sind, alles um des ewigen Lohnes willen zu tragen. Die Eselin, die das Joch schon gewohnt ist, ist Symbol der Juden, die bereits das Joch des Gesetzes getragen haben und nun ebenfalls an Christum glauben sollen. Die Stellen weissagen also nach Justin, daß Juden und Heiden sich im Christentum zusammenfinden sollten (Dial. 53).

Auch der Verfasser der Cohortatio ad Gentiles, um diesen sogleich hier einzureihen, hält es für notwendig, in der Schrift überall außer dem Wortsinn den allegorischen Sinn zu suchen; denn „ohne allegorische Deutung *(ἐκτὸς μυστικῆς θεωρίας)* kann von dem, was Moses gesagt hat, nichts klar erkannt werden" (c. 29). Daß der Schriftsteller hier nicht den typischen Sinn im Auge hat, geht daraus hervor, daß er in demselben Kapitel den von Philo praktisch bei der Erklärung der Schöpfungsgeschichte angewandten Satz aufstellt, Plato habe seine Ideenlehre aus Moses geschöpft.

Da der allegorische Sinn der Schrift von den Propheten absichtlich unter der Hülle des Buchstabens verborgen worden ist *(ἐπικεκαλυμμένως),* so bereitet er dem Verständnis viele Schwierigkeiten und ist infolgedessen nicht allen, sondern nur wenigen Bevorzugten zugänglich (Dial. 90. 112; Coh. ad Gent. 31). Um den Menschen entgegenzukommen und den Schleier, der das Geheimnis des tieferen Sinns verhüllt, etwas zu lüften, ließ Gott die Weissagungen, deren typischer Sinn nur schwach angedeutet war, von späteren Propheten näher erklären (Dial. 68). Trotzdem blieben noch viele Prophezeiungen unverständlich, bis Jesus, der Lehrer und Ausleger der Schrift, uns in ihre Geheimnisse einführte (Ap. I, 32; Dial. 76).

4. Clemens Alexandrinus.

Clemens unterscheidet Leib und Seele der Schrift, den Sinn, wie ihn der Wortlaut bietet, und den Sinn, der unter der Hülle des Buchstabens verborgen ist, also Literal- und geistigen Sinn (Str. VI, 15, 132; Str. I, 1, 13). Alle die Personen, von denen die hl. Schrift erzählt, haben nach Clemens wirklich gelebt. Auch die Handlungen, die von ihnen berichtet werden, sind geschehen. Noe hat sich in der Tat betrunken (Paed. II, 2, 34); Lot hat mit seinen Töchtern verkehrt (Paed. II, 9, 81). Ja Clemens versteht Gen. 6, 2 nach der Übersetzung der Septuaginta von einem wirklichen fleischlichen Verkehr der Engel mit den Menschen (Paed. III, 2, 14). Insbesondere sind auch die alttestamentlichen Gesetze wörtlich aufzufassen (Str. I, 26, 167 ff.). Mit diesem „fleischlichen" Sinne darf man sich aber nicht begnügen, sondern muß in den verborgenen Sinn einzudringen suchen (quis div. salv. 5. P. 928). Mit dem Wortsinn ist der Inhalt der Schrift so wenig erschöpft, daß man sagen kann, die einfachen Gläubigen, die bei ihm stehen bleiben, nippen nur an dem Worte Gottes, da bloß die Gnostiker, die nach dem allegorischen Sinne fragen, dasselbe völlig erforschen (Str. VII, 16). Das Studium des höheren Schriftsinns macht der Gnostiker zu seiner Lebensaufgabe (Str. II, 11, 49; Str. VII. 1)[1]). Der allegorische Sinn erstreckt sich nun auf alle Teile der Schrift. „Es wäre zu weitläufig, alle prophetischen und gesetzlichen Stellen durchzugehen, welche bildlich zu verstehen sind; denn die ganze Schrift ist eine Prophetie" (Str. V, 6, 32 P. 664). Daher kann man „den Charakter der Schrift parabolisch" nennen (Str. VI, 15, 126 P. 803). Diese und ähnliche Stellen, wie Paed. III, 11, 75 P. 298: „auch das andere ist in gleicher Weise allegorisch gemeint", sind nicht so aufzufassen, als wollte Clemens die Schrift nur allegorisch verstanden wissen, sondern sie sagen, wie bei Philo, daß neben und über dem Wortsinn der allegorische Sinn steht. Wortsinn und allegorischer Sinn stören sich nach Clemens nicht; auch in dieser Auffassung sehen wir den Schüler Philos. Nach dem Wortsinn ist die Paradiesesschlange der Teufel (Protrept. 1, 7); nach der Allegorie ist sie die Begierde (Protrept. 11, 111). Da Lot und seine Töchter wirkliche Personen sind (Paed. II, 9, 81), so hat auch seine Frau tatsächlich gelebt; nach der Allegorie ist sie Symbol des im Irdischen versunkenen Men-

---

[1]) Kutter, Clemens Al. und das Neue Testament (Gießen 1897), 116.

schen (Protrept. 10, 103). Die beiden Gesetzestafeln sind nach dem Wortsinn aus Stein; allegorisch werden sie als Himmel und Erde erklärt (Str. VI, 16, 133).

Der allegorische Sinn steht so hoch über dem Wortsinn, wie die Seele über dem Leibe steht (Str. VI, 15, 132); denn er enthüllt erhabene und ehrwürdige Wahrheiten (Str. V, 9, 56). Er ist aber nicht für alle bestimmt, sondern der Menge verborgen und nur denen zugänglich, „welche in die Gnosis eingeweiht sind, die durch die Liebe die Wahrheit suchen" (Str. VI, 15, 129) und sich durch das, was ihnen geheimnisvoll mitgeteilt wird, umbilden lassen wollen; deren gibt es aber nur wenige (Str. I, 1, 13). Dies lehrt Ps. 17, 12. 13, wo beschrieben wird, wie der Herr im Gewitter einherzieht: „Dunkles Wasser in der Lüfte Wolken; vor seines Angesichtes Glanze ziehen die Wolken einher, Hagelschauer und Feuerkohlen" (LXX). Hier ist, so erklärt Clemens, die Wahrheit ausgedrückt, daß der erhabene Inhalt der Schrift, der allegorische Sinn, verborgen ist, daß er nur den Gnostikern klar und hell wie unschädlicher (!) Hagel von Gott mitgeteilt wird, für die große Menge aber dunkel bleibt wie Kohlen, die man nicht in Brand steckt (Str. VI, 15, 116 P. 798). Im Gegensatz zu Barnabas und Justin, die jeden Christen für befähigt und berufen halten, in den geheimen Sinn der Schrift einzudringen, weil sie unter diesem oft die Typen verstehen, die in Christus sich erfüllt haben, macht Clemens, mehr an Philo sich anschließend, unter den Christen selbst einen Unterschied, indem er den allegorischen Sinn den Gnostikern vorbehält, während er für die Pistiker den Wortsinn genügen läßt.

Wie Philo, so will auch Clemens den geheimen Sinn der Schrift wirklich wie ein Geheimnis behandelt wissen. Die Wahrheiten, die mit so großer Mühe aus der Schrift gewonnen werden, sollen nicht jedem beliebigen mitgeteilt werden. Allein wie Philo aus der Allegorie keine eigentliche Geheimlehre macht, sondern nur will, daß sie den Ohren der Unverständigen und Kinder vorenthalten werde, so hat auch Clemens die einfachen Gläubigen im Auge, die leicht in Verwirrung geraten könnten, wenn ihnen zugemutet würde, die hl. Schrift anders als wörtlich zu verstehen. Der Wortsinn ist ja auch vom hl. Geiste zu ihrem Heile in die Schrift hineingelegt. Das Göttliche kann mit einem äquivoken Ausdruck nicht bezeichnet werden. Daher haben die Propheten zu uns, die wir im Fleische sind, so gesprochen, wie wir es zu fassen vermögen; denn der Herr paßt sich der Schwäche der Menschen an, um sie zu retten. Es ist dies dieselbe Rechtfertigung des Wortsinns, wie wie ihr bei Philo begegneten. Ferner muß man nach Clemens mit dem allegorischen Sinne deshalb vorsichtig sein, weil viele durch ein sündhaftes Leben sich unwürdig machen, in ihn eingeweiht zu werden. Aber nicht nur für die einfachen Gläubigen ist es von Nutzen, daß der höhere Sinn der Schrift verborgen und schwer zugänglich ist, sondern auch für die Gnostiker; denn diesen ist jener Umstand ein mächtiger Ansporn, mit der hl. Schrift sich eingehend zu beschäftigen, um die für das ewige Heil so wichtigen Wahrheiten zu ermitteln (Str. VI, 15, 126 P. 803; Str. V, 9, 57 P. 680).

5. Einteilung der Allegorie.

In Anlehnung an die Stoiker [1]) teilt Philo [2]) die allegorischen Erklärungen in physische und ethische ein *(φυσικῶς καὶ ἠθικῶς, λόγος φυσικώτατος καὶ ἠθικώτατος, auch ἡ πρὸς τὸ ἦθος ἀπόδοσις)*. Zuweilen gebraucht er die Bezeichnungen *φυσικῶς* und *φυσικὸς λόγος* für jede allegorische Erklärung, z. B. de Abr. 99 [M. II, 15]. In der Regel aber versteht er unter den physischen Deutungen solche, welche Vorgänge der Natur im weitesten Sinne betreffen, unter den ethischen jene, die sich auf das Seelenleben des Menschen beziehen; erstere haben die Bildung des Verstandes zum Ziel, letztere erziehen zur Tugend. Die doppelte Tierschöpfung Gen. 1, 24 und 2, 19 bedeutet physisch die Gattungen (Ideen) und Arten der Leidenschaften, ethisch das Übermaß von Schlechtigkeit im Menschen, die immer aufs neue Böses hervorbringt (leg. alleg. II, 12 [M. I, 69]). Gen. 2, 18: „Lasset uns ihm einen Gehilfen machen" wird physisch dahin erklärt, daß die Sinnlichkeit und die Leidenschaften das Spätere in der Seele sind (leg. alleg. II, 5 [M. I, 67]). Ethisch ist die Auslegung von Gen. 2, 19: „Gott führte die Tiere zu Adam hin, um zu sehen, wie er sie nennen würde". Gott, das sei der Sinn, wollte den Geist des Menschen beobachten, um zu sehen, aus welchen Gründen er einem jeden Tiere *(πάθος)* gerade diesen und keinen anderen Namen geben würde, welche Leidenschaften er für gut und welche er für böse erklären würde (leg. alleg. II, 16 [M. I, 69]).

Barnabas und Justin führen mit dem Neuen Testamente den typischen Sinn der Schrift ein, der im Verein mit dem alle-

---

[1]) Vgl. S. 8.
[2]) Vgl. Siegfried, Philo 196.

gorischen Sinne nun den höheren Sinn ausmacht. Beim Zeremonialgesetz kennt Barnabas nicht nur den typischen Sinn, sondern auch den allegorischen und bei einigen Vorschriften noch den Wortsinn. Die Speisegesetze sind allegorisch zu erklären. Ob Barnabas ein und derselben Schriftstelle den dreifachen Schriftsinn, den Wortsinn, den allegorischen und den typischen Sinn zuerkannt habe, ist ungewiß. Justin aber nimmt bei manchen Stellen der Schrift gleichzeitig den wörtlichen, den allegorischen und den typischen Sinn an und bahnt dadurch der Dreiteilung des Schriftsinns in $\sigma\tilde{\omega}\mu\alpha$, $\psi\nu\chi\eta$ und $\nu o\tilde{v}\varsigma$, wie wir ihr bei Origenes begegnen, den Weg. Die Beschneidung ist wörtlich aufzufassen; sie wurde den Juden als Kennzeichen und zur Strafe gegeben (Dial. 16. 19. 28: Wortsinn). Sie sollte ferner die Juden an ihre Herzenshärte erinnern (ib: allegorischer Sinn). Sie sollte endlich ein Vorbild der Taufe sein (Dial. 41. 113: typischer Sinn).

Clemens Al. teilt den höheren Schriftsinn in drei Unterarten ein, in den mystischen *($\sigma\eta\mu\varepsilon\tilde{\iota}o\nu$ $\dot{\varepsilon}\mu\varphi\alpha\dot{\iota}\nu o\nu\sigma\alpha\nu$)*, den moralischen *($\dot{\varepsilon}\nu\tau o\lambda\dot{\eta}\nu$ $\kappa\nu\rho o\tilde{v}\sigma\alpha\nu$ $\varepsilon\dot{\iota}\varsigma$ $\pi o\lambda\iota\tau\varepsilon\dot{\iota}\alpha\nu$ $\dot{o}\rho\vartheta\dot{\eta}\nu$)* und den prophetischen *($\vartheta\varepsilon\sigma\pi\dot{\iota}\zeta o\nu\sigma\alpha\nu$ $\dot{\omega}\varsigma$ $\pi\rho o\varphi\eta\tau\varepsilon\dot{\iota}\alpha\nu$* Str. I, 28, 179 P. 426). Der prophetische Sinn der Schrift fällt offenbar zusammen mit dem typischen bei Barnabas und Justin; denn er kann sich nur auf Christus und sein Reich beziehen. In der Tat erklärt Clemens aus dem Alten Testamente manches typisch, z. B. den goldenen Leuchter als Vorbild Christi (Str. V, 6, 35), die Arche als Vorbild der Erlösung (Str. VI, 11, 87). Da er von dem goldenen Leuchter noch eine allegorische Deutung nach Philo gibt, die keine moralische Anwendung enthält, sondern über einen Gegenstand aus der Natur belehren will (der Leuchter ist Symbol des Himmels Str. V, 6, 34), so können wir schließen, daß er mit dem mystischen und dem moralischen Sinne nur eine Einteilung des „allegorischen" Sinnes im Geiste Philos bieten will, so daß, wie der moralische Sinn der Schrift bei Clemens mit dem ethischen Sinne bei Philo identisch ist, so der mystische Sinn bei dem Kirchenschriftsteller dem physischen Sinne bei dem jüdischen Exegeten entspricht. Wir erhalten also folgende Gliederung des Schriftsinns:

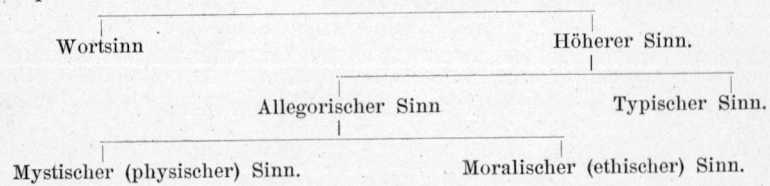

Wortsinn	Höherer Sinn.
	Allegorischer Sinn Typischer Sinn.
Mystischer (physischer) Sinn.	Moralischer (ethischer) Sinn.

§ 7. Hermeneutische Regeln.

„Wahnsinn ist's, doch hat's Methode!" Diesen Ausruf des Polonius über Hamlets wunderliche Rede[1] wendet Gfrörer[2] auf die Allegorie Philos an. Die Auslegung dieses größten jüdischen Exegeten erscheint in der Tat auf den ersten Blick durchaus willkürlich. Allein wenn wir näher zusehen, so erkennen wir, daß er mit der Absicht an den Text herantritt, ihn nach bestimmten Grundsätzen d. i. hermeneutischen Regeln zu behandeln. Schon von den vor ihm lebenden alexandrinischen Exegeten waren „Regeln der Allegorie" aufgestellt worden (τῆς ἀλληγορίας κάνονες de special. leg. I, 287 [M. II, 265]; de somn. I, 73 [M. I, 631]; ἐν ἀλληγορίᾳ νόμοι de Abr. 68 [M. II, 11]). Mit den überlieferten hat nun Philo die eigenen Regeln zu einem Systeme verbunden, so daß er die Allegorie mit einem weisen Baumeister (ἡ σοφὴ ἀρχιτέκτων) vergleichen kann (de somn. II, 8 [M. I, 660]).

Philo hat die hermeneutischen Regeln, von denen wir den meisten bereits bei den Stoikern begegnet sind, zum Teil theoretisch begründet, zum Teil nur praktisch angewendet. Ganz dieselben Regeln finden wir bei Barnabas, Justin und Clemens in Gebrauch, und zwar zeigt es sich, daß der letztere manche Regeln, nach denen man früher nur in praxi die Schrift auslegte, in Worte kleidet. Dabei kann man ruhig zugeben, daß einige der hermeneutischen Gesetze dem Barnabas und Justin nicht zum Bewußtsein kamen, ja daß manche nicht einmal für Philo Gegenstand der Reflexion waren. Die allegorische Auslegung war den Exegeten bereits derart in Fleisch und Blut übergangen, daß sie auch unbewußt deren Regeln befolgten, wie jemand grammatisch richtig sprechen und orthographisch richtig schreiben kann, ohne die Gesetze der Grammatik und Orthographie sich klar zu machen. Mit der Zeit aber suchte man, wie überall, so auch hier, das Verfahren, das man einschlug, vor sich selbst zu rechtfertigen, und das Bedürfnis nach einer hermeneutischen Theorie fand seine Befriedigung in der Begründung der allegorischen Methode.

Die hermeneutischen Regeln zerfallen bei der jüdischen und der christlichen alexandrinischen Exegetenschule in zwei Hauptklassen, nämlich in solche, die den Wortsinn einer Stelle als un-

---

[1]) 2. Akt. 2. Szene.
[2]) Philo und die alex. Theosophie 1, 113.

möglich und die allegorische Erklärung als die einzig zulässige erweisen, und in solche, die den allegorischen Sinn einer Stelle erschließen, mag er allein oder neben und über dem Wortsinn stehen.

I. Der Ausschluß des Wortsinns [1]).

Die Schwierigkeiten, die manche Stellen der Schrift der Erklärung bieten, glaubten die jüdischen und die christlichen Allegoristen nur dadurch beseitigen zu können, daß sie den Literalsinn überhaupt leugneten. In Betracht kamen hier in erster Linie die Anthropomorphismen, dann aber auch einzelne auffällige Berichte der Bibel.

1. **Der Wortsinn einer Schriftstelle ist aufzugeben, wenn er etwas enthält, was Gottes unwürdig ist.**

Diese Regel ist nichts anderes als die Anwendung des stoischen Satzes: „Überall hätte Homer Gotteslästerungen ausgesprochen, wenn er sich nicht allegorisch ausgedrückt hätte" [2]), auf die hl. Schrift. Schon Aristobul macht von ihr Gebrauch bei der Erklärung jener Stellen, welche Gott menschliche Gliedmaßen zuschreiben. „Ich will dich auffordern die Angaben (der Schrift) vernünftig aufzufassen, die gebührende Ansicht von Gott festzuhalten und nicht in mythische und menschliche Vorstellungen zu geraten" (Euseb. Praep. evg. VIII, 10 M. 21, 635). Bei Philo finden wir das Gesetz an vielen Stellen in Anwendung. Wenn es Gen. 6, 7 heißt: „Es reute Gott, daß er den Menschen erschaffen hatte", so darf man nicht an eine tatsächlich vorhandene Reue denken; denn Gott hat so wenig Gemütsbewegungen wie Körperteile, und es wäre gottlos, dem Herrn dergleichen zuzuschreiben (quod Deus sit immut. 51—69 [M. I, 280—283]). Nach Gen. 2, 8 pflanzte Gott das Paradies. Aber es wäre eine Beleidigung des Allerhöchsten, zu meinen, der Schöpfer der Welt pflanze Bäume und bebaue die Erde wie ein Landmann. Auch bedarf er, da er sein eigener Ort ist und sich selbst genügt, gewiß nicht eines Gartens, um sich zu erholen und zu ergötzen. Mithin muß man zur Allegorie seine Zuflucht nehmen (leg. alleg. I, 43. 44 [M. I, 52]). Gen. 4, 16 wird gesagt: „Kain ging weg von dem Angesichte des Herrn". Gott hat aber kein Angesicht, und da er die ganze Welt erfüllt, die Welt aber niemand verlassen kann, so ist die Stelle

---

[1]) Siegfried, Philo von Alexandria 165 ff.
[2]) Vgl. S. 7 f.

nicht in ihrem wörtlichen Sinne zu verstehen (de post. Caini 7 [M. I, 227]). Die Frage Gottes an Kain (Gen. 4, 9) kann nicht wörtlich aufgefaßt werden; denn wer fragt, erkundigt sich nach etwas, was er nicht weiß; Gott aber ist allwissend (quod. det. pot. ins. sol. 57 [M. I, 202]). Deshalb muß auch die Frage Gottes an Adam (Gen. 3, 9) allegorisch erklärt werden (leg. alleg. III, 51 ff. [M. I, 97]).

Der philonischen Regel, daß bei der Erklärung der hl. Schrift jede unwürdige Gottesauffassung ferngehalten werden müsse, huldigt von den Kirchenschriftstellern zunächst der Verfasser des Barnabasbriefes. Die Anthropomorphismen sind nach ihm nur in geistigem Sinne zu verstehen, so z. B. wenn es Ex. 31, 18 heißt, Gott habe „mit dem Finger seiner Hand" die steinernen Tafeln beschrieben: καὶ ἔλαβεν Μωυσῆς παρὰ κυρίου τὰς δύο πλάκας τὰς γεγραμμένας τῷ δακτύλῳ τῆς χειρὸς κυρίου ἐν πνεύματι (14, 2). Letzteren Ausdruck, der sich in der Parallelstelle Barn. 4, 7 nicht findet, will J. G. Müller[1]) zu ἔλαβεν beziehen; Barnabas weise hin „auf die dem buchstäblichen Sinn entgegengesetzte Einsicht dessen, der die Offenbarung empfängt". Allein es handelt sich hier nicht um die Einsicht des Moses, sondern darum, daß die den Bund symbolisierenden Tafeln von Moses wirklich empfangen, vom Berge herabgetragen und zum Zeichen, daß der Bund aufgehoben ist, zerschlagen werden (14, 3). Mit ἐν πνεύματι will also Barnabas darauf hinweisen, daß das Schreiben von seiten Gottes in geistigem Sinne zu verstehen ist.

Derselben Regel begegnen wir bei Justin. Wenn Gott zu Adam sagt: „Wo bist du?" und zu Kain: „Wo ist dein Bruder Abel?" so darf man diese Worte nicht als Frage auffassen, als ob Gott unwissend wäre, sondern man muß sie dahin erklären, daß der Herr den Zustand, in dem sich die Seele befand, rügen wollte (Dial. 99). Wie wir gesehen haben, leugnet Philo mit derselben Begründung, daß die angeführten Stellen der Schrift als Frage aufzufassen seien, und gibt auch die gleiche Erklärung (quod det. pot. ins. sol. 57 [M. I, 202]; leg. alleg. III, 51 ff. [M. I, 97]). Gen. 18, 8 wird berichtet, daß die Männer, die zu Abraham kamen, nämlich Gott mit zwei Engeln, ein Mahl einnahmen. Gott kann aber nicht essen. Indes bietet die Stelle für jemanden, der in der allegorischen Deutung *(τροπολογία)* erfahren

---

[1]) Erklärung des Barnabasbriefes (Leipzig 1869) z. d. St.

ist, keine Schwierigkeiten; denn wenn man den Ausdruck „essen" auf Gott beziehen will, so muß man ihn bildlich verstehen, nicht von einem Kauen mit den Zähnen und Kinnbacken, ähnlich wie man auch vom Feuer ein „Verzehren" im übertragenen Sinne aussagt (Dial. 57).

Clemens endlich stellt die Regel auch theoretisch auf. „Die Wahrheit besteht darin, daß man untersucht, was dem Herrn und allmächtigen Gott vollkommen angemessen und geziemend ist *(τί τῷ κυρίῳ καὶ τῷ παντοκράτορι θεῷ τελείως οἰκεῖόν τε καὶ πρέπον* Str. VII, 16 P. 891). Es dürfen also Stellen, die von Gott Gemütsbewegungen aussagen, nicht wörtlich aufgefaßt werden. Wenn es in der Schrift heißt, Gott freue sich über die Bekehrung eines Sünders, so ist dies nicht von einer wirklichen Freude Gottes zu verstehen, weil der Herr sich durch eine solche verändern würde. Es ist vielmehr der Mensch, der sich freut, und Gott betrachtet diese Freude als seine eigene, geradeso wie Christus einmal sagen wird: „Ich war hungrig und ihr habt mich gespeist. — Was ihr dem geringsten meiner Brüder getan habt, das habt ihr mir getan" (Matth. 25, 35. 40), ohne daß er in der Tat gespeist worden ist (Str. II, 16, 72. 73 P. 467). Noch weniger als Gemütsbewegungen können Gott natürlich Hände und Füße oder Ortsveränderungen zugeschrieben werden. Wo in der Schrift dergleichen vorkommt, muß die allegorische Auslegung eintreten (Str. V, 11, 68 P. 687, abhängig von Philo de sacrif. Ab. et Caini 95. 96 [M. I. 182]).

2. **Der Wortsinn ist aufzugeben, wenn er eine unlösbare Schwierigkeit enthält, sei es, daß er geradezu unwahr und historisch unmöglich ist, oder daß er nicht frei von inneren Widersprüchen ist.**

Diese stoische Regel[1]) wendet Philo an vielen Stellen an. Gen. 2, 21 berichtet, Gott habe eine Rippe aus der Seite des Adam genommen, um aus ihr die Eva zu bilden. Der Wortsinn ist märchenhaft. Wie sollte man annehmen können, daß aus der Rippe eines Mannes ein Weib oder überhaupt ein Mensch geworden ist? Was hinderte denn Gott, wie er aus Erde den Mann erschaffen, so auch das Weib zu bilden? Warum formte er das Weib aus einer Rippe und nicht aus einem anderen Körperteile? Auch durch den streng symmetrischen Bau des männlichen Körpers ist der Wortsinn

---

[1]) Vgl. S. 7.

ausgeschlossen (leg. alleg. II, 19. 20 [M. I, 70]). Gen. 4, 17 erzählt, daß Kain eine Stadt baute. Es ist aber nicht nur sonderbar *(παράδοξον)*, sondern auch unvernünftig *(παράλογον)*, daß ein Mensch eine Stadt baut, während für seine aus drei Personen bestehende Familie eine kleine Höhle ausgereicht hätte (de post. Caini 49. 50 [M. I, 234]). Das Verbot Gen. 2, 17: „An welchem Tage ihr davon essen werdet, an dem werdet ihr sterben", enthält einen inneren Widerspruch; denn Adam und Eva starben nicht, sondern gaben sogar noch anderen das Leben (leg. alleg. I, 105 [M. I, 64]). Gen. 3, 10 antwortet Adam auf die Frage Gottes: „Ich fürchte mich, weil ich nackt bin". Vorher aber wird berichtet, daß die Stammeltern sich Schürzen gemacht hatten. Moses will also andeuten, daß die Nacktheit nicht vom Leibe, sondern von der Seele zu verstehen ist (leg. alleg. III, 55 [M. I, 98]). Nach Gen. 4, 8 erschlägt Kain den Abel; 4, 10 wird letzterem eine Stimme zugeschrieben. „Wie aber wäre einer, der nicht mehr am Leben ist, fähig, sich zu unterreden?" (quod det. pot. ins. sol. 48 [M. I, 200]). Gen. 11, 6 heißt es vom Bau der Stadt und des Turmes: *ἤρξαντο ποιῆσαι,* im vorhergehenden Verse aber: *ᾠκοδόμησαν,* wonach Stadt und Turm als bereits fertig erscheinen. Die wörtliche Erklärung ist mithin aufzugeben und die Erzählung als eine Einkleidung der Lehre zu betrachten, daß die Bösen, die gegen Gott freveln, nichts erreichen (de confus. ling. 152—155 [M. I, 428]).

Während also nach Philo der allegorische Sinn durch die ganze Schrift sich hinzieht und keine Stelle den Wortsinn allein enthält, ist, wie sich aus diesen Beispielen, die sich leicht vermehren ließen [1]), ergibt, oft nur der allegorische Sinn in Geltung und der Wortsinn völlig ausgeschaltet. Wie weit aber Philo mit dem Ausschluß des Literalsinns gegangen ist, läßt sich nicht

---

[1]) Vgl. Siegfried, Philo v. Alex. 166—168. Die von ihm hier angeführte dritte Regel, wonach der allegorische Ausdruck der Schrift uns oft nötigt, vom Wortsinn abzugehen, fällt mit unserem an zweiter Stelle genannten Gesetz zusammen. Wenn Herriot, Philon le Juif 189, dem Philo noch den Grundsatz zuschreiben will, der Wortsinn wäre dann aufzugeben, wenn er weniger erhaben erscheint als der allegorische, so ist dagegen zu bemerken, daß nach dem jüdischen Exegeten ebenso wie nach den ältesten Kirchenschriftstellern der alexandrinischen Schule der allegorische Sinn stets höher steht als der Literalsinn (vgl. § 6), und daß letzterer trotzdem noch nicht ausgeschaltet wird.

immer genau bestimmen. So soll das Gesetz Deut. 17, 15. 16, nach welchem Moses die Reiterei verbietet, nur allegorischen Sinn haben, weil in der Wirklichkeit diese Waffengattung einen sehr wichtigen Bestandteil des Heeres bildet (de agric. 86—88 [M. I, 313]). Auch das Gesetz Deut. 20, 5—7, das diejenigen vom Kriegsdienst entbindet, welche einen Weinberg oder ein Haus erworben oder eine Frau geheiratet haben, ist nach Philo in seinem Wortsinn nicht zu begreifen, weil doch gerade' jene die dringendste Veranlassung hätten, das Ihrige zu schützen, und daher im Felde den meisten Mut an den Tag legen würden (de agric. 149—156 [M. I, 323. 324]). Nun sind aber für den frommen Juden Philo alle Gesetze des Moses die besten, die überhaupt gegeben werden konnten, weil sie mit der Natur übereinstimmen (de opif. m. 3 [M. I, 1]); sie sind die heiligsten (de ebr. 37 [M. I, 363]); sie sind weltberühmt (de vita Mosis I, 1 [M. II, 80]), über die ganze Erde verbreitet (de vita Mosis II, 17 [M. II, 137]) und stets unverändert geblieben (ib. 14 [M. II, 136]). Daher nennt der jüdische Exeget das Gesetz Deut. 20, 5—7, dessen wörtliche Auffassung er zuerst, wie wir gesehen haben, preisgibt, in seinem Literalsinne an einer anderen Stelle ein sehr verständiges (de virtut. 28 ff. [M. II, 380]). Er mochte einsehen, daß er, wenn er erst ein Gesetz in seinem Wortsinne als unvernünftig verwarf, auch viele andere Vorschriften fallen lassen mußte, in erster Reihe die Speisegesetze. Es ist auch zu beachten, daß jene Bestimmungen, deren Wortsinn Philo leugnet, zu seiner Zeit praktisch nicht mehr beobachtet werden konnten, weil die politische Selbständigkeit der Juden aufgehört hatte. Im übrigen erkennt er bei allen Gesetzen den Literalsinn an. Anders steht es mit dem historischen Teil des Pentateuchs. Hier läßt Philo die Urgeschichte nur in ihren Grundzügen als Wahrheit gelten, die Einzelheiten dagegen faßt er meist nur allegorisch auf. Bei der Erschaffung der Welt ist die schöpferische Tat historisch, nicht aber die sechs Tagewerke. Adam ist der erste Mensch, aber seine Geschichte in ihren Hauptmomenten, wie die Erzählung vom Paradiese und seinen Bäumen, von der Schlange, von der Vertreibung aus dem Garten, ist nur eine Einkleidung höherer Wahrheiten, ohne auf den Glauben an ihre Wirklichkeit Anspruch machen zu können. Die Sündflut hat tatsächlich stattgefunden; unhistorisch ist dagegen das, was nach dem biblischen Bericht vor ihr und nach ihr sich ereignet haben soll, wie der Turmbau zu Babel.

§ 7. Hermeneutische Regeln. 75

Ähnlich wie Philo beweist Barnabas die Unmöglichkeit, manche Stellen der Schrift wörtlich auffassen zu können, um daraus die Notwendigkeit und die alleinige Berechtigung der Allegorie zu folgern. Jes. 28, 16 ist von einem Steine die Rede, auf den man vertrauen muß, um ewig zu leben. Hier kann die Schrift unmöglich einen wirklichen Stein meinen, weil ein solcher doch nicht Leben verleihen kann. Der Fels deutet vielmehr vermöge seiner Festigkeit hin auf Standhaftigkeit, mit der der Herr seinen Leib den Peinen und Schmerzen hingegeben hat, und symbolisiert somit den Erlöser, der der Gegenstand unseres Vertrauens ist: „Was sagt er noch? „Und wer auf ihn (sc. den Stein) vertraut, wird leben in Ewigkeit." Ist also auf einen Stein unsere Hoffnung gegründet? Das sei ferne. Sondern (der Ausdruck besagt), daß der Herr in Kraft sein Fleisch hingestellt hat" (6, 3). In diesem Falle weist allerdings die Schrift darauf hin, daß der „Stein" bildlich aufzufassen sei. Barnabas erklärt aber auch sonst unter Verwerfung des Wortsinns die allegorische Deutung als die einzige vom Texte geforderte, auf Grund von historischen Unmöglichkeiten, Unwahrheiten und Widersprüchen. Ex. 20, 8 befiehlt Gott, den Sabbat mit reinem Herzen und reinen Händen zu heiligen [1]). Obwohl wir von Christus erneuert sind, ist dies trotzdem in dieser Welt nicht möglich. Das Gebot kann demnach nicht in seinem Wortsinne verstanden werden. Der Sabbat, den wir heiligen sollen, ist das tausendjährige Reich, in dem wir heilig sein werden. „Weiter sagt er noch: „Du sollst ihn heiligen mit reinen Händen und reinem Herzen." Falls also jetzt jemand den Tag, welchen Gott geheiligt hat, zu heiligen vermag, indem er rein von Herzen in allem ist, so sind wir vollständig im Irrtum befangen. Siehe, daß wir ihn dann in rechter Ruhe heiligen werden, wann wir es vermögen werden, nachdem wir selbst gerechtfertigt und im Besitze der Verheißung sind, wann es kein Unrecht mehr gibt, dagegen alles vom Herrn neu hergestellt ist; dann werden wir ihn heiligen können, wann wir zuerst selbst geheiligt sind" (15, 6. 7). Indem Barnabas mit anderen Chiliasten die Verheißungen von einem tausendjährigen Reiche wörtlich auffaßte, wurde er dazu geführt, andere Stellen der hl. Schrift, bei denen an die messianische Zukunft gar nicht zu denken ist, durch allegorische Deutung chiliastisch zu erklären. Ein Beispiel bietet

---

[1]) LXX liest Ex. 20. 8, Deut. 5, 12 nur: $\dot{\alpha}\gamma\iota\dot{\alpha}\zeta\varepsilon\iota\nu\ \alpha\dot{\upsilon}\tau\dot{\eta}\nu$.

die Behandlung der Stelle Gen. 1, 28, wonach Gott dem Menschen im Paradiese die Herrschaft über die Tierwelt anvertraut. Da die Tatsachen den Worten Gottes widersprächen, indem jetzt der Mensch über die Tiere keine Macht habe, so sei hier auf das tausendjährige Reich hingewiesen: „„Sie sollen herrschen über die Fische.". Wer ist jetzt imstande, über die wilden Tiere oder die Fische oder die Vögel des Himmels zu herrschen? . . . Wenn nun dies gegenwärtig nicht geschieht, so ist es doch zu uns gesagt für die Zeit, wann wir selbst vollkommen sein werden, um Erben des Bundes des Herrn zu werden" (6, 18. 19).

Auch Justin verwirft bei manchen Stellen der Schrift den Wortsinn, wenn er eine unlösbare Schwierigkeit bietet oder einen Widerspruch enthält[1]). Jes. 1, 20 lautet: „Das Schwert wird euch fressen." Wollte man die Stelle wörtlich dahin erklären, daß das Schwert töte, so würde man damit unsinniger Weise behaupten, daß ein Schwert „fressen" könne. Da dies von einem wirklichen Schwerte nicht ausgesagt werden kann, so müssen wir die Stelle auf das Schwert des Herrn, das Feuer, beziehen, das die Bösen vernichtet. „Der eben gebrauchte Ausdruck: „Das Schwert wird euch fressen", besagt nicht, die Ungehorsamen sollen mit dem Schwerte getötet werden, sondern das Schwert Gottes ist das Feuer, dessen Speise die werden, welche das Böse als ihr Tun erwählen. Deshalb heißt es: Das Schwert wird euch fressen; denn der Mund des Herrn hat gesprochen. Wenn aber ein schneidendes und sogleich tötendes Schwert gemeint wäre, so würde es doch wohl nicht heißen: „Es wird euch auffressen" (Ap. I, 44). Moses kann in seinem Segen, den er Deut. 33, 17 über Josef ausspricht, nicht an ein wirkliches Einhorn gedacht haben, da er sprach: Wie die Hörner des Einhorns sind seine Hörner. Es ist dies ein Widerspruch; „denn von mehreren Hörnern eines Einhorns kann man bei keiner anderen Sache oder Figur reden oder sie nachweisen außer bei dem Typus, der das Kreuz betrifft." Denn dieses ist ein Holz, welches wie ein Horn

---

[1]) Sprinzl, Die Theologie des hl. Justinus des Martyrers, in der Linzer Theol. prakt. Quartalschrift 1884 S. 290, gibt zu, daß Justin den Wortsinn mancher Stellen der Schrift verwirft. An den Stellen aber, die er zum Beweise beibringt (Dial. 55, 58, 77, 78), hat Justin nur den höheren Sinn der Schrift im Auge. Ob er jenen Stellen den Wortsinn zuerkennt oder nicht, geht aus dem Texte der Beispiele nicht hervor.

hervorragt, von dem aber wieder die einzelnen Spitzen wie Hörner abstehen (Dial. 91).

Jes. 43, 15 lautet: „Ich bin Gott der Herr, euer Heiliger, hinweisend auf Israel, euren König" [1]. Da nun Jakob, der Sohn Isaaks, niemals ein König gewesen ist, so folgt hieraus, daß unter Israel Christus zu verstehen ist (Dial. 135).

Clemens gibt nach dem Beispiel Philos oft den Wortsinn auf, wo er ihm als historisch unmöglich erscheint. Wie seinem jüdischen Lehrer, so fällt auch ihm Gen. 4, 10 auf. Vom Blute Abels wird hier gesagt, daß es schreit; „das Blut kann aber niemals eine Stimme entsenden" (Paed. I, 6, 47 P. 126). Clemens hat aber dieses Beispiel nicht lediglich entlehnt, sondern die Regel des jüdischen Exegeten selbständig angewendet; denn dieser geht davon aus, daß ein Toter nicht rufen kann, Clemens macht auf das Blut Abels aufmerksam als Vorbild des Blutes Christi.

Auch Widersprüche in der Schrift weisen nach Clemens darauf hin, daß der Wortsinn aufzugeben ist und die Stelle nur allegorischen Sinn hat. Luc. 14, 26 befiehlt Gott: „Wer Vater und Mutter, Weib und Kinder nicht haßt, kann mein Jünger nicht sein"; Ex. 20, 12 aber gibt er das Gebot: „Ehre Vater und Mutter." Daraus folgt, daß Luc. 14, 26 nicht zum Hasse der Verwandten auffordert, sondern die Mahnung enthält: Gib nicht niederen Trieben nach und führe kein Weltleben (Str. III, 15, 97 P. 555).

II. Die Regeln der Allegorie [2].

1. Der mehrfache Sinn einer Stelle.

Die Regeln der Allegorie sollen den Exegeten anleiten, den allegorischen Sinn einer Stelle, mag diese den Literalsinn enthalten oder nicht, zu entwickeln. Einige von ihnen sind, wie wir sehen werden, nur Folgerungen aus dem strengen Inspirationsbegriff und zeigen nicht so sehr den Weg, auf welchem der allegorische Sinn gefunden werden kann, sondern machen nur darauf aufmerksam, wovon man bei der Erklärung auszugehen hat. Die Regeln haben das Bedenkliche, daß sie einen mehrfachen allegorischen Sinn zulassen, ja den alexandrinischen Schriftauslegern

---

[1] Die Septuaginta übersetzt hier unrichtig. Hebr. liest: Ich bin Gott der Herr, der Schöpfer Israels, euer König. LXX: $\delta\ \varkappa\alpha\tau\alpha\delta\varepsilon\acute{\iota}\xi\alpha\varsigma\ \text{'}I\sigma\varrho\alpha\grave{\eta}\lambda\ \beta\alpha\sigma\iota\lambda\acute{\varepsilon}\alpha\ \acute{\upsilon}\mu\tilde{\omega}\nu.$

[2] Siegfried, Philo von Alex. 168 ff.

gilt es sogar als Gesetz, daß man dieselbe Stelle verschieden erklären kann und die von einander abweichenden Deutungen gleichberechtigt sind.

Philo stellt diesen Satz wohl nicht ausdrücklich auf, aber er wendet ihn doch praktisch wiederholt an. Die Frage Gottes an Adam: „Wo bist du?" (Gen. 3, 9) erklärt er allegorisch 1) mit Veränderung des Accents: ποῦ εἶ = „Du bist an einem Orte" im Gegensatz zu Gott, der an keinen Ort gebunden ist (οὐχί που). 2) ποῦ γέγονας, „wie weit ist es mit dir gekommen!" Die Frage ist also ein Vorwurf von seiten Gottes. 3) Die Antwort müßte lauten: „Nirgends", da der Böse an keinem Orte Ruhe finden kann. 4) Adam ist dort, wo die sind, die Gott nicht sehen können, die die Tugend fliehen (leg. alleg. III, 51—54 [M. I, 97. 98]).

Gen. 17, 16: „Ich werde dir aus ihr ein Kind geben" kann 1) darauf hinweisen, daß die Seele sich nichts Gutes zuschreiben, sondern alles als „von außen" kommend, von der Gnade Gottes gegeben ansehen soll. 2) Es kann ἐξ αὐτῆς = παραχρῆμα sein und bedeutet dann die Schnelligkeit, mit der die göttlichen Gaben gespendet werden. 3) Da Sara die Tugend symbolisiert, so ist in dem Satze die Wahrheit enthalten, daß die Tugend die Mutter alles Guten ist (de mut. nom. 141. 142 [M. I, 599]). Mehrere Erklärungen bietet Philo auch zur Himmelsleiter Gen. 28, 12 (de somn. I, 133—156 [M. I, 641—644]), zu den Cherubim Gen. 3, 24, Ex. 25, 18 (de cherub. 21—30 [M. I, 142—144]) u. a. Oft führt er dabei Auslegungen anderer an und stellt ihnen, ohne sie zu widerlegen, seine eigene Deutung zur Seite, zuweilen mit der Empfehlung, diese sei die beste. Indem Philo eine Mehrdeutigkeit der Schrift annahm, behauptete er freilich nichts Neues, denn die Stoiker sind ihm hierin vorangegangen [1]).

Auch Barnabas hält es für erlaubt, ein und dieselbe Schriftstelle allegorisch verschieden auszulegen. Ex. 33, 1: „Ziehet ein in das Land, das von Milch und Honig fließt" weist 1) hin auf die menschliche Natur Christi, dessen Erscheinen im Fleische hier von Moses angekündigt wird. 2) Die Stelle bezieht sich auf jeden Menschen, der als Christ neugeschaffen worden ist. 3) Das Land ist die Kirche, die die Menschheit nährt (6, 9—14).

---

[1]) Vgl. S. 8 ff. (die verschiedenen nebeneinander stehenden Erklärungen des Zeus, der Athene u. a.) u. S. 12.

§. 7. Hermeneutische Regeln.

Einen mehrfachen Sinn einer Stelle erkennt ferner Justin an. Die Weissagung des Psalms 21, 14: „Sie öffneten wider mich ihren Mund wie ein brüllender Löwe" kann sich beziehen auf Herodes, dem Pilatus den Heiland gebunden zuschickte, oder auf den Teufel, der den Heiland versuchte (Dial. 103).

Clemens endlich stellt die Regel theoretisch auf: „Es ist gestattet, einen mehrfachen Sinn *(συνεκδοχὰς πλείονας)* anzunehmen von dem, was allegorisch *(μετ' ἐπικρύψεως)* gesagt ist, wie wir es tun. Indem es sich so verhält, läßt sich wohl der Unerfahrene und Unkundige täuschen, der Einsichtige aber begreift es" (Str. V, 9, 57 P. 680). Auch praktisch wendet Clemens dieses Gesetz an, z. B. bei der Erklärung von Matth. 18, 20: „Wenn zwei oder drei in meinem Namen versammelt sind, so bin ich mitten unter ihnen". Diese Stelle kann man nach Clemens verstehen 1) von der Familie, Vater, Mutter und Kind, da ja Mann und Frau in der Ehe durch Gott verbunden werden. 2) Im Menschen selbst sind drei Dinge, Begierde, Mut und Verstand oder Fleisch, Seele und Geist. Führt — so will der Heiland sagen — der Verstand die Herrschaft und lebt infolge dessen der Mensch tugendhaft, so ist Gott mit ihm. 3) Die Stelle weist hin auf die Kirche, in der Juden und Heiden zu einem Dritten wie zu einem neuen Menschen (Eph. 2, 15) verschmelzen und in der Gott ist. 4) Gesetz und Propheten vereinigen sich mit dem Evangelium zu einer einzigen Erkenntnis (Str. III, 10, 68—70 P. 542).

Matth. 5, 9 werden die Friedfertigen *(εἰρηνοποιοί)* selig gepriesen. Es sind hier sowohl diejenigen zu verstehen, die den Frieden in ihrer eigenen Brust herbeiführen, indem sie die Begierden und Leidenschaften, die gegen den Geist ankämpfen, zähmen, als auch die, welche anderen den Herzensfrieden bringen, indem sie die Sünder zum Glauben und zur Versöhnung mit Gott führen (Str. IV, 6, 40 P. 581).

Da somit ausdrücklich zugegeben wurde, daß mit einer bestimmten Deutung der Inhalt einer Schriftstelle noch nicht erschöpft ist, so war auch den häretischen Gnostikern der Weg offen gelassen, mit Hilfe der allegorischen Erklärung ihre Lehrsätze aus der Bibel zu beweisen. Clemens selbst führt ja, besonders in den Excerpta ex Theodoto, eine ganze Reihe Allegorien an, die von den Gnostikern vorgebracht wurden. Der Gefahr, die daraus für den Glauben erwuchs, begegnet dieser Schriftsteller mit der Forderung, daß jede Deutung sich nach der Kirchenregel *(κατὰ τὸν ἐκκλη-*

σιαστικὸν κάνονα) richten müsse. Diese ist die Übereinstimmung des Gesetzes und der Propheten mit dem Neuen Testament (ἡ συνῳδία καὶ ἡ συμφωνία νόμου τε καὶ προφητῶν τῇ κατὰ τὴν τοῦ κυρίου παρουσίαν παραδιδομένῃ διαθήκῃ Str. VI, 15, 125 P. 803). Widerspricht also die Erklärung einer alttestamentlichen Stelle der von Christus verkündeten Lehre, so ist sie falsch; denn „der Glaube an Christus und die Kenntnis des Evangeliums ist die Auslegung und Erfüllung des Gesetzes" (Str. IV, 21, 134 P. 625).

2—4. Regeln, die auf den Inspirationsbegriff zurückgehen.

2. Da die Schrift als Wort Gottes zu erhaben ist, als daß sie etwas Selbstverständliches enthalten könnte, so deutet sie, wenn sie eine alltägliche Wahrheit aussagt, auf einen tieferen Sinn.

Gen. 32, 10 wird erzählt, daß Jakob „mit einem Stabe" durch den Jordan gegangen sei. Da es selbstverständlich ist, bemerkt dazu Philo, daß man auf der Reise einen Stab benutzt, so wäre es kleinlich *(ταπεινόν)*, wenn man annehmen würde, die hl. Schrift hätte nur dies hier mitteilen wollen. Wohl aber entspricht der Würde der Schrift die allegorische Erklärung, nach welcher der Stab die Erziehung bedeutet, mit deren Hilfe Jakob, d. i. der Asket, den Jordan, das Symbol der Neigung zur Leidenschaft, überwindet (leg. alleg. II, 89 [M. I, 82]). Da Philo die Geschichte des Jakob als historisch betrachtet, was wir daraus entnehmen können, daß er neben den Büchern de Abrahamo und de Josepho auch eine Schrift de Jacobo verfaßt hat[1]), die freilich verloren gegangen ist, so sah er auch die Reise des Patriarchen und das Überschreiten des Jordans als tatsächlich geschehen an. Das Auffällige für ihn besteht also darin, daß die Schrift eigens den Stab erwähnt. Gen. 37, 14 schickt Jakob seinen Sohn Josef, um nach den Brüdern und der Herde zu sehen. Das ist wirklich geschehen (de Josepho 11 [M. II, 43]). Auffällig aber ist, daß Jakob, der so viele Knechte hatte, seinen liebsten Sohn fortschickte, um nach der Gesundheit der anderen Kinder und sogar des Viehs sich zu erkundigen, was doch der geringste seiner Diener leicht hätte tun können. Wir dürfen uns daher mit dem Wortsinn nicht begnügen; die Schrift fordert ja an dieser Stelle selbst zur Allegorie auf. Wenn wir nämlich von ihr Gebrauch machen, so

---

[1]) Vgl. den Eingang der Schrift de Josepho (§ 1 [M. II, 41]).

sind wir nicht gezwungen, etwas anzunehmen, was niedrig ist
oder der Erhabenheit der Schrift nicht entspricht (quod det. pot.
ins. sol. 13. 14 [M. I, 194]).

Auch Clemens macht von dieser Regel Gebrauch. Wenn
Job sagt, er sei nackt aus seiner Mutter Leibe hervorgegangen
und werde nackt dahin zurückkehren (Job 1, 21), so ist dies nicht
auf die Entblößtheit von irdischem Besitz zu deuten; denn da das
auf alle Menschen paßt, so ist es etwas Kleinliches und Gewöhnliches *(τοῦτο μὲν γὰρ μικρόν τε καὶ κοινόν)*. Die Schrift will vielmehr darauf hinweisen, daß Job, weil gerecht, rein von Schuld
und Fehle aus diesem Leben scheidet (Str. IV, 25, 160 P. 636).

3. Da die hl. Schrift derart das Werk Gottes ist, daß dieser
den Verfasser selbst bei der Wahl des Ausdrucks leitete (Verbalinspiration), so kann man unmöglich annehmen, es hätte
nicht jede Wendung, ja jedes Wort und jeder Buchstabe
seine Bedeutung[1]). Hieraus ergeben sich folgende Sätze.

a) **Die Schrift sagt kein Wort zu viel und kein Wort
zu wenig.**

α) Ist mithin ein überflüssiger Ausdruck gebraucht, so
ist nach dem höheren Sinne dieser auffallenden Abweichung zu
forschen.

Philo stellt diese Regel zunächst theoretisch auf: *περιττὸν
ὄνομα οὐδὲν τίθησιν* (sc. *ὁ νόμος*) (de fuga et inv. 54 [M. I, 554]).
Praktisch wendet er sie häufig an. Gen. 31, 20 lesen wir: „Jakob floh vor Laban dem Syrer". Da Jakob wohl wußte, daß
sein Schwiegervater aus Syrien war, so hat dieser Zusatz eine
besondere Bedeutung. Die Stelle enthält nämlich die Wahrheit,
daß der Asket (von Jakob symbolisiert) die sich erhebende Leidenschaft flieht; denn Syrien läßt sich übersetzen mit *μετέωρος* (leg.
alleg. III, 18 [M. I, 91]).

Gen 15, 5 führt Gott den Abraham hinaus: *ἐξήγαγεν αὐτὸν
ἔξω*. Letzteres Wort steht nicht umsonst *(οὐ παρέργως)*, obwohl
niemand „nach innen" *(ἔνδον)* hinausgeführt wird. Es wird nämlich hier darauf hingewiesen, daß Gott den Abraham *εἰς τὸ ἐξώτατον* hinausführt d. h. von allen Banden des Leibes und der
Sinnlichkeit befreit (leg. alleg. III, 40. 41 [M. I, 95]).

---

[1]) Auch die Stoiker legten auf die Stellung der Worte in ehrwürdigen
Formeln Gewicht; vgl. S. 10.

82 Der Einfluß Philos auf die Hermeneutik der ältesten christl. Exegeten.

Bei Justin finden wir dieselbe Regel in Geltung. Gen. 19, 24: „Es ließ der Herr Feuer regnen vom Herrn aus dem Himmel" ist von zwei verschiedenen Herren die Rede, von denen der eine auf der Erde, der andere im Himmel ist, also von Gott dem Vater und Gott dem Sohne (Dial. 129).

Auch Clemens macht von der Regel Gebrauch. Zach. 9, 9 heißt es nicht zufällig, der Messias werde auf einem „jungen" Füllen reiten (LXX). Es ist hierdurch angedeutet, daß die Menschheit in Christus sich verjüngen und in der Einfalt der Gesinnung nie altern werden (Paed. I, 5, 15 P. 106). Wir möchten erwarten, daß ein Wort, das einen so reichen Inhalt birgt, mit der Prophetie in das Neue Testament hätte aufgenommen werden müssen; allein weder Matth. 21, 5 noch Joh. 12, 15 lesen wir $\pi\tilde{\omega}\lambda ov\ \nu\acute{e}ov$.

β) **Die Schrift läßt keine notwendige Angabe aus.**

Es ist daher, sagt Philo, nicht Kleinigkeitskrämerei ($\gamma\lambda\iota\sigma\chi\varrho o\lambda o\gamma\acute{\iota}a$), wenn man fragt, warum eine Bemerkung, die man erwarten würde, nicht gemacht wird, und es wäre Trägheit, wenn man sich darum nicht kümmern wollte (de somn. II, 301 [M. I, 698]). Gen. 39, 11 sagt Moses nicht, in wessen Haus Josef geht, „damit man nachdenkend allegorisiere". Das Haus ist nämlich die Seele (leg. alleg. III, 238 [M. I, 134]).

Gen. 38, 7 hält Gott den Her für böse, ohne daß der Grund angegeben wird. Es muß also Her an sich etwas Böses sein. Böse aber ist die Leiblichkeit, welche der Seele nachstellt; diese ist mithin hier gemeint (leg. alleg. III, 69. 71 [M. I, 100]).

Der gleichen Regel begegnen wir bei Justin. Gen. 18, 8 wird wohl erzählt, daß die Männer, die zu Abraham gekommen waren, gegessen haben, aber es wird nicht mitgeteilt, wie viele von den drei gegessen haben. Daher brauchen wir den Bericht, da Gott nicht Nahrung zu sich nehmen kann, nur auf die beiden Engel zu beziehen, wie ja in der Schrift auch von einem „Brot der Engel" (Ps. 77, 25; Weish. 16, 20) die Rede ist (Dial. 57).

Auch Clemens richtet sich nach dieser Regel. Der Engel, der mit Jakob ringt (Gen. 32, 24 ff.), wird von der Schrift nicht näher bezeichnet, und der Patriarch fragt ihn vergeblich nach seinem Namen (Gen. 32, 29); denn der Logos, der jener Engel ist, war damals noch nicht im Fleische erschienen und daher noch ohne Namen; diesen kennen zu lernen war den Christen vorbehalten (Paed. I, 7, 57 P. 132).

§ 7. Hermeneutische Regeln.

b) Da der hl. Schriftsteller von Gott erleuchtet ist, so ist es von Bedeutung, wenn ein **bestimmtes Wort** gebraucht wird, z. B. ein compositum an Stelle eines simplex, oder wenn ein **Wechsel im Ausdruck** eintritt, oder wenn ein **Plural** dort steht, wo wir den **Singular** erwarten möchten, und umgekehrt; denn, so beweist dies Philo, während die meisten Menschen nicht tiefer in die Natur der Dinge eindringen und deshalb denselben verfehlte Bezeichnungen geben, bediente sich Moses, da er in dieser Hinsicht ein reiches Wissen besaß, für jedes Ding des treffendsten Ausdruckes *(ὀνόμασιν εὐθυβολωτάτοις καὶ ἐμφαντικωτάτοις εἴωθε χρῆσθαι* de agric. 1. 2 [M. I, 300]).

Gen. 47, 4 sagen die Brüder Josefs mit Recht: *παροικεῖν ἤλθομεν,* nicht *κατοικεῖν*; denn in dieser Welt wohnt der Weise nur vorübergehend *(παρά)* wie in der Fremde; sein wahres Vaterland ist der Himmel (de agric. 65 [M. I, 310]). Gleichsam um die Erklärung Philos ad absurdum zu führen, steht am Schluß desselben Verses in sämtlichen Majuskeln der Septuaginta (BAD) *κατοικήσομεν*. Wie der jüdische Exeget hier gelesen hat, läßt sich nicht feststellen, weil er die zweite Hälfte des Verses nicht zitiert. Da er indes auch sonst aufeinanderfolgende Verse nicht vergleicht, können wir immerhin als wahrscheinlich annehmen, daß sein Text mit dem unserer Handschriften übereingestimmt hat.

Ex. 15, 1: „Roß und Reiter stürzt er ins Meer" wendet Moses den Ausdruck *ἀναβάτης* an, dagegen Gen. 49, 17: „Es fällt rückwärts der Reiter" das Wort *ἱππεύς*. Ersterer erscheint in der Reitkunst unerfahren und symbolisiert den Verstand, der sich vom Pferde, der Leidenschaft, fortreißen läßt und zu Grunde geht. Letzterer aber, der sich auf das Reiten versteht, fällt rückwärts vom Pferde, wenn es durchgeht[1]), d. h. er macht sich von der Leidenschaft los und wird gerettet (leg. alleg. II, 102. 103 [M. I, 85]).

Von Moses heißt es Lev. 9, 14, er habe den Bauch *(τὴν κοιλίαν)* des Opfertiers gewaschen, von Aaron dagegen wird Lev. 1, 9 gesagt, er habe die Eingeweide *(τὰ ἐγκοίλια)* ausgespült. Erstere Wendung beweist, daß der Mensch bereits vollkommen ist, letztere, daß er nur im Guten fortschreitet. Moses beseitigt die ganze Lust, Aaron nur einen Teil (leg. alleg. III, 141—143 [M. I, 115]).

Gen. 1, 26 steht: *ποιήσωμεν ἄνθρωπον,* v. 27 aber: *ἐποίησεν*. Letzteres Wort bezieht sich auf den wahren Menschen, den reinen

---

[1]) Ein sonderbarer Beweis für seine Reitkunst!

Verstand, den Gott allein bildete, ersteres dagegen auf den irdischen Adam, bei dessen Schöpfung, weil er mit der Sinnlichkeit verbunden ist, Gott sich Helfer bediente, da er den Teil des menschlichen Wesens, welcher der Sünde einen Anknüpfungspunkt bot, selbst nicht ins Dasein rufen konnte (de fuga et inv. 71 [M. I, 556]; de opif. m. 73—75 [M. I, 17]).

Gen. 17, 16 fällt es dem jüdischen Exegeten auf, daß Gott nur ein Kind *(τέκνον)* zu geben verspricht. Der Singular weist darauf hin, daß das Gute nicht in der Quantität *(πλήθει)*, sondern in der Qualität *(δυνάμει)* besteht (de mut. nom. 145 [M. I, 600]).

Derselben Regel begegnen wir unter den Kirchenschriftstellern zunächst bei Barnabas. Die Stelle Gen. 2, 2: κατέπαυσεν τῇ ἡμέρᾳ τῇ ἑβδόμῃ wird sich erst im tausendjährigen Reiche vollständig erfüllen; denn da wird Christus kommen, der Zeit des Unrechts ein Ende machen, die Gottlosen richten und die Gestirne verändern. Wenn somit allem Bösen endgiltig ein Ende gemacht ist, dann erst wird vollkommene Ruhe eintreten *(τότε καλῶς καταπαύσεται ἐν τῇ ἡμέρᾳ τῇ ἑβδόμῃ* 15, 5). Der Beweis baut sich also auf dem Kompositum κατέπαυσεν auf.

Der merkwürdige Plural ποιήσωμεν Gen. 1, 26 findet dadurch seine Erklärung, daß sich hier Gott mit dem Logos unterredet (5, 5; vgl. 6, 12).

Justin wendet die Regel ebenfalls an. Der Plural ποιήσωμεν Gen. 1, 26 bezeichnet eine Unterredung zwischen mehreren Personen, nämlich zwischen Gott dem Vater und Gott dem Sohne (vgl. Barnabas). Die Erklärung der Rabbinen, daß Gott zu den Engeln gesprochen habe und der Leib des Menschen ein Werk dieser sei, ist falsch (Dial. 62).

Jes. 53, 2: „Wir predigen vor ihm wie ein Kind" (LXX). Der Wechsel zwischen Plural und Singular will geheimnisvoll darauf aufmerksam machen, daß einstmals alle Menschen einträchtig wie ein einziges Kind Christo dienen werden; denn wie die vielen Glieder zusammen einen Leib bilden, so sind auch der Angehörigen eines Volkes und der Kirche wohl viele (Plural); sie bilden aber eine Gesamtheit und gleichsam einen Körper (Singular) (Dial. 42). Höchst auffällig ist der Ausdruck „Blut der Traube" Gen. 49, 11. Moses aber hat ihn absichtlich gewählt *(διὰ τῆς τέχνης)*, weil er auf die Gottheit Christi hinweisen will. Wie nämlich das Blut des Weinstocks nicht das Erzeugnis eines Menschen, sondern Gottes ist, so stammt auch das Blut Christi nicht aus menschlichem Samen, sondern aus der Kraft Gottes (Dial. 54).

Auch Clemens betrachtet den Wechsel im Ausdruck als eine Aufforderung, nach dem höheren Sinn der Stelle zu forschen. Joh. 1, 17 heißt es, daß das Gesetz durch Moses gegeben ist *(ἐδόθη)*, die Gnade und Wahrheit aber von Christus geworden ist *(ἐγένετο)*. Dies erinnert uns an die Wahrheit, daß in Christus alles seinen Ursprung hat (Paed. I, 7, 60 P. 134). I. Kor. 3, 2 sagt der Apostel: „Milch habe ich euch zu trinken gegeben", nicht „zu saugen". Jenes Wort bezeichnet die vollkommene Art der Mitteilung der christlichen Wahrheiten; denn „trinken" *(πίνειν)* sagt man von Erwachsenen, „saugen" *(θηλάζειν)* von Kindern (Paed. I, 6, 36 P. 119).

c) Man genügt aber der Würde und Erhabenheit der Schrift noch nicht, wenn man nur die im Satze wichtigen Worte, Substantiva und Verba, beachten wollte. Da die Bibel selbst in ihrem unscheinbarsten Teile Gottes Wort ist, so muß man auch Artikel und Präpositionen, ja sogar einzelne Silben und Buchstaben berücksichtigen; denn aus diesen kann auf den höheren Sinn der betreffenden Stelle geschlossen werden.

α) Für die allegorische Schriftauslegung ist es sehr wichtig, ob bei einem Worte der Artikel steht oder fehlt. Diese Regel wendet Philo an bei der Erklärung von Gen. 31, 13: „Ich bin der Gott *(ὁ θεός)*, der dir erschien an der Stelle Gottes *(θεοῦ)*". Ὁ θεός (mit dem Artikel) ist der wahre Gott *(ἀληθείᾳ)*, θεός (ohne Artikel) ist der uneigentliche *(ἐν καταχρήσει)*, der Logos (de somn. I, 228—230 [M. I, 655]).

Gen. 1, 26: *ποιήσωμεν ἄνθρωπον.* 1, 27: *καὶ ἐποίησεν ὁ θεὸς τὸν ἄνθρωπον.* ἄνθρωπος ohne Artikel ist der aus vernünftiger und unvernünftiger Natur gemischte Mensch; ὁ ἄνθρωπος mit dem Artikel ist der rein geistige Mensch, der jenem als Vorbild dienen sollte (de fuga et inv. 71. 72 [M. I, 556]).

Ebenso macht Clemens darauf aufmerksam, daß Gen. 4, 25: „Es erweckte mir Gott *(ὁ θεός)* einen anderen Samen an Stelle Abels" der Artikel eine besondere Bedeutung habe; er weise auf die Allmacht Gottes hin *(οὐ γὰρ θεὸν ἁπλῶς προσεῖπεν ὁ τῇ τοῦ ἄρθρου προτάξει τὸν παντοκράτορα δηλώσας* Str. III, 12, 81 P. 548).

β) Auch aus Präpositionen und Partikeln kann ein allegorischer Sinn erschlossen werden.

Philo findet es bedeutsam, daß Gen. 3, 12 Adam spricht: ἡ γυνή, ἣν ἔδωκας μετ' ἐμοῦ, nicht ἐμοί. Darin ist die Wahrheit enthalten, daß die Sinnlichkeit (Eva) dem Verstande (Adam) gegenüber eine gewisse Selbständigkeit besitzt und ihm nicht immer gehorcht (leg. alleg. III, 56 [M. I, 98]).

Es besteht auch ein wichtiger Unterschied zwischen διά und ὑπό; ersteres bezeichnet das vermittelnde Werkzeug, letzteres die Ursache. Wenn also Eva bei der Geburt des Kain sagt: ἐκτησάμην ἄνθρωπον διὰ τοῦ θεοῦ (Gen. 4, 1), so tut sie Unrecht; denn sie sieht damit Gott lediglich als Werkzeug, nicht als die alles bewirkende Ursache an (de cherub. 125 [M. I, 161]).

In der Stelle Gen. 2, 23: „Dies ist nun *(νῦν)* Bein von meinem Bein" hat νῦν eine besondere Bedeutung. Es ist darin die Lehre enthalten, daß die Sinnlichkeit im Gegensatz zur Vernunft ganz in der Gegenwart befangen ist und um die Vergangenheit und um die Zukunft sich nicht kümmert (leg. alleg. II, 42. 43 [M. I, 74]).

Derselben Auffassung begegnen wir bei Justin. Dan. 7, 13 wird der Messias genannt „wie der Sohn eines Menschen". Die Partikel ὡς deutet an, daß er nicht aus menschlichem Samen entstanden ist, wenn er auch als Mensch erschienen und Mensch geworden ist. Nach Justin ist also die Partikel eine Vorherverkündigung der Jungfrauschaft der Gottesmutter und zugleich ein Beweis für die wahre Gottsohnschaft Christi (Dial. 76).

Wie Philo, so betont auch Clemens den Unterschied zwischen διά und ὑπό. Wenn es Joh. 1, 17 heißt: „Das Gesetz ist durch *(διά)*, nicht von *(ὑπό)* Moses gegeben", so weist dies darauf hin, daß selbst das alttestamentliche Gesetz im Logos seinen Urheber hat und Moses nur dessen Werkzeug ist (Paed. I, 7, 60 P. 134). Zur Illustration dieser Erklärung sei daran erinnert, daß es in demselben Verse heißt: „Die Gnade und Wahrheit ist durch *(διά)* Christus geworden." Gewiß ist der Logos der Vermittler aller Gnade, aber er ist doch auch ihr Urheber. Gal. 5, 24: „Die aber *(δέ)* Christo angehören, haben ihr Fleisch gekreuzigt mit den Leidenschaften und Begierden." Wenn man diese Stelle dahin erklärt, daß manche sich selbst in Bezug auf die Leidenschaften und die Leidenschaften in Bezug auf sich selbst gekreuzigt haben, so erscheint die Partikel δέ nicht überflüssig (Fragm. aus dem 5. Buche der Hypotyposen P. 1005).

γ) Selbst Teile eines Wortes und einzelne Buchstaben können einen tiefen Sinn enthalten.

Nach Philo weist die erste Silbe in $\delta\iota\varkappa\alpha\iota\sigma\sigma\acute{v}\nu\eta$ darauf hin, daß die Gerechtigkeit alles in zwei gleiche Teile ($\delta\acute{\iota}\chi\alpha$) teilt (quis rer. div. heres 161 [M. I, 495]).

Gen. 12, 2 heißt es nicht ohne Grund: $\varepsilon\mathring{v}\lambda o\gamma\acute{\eta}\sigma\omega$ $\sigma\varepsilon$. Das $\varepsilon\mathring{v}$ deutet die Tugend an, weshalb die Stelle zu erklären ist: Ich werde dir das lobenswerte Wort schenken (de migr. Abr. 70 [M. I, 447]).

Nach der Methode Philos deutet Clemens den Namen Jesus. Das I weist vermöge seiner Gestalt auf den geraden Weg hin, den der Herr gegenüber den Gerechten einschlägt, nämlich auf die Güte, mit der er sie behandelt, zum Unterschiede von den ungeraden Wegen der Vorwürfe, die er den Sündern machen muß, um sie auf den rechten Pfad zu leiten (Paed. I, 9, 85 P. 148).

4. Will man in die Schrift eindringen, so darf man seine Aufmerksamkeit nicht nur auf die einzelnen Worte richten, sondern muß auch die Angaben der Bibel mit der Wirklichkeit vergleichen. Findet man dabei etwas Auffallendes, so muß man nach dem höheren Sinne fragen, auf welchen die Schrift hinweisen will.

Gen. 15, 11: „Die Vögel flogen herab." Da die Vögel, erklärt Philo, sonst in die Höhe fliegen, so sind sie hier Symbole der Seelen, welche wohl im Äther sich aufhalten könnten, aber auf die Erde herabsteigen und mit den Leibern sich verbinden (quis rer. div. heres 237—239 [M. I, 506]).

Merkwürdig ist, daß Abraham, der umherziehende Pilger, der nicht einmal eine Stadt bewohnt, Gen. 23, 6 König genannt wird. Dies erinnert uns an das geistige Königtum des Weisen, und Moses spricht an dieser Stelle nur den stoischen Satz aus: $\mu\acute{o}\nu o\varsigma$ $\acute{o}$ $\sigma o\varphi\grave{o}\varsigma$ $\beta\alpha\sigma\iota\lambda\varepsilon\acute{v}\varsigma$ (de mut. nom. 151. 152 [M. I, 601]).

Die gleiche Regel finden wir bei Barnabas in Geltung. Moses macht die eherne Schlange (Num. 21, 8. 9), obwohl er selbst befohlen hatte, kein Bild anzufertigen (Ex. 20, 4; Deut. 27, 15). Der Widerspruch, der zwischen seinem Gebot und seiner Handlungsweise besteht, muß eine besondere Bedeutung haben. Die eherne Schlange ist nämlich ein Typus Christi: „Obschon endlich Moses das Gebot erlassen hatte: „Kein Bild, weder ein gegossenes noch ein geschnitztes, soll euch zum Gotte dienen", so machte er selbst ein solches, um einen Typus von Jesus zu zeigen" (12, 6) vgl. Joh. 3, 14.

In Abhängigkeit von Barnabas macht auch Justin darauf aufmerksam, daß Moses gegen sein eigenes Gebot handelt. Nur deshalb ist er frei von Schuld, weil er dadurch ein Geheimnis verkündet, nämlich die erlösende Kraft des Kreuzes (Dial. 94 vgl. Ap. I, 60). In der Deutung selbst ist Justin von Joh. 3, 14 abhängig [1]).

Die Regeln, die wir bisher dargestellt haben, wollen den Exegeten nur daran erinnern, daß er, wenn er der Schrift gerecht werden will, allegorisieren muß, und ihn auf einige Punkte aufmerksam machen, von denen er bei der Erklärung auszugehen hat. Die folgenden bieten ihm Mittel und Wege, um den allegorischen Sinn einer Stelle zu finden.

5. Wortableitungen und Wortspiele.

Will man nach dem höheren Sinn einer Stelle forschen, so kann man nach den alexandrinischen Exegeten wichtige Worte auf ihre ursprüngliche Bedeutung zurückführen oder mit ähnlich klingenden zusammenstellen. Dieser Regel begegneten wir bereits bei den Stoikern [2]). Wo die Wortableitung aufhört und das Wortspiel anfängt, läßt sich oft nicht entscheiden.

Indem Philo das Wort θεός von τίθημι [3]) ableitet, enthält es in seinen Augen einen Hinweis auf die weltschöpferische Macht Gottes (de confus. ling. 137 [M. I, 425]).

Sara gibt dadurch, daß sie Gen. 18, 6 Aschenkuchen *(ἐγκρυφίαι)* bäckt, die Lehre, daß man die hl. Geheimnisse verborgen halten müsse *(κεκρύφθαι δεῖ* de sacrif. Ab. et Caini 60 [M. I, 174]).

μεθύειν Gen. 9, 21 ist zusammengezogen aus μετὰ τὸ θύειν; denn nach dem Opfer tranken die Alten Wein. Das Wort hat also nicht die Bedeutung von „unmäßig sein", „sich betrinken", sondern von „Wein trinken" (de plant. 163 [M, I, 354]). Mit dieser Etymologie verteidigt Philo den Noe gegen den Vorwurf, sich berauscht zu haben.

Ex. 13, 13 befiehlt Moses, „den Esel mit einem Schafe einzutauschen". Da der Esel *(ὄνος)* die Mühe *(πόνος)* bedeutet, das

---

[1]) Vgl. Zahn, Geschichte des neutestamentl. Kanons I, 2 (Erlangen und Leipzig 1889) 526.

[2]) Vgl. S. 8 ff.

[3]) Diese Etymologie, θεοί = θέντες, findet sich bereits bei Herodot (Histor. 2, 52).

Schaf *(πρόβατον)* aber den Fortschritt *(προβαίνω)*, so will das Gesetz lehren, daß man nicht bei fruchtloser Mühe stehen bleiben, sondern den Fortschritt suchen soll. Ist aber alle Mühe vergeblich, so tritt das Gesetz (l. c.) in Kraft: „Wenn du ihn (den Esel) nicht eintauschest, so sollst du ihn lösen" d. h. man soll die Arbeit aufgeben (de sacrif. Ab. et Caini 112—114 [M. I, 185]; de mut. nom. 111 [M. I, 595]).

Die Disteln (*τρίβολοι* Gen. 3, 18) sind die Leidenschaften, die in dreifacher Beziehung *(τριττά)* zu betrachten sind, an sich, in dem, wodurch sie erregt werden, und in ihrer Erfüllung (leg. alleg. III, 250 [M. I, 137]).

Clemens richtet sich nach dem Vorgange seines Meisters. Dessen eben erwähntes Wortspiel zu Gen. 18, 6 *(ἐγκρυφίαι — κεκρύφθαι)* nimmt er auf (Str. V, 12, 80 P. 694).

Der Zeltvorhang *(κάλυμμα)* ist ein Hindernis *(κώλυμα)* des Unglaubens (Str. V, 6, 33 P. 665).

Das Gesetz heißt *θεσμός*, weil es von Gott *(θεός)* gegeben ist (Str. I, 26, 167 P. 420).

Neben der von Plato [1]) vertretenen Ableitung des Wortes *θεός* von *θεῖν* (Protrept. 2, 26 P. 22; Str. IV, 23, 151 P. 633) macht Clemens sich auch die Deutung Philos zu eigen, indem er *θεός* mit *θέσις* zusammenstellt und in dem Worte einen Hinweis auf die in der Welt herrschende Ordnung erblickt (Str. I, 29, 182 P. 427).

Der Heiland nennt die Seinen oft „Kindlein". *Νήπιος* heißt nicht töricht; denn dies heißt *νηπύτιος*. Vielmehr kommt dieses Wort von *νεήπιος* = neugeboren, sanften Gemütes. Dies soll durch I. Thess. 2, 7 bewiesen werden, wonach der Apostel sagt: „Wir sind sanft *(ἤπιοι)* geworden in eurer Mitte" (Paed. I, 5, 19 P. 108). Richtig ist die Ableitung von *νη-επιος* in-fans.

Bei der Erklärung der Speisegesetze beruft sich Clemens auf eine von anderen vorgetragene Zusammenstellung des Wortes *ὗς* mit *θῦς*, aus der hervorgehe, daß das Schwein nur zum Schlachten *(εἰς θύσιν καὶ σφαγήν)* gut sei (Str. II, 20, 105 P. 484).

Der bacchantische Ruf Evoe soll gar hebräisch sein und mit *ὄφις ἡ θήλεια* sich übersetzen lassen, somit auf die Paradiesesschlange hinweisen, welche die Stammeltern verführte *(δι᾿ ἣν ἡ*

---

[1]) Cratyl. 397 D.

πλάνη παρηκολούθησε). Die Paradiesesschlange נחש wird in der aramäischen Paraphrase mit חויא wiedergegeben, auf welches Clemens von Juden vielleicht aufmerksam gemacht worden war. (Protrept. 2, 12 P. 11)[1]).

6. Verschiedene Lesarten des Textes.

Während der strenge Inspirationsbegriff und die Regeln, welche aus ihm fließen, die hohe Achtung bekunden, welche Philo dem biblischen Texte entgegenbrachte, gewinnen wir bei vielen seiner Erklärungen den Eindruck, als ob er den Text, wenn es ihm beliebte, auch sehr frei behandelte. Der Widerspruch ist indes nur scheinbar. Die freie Behandlung des Bibeltextes ist nur eine Folge davon, daß zu Philos Zeit, wie die Handschriften der Klassiker[2]), so die der Septuaginta noch nicht mit Accenten, Spiritus und Interpunktionszeichen versehen waren, welche ja auch die uns erhaltenen alten Unzialen entbehren. Wie zu lesen sei, wurde im Unterricht gelehrt. Philo hält sich im allgemeinen streng an die traditionelle Auffassung, wie wir sie in unseren Septuagintaausgaben haben. Wo es sich aber um die allegorische Erklärung handelt, macht er darauf aufmerksam, daß man die Wörter verschieden accentuieren und auch verschieden verbinden und trennen könne. So wenig er die vorgeschlagene neue Lesart in den Text aufgenommen wissen will, so betrachtet er doch den Sinn, der sich auf Grund der von der üblichen abweichenden Lesart ergab, als vom heiligen Schriftsteller ebenfalls beabsichtigt. Auch hierin hatte er Vorgänger in den Homererklärern[3]).

Gen. 19, 20 wird οὐ μικρά ἐστιν von Philo nicht als Frage, sondern als Aussage gefaßt. Indem dann die Stadt Segor klein und nicht klein genannt wird, ergibt sich der Schluß, daß hier auf den Gesichtssinn hingewiesen wird, dessen Organ klein ist als Körperteil, der aber groß ist in Rücksicht auf den Kreis, den er umfaßt (de Abr. 166 [M. II, 25]).

Lev. 19, 23: ὁ καρπὸς αὐτοῦ τρία ἔτη ἔσται ὑμῖν ἀπερικάθαρτος οὐ βρωθήσεται. Philo verbindet ἀπερικάθαρτος οὐ mit dem Folgenden und mit dem Vorhergehenden. Im ersten Falle sei der

---

[1]) Theophilus bringt den bacchantischen Ruf mit Eva in Verbindung, welche zuerst von der Schlange sich hatte verführen lassen (Ad Autol. II, 28).
[2]) Vgl. S. 12.
[3]) Vgl. S. 12.

§ 7. Hermeneutische Regeln.

Sinn: Die Frucht der Bildung bleibt unversehrt durch alle drei Zeiten, Vergangenheit, Gegenwart und Zukunft; eine unreine Frucht wird nicht genossen werden, da die Seele sich nur von guten Vorstellungen nährt. Zieht man aber ἀπερικάθαρτος οὐ zum Vorhergehenden, so ist nach Philo der Sinn: die Früchte der Bildung bedürfen keiner Reinigung, sondern sind immer gut und können stets genossen werden (de plant. 113—116 [M. I, 346]).

Gen. 3, 9 kann man statt ποῦ εἶ; (Frage) auch lesen: ποῦ εἶ (Aussage). Der Sinn ist dann: Du bist an einem Orte (leg. alleg. III, 51 [M. I, 97]).

Gen. 4, 8 sollte man bei ἀπέκτεινεν αὐτόν den Spiritus ändern und lesen: ἑαυτόν; denn Abel schreit, ist also nicht getötet. Die Stelle lehrt dann die Wahrheit, daß der Böse (Kain), wenn er Unrecht tut, sich selbst tötet, da er das Leben der Seele verliert (quod det. pot. ins. sol. 47 [M. I, 200]).

Man möchte versucht sein anzunehmen, daß Justin, der das Fälschen der Schrift für schlimmer erklärt als Götzendienst und Prophetenmord (Dial. 73), diese Art der Behandlung des Textes, die auf uns den Eindruck der Willkürlichkeit macht, aufs entschiedenste mißbilligt. Allein auch der Apologet hat eine Handschrift ohne Accente und Interpunktionszeichen vor sich und erklärt die verschiedenen Möglichkeiten, den Text zu lesen, im Anschluß an Philo als gleichberechtigt.

Jes. 57, 2 zitiert er zweimal mit der Interpunktion unserer Septuagintaausgaben: ἔσται ἐν εἰρήνῃ ἡ ταφὴ αὐτοῦ, ἦρται ἐκ τοῦ μέσου und sieht in der Stelle einen prophetischen Hinweis auf den Mord des Messias und der ihm anhangenden Gerechten von seiten der Juden (Ap. I, 48; Dial. 16). Zweimal aber setzt er das Komma anders, liest: ἡ ταφὴ αὐτοῦ ἦρται ἐκ τοῦ μέσου und beweist daraus die Auferstehung Jesu von den Toten als von dem Propheten vorhergesagt (Dial. 97. 118).

Clemens wenigstens scheint die Regel Philos abzulehnen; denn er verurteilt ganz entschieden diejenigen, welche bei der Erklärung der Schrift durch Versetzen der Accente und Interpunktionszeichen ihr einen ihnen günstigen Sinn entlocken (τινῶν προσῳδιῶν καὶ στιγμῶν μεταθέσει τὰ παραγγελθέντα σωφρόνως τε καὶ συμφερόντως βιαζόμενοι πρὸς ἡδυπαθείας τὰς ἑαυτῶν Str. III, 4, 39 P. 529). Dieses Verdikt richtet sich indes nicht gegen Philo, sondern gegen die häretischen Gnostiker, welche, um ihre philosophischen Sätze zu stützen, die Schrift in der bezeichneten Weise behandelten. Was diesen nicht recht war, sollte aber ihm selbst und seinem Lehrer Philo billig sein. Er führt nicht nur an, daß manche Matth. 5, 10: „Selig sind, die Verfolgung leiden um der Gerechtigkeit willen" *(ἕνεκεν δικαιοσύνης)*, ändern wollen in die Lesart „von der Gerechtigkeit" *(ὑπὸ δικαιοσύνης)*, ohne dies zu tadeln (Str. IV, 6, 41 P. 582), sondern macht auch seinerseits Gebrauch von der philonischen Regel, indem er empfiehlt, die Frage I. Kor. 1, 20: „Hat nicht Gott die Weisheit dieser Welt zur Torheit gemacht?" wider allen Zusammenhang als Aussage zu fassen. Nicht Gott hat die Weisheit dieser Welt zur Torheit gemacht, sondern — dies sei der Sinn — die Welt ist selbst schuld an ihrer Torheit (Str. I, 18, 89 P. 371).

Clemens beurteilt diese Art der Exegese als kirchlicher Lehrer. So lange das Verfahren Philos nicht zu Widersprüchen mit dem Neuen Testamente und dem christlichen Glauben führt, ist es zulässig; abzuweisen ist es, wenn es dazu dienen soll, die Irrlehren mit Schriftbeweisen zu stützen [1].

7. Symbolik der Dinge.

Alle in der hl. Schrift vorkommenden Dinge, belebte und unbelebte, aber auch Personen, Zustände und Handlungsweisen sind in den Augen der Exegeten, die der allegorischen Methode huldigen, Einkleidungen höherer Wahrheiten. Es genügt eine Ähnlichkeit zwischen einer Realität und einer Idee, um jene als Symbol dieser anzusehen. Für Philo als Philosophen bestand somit die Kunst der Exegese darin, ein tertium comparationis zwischen einem Satz der Bibel und einer Lehre der griechischen Philosophie zu ermitteln, gleichviel ob es in dem Namen der Person oder in der Sache oder in dem Vorgange begründet war. Diese Regel, die Grundlage jeder allegorischen Erklärung und bereits von den Stoikern ausgebildet [2], wurde von den christlichen Exegeten der alexandrinischen Schule übernommen, nur daß sie in der Schrift nicht ausschließlich philosophische Sätze entdecken wollten, sondern auch das Alte Testament als eine Prophetie des Neuen Testaments, als einen „Schatten des Zukünftigen" (Kol. 2, 16. 17) ansahen. Es mußte sich auf diese Weise die Symbolik zur Typik ausgestalten. Wenn somit Barnabas und Justin — Clemens ist

---

[1] Vgl. S. 79 f.
[2] Vgl. S. 10 f.

hierin viel zurückhaltender — in den geringfügigsten Zügen Typen erblickten, so verdankten sie dies dem Einflusse Philos, der überall Symbole fand. Was der jüdische Philosoph sie gelehrt, das haben sie als aufmerksame Schüler übernommen und geübt, aber als Christen auch weiterentwickelt.

Folgende Übersicht, die indes nicht den Anspruch auf Vollständigkeit macht, soll zeigen, in welcher Weise die Kirchenschriftsteller lebende und leblose Wesen als Symbole angesehen haben. Von Philo [1]) sind nur die Deutungen angeführt, welche von den christlichen Exegeten aus ihm entlehnt worden sind oder welche doch leicht den Anlaß zu deren Erklärungen gegeben haben können. Viele ihrer symbolischen Auslegungen aber werden erst im zweiten Hauptteil Erwähnung finden.

a) Der Mensch.

Bei Philo symbolisiert der Mann, da in ihm der Verstand überwiegt und ihm das Tun eigen ist, den Verstand; das Weib dagegen, das mehr zur Empfindung hinneigt und dem das Leiden zufällt, ist ein Sinnbild der Sinnlichkeit (leg. alleg. II, 38 [M. I, 73]). Männliche Geburten sind infolgedessen auf Tugenden zu deuten, die Geburt von Mädchen dagegen auf Laster. „Der weibliche Sproß der Seele ist Laster und Leidenschaft, ... der männliche aber Freude und Tugend" (de sacrif. Ab. et Caini 103 [M. I, 183]). Femineum genus materiale est, vitiosum, corporeum et sensibile (Quaest. in Ex. I, 8 [A. 453]).

In gleicher Weise erklärt Clemens die Stelle im Egypterevangelium, nach welcher der Heiland sagt: „Ich bin gekommen, um ein Ende zu machen den Werken des Weibes" *(τὰ ἔργα τῆς θηλείας).* Da das Weibliche die Unenthaltsamkeit und die Begierde bedeutet, so sind unter dessen Werken die Laster zu verstehen, Habsucht, Streitsucht, Ruhmsucht, Weibertollheit u. s. w. „Solange die Weiber gebären" heißt dann: solange die Begierden tätig sind (Str. III, 9, 63. 64 P. 540).

Da der Mann den Gegensatz zum unmündigen Kinde bildet, so bedeutet er bei Clemens das, was in seiner Art vollendet ist. Wenn also Ps. 5, 7: „den Mann des Blutes verabscheut der Herr" der Teufel „Mann" genannt wird, so geschieht es, weil er in der

---

[1]) Nahezu vollständig sind Philos symbolische Deutungen zusammengestellt von Siegfried, Philo v. Alex. 182—190.

Bosheit vollendet ist, gerade so wie II. Kor. 11, 2: „Ich habe euch verlobt einem Manne, als keusche Jungfrau euch Christo darzustellen", der Heiland „Mann" heißt, weil er vollendet ist in der Gerechtigkeit (Paed. I, 5, 18 P. 108).

Die Haut ist bei Philo ein Sinnbild der Leiblichkeit mit ihren Leidenschaften: ὁ δερμάτινος ὄγκος ἡμῶν τὸ σῶμα (leg. alleg. III, 69 [M. I, 100]; vgl. de sacrif. Ab. et Caini 84 [M. I, 179]; Quaest. in Gen. I, 53 [A. 35] ad Gen. 3, 21). Derselben Erklärung begegnen wir bei Clemens (Str. V, 11, 67 P. 686).

Der Mund bedeutet bei Philo die Rede, das Herz den Rat, die Hand die Tat als deren Organe (de virt. 183 [M. II, 406]; de post. Caini 85 [M. I, 241]; leg. alleg. III, 45 [M. I, 96]; leg. alleg. II, 89 [M. I, 82])[1]. Von Philo hat Clemens diese Symbolik übernommen (Str. II, 19, 98 P. 480; Protrept. 10, 109 P. 85).

Die Schulter ist bei Philo ein Symbol der Mühe und Arbeit (quod. det. pot. ins. sol. 9 [M. I, 193]; de vita Mosis II, 130 [M. II, 155]). Da die Schulter der stärkste Teil des menschlichen Körpers ist, so bedeutet sie auch Kraft und Stärke (Quaest. in Gen. IV, 204 [A. 407] ad Gen. 27, 16). Dementsprechend versteht Clemens unter der Schulter die Kraft und Ausdauer (Paed. II, 10, 93 P. 226).

Wie bei Philo die Brust das Symbol des Mutes als der vermeintliche Sitz dieses Seelenteils ist (leg. alleg. III, 123. 128 [M. I, 111. 112]) und der Bauch das Sinnbild der Lust ist aus demselben Grunde (leg. alleg. III, 138 [M. I, 114]), so erklärt Clemens das Herz als Symbol der Seele (καρδία ἡ ψυχὴ ἀλληγορεῖται ἡ τὴν ζωὴν χορηγήσασα Str. V, 1, 12 P. 651) und die Eingeweide (σπλάγχνα) als Sinnbild der Liebe zu Gott (Fragm. aus dem 4. Buche der Hypotyposen [P. 1004 Zahn 67] zu II. Kor. 6, 12) im Anschluß an die aristotelische Auffassung vom Herzen als Zentralorgan der Empfindung.

b) Tiere.

Bei Philo sind die Tiere, weil vernunftlose Wesen, Symbole des unvernünftigen Seelenteils im Menschen, der Begierden und Leidenschaften (leg. alleg. II, 11 [M. I, 68]; leg. alleg. III, 113

---

[1] Die gleiche symbolische Erklärung der Hand gibt schon Aristeas: »Ich stellte aber auch die Frage, warum sie die Hände waschen und dann erst beten. Und sie erklärten, es sei ein Zeugnis, daß sie nichts Übles getan hätten; denn jede Tätigkeit geschieht durch die Hände« (306).

[M. I, 110]). Da nun Clemens fand, daß Matth. 3, 7; Luc. 3, 7 die Heuchler mit Schlangengezücht angeredet und Matth. 7, 15 die falschen Propheten „Wölfe in Schafskleidern" genannt werden (Protrept. 1, 4 P. 4), mithin das Neue Testament Menschen tropisch als Tiere bezeichnet, so war er um so eher geneigt, alle Tiere, die in der Schrift vorkommen, nach dem Vorgange Philos und meist im Anschluß an ihn allegorisch auf Menschen zu deuten.

a) Vierfüßige Tiere. Das Pferd ist nach Philo wegen seiner Wildheit und seines Ungestüms ein treffendes Symbol der Leidenschaft (de ebr. 111 [M. I, 374]; leg. alleg. II, 99 [M. I, 84]). In Abhängigkeit von dem jüdischen Exegeten gibt Clemens dieselbe Deutung (Str. V, 8, 52 P. 677).

Wegen seiner ungebändigten Wildheit wird der Tiger von Philo als Sinnbild der Begierde erklärt (leg. alleg. I, 69 [M. I, 57]).

Ähnlich versteht Clemens unter dem Löwen einen zornmütigen Menschen (Protrept. 1, 4 P. 4).

Nach Philo ist das Schwein wegen seiner Unsauberkeit ein Symbol des der schmutzigen Leidenschaft sich preisgebenden Menschen (de agric. 144 [M. I, 322]). In Abhängigkeit von ihm versteht Barnabas unter den Schweinen eßgierige und geile Menschen (10, 11). Clemens findet in ihnen die Lüstlinge angedeutet (Protrept. 1, 4 P. 4).

In einer Weiterentwicklung philonischer Gedanken versteht Clemens unter Wölfen die Räuber (Protrept. 1, 4 P. 4) und unter den Füchsen, die ihre Höhlen haben (Matth. 8, 20; Luc. 9, 58), die irdisch gesinnten Menschen, welche nur an das Zusammenscharren von Reichtümern denken (Str. IV, 6, 31 P. 577).

Wenn Jesaja 11, 7 prophezeit: „Rind und Bär werden zusammen sein", so hat er nach Clemens damit die messianische Zeit im Auge, in der die gesetzestreuen Juden und die Heiden vereinigt sein werden; denn Symbol der ersteren ist das an das Joch gewöhnte und levitisch reine Rind, Symbol der letzteren der wilde und unreine Bär (Str. VI, 6, 50 P. 766).

β) Vögel. Wegen ihres leichtbeschwingten Fluges können die Vögel von Clemens als Sinnbilder der leichtsinnigen Menschen aufgefaßt werden (Protrept. 1, 4 P. 4).

Philo deutet die Vögel, die gern in höheren Sphären weilen, auf die göttliche Weisheit (quis rer. div. her. 128 [M. I, 491]). Wenn die Vögel aber wider ihre Natur herabfliegen, so sind sie Symbole der Seelen, welche, den Äther verlassend, in den Leib einkehren, den Himmel mit der Erde vertauschen (quis. rer. div. her. 239 [M. I, 506]). Wohl im Anschluß an diese Erklärung versteht Barnabas unter den Vögeln, die in die Netze geraten (Spr. 1, 17), mithin in der Nähe des Erdbodens sich aufhalten, die schlechten Menschen, die zwar die Kenntnis des Weges der Gerechtigkeit haben, der nach oben führt, die es aber vorziehen, den Weg der Finsternis zu wandeln und daher wie jene Vögel zu Grunde gehen (5, 4). So wenig aber die Vögel immer unten weilen, sondern wieder auffliegen, so soll auch die menschliche Seele nicht bei irdischen Dingen auf immer verweilen, sondern mit der himmlischen Weisheit sich beschäftigen. Daher deutet Clemens „die Vögel des Himmels" (Matth. 8, 20; Luc. 9, 58), die in der Höhe sich aufhalten, auf die reinen und heiligen Menschen, welche nach der Erkenntnis des himmlischen Logos streben (Str. IV, 6, 31 P. 577; vgl. Fragm. ex Cat. Nic. in Matth. 13, 31. 32 P. 1004).

γ) Die kriechenden Tiere im allgemeinen sind bei Philo ein Bild der Menschen, die ohne aufzuhören sich den leiblichen Genüssen hingeben (de special. leg. IV, 113 [M. II, 354]; vgl. leg. alleg. III, 139 [M. I, 114]). Abweichend davon werden sie von Clemens als Symbole der Betrüger erklärt (Protrept. 1, 4 P. 4). Diese Deutung hängt wohl mit der folgenden zusammen.

Die Schlange, die auf dem Bauche kriecht, Staub frißt und den Menschen täuscht, ist ein Bild der Lust, die am Irdischen haftet, zu schmutzigen Genüssen hinneigt und dem Menschen falsche Vorstellungen beibringt. Philo (leg. alleg. II, 74 [M. I, 79]; de opif. m. 157 [M. I, 38]; Quaest. in Gen. I, 48 [A. 31] u. ö.) und Clemens (Paed. I, 5, 16 P. 107; Paed. III, 2, 5 P. 253).

c) Leblose Dinge.

Das Meer ist wegen seiner fortwährenden Unruhe und seiner Gefährlichkeit bei Philo ein Sinnbild der irdischen, sinnlichen Unordnung, in die der Mensch durch die Leidenschaften gestürzt wird. Derjenige, der ein Sinnenleben führt, gleicht dem Schiffbrüchigen, der von den Wellen hin- und hergeworfen wird (leg. alleg. II, 102 [M. I, 85]). Diese Symbolik hat Philo nicht aus sich selbst; denn abgesehen davon, daß auch in der klassischen Literatur das Meer als Bild der Welt erscheint, ist Dan. 7, 2 unter dem Meere die Welt zu verstehen, und derselben Redeweise begegnen wir im Neuen Testament (Apc. 17, 15). Von

§ 7. Hermeneutische Regeln.

Philo hat Clemens diese Symbolik übernommen (Str. V, 8, 52 P. 678 [ein längerer, aus Philo entlehnter Abschnitt]; Str. I, 19, 96 P. 375; Adumbr. in ep. Judae ad v. 13 P. 998 Zahn 85).

Die Verheißung, die dem Abraham gegeben wurde: „Deine Nachkommen will ich zahlreich machen wie den Sand am Meere" (Gen. 22, 17) bezieht sich nach Justin auf den Unglauben der Juden. Wie der Sand am Meere nur das Meereswasser aufnimmt und gänzlich unfruchtbar ist, so nehmen die Juden alle gottlosen Lehren an, das Wort Gottes aber verschmähen sie (Dial. 120). Die Auffassung des Meeres ist hier dieselbe wie bei Philo.

Quellen und Brunnen, aus deren Tiefen man erquickendes Wasser schöpft, werden von Philo passend als Symbole der Weisheit erklärt (quod. det. pot. ins. sol. 117 [M. I, 213]; de posterit. Caini 138 [M. I, 252]). Auch bei Clemens, der hierin wahrscheinlich von Philo abhängig ist, ist der Brunnen ein Sinnbild der Weisheit (Str. V, 8, 53 P. 678). Bei Justin bedeutet die Quelle die Lehre Gottes, mithin die wahre Weisheit, im Gegensatz zur Zisterne, der Lehre der Rabbinen (Dial. 140). Der Apologet ist hier aber nicht von Philo abhängig, sondern geht aus von Jer. 2, 13: „Mich haben sie verlassen, die Quelle lebendigen Wassers, und haben sich Zisternen gegraben, die durchlöchert sind und das Wasser nicht halten können", wie auch der jüdische Exeget unter Berufung auf diese Schriftstelle die Quelle als Symbol Gottes erklärt (de fuga et inv. 197. 198 [M. I, 575]). Letztere Deutung scheint für Philo der Ausgangspunkt für die oben angeführte Symbolik gewesen zu sein.

Der Fels ist wegen seiner Festigkeit bei Philo ein Sinnbild der unbeugsamen und ununterbrochenen, sich stets betätigenden Weisheit Gottes (quod det. pot. ins. sol. 115 [M. I, 213]). Clemens konnte bei der Erklärung von Matth. 3, 9; Luc. 3, 8: „Gott kann aus diesen Steinen dem Abraham Kinder erwecken" diese Symbolik Philos nicht übernehmen. Passend aber erschien ihm die Deutung der Steine auf die verhärteten, gegen die Wahrheit versteinerten und Steine anbetenden Heiden (Protrept. 1, 4 P. 4).

Der Stab weist nach Philo auf die Erziehung hin, welche eine geistige Stütze bildet *(αἱ πράξεις τοῦ σπουδαίου παιδείᾳ ὡς ἂν ῥάβδῳ ἐπερείδονται* leg. alleg. II, 90 [M. I, 83]). Er ist ein Mittel, um diejenigen zu erziehen, welche ohne Zurechtweisung zur Bescheidenheit nicht gebracht werden können (Quaest. in Ex. I, 19 [A. 462] ad Ex. 12, 11).

Der gleichen Auffassung begegnen wir bei Justin. Wenn es Ps. 109, 2 heißt: „Den Stab der Macht wird dir der Herr von Jerusalem aussenden", so ist hier das gewaltige Wort der apostolischen Predigt zu verstehen (Ap. I, 45).

Clemens erklärt den „Stock des Übermuts" Spr. 14, 3 als die Grundlage, die dem Übermut Stütze und Halt gibt *(ἐπιβάθραν ὕβρεως βακτηρίαν λέγουσα (ἡ γραφή), ᾗ ἐπερείδεται καὶ ἐπαναπαύεται ἡ ὕβρις* Paed. II, 7, 53 P. 200). Nach dem Zusammenhange versteht Clemens hier unter dem Stock die übermütigen Reden. Die Symbolik ist damit zu einem Resultate gelangt, welches der von Philo vertretenen Erklärung entgegengesetzt ist, was bei der allegorischen Schriftauslegung nicht überraschen kann.

Bei Philo ist Symbol der Seele, in der die Tugend wohnt, das Haus (quod Deus sit immut. 135 [M. I, 293]), Symbol des Leibes, der die Seele beherbergt, ist die Stadt (de ebr. 101 [M. I, 372]). Der hl. Paulus bezeichnet den Menschen, in dem der hl. Geist wohnt, als „Tempel Gottes" (I. Kor. 3, 16). Die gleiche Symbolik finden wir bei Justin. Als die Israeliten das Paschamahl hielten, bestrichen sie mit dem Blute des Lammes ihre Häuser (die Türpfosten Ex. 12, 7) d. h. nach Justin sich selbst, indem sie an das Paschalamm Christus glaubten; „denn daß das Gebilde, als welches Gott den Adam erschaffen, ein Hauch des göttlichen Hauches wurde, könnt ihr alle begreifen" (Dial. 40). Die Symbolik ist nicht streng durchgeführt. Der Wohnsitz der Seele, dieses ἐμφύσημα Gottes, ist der Leib. Aber nicht der Leib wird gesalbt, d. h. wird gläubig, sondern die Seele. Auch läßt sich nicht entscheiden, ob Justin sich hier an Philo angeschlossen hat oder ob ihm I. Kor. 3, 16 vorgeschwebt hat.

Das Gewand ist bei Philo ein Symbol des Leibes, der die Seele umhüllt wie das Gewand den Körper (leg. alleg. II, 57 [M. I, 76]; leg. alleg. III, 238 [M. I, 134]). Methodisch von Philo abhängig erklärt Justin, indem er sich an I. Joh. 1, 7; 3, 9 erinnert, das Kleid, das Christus in dem Blute der Traube wäscht (Gen. 49, 11), als die gläubige Menschheit, „in der der Same aus Gott, nämlich der Logos, wohnt" (Ap. I, 32; Dial. 54).

Bei Philo symbolisiert die Sonne Gott oder den Logos (de somn. I, 72 ff.; 85 ff. [M. I, 631. 633]). Als ein Licht wird der Messias verkündet Jes. 42, 6; 49, 6. Aus dem Alten Testament haben die Evangelisten das Licht als Sinnbild des Logos aufgenommen: Joh. 1, 5: „Das Licht leuchtet in der Finsternis". Joh. 12, 46: „Ich bin das Licht, das in die Welt gekommen ist". Luc. 2, 32: „Das Licht zur Erleuchtung der Heiden und zum Ruhme deines Volkes Israel". Wenn nun Clemens den Logos als „ein Licht für die Menschen, durch das wir Gott schauen", bezeichnet (Protrept. 9, 84 P. 70), so hat er offenbar Joh. 1, 9: „Es war das wahre Licht, das jeden Menschen erleuchtet", im Auge, eine Stelle, auf die er kurz darauf in demselben Kapitel anspielt. Wenn Clemens aber den Logos φωτὸς ἀρχέτυπον φῶς nennt (Protrept. 10, 98 P. 78)[1]), so kann er sich nur an Philo angelehnt haben, welcher auf den Logos den gleichen Ausdruck anwendet *(οὐ μόνον φῶς, ἀλλὰ καὶ παντὸς ἑτέρου φωτὸς ἀρχέτυπον, μᾶλλον δὲ παντὸς ἀρχετύπου πρεσβύτερον καὶ ἀνώτερον, λόγον ἔχον παραδείγματος* de somn. I, 75 [M. I, 632]). Auch Str. V, 14, 100 P. 708 sind Feuer und Licht Symbole Gottes und des Logos. Bei diesen allegorischen Erklärungen hat sich Clemens somit an Johannes und an Philo angeschlossen.

Deut. 32, 13: „Sie sogen **Honig** aus dem Felsen und Öl aus dem harten Fels" wird von Philo auf den Logos gedeutet, welcher die Seelen nährt, wie auch das **Manna** nach diesem Exegeten nichts anderes als den Logos vorstellt (quod det. pot. ins. sol. 115—118 [M. I, 213]). Clemens sieht im Honig und Öl ein Sinnbild des Logos, den er ferner in Bezeichnungen wie **Speise, Brot, Blut, Milch, Wein,** angedeutet findet (Paed. I, 6, 47 P. 126). Da er bei der Erklärung des Honigs und Öles wie Philo auf Deut. 32, 13 Bezug nimmt (§ 52), so ist er von diesem abhängig. Die Symbolik des Blutes nimmt ihren Ausgangspunkt von dem Leiden des Heilandes, während die Deutung des Weines auf das eucharistische Blut zurückgeht, weshalb Clemens auch die Weintraube, welche die Kundschafter aus dem gelobten Lande brachten (Num. 13, 24), als Sinnbild des Logos auffaßt (Paed. II, 2, 19 P. 177).

Wie Philo es als einen Hinweis auf die Vollkommenheit betrachtet, wenn die Schrift berichtet, daß jemand der Muttermilch entwöhnt worden ist (Gen. 21, 8) (de somn. II, 10 [M. I, 660]), so erklärt Clemens, ohne daß man aber hier eine über die me-

---

[1]) Der Logos ist Vorbild für das Licht, das am ersten Tage geschaffen wurde.

thodische Abhängigkeit hinausgehende Entlehnung annehmen muß, den Gegensatz zwischen Milch und Speise I. Kor. 3, 2 dahin, daß die Milch den Unterricht, die Speise das Schauen, die Gnosis, bedeutet (Str. V, 10, 66 P. 685).

Die Lampen der Jungfrauen (Matth. 25, 1 ff.) sind nach Clemens Symbole des Wissens, welches die Nacht der Unwissenheit erleuchtet (Str. V. 3, 17 P. 655).

Typik.

Während die symbolische Erklärung aus der hl. Schrift höhere Wahrheiten mehr allgemeinen Inhalts ableitet, findet die typische Deutung im Alten Testament Vorbilder Christi und der Kirche. Wie aber einerseits eine maßvolle Symbolik und Typik durch die Bibel selbst begründet erscheint, so ist anderseits eine Exegese, die in jedem Bericht einen Hinweis auf Christus erblickt, die z. B. die Stäbe, welche Jakob in die Tränkrinne warf (Gen. 30, 37; 32, 10), als ein Bild des Kreuzes auffaßt (Dial. 86), oder die in allen jüdischen Zeremonien, sogar in denen, welche nicht in der hl. Schrift begründet sind, sondern nur aus der Tradition stammen, Christum und die Erlösung vorgebildet sieht, und zwar selbst in ihren einzelnen Zügen, als methodisch von der philonischen Schriftauslegung beeinflußt anzusehen. Daher seien die typischen Deutungen, die Barnabas von den jüdischen Kultushandlungen gibt, hier angeführt.

Von dem am Versöhnungsfeste dargebrachten Bocke (Num. 29, 11) mußten nach der Halacha die Priester die Eingeweide ungewaschen und mit Essig essen (vgl. Mischna Menach. 11, 7). Dies ist ein Typus dessen, daß sie den für die Sünden der Menschen sich darbringenden Christus mit Galle und Essig tränken sollten. Nur die Priester, nicht das Volk, essen davon, weil die Juden, von den Priestern vertreten, am Tode des Heilandes schuld sind, während das Volk, d. i. die Christenheit, fastet und trauert, des Kreuzesopfers durch das Gefühl der Zerknirschung über seine Sünden sich teilhaftig macht (Barn. 7, 3—5). Ebenso werden am Versöhnungsfeste zwei schöne, ganz gleiche (vgl. Mischna Joma 6, 1) Böcke dargebracht (Lev. 16, 7—10), von denen der eine angespieen, geschlagen (Halacha; vgl. Mischna Joma 6, 4), verflucht und mit scharlachrotem Wollzeug angetan in die Wüste gestoßen wurde, wo man das Wollzeug auf einen Brombeerstrauch legte. Dieser Bock ist sinnbildlich der zur Kreuzigung bestimmte Jesus, den die Juden auf gleiche Weise schimpflich behandelten und mit einem Scharlachmantel bekleidet aus der Stadt heraus in die Wüste führten. Der andere Bock, der als Opfer Gott dargebracht wurde und der dem vorigen ganz gleich ist, ist der mit Herrlichkeit umkleidete Jesus, der durch sein Opfer in den Himmel einging, um von dort zum Gerichte wiederzukommen. Die vom Gesetz (richtiger wäre: von der Überlieferung) vorgeschriebene Gleichheit der Böcke bedeutet, daß der im königlichen Glanze wiederkehrende Jesus von den Juden, die ihn verhöhnt und getötet haben, erkannt werden wird. Die Dornenkrone (der Brombeerstrauch) wird dann zur Königskrone, der zum Spott umgehängte rote Mantel (das Wollzeug) zum königlichen Prachtkleid. Der Brauch, das Wollzeug auf einen süße Beeren tragenden Brombeerstrauch niederzulegen, bedeutet das Ungemach und die Trübsal, welche die leiden müssen, die sich zu dem gekreuzigten Christus bekennen und in sein Reich kommen (d. i. das Wollzeug aufheben) wollen (7, 6—11). Bei dieser Erklärung schwebte dem Barnabas vor Augen Apc. 1, 7: „Siehe, er kommt mit den Wolken, und schauen wird ihn jedes Auge und die ihn durchbohrt haben, und wehklagen werden über ihn alle Stämme der Erde", und Matth. 26, 64, wo Jesus seinen Richtern prophezeit, daß sie ihn sehen würden auf den Wolken des Himmels wiederkommend in Herrlichkeit.

Die rote Kuh (Num. 19) wurde von sündigen Menschen geschlachtet und verbrannt; ihre Asche wurde von unschuldigen Kindern zum Zwecke der Reinigung mittelst eines Holzstabes, um den Scharlachwolle und Ysop gewunden war, auf die einzelnen Personen gesprengt[1]). Die Kuh ist ein Typus Christi, der von den sündigen Juden gekreuzigt wurde zur Entsündigung der Menschheit. Durch zwölf lauter gesinnte Apostel wurde die frohe Botschaft von der Vergebung der Sünden verkündet. Drei Knaben sprengen zur Erinnerung an die drei Stammväter Abraham, Isaak und Jacob. Das Holz, mit dem die Asche gesprengt wird, weist hin auf das Kreuz, die Scharlachwolle auf die Königsherrschaft Christi, der Ysop wegen seiner Bitterkeit auf die bitteren Tage, durch welche der Christ zum Heile gelangt (Barn. 8).

Ein Vorbild Christi und der Erlösung ist auch Moses, der während der Schlacht die Arme in Kreuzesform ausgestreckt hält

---

[1]) Dieser Ritus wird sonst nirgends erwähnt.

(Ex. 17, 8 ff.) und den Seinen dadurch zum Siege verhilft (Barn. 12). Richtig sieht Barnabas einen Typus Christi in der ehernen, am Kreuze aufgerichteten Schlange (Num. 21, 8. 9), ferner in Josue, freilich nur wegen seines Namens (Num. 13, 17) (Cap. 12), und in Isaak, der als Opfer dargebracht wurde (7, 3). Daß dem jüngeren Jakob der Erstgeborne Esau das Erbe lassen muß (Gen. 27, 27), ist ein Vorbild dessen, daß die Christen, das neue Volk, das wahre erbberechtigte Bundesvolk sind, nicht die Juden, das alte Volk. Die gleiche Bedeutung hat es, wenn der jüngere Ephraim dem älteren Manasse beim Segen vorgezogen wird (Gen. 48, 14) (Cap. 13).

Die typischen Deutungen Justins sind zusammengestellt von Grube[1]), worauf hier verwiesen sei. Wenn dieser aber sagt, Justin habe in betreff der Typen nicht seine Privatmeinung vertreten, sondern nur über die gehandelt, die seit den Tagen der Apostel in der christlichen Kirche vorgetragen wurden[2]), so muß er selbst dieses Urteil im Verlauf der Untersuchung stark einschränken[3]), so wenn der Apologet den Jakob in seinem Kampfe mit dem Engel und seiner Lähmung als Vorbild der Kämpfe, Leiden und Siege Christi hinstellt (Dial. 125), oder wenn er in ihm wegen seiner Doppelehe einen Typus des Heilandes erblickt, da er Lea und Rachel auf Synagoge und Kirche deutet (Dial. 134), oder wenn er im Anschluß an Barnabas die beiden Böcke, die am Versöhnungsfeste zur Verwendung kamen, als einen Hinweis auf die doppelte Ankunft Christi ansieht (Dial. 40. 111), oder wenn er in den zwölf Schellen am Gewande des Hohenpriesters die zwölf Apostel angedeutet findet (Dial. 42). Wenn Justin in seiner typologischen Erklärung das erlaubte Maß weit überschreitet, so läßt sich dies doch am einfachsten wie bei Barnabas auf den Einfluß der Allegoristik Philos zurückführen, an den er ja, wie wir gesehen haben, in seiner Auffassung der hl. Schrift sich anschließt.

8. Symbolik der Zahlen.

Der Idee, daß den Zahlen eine symbolische Bedeutung inne wohnt, begegnen wir bereits im Alten Testament. Daß auch die Juden im Zeitalter Christi in den Zahlen einen tieferen Sinn erblickten, beweist der Stammbaum des Heilandes bei Matth. 1, 1—17,

---

[1]) Grube, Die typologische Schrifterklärung Justins des Martyrers, im Katholik 1880 II, 139—159.
[2]) a. a. O. 140.
[3]) a. a. O. 148, 149, 151, 153, 156.

§ 7. Hermeneutische Regeln.

der 3 × 2 × 7 Geschlechter enthält. Philo ist in seiner Zahlenlehre von den Pythagoreern und den Stoikern beeinflußt [1]). Clemens ist vollständig von Philo abhängig. Bei Barnabas hingegen finden wir eine Zahlendeutung, wie sie später von der Kabbala ausgebildet wurde. Justin bietet keine Zahlensymbolik.

Die Einzahl ist die Zahl Gottes, der einer ist, ja über die Eins erhaben ist [2]).

Philo leg. alleg. II, 3 [M. I, 67]: τέτακται οὖν ὁ θεὸς κατὰ τὸ ἓν καὶ τὴν μονάδα, μᾶλλον δὲ ἡ μονὰς κατὰ τὸν ἕνα θεόν.

Clem. Paed. I, 8, 71 P. 140: ἓν δὲ ὁ θεὸς καὶ ἐπέκεινα τοῦ ἑνὸς καὶ ὑπὲρ αὐτὴν μονάδα.

Wegen dieses großen Vorzugs ist sie auch ein Sinnbild der geistigen Welt.

de opif. m. 15 [M. I, 3]: περιέχει γὰρ τὸν νοητὸν κόσμον ἐξαίρετον.

Str. V, 14, 93 P. 702: τὸν μὲν (κόσμον) ἀνατίθησι μονάδι, ὡς ἂν νοητόν.

Die Zwei bezeichnet den Gegensatz zur Eins, zu Gott, und daher ist sie auch Symbol des Irdischen. Indem Adam vom „zweiten" Baume ißt, zieht er sich den Tod zu; denn er schätzt die Zwei höher als die Eins, stellt das Geschaffene höher als den Schöpfer.

de somn. II. 70 [M. I, 668]: Ἀδάμ, ὅταν ἅψηται τοῦ διδύμου ξύλου (Gen. 2, 9), θνήσκει δυάδα τιμήσας πρὸ μονάδος καὶ τὸ γενόμενον πρὸ τοῦ πεποιηκότος ἐκθαυμάσας.

Adumbr. in I. Joh. 1, 6 P. 999; Zahn 88: Monas namque dei opus est, dyas autem et quidquid praeter monadem constat, ex vitae perversitate contingit.

Die Dreizahl bezieht sich auf die drei Vermögen des Menschen, Empfindung, Sprache und Verstand. Philo de congr. erud. gr. 100 [M. I, 533] und, wörtlich sich anschließend, Clemens Str. II, 11, 50 P. 455.

Die Vier ist die Zahl der Vollkommenheit; was die Zehn der Wirklichkeit nach ist, das ist die Vier der Möglichkeit nach [3]). Philo de opif. m. 47 [M. I, 10]: ὁ ἐντελεχείᾳ δεκάς, τοῦτο τετράς, ὡς ἔοικε, δυνάμει, vgl. de plant. 125 [M. I, 348]. Daher besteht der Gottesname יהוה aus vier Buchstaben de vita Mosis II, 115

---

[1]) Zu Philos Zahlensymbolik vgl. Siegfried, Philo 181 f., und Herriot, Philon le Juif 263 ff. Zur pythagoreischen Zahlenlehre vgl. Zeller, Philosophie der Griechen I. (5. Aufl. 1892) 342 ff. Zur stoischen Zahlendeutung vgl. oben S. 10.

[2]) Die späteren (platonisierenden) Pythagoreer sahen in der Einheit das Gute, die Vernunft, die Gottheit, in der Zweiheit dagegen das Böse, die Materie, den Dämon; vgl. Zeller I [5], 362.

[3]) Vorbildlich waren die Pythagoreer; vgl. Zeller I [5], 399 f.

104 Der Einfluß Philos auf die Hermeneutik der ältesten christl. Exegeten.

[M. II, 152]: τετραγράμματον δὲ τοὔνομά φησιν ὁ θεολόγος εἶναι
... ἐπειδὴ πάντα ἐν τετράδι. Auf diese Bedeutung der Vierzahl
als Zahl der Vollkommenheit für den Gottesnamen macht auch
Clemens aufmerksam, ja er erinnert daran, daß selbst der griechische
Gottesname θεός aus vier Buchstaben besteht Str. V, 6, 34
P. 666: ἀτὰρ καὶ τὸ τετράγραμμον ὄνομα τὸ μυστικὸν ... λέγεται
δὲ Ἰαουε ... καὶ μὴν καὶ καθ᾽ Ἕλληνας θεὸς τὸ ὄνομα τετράδα
περιέχει γραμμάτων.

Wegen ihrer Vollkommenheit ist die Vier ferner die Zahl
der Jahreszeiten, die in ihrer Gesamtheit das Jahr ausmachen
(Philo de opif. m. 52 [M. I, 11] u. ö. und Clemens Str. VI, 11, 87
P. 784). Aus demselben Grunde besteht die Welt aus vier Elementen
(nach Philo de vita Mosis II, 88 [M. II, 148] und Clemens
Str. V, 6, 32 P. 665).

Die Fünf ist die Zahl der Sinnlichkeit, weil es fünf Sinne
gibt. Philo de vita Mosis II, 81 [M. II, 147] u. ö. und Clemens
Str. V, 6, 33 P. 665. Daß Clemens selbst in dieser Symbolik, die
an sich sehr nahe liegt, von Philo abhängig ist, ergibt sich daraus,
daß beide Schriftsteller a. a. O. von dem Tempelvorhange handeln.
Mit fünf Broten speist der Heiland bei der wunderbaren Brotsvermehrung
(Joh. 6, 9) die Volksscharen, um, nach Clemens anzudeuten,
daß viele am Sinnlichen hängen und mit der sinnlichen Erkenntnis
sich begnügen, Gott aber mit den Sinnen nicht erfaßt werden
kann. Es heißt der Gottsohn „Angesicht des Vaters", weil er
einen mit den Sinnen wahrnehmbaren Leib angenommen hat
(Str. V, 6, 34 P. 665; Paed. I, 7, 57 P. 132; Str. VII, 10, 58
P. 866, wo Ps. 23, 6 πρόσωπον τοῦ θεοῦ auf Christus gedeutet
wird). Anlaß zu dieser Erklärung mag Joh. 14, 9: „Wer mich
sieht, der sieht den Vater" gegeben haben; dafür spricht die Deutung
des „Angesichtes" Gen. 32, 30: „Ich habe Gott von Angesicht
zu Angesicht gesehen", auf den Logos (Paed. I, 7, 57).

Weil die Sechs das Produkt aus der ungeraden männlichen
Drei und der geraden weiblichen Zwei ist, so ist sie die Zahl der
Zeugung *(γόνιμος ἀριθμός)*[1] und bezeichnet daher auch die sichtbare
Welt *(κόσμος αἰσθητός)* (nach Philo de opif. m. 13. 14 [M. I, 3];
de special. leg. II, 58 [M. II, 281] und Clemens Str. V, 14, 93
P. 702; Str. VI, 16, 139 P. 811).

---

[1]) So die Pythagoreer. Jambl. Theol. Arith. p. 34: ἐξ ἀρτίου καὶ
περισσοῦ τῶν πρώτων, ἄρρενος καὶ θήλεος γίνεται; daher heiße die Sechs ἀρρενόθηλυς
und γάμος; vgl. Zeller I[5], 399 Anm. 4.

§ 7. Hermeneutische Regeln. 105

Da die Sieben in der ersten Dekade weder ein Produkt ist noch als Faktor dient, also gleichsam weder gezeugt wird noch zeugt, so heißt sie die ungezeugte und jungfräuliche Zahl (*ἀριθ-μὸς ἀμήτωρ καὶ ἀειπάρθενος*). Philo unter Berufung auf die Pythagoreer[1]: *παρὸ μυθεύοντες οἱ Πυθαγόρειοι τῇ ἀειπαρθένῳ καὶ ἀμήτορι αὐτὴν ἀπεικάζουσιν, ὅτι οὔτε ἀπεκυήθη οὔτε ἀποτέξεται* leg. alleg. I, 15 [M. I, 46]; vgl. de special. leg. II, 56 [M. II, 281] u. a. und Clemens Str. VI, 16, 140 P. 811. Die Sieben ist die Zahl der Planeten, der beiden Bären, der Plejaden, der Dauer der Mondphasen, der Lebensalter, der Sinneswerkzeuge im Angesicht (zwei Augen, zwei Ohren, zwei Nasenlöcher, ein Mund), der Krisis in der Krankheit u. a. m. (Philo leg. alleg. I, 8—12 [M. I, 45]; de special. leg. II, 57 [M. II, 281]). Dieselben Beispiele, nur durch die Erzengel vermehrt, führt Clemens in fast gleicher Reihenfolge Str. VI, 16, 143—145 P. 813 an. Noch ausführlicher, bloß in etwas anderer Ordnung, rühmt Philo die Vorzüge der Siebenzahl de opif. m. 99—127 [M. I, 23—30]. Das hier (§ 104) angeführte Gedicht Solons über die Lebensalter und ihre Beziehungen zur Sieben bietet auch Clemens a. a. O., beruft sich aber dabei auf eine Schrift des Grammatikers Hermippus Berytius *Περὶ ἑβδομάδος* [2]). Daß diese von dem Kirchenschriftsteller nicht wörtlich excerpiert wurde, ergibt sich einerseits aus ihrem Umfange, anderseits aus der Tatsache, daß Clemens in seinen Ausführungen wiederholt das Neue Testament zitiert. Wir werden daher annehmen können, daß der Kirchenschriftsteller, wie sonst, so auch hier, den Philo als Vorlage benutzt hat und auf Hermippus nur verweist, weil dieser eine spezielle Abhandlung über diesen Gegenstand verfaßt hat.

Die Acht ist der erste Kubus [3]) (Philo de decal. 28 [M. II, 184] und Clemens Str. VI, 11, 84 P. 782). Die Bedeutung, welche dieser Zahl zukommt, zeigt sich bei der Verklärung Jesu (Matth. 17, 1—5; Marc. 9, 2—7; Luc. 9, 28—35). Mit Petrus, Jakobus und Johannes stieg der Heiland auf den Berg. Da ihm daselbst Moses und Elias erschienen, so waren sechs Personen auf dem Tabor. Diese Zahl weist als die Zahl der Zeugung auf die mensch-

---

[1]) Philolaus nannte die Sieben *ἀμήτωρ* vgl. Zeller I[5], 400 Anm. 2.

[2]) Dieser Schriftsteller war ein Schüler Philons von Byblos unter Kaiser Hadrian. Näheres bei Nicolai, Griech. Literaturgesch. 2. Bd. 2. Hälfte S. 349, und bei Christ, Griech. Literaturgesch. 2. Aufl. S. 636.

[3]) So auch die Pythagoreer vgl. Zeller I[5], 400.

liche Natur Christi. Indem nun Gott der Vater seine Stimme erschallen ließ (als siebenter) und Jesum als seinen Sohn bezeugte, wurde auch dessen göttliche Natur offenbar, die vorher verborgen war, und so kam die Achtzahl zustande. Str. VI, 16, 140 P. 812: ταύτῃ τοι ὁ κύριος τέταρτος ἀναβὰς εἰς τὸ ὄρος ἕκτος γίνεται καὶ φωτὶ περιλάμπεται πνευματικῷ, τὴν δύναμιν τὴν ἀπ᾽ αὐτοῦ παραγυμνώσας εἰς ὅσον οἷόν τε ἦν ἰδεῖν τοῖς ὁρᾶν ἐκλεγεῖσι, δι᾽ ἑβδόμης ἀνακηρυσσόμενος τῆς φωνῆς υἱὸς εἶναι θεοῦ, ἵνα δὴ οἳ μὲν ἀναπαύσωνται πεισθέντες περὶ αὐτοῦ, ὃ δέ, διὰ γενέσεως, ἣν ἐδήλωσεν ἡ ἑξάς, ἐπίσημος, ὀγδοὰς ὑπάρχων φανῇ, θεὸς ἐν σαρκίῳ τὴν δύναμιν ἐνδεικνύμενος, ἀριθμούμενος μὲν ὡς ἄνθρωπος, κρυπτόμενος δὲ ὃς ἦν.

Die Neun ist die Zahl der Sinnlichkeit, weil das, was mit den Sinnen wahrgenommen werden kann, neunfach ist, die Erde, die sieben Planetenkreise und der Fixsternhimmel (Philo de congr. erud. gr. 106 [M. I, 534] und Clemens Str. II, 11, 51 P. 455).

Die Zehn ist die Zahl der Vollkommenheit[1]) (Philo de decal. 20 [M. II, 183]; de plant. 125 [M. I, 347] und Clemens Str. VI, 11, 84 P. 782). Daher wird der Zehnte Gott geopfert. (Philo de congr. erud. gr. 100 [M. I, 533] und Clemens Str. II, 11, 51 P. 455). Ferner ist das Zehnte im Menschen der Geist (Philo und Clemens a. a. O.). Die Zehn bedeutet auch den Logos (Clemens Paed. II, 4. 43 P. 194).

Die Vollkommenheit der Zehnzahl zeigt sich nach Clemens auch beim Dekalog. Zehn Gebote sind es, die Gott gegeben hat. Das Zahlzeichen dafür, ι, ist der Anfangsbuchstabe des Namens Jesus. Dadurch ist angedeutet, daß der Dekalog bestimmt ist, die Menschen zu Jesus zu führen (Str. VI, 16, 145 P. 815).

Die Fünfzig ist die Zahl der Hoffnung und der Befreiung. (Philo de mut. nom. 228 [M. I, 613] und Clemens Str. VI, 11, 87 P. 783).

In der Zwölf sieht Clemens das Jahr mit seinen zwölf Monaten oder die zwölf Apostel (Str. VI, 11, 87 P. 783).

Barnabas zeigt sich in der Zahlensymbolik, von der er nur an einer Stelle Gebrauch macht, nicht von Philo beeinflußt, vielmehr ist seine Deutung ähnlich der von den palästinensischen Rabbinen geübten Auslegung. Deren Exegese erlaubte es, Worte

---

[1]) Auch die Pythagoreer betrachteten die Zehn als die vollkommenste Zahl; vgl. Zeller I [5], 397 f.

§ 7. Hermeneutische Regeln. 107

in Zahlen und Zahlen in Worte umzusetzen, um dadurch die
überraschendsten Aufschlüsse zu gewinnen¹), ein Verfahren, welches
später von den Kabbalisten zu einer wahren Kunst ausgebildet
wurde und im Talmud Gematria genannt wird. So wird
Uqezin III, 12 aus Spr. 8, 21: להנחיל אהבי יש gefolgert, daß Gott
jedem Gerechten 310 Welten zum Erbteil geben werde; denn
יש = 310. Die Apokalypse 13, 18, wonach die Zahl 666 des
Tieres d. h. der Zahlenwert der Buchstaben zusammengerechnet
die Zahl eines Menschen ergibt, lehrt uns, daß diese Auslegung
zu der Zeit, als der Barnabasbrief entstand, geübt wurde; denn
wir werden am besten mit Clemen die Zahl 666 = $\chi\xi\varsigma'$ in $\dot{\eta}$
$\dot{\iota}\tau\alpha\lambda\dot{\eta}\ \beta\alpha\sigma\iota\lambda\varepsilon\dot{\iota}\alpha$ auflösen müssen²). Mit Hilfe dieser Symbolik beweist
Barnabas, daß Abraham bei der Beschneidung Jesum am
Kreuze vor Augen gehabt habe. 318 Knechte beschnitt er
(Gen. 17, 23. 27), eine Zahl, die sich für Barnabas aus Gen. 14, 14
ergibt, wo berichtet wird, daß der Patriarch mit 318 Knechten
zur Befreiung Lots aufgebrochen ist³). Nun ist zuerst von 18,
dann von 300 die Rede. 18 = IH = Jesus als die Anfangsbuchstaben
dieses Namens; 300 = T bedeutet das Kreuz wegen
der Form des Buchstabens: $\tau o\dot{\nu}\varsigma\ \delta\varepsilon\kappa\alpha o\kappa\tau\dot{\omega}\ \pi\varrho\dot{\omega}\tau o\nu\varsigma,\ \kappa\alpha\dot{\iota}\ \delta\iota\dot{\alpha}\sigma\tau\eta\mu\alpha$
$\pi o\iota\dot{\eta}\sigma\alpha\varsigma\ \lambda\dot{\varepsilon}\gamma\varepsilon\iota\ \tau\varrho\iota\alpha\kappa o\sigma\dot{\iota}o\nu\varsigma.\ \tau\dot{o}\ \delta\varepsilon\kappa\alpha o\kappa\tau\dot{\omega}\ \dot{\iota}\tilde{\omega}\tau\alpha\ \delta\dot{\varepsilon}\kappa\alpha,\ \tilde{\eta}\tau\alpha\ \dot{o}\kappa\tau\dot{\omega}\cdot\ \dot{\varepsilon}\chi\varepsilon\iota\varsigma$
$'I\eta\sigma o\tilde{\nu}\nu.\ \ddot{o}\tau\iota\ \delta\dot{\varepsilon}\ \dot{o}\ \sigma\tau\alpha\nu\varrho\dot{o}\varsigma\ \dot{\varepsilon}\nu\ \tau\tilde{\omega}\ \tau\alpha\tilde{\nu}\ \ddot{\eta}\mu\varepsilon\lambda\lambda\varepsilon\nu\ \ddot{\varepsilon}\chi\varepsilon\iota\nu\ \tau\dot{\eta}\nu\ \chi\dot{\alpha}\varrho\iota\nu,\ \lambda\dot{\varepsilon}\gamma\varepsilon\iota$
$\kappa\alpha\dot{\iota}\ \tau o\dot{\nu}\varsigma\ \tau\varrho\iota\alpha\kappa o\sigma\dot{\iota}o\nu\varsigma$ (9, 8). Wir möchten erwarten, daß Barnabas

---

[1]) Beispiele aus der Mischna sind angeführt bei Aicher, Das Alte
Testament in der Mischna. Freiburg 1906 (Bibl. Stud. XI, 4), 112 ff.

[2]) Clemen, Die Zahl des Tieres Apc. 13, 18, in der Zeitschrift für
neutestamentl. Wissenschaft II (1901) 109—114. Die Lesart von C und einiger
bei Irenäus 616 = $\chi\iota\varsigma'$ wäre in $\dot{\eta}\ \lambda\alpha\tau\iota\nu\dot{\eta}\ \beta\alpha\sigma\iota\lambda\varepsilon\dot{\iota}\alpha$ aufzulösen. Die Assumptio
Mosis 9, 1 (hrsg. von C. Clemen, Kleinere Texte für theol. Vorlesungen
und Übungen X, Bonn 1906) kann hier nicht angeführt werden, weil unter
dem geheimnisvollen Namen $\tau\xi\varepsilon$ (Hilgenfeld, Novum Testamentum extra
canonem rec. I [Lipsiae 1866] 105. 114 will = $\tau\xi\gamma$ 363 = המשיח lesen)
nach dem Zusammenhange nicht der Messias gemeint ist. Am einleuchtendsten
ist der Vorschlag des Clemen, an dieser Stelle $\tau\dot{\alpha}\xi\omega\nu$ = Ordner zu lesen;
vgl. Clemen, Die Himmelfahrt des Moses, bei E. Kautzsch, Die Apokryphen
und Pseudepigraphen II, 326.

[3]) Die Zahl 318 für die Beschneidung ist übrigens zu niedrig gegriffen.
Abraham beschnitt alles Männliche in seinem Hause. Die 318 aber, mit
denen er auszog, waren rüstige Männer, zu denen also noch die Knaben, die
älteren Männer und die kamen, welche zur Bewachung der Herden zurückbleiben
mußten.

bei seiner Erklärung wenigstens von dem Zahlenwert der hebräischen Buchstaben ausgehen würde. Im Hebräischen bezeichnet ת (im Althebräischen ein Kreuz) 400, nicht 300. Allein die alexandrinischen Juden richteten sich in ihren Deutungen, wie wir aus den Etymologien Philos sehen können, ganz unbefangen nach dem Griechischen.

So weit wir die Exegese des Barnabas kennen gelernt haben, ist er durchweg von der alexandrinischen, nicht von der palästinensischen Schriftauslegung beeinflußt. Es wäre auffallend, wenn er von der letzteren in der Zahlendeutung und nur in dieser abhängig sein sollte. Woher aber die Ideen stammen, welche auf Barnabas hier eingewirkt haben, lehren uns die Sibyllinen [1]). Diese enthalten V, 1—51 eine Prophetie der römischen Geschichte bis Antoninus Pius, unter dem also wahrscheinlich das Stück entstanden ist. In demselben werden die römischen Kaiser sämtlich mit Zahlen bezeichnet; das betreffende Zahlzeichen ist der Anfangsbuchstabe des Namens: $10 = I =$ Julius, $20 = K =$ Καῖσαρ, $300 = T =$ Tiberius und Titus, $50 = N =$ Nero und Nerva u. s. w. Der Abschnitt rührt von einem heidnischen Verfasser her, was aus dem Lobe hervorgeht, welches Vers 48. 49 dem Hadrian gespendet wird. Die von ihm angewandte Zahlensymbolik aber muß viel älter sein, weil er sich ihrer sonst nicht bei der Abfassung eines Orakels hätte bedienen können. Sie war auch in Egypten bekannt; denn dort ist dieses Stück der Sibyllinen entstanden, da es als Vorgänger der römischen Herrscher neben Alexander dem Großen nur die Könige Egyptens anführt (v. 2—7). Die alexandrinischen Juden, welche für die sibyllinischen Weissagungen ein großes Interesse hatten und, um Propaganda zu machen, ältere umarbeiteten und neue verfaßten, hatten sich auch des in Frage stehenden Abschnitts bemächtigt; denn diese Prophezeiung läßt gegen die geschichtlichen Tatsachen dem Vespasian von Titus die Herrschaft genommen werden. Aus all dem geht hervor, daß Barnabas seine Zahlendeutung in Alexandria selbst in Übung fand und daher auch in dieser Hinsicht nicht von der palästinensischen Exegese abhängig ist.

Von Barnabas hat die Deutung der Zahl 318 Clemens übernommen (Str. VI, 11, 84 P. 782).

---

[1]) Ausgabe von J. Geffcken (Die griech. christl. Schriftsteller der ersten drei Jahrhunderte) Leipzig 1902. Deutsche Übersetzung von F. Blass bei Kautzsch, Die Apokryphen und Pseudepigraphen II, 184 ff.

9. Erklärung der Eigennamen[1].

Legt Philo schon großen Wert auf die einzelnen Worte, die der biblische Schriftsteller gerade gebraucht[2]), so ist ihm nach dem Vorbilde der Stoiker[3]) noch wichtiger die Bedeutung der Eigennamen. „Bei Moses, sagt er, sind die Namen klare Spiegel der Dinge, so daß der Name geradezu das Ding selbst ist und sich in nichts von dem unterscheidet, dem er gegeben ist" (de cherub. 56 [M. I, 149]). Indem er die biblischen Personen als Symbole von Seelenzuständen auffaßt, sucht er in den Namen einen Hinweis auf die Rolle, welche der Träger desselben zu spielen berufen ist; „denn Gott, so erklärt er, schenkt nicht tote Namen; die Namen sind vielmehr die Abbilder von Kräften, die Kräfte aber werden gefunden in guten Lehren, in wahren und reinen Vorstellungen, in der Besserung der Seele" (de mut. nom. 63. 65 [M. I, 588]). Die Namen selbst enthalten die wichtigsten Lehren. „Wenn Moses ein Namensverzeichnis gibt, so soll dies keine historische Genealogie vorstellen, sondern eine in Symbolen enthaltene Erklärung von Dingen, welche der Seele nutzen können. Indem wir die Namen in unsere Sprache übersetzen, werden wir die Wahrheit dieser Verheißung erkennen" (de congr. erud. gr. 44 [M. I, 525]). Die Erklärung der biblischen Eigennamen soll mithin ein Hauptmittel sein, um den in der hl. Schrift verborgenen Sinn zu erschließen. Der biblischen Person ist durch den bloßen Namen eine ganz bestimmte Stellung in dem ethischen Inhalt der Schrift angewiesen. Sie ist durch ihn zum Vertreter einer bestimmten Tugend, eines bestimmten Lasters, einer bestimmten Charaktereigenschaft gemacht, und die ganze sie umgebende Geschichte ist aus dem Inhalt ihres Namens zu erklären.

Von den Übersetzungen der Namen, die Philo bietet, beruht ein Teil auf biblischer Etymologie. Zuweilen sieht er von der Wortbedeutung ab und weist dem Träger des Namens in der Allegorie eine Stellung zu, die er aus dem Wortsinn der Erzählung ableitet. Dem jüdischen Exegeten folgen bei ihrer Unkenntnis

---

[1]) Zu Philo vgl. Siegfried, Philo von Alex. 1875 S. 190 ff. Derselbe, Die hebräischen Worterklärungen des Philo und die Spuren ihrer Einwirkung auf die Kirchenväter. Magdeburg 1863. Derselbe, Philonische Studien, in Merx' Archiv für wissenschaftl. Erforschung des A. T. II, 2 (Halle 1872) 143—163. Zu Clemens vgl. Siegfried, Philo S. 345.

[2]) Vgl. S. 83.

[3]) Vgl. S. 8 ff.

110 Der Einfluß Philos auf die Hermeneutik der ältesten christl. Exegeten.

des Hebräischen die Kirchenväter, von denen besonders Clemens sich eng an ihn anschließt.

Abram = πατὴρ μετέωρος (אב רם) de Abr. 82 [M. II, 13] u. ö.; Str. V, 1, 8 P. 648.

Abraham = πατὴρ ἐκλεκτὸς ἠχοῦς (אב בר רעם) ib.

Die Assyrer sind bei Justin ein Symbol der Gottentfremdung, da sie das Volk Gottes bekriegen. Weil Herodes dadurch, daß er dem Jesuskinde nach dem Leben trachtet, ganz besondere Gottlosigkeit beweist, so ist er unter dem „König der Assyrer" Jes. 8, 4 zu verstehen (Dial. 77).

Cherubim = ἐπίγνωσις καὶ ἐπιστήμη πολλή (zusammengesetzt aus כרה graben (daraus die Bedeutung „tief"), רב und בים = בין) (de vita Mosis II, 97 [M. II, 150]; Str. V, 6, 35, P. 667).

Eden = τρυφή (de cherub. 12 [M. I, 140]; Str. II, 11, 51 P. 456). Diese Deutung beruht auf Gen. 3, 24: καὶ ἐξέβαλεν τὸν Ἀδὰμ καὶ κατῴκισεν ἀπέναντι τοῦ παραδείσου τῆς τρυφῆς.

Egypten, ohne Etymologie, ist deshalb, weil seine Bewohner einst die Israeliten bedrückt hatten, Symbol der Leidenschaft und infolgedessen auch der Welt und ihrer Unordnung. De congr. erud. gr. 83 [M. I. 531]: παθῶν μὲν Αἴγυπτος σύμβολόν ἐστι, κακιῶν δὲ ἡ Χαναναίων γῆ; leg. alleg. III, 38 [M. I, 94] u. ö.; Str. I, 5, 30 P. 333; Str. II, 10, 47 P. 453: εἴτ᾽ οὖν κόσμον καὶ ἀπάθης, εἴτε παθῶν καὶ κακιῶν σύμβολον Αἴγυπτος καὶ ἡ Χανανῖτις γῆ. Quaest. in Gen. II, 16 [A. 188]: Aegyptus symbolum est corporalium externorumque bonorum.

Eva = ζωή (חוה; LXX Gen. 3, 20: καὶ ἐκάλεσεν Ἀδὰμ τὸ ὄνομα τῆς γυναικὸς ζωή) (de cherub. 57 [M. I, 149]; Str. III, 9, 65 P. 540; Str. III, 12, 80 P. 547).

Hagar = παροίκησις (vom Stamme גור mit dem Artikel) (de congr. erud. gr. 20 [M. I, 522]; Str. I, 5, 31 P. 334 mit ausdrücklicher Berufung auf Philo).

Jakob (עָקֵב Ferse; עקב betrügen). Auf Gen. 25, 26 und 27, 36 ἐπτέρνικεν stützt sich Philo mit seiner Etymologie πτερνιστής (leg. alleg. III, 15 [M. I, 90] u. ö.). An diese Erklärung lehnt sich Clemens an, wenn er sagt: υἱοὶ δὲ Ἰακὼβ οἱ ἐκλεκτοὶ αὐτοῦ, οἱ τῆς κακίας πτερνίσαντες τὴν ἐνέργειαν (Str. VI, 7, 60 P. 770). Der Kirchenschriftsteller kennt aber noch eine zweite Deutung des Wortes: ὡς ἂν ἀσκητὴς ἑρμηνευόμενος Str. I, 5, 31 P. 334. Diese scheinbare und vielleicht von Clemens auch beabsichtigte Etymo-

§ 7. Hermeneutische Regeln. 111

logie ist nur eine allegorische Deutung und hängt von Philo ab, der den Jakob als Symbol des Asketen auffaßt. Möglicherweise glaubte Clemens auf Grund von leg. alleg. III, 93 [M. I, 106]: ὁ πτερνιστὴς τῶν κακῶν καὶ ἀσκητὴς ἀρετῆς Ἰακώβ in ἀσκητής eine Etymologie erblicken zu müssen.

Jerusalem = ὅρασις εἰρήνης (ראה mit vorgesetztem י und שָׁלֵם) (de somn. II, 250 [M. I, 661]; Str. I, 5, 29 P. 332).

Isaak = γέλως (צחק mit י prosthet., auf Gen. 17, 17 beruhend, de plant. 169 [M. I, 354]; Paed. I. 5, 21 P. 110).

Israel = ὁρῶν θεόν (איש ראה אל) (de congr. erud. gr. 51 [M. I, 526] u. ö.; Str. II, 5, 20 P. 439; Paed. I, 7, 57 P. 132; διορατικός Str. I, 5, 31 P. 334). Justin übersetzt das Wort mit ἄνθρωπος νικῶν δύναμιν (Dial. 125), leitet es mithin von איש שרה אל ab. Indem er das ש doppelt nimmt, folgt er demselben grammatischen Gesetz, welches wir von Philo bei der Erklärung von Abraham, Cherubim und Judas beobachtet sehen.

Judas = κυρίῳ ἐξομολόγησις (יהוה und הודה) (de plant. 134 [M. I, 349] u. ö.; Str. VII, 16 P. 897). Dagegen erklärt Clemens Str. I, 5, 31 P. 335 Judas mit δυνατὸς ἑρμηνεύεται ... σώζων τὴν πρὸς τὸν θεὸν ὁμολογίαν; denn Judas ist für ihn in Anschluß an Philo de congr. erud. gr. 125 [M. I, 537] ὁ φιλομαθὴς ὁ μηδὲν ἄσκεπτον καὶ ἀδιερεύνητον καταλιπών, der also zu allem fähig (δυνατός) ist. Δυνατός ist mithin keine Etymologie.

Kanaan ist Symbol des Lasters (s. oben bei Egypten).

Melchisedech = βασιλεὺς δίκαιος (מלך צדק) (leg. alleg. III, 79 [M. I, 103]; Str. IV, 25, 161 P. 637). Da Salem = εἰρήνη ist (a. a. O.), so heißt er auch βασιλεὺς εἰρήνης (Philo l. c., Str. II, 5, 21 P. 439).

Moses heißt „aus dem Wasser gezogen", weil im Egyptischen μων das Wasser bedeutet (de vita Mosis I, 17 [M. II, 83], Str. I, 23, 152 P. 412).

Naid = σάλος (נוד) (de cherub. 12 [M. I, 140]; Str. II, 11, 51 P. 456).

Rebekka = ὑπομονή die Abkürzung für πολλὴ ὑπομονή (רב und קוה)[1] quod det. pot. ins. sol. 30 [M. I, 197] u. ö. (neben ἐπιμονή de cherub. 47 [M. I, 147]); Paed. I, 5, 21 P. 111; Str. I, 5, 31 P. 334. Clemens bietet, indem er ausgeht von Gen. 24, 16: „Die Jungfrau war schön", noch eine zweite „Ety-

---

[1] Vgl. Nestle, Zur traditionellen Etymologie des Namens Rebekka, in der Zeitschr. f. alttest. Wissensch. 25 (1905), 221 f.

mologie": Ῥεβέκκα δὲ ἑρμηνεύεται θεοῦ δόξα (Str. IV, 25, 161 P. 637). In Wirklichkeit ist θεοῦ δόξα nur Allegorie. Isaak ist nämlich ein Symbol der vollkommenen Tugend. Zu dieser gehört notwendig, daß sie unverändert bleibt (ἀφθαρσία); denn sonst wäre sie eben nicht vollkommen. Diese Unveränderlichkeit ist aber so recht der Vorzug Gottes (θεοῦ δόξα); mithin ist Rebekka als Frau des Isaak auch Symbol der θεοῦ δόξα.

Sara = ἀρχή μου (שרי) (de congr. erud. gr. 2 [M. I, 519]; Str. I, 5, 31 P. 334).

Satan wird von Justin zerlegt in σατα (שטה) und in νᾶς (נחש) und übersetzt mit „abgefallene Schlange" (Dial. 103).

Mögen auch manche der zahlreichen Etymologien, die Philo anführt, überliefert sein, so geht doch so viel aus ihnen hervor, daß er nach bestimmten grammatischen Regeln das Hebräische behandelt[1]) und wir daher eine gewisse Kenntnis dieser Sprache bei ihm annehmen müssen. Daß er nur die Septuaginta bei seiner Exegese benutzt, kann nicht als Gegenbeweis angeführt werden, weil ihm diese Übersetzung als dem Urtext vollständig gleichwertig gilt und er sich deshalb lieber nach der Bibel richtet, die in einem ihm geläufigen Idiom geschrieben war. Die einzigen zwei „Etymologien", die Clemens unabhängig von Philo bietet, genügen wohl zum Beweise, daß dieser Kirchenschriftsteller keine Kenntnisse des Hebräischen besaß. Daß auch Justin dieser Sprache nicht mächtig war, geht daraus hervor, daß er, selbst wenn von seinen Gegnern die Richtigkeit der Übersetzung der Septuaginta bestritten und eine andere geboten wird (Dial. 124. 131. 137), niemals auf den Urtext zurückgeht, der doch in diesem Falle allein das entscheidende Wort hätte sprechen können. Die zwei Etymologien aber, die er anführt, kann er leicht von den Juden erfahren haben.

10. Die Einheit der Schrift und die Auslegung.

Während nach den bisher angeführten Regeln die Exegese ein einzelnes Wort aus einem Satze oder einem Abschnitte herausgreift, sucht durch die folgende Philo und mit ihm Clemens wenigstens in der Theorie auch dem Geiste der Schrift gerecht zu werden.

---

[1]) Dieselben sind nachgewiesen von Siegfried in der erwähnten Abhandlung »Philonische Studien«. Wenn uns Philos Wortableitungen oft seltsam anmuten, so ist zu bedenken, daß die Stoiker, wie wir sahen, noch weit merkwürdigere Etymologien boten, desgleichen Cicero.

§. 7. Hermeneutische Regeln.

Philo Quaest. in Gen. III, 3 [A. 170]: Est itaque legislatio (*νομοθεσία* h. e. scriptura sacra), ut ita dixerim, vivens quoddam unitum, quod totum totis oculis nitide oportet circumspicere et universam intentionem universae scripturae vere, certe et manifeste circumcernere non dissecando harmoniam neque unionem disiungendo; alias alinea omnino et absurda apparerent omnia, communitate vel aequitate deturbata.

Clemens Str. VII, 16 P. 891: Die Häretiker wollen auch die hl. Schriften gebrauchen, aber nicht alle, nicht vollständig und nicht so, wie es der Wortlaut *(σῶμα)* und der Zusammenhang *(ὕφος)* verlangt. Sie lesen vielmehr das zweideutig Gesagte aus und verkehren es in ihre eigenen Meinungen, wenige Stellen hie und da zusammenpflückend *(ὀλίγας σποράδην ἀπανθιζόμεναι φωνάς)* . . . Die Wahrheit aber besteht darin, daß man . . . alles aus den Schriften Nachgewiesene wieder mit ähnlichen Stellen stützt.

Damit stellen Philo und Clemens folgende zwei einwandsfreie Gesichtspunkte auf, die für die Erklärung der hl. Schrift maßgebend sein sollen:

a) Die Schrift bildet eine geschlossene Einheit. Bei der Auslegung ist demnach die ganze Schrift zu verwenden, so zwar, daß man aus einer Stelle auf den Sinn einer anderen schließt, also die Schrift durch die Schrift erklärt, und eine gefundene Deutung durch weitere Schriftstellen sichert.

So richtig diese Regel in der Theorie ist, so spitzfindig ist ihre praktische Anwendung durch Philo und die Kirchenschriftsteller. Ersterer berührt sich auch hier mit den Stoikern[1]).

Aus Ps. 26, 1: „Der Herr ist mein Licht und mein Retter" schließt der jüdische Exeget, daß in der hl. Schrift das Licht auch sonst Gott bedeutet. Wenn also nach Gen. 28, 11 die Sonne untergegangen ist, so heißt dies nichts anderes, als daß Gott aufgehört hat, die Menschen zu erleuchten (de somn. I, 72—75 [M. I, 631 f.]).

Gen. 15, 12 wird erzählt, daß über Abraham eine *ἔκστασις* kam. Dieses Wort kann bedeuten 1) Raserei, 2) Erschrecken, 3) Ruhe des Geistes, 4) prophetische Verzückung. Da nun Abraham Gen. 20, 7 ein Prophet genannt wird, so kann Gen. 15, 12 *ἔκστασις* nur in dem zuletzt angeführten Sinne verstanden werden (quis rer. div. heres 249—258 [M. I, 509 f.]).

Nachdem Philo gezeigt, daß das Manna, welches Gott regnen ließ, der Logos ist (leg. alleg. 169—173 [M. I, 120 f.]), führt er (§ 174) als Beweis für die Richtigkeit dieser Exegese Deut. 8, 3 an: „Nicht vom Brote allein lebt der Mensch, sondern von jedem Worte, das aus dem Munde Gottes kommt".

---

[1]) Vgl. S. 10.

Die Regel Philos wendet Barnabas in derselben Weise an wie der jüdische Exeget. Ex. 33, 1. 3 spricht Gott: „Ziehet ein in das Land, das von Milch und Honig fließt". Was hier unter dem „Lande" zu verstehen ist, ergibt sich aus Gen. 2, 4, wonach Gott den Menschen aus „Erde" erschaffen hat. In der Allegorie bedeutet also „Erde", „Land" den Menschen. Demnach läßt sich die Stelle Ex. 33, 1. 3 auf folgende Weise erklären: 1) Das Land, in das die Menschen kommen sollten, ist die menschliche Natur Christi, dessen Erscheinen im Fleische hier von Moses vorherverkündet wird: $\dot{\epsilon}\lambda\pi\acute{\iota}\sigma\alpha\tau\epsilon$, $\varphi\eta\sigma\acute{\iota}\nu$, $\dot{\epsilon}\pi\grave{\iota}$ $\tau\grave{o}\nu$ $\dot{\epsilon}\nu$ $\sigma\alpha\varrho\varkappa\grave{\iota}$ $\mu\acute{\epsilon}\lambda\lambda o\nu\tau\alpha$ $\varphi\alpha\nu\epsilon\varrho o\tilde{v}\sigma\vartheta\alpha\iota$ $\dot{v}\mu\tilde{\iota}\nu$ $\mathrm{'I}\eta\sigma o\tilde{v}\nu$. $\check{\alpha}\nu\vartheta\varrho\omega\pi o\varsigma$ $\gamma\grave{\alpha}\varrho$ $\gamma\tilde{\eta}$ $\dot{\epsilon}\sigma\tau\iota\nu$ $\pi\acute{\alpha}\sigma\chi o\upsilon\sigma\alpha$. $\dot{\alpha}\pi\grave{o}$ $\pi\varrho o\sigma\acute{\omega}\pi o\upsilon$ $\gamma\grave{\alpha}\varrho$ $\tau\tilde{\eta}\varsigma$ $\gamma\tilde{\eta}\varsigma$ $\dot{\eta}$ $\pi\lambda\acute{\alpha}\sigma\iota\varsigma$ $\tau o\tilde{v}$ $'A\delta\grave{\alpha}\mu$ $\dot{\epsilon}\gamma\acute{\epsilon}\nu\epsilon\tau o$ (6, 9). Die Vermutung, Barnabas habe mit $\gamma\tilde{\eta}$ $\pi\acute{\alpha}\sigma\chi o\upsilon\sigma\alpha$ die Hyle bezeichnen wollen, ist abzulehnen; denn Adam wurde nicht aus ungeformtem Urstoff, sondern aus der schon vollendeten Erde erschaffen. Das $\pi\acute{\alpha}\sigma\chi o\upsilon\sigma\alpha$ (sc. $\pi\lambda\acute{\alpha}\sigma\iota\nu$) hat Barnabas wohl nur deshalb hinzugefügt, weil Christus in die Welt kam, um für die Menschheit zu leiden. Die gleiche Erklärung der Erde, welche hier Barnabas bietet, gibt übrigens auch Philo. $\Gamma\tilde{\eta}$ bedeutet die $\alpha\check{\iota}\sigma\vartheta\eta\sigma\iota\varsigma$, die sinnliche Natur (leg. alleg. I, 1 [M. I, 43]), oder den Leib (quis rer. div. heres 69 [M. I, 482]). Daß aber der christliche Schriftsteller die Symbolik des jüdischen Exegeten bei seiner Auslegung vor Augen gehabt hat, läßt sich nicht mit Sicherheit behaupten, weil Gen. 2, 4 genügen konnte, um ihn zu seiner Deutung zu veranlassen.

2) Das „Land", so äußert sich Barnabas weiter, sind wir selbst, die wir als Christen eine Neuschöpfung erfuhren, gleich der ersten Schöpfung, da wir von Gott gleichsam in neue Menschen umgewandelt und dadurch in ein „gutes Land" geführt wurden. Daß diese Erklärung berechtigt ist, beweist Barnabas durch Berufung auf Ez. 11, 19: „Ich werde aus ihnen die steinernen Herzen herausnehmen und ihnen fleischerne einsetzen" (6, 11. 14).

3) Eine dritte Erklärung läßt die Symbolik $\gamma\tilde{\eta} = \check{\alpha}\nu\vartheta\varrho\omega\pi o\varsigma$ fallen und stützt sich auf die Erzeugnisse des guten Landes, Milch und Honig. Das Land, in das die Menschen gelangen sollen, ist die Kirche, die die Ihrigen mit Milch und Honig nährt d. i. durch den Glauben und die Lehre zu neuem Leben gelangen läßt (6, 16. 17).

Nach Gen. 2, 2 vollendet Gott die Schöpfung in sechs Tagen. Da es Ps. 89, 4 heißt: „Ein Tag des Herrn sind wie tausend Jahre", so sind unter den sechs Tagen sechstausend Jahre zu verstehen (15, 4).

§ 7. Hermeneutische Regeln.

Auch bei Justin finden wir die Regel Philos in Geltung und in gleicher Weise praktisch angewendet. Gen. 2, 17 droht Gott dem Adam an, er werde an dem Tage sterben, an welchem er von dem Baume der Erkenntnis essen werde. Da Adam nun nach Gen. 5, 5 nicht ganz tausend Jahre alt wurde, so ergibt sich, daß jener Tag auf tausend Jahre anzusetzen ist. Nachdem man auf diese Weise nachgewiesen hat, was die Schrift unter einem Tage verstanden wissen will, kann man an die Erklärung von Jes. 65, 22 gehen: „Nach den Tagen des Holzes werden die Tage meines Volkes sein". Hier sind nämlich geheimnisvoll die tausend Jahre angedeutet, welche das messianische Reich dauern wird. Um diese Schlußfolgerung zu rechtfertigen, beruft der Apologet sich noch auf Ps. 89, 4: „Der Tag des Herrn ist wie tausend Jahre", und auf Apc. 20, 4—6, wo verkündet wird, daß die Gerechten mit Christus tausend Jahre regieren werden (Dial. 81).

Ps. 127, 3: „Sein Weib ist wie ein fruchtbarer Weinstock" bringt Licht in die prophetische Stelle Mich. 4, 4: „Sitzen wird ein jeder unter seinem Weinstock". Da nämlich in der ersten Stelle das Weib mit einem Weinstock verglichen wird, so wird in der zweiten auf die messianische Zeit hingewiesen, in der die Christen keusch leben und mit einer Ehefrau (diese ist unter dem „Weinstock" gemeint) sich begnügen werden (Dial. 110).

Um die Mehrpersönlichkeit Gottes zu beweisen, stellt Justin Gen. 1, 26 „Lasset uns den Menschen machen" und Gen. 3, 22 „Adam ist geworden wie einer aus uns" zusammen (Dial. 62) und führt zu demselben Zwecke Gen. 19, 24; Gen. 3, 22; Spr. 8, 21—25 an (Dial. 129).

Auch Clemens macht von seiner im Anschluß an Philo aufgestellten Regel nur Gebrauch, um den allegorischen Sinn einer Stelle zu entwickeln.

Wenn Job 1, 21 sagt: „Nackt ging ich hervor aus meiner Mutter Schoß, nackt werde ich dahin zurückkehren", so bedeutet dies: frei von Sünde; denn Matth. 18, 3 befiehlt ja der Heiland: „Wenn ihr nicht werdet wie die Kinder ..." nämlich so rein und heilig, weil nur an solchen Gott Wohlgefallen hat (Str. IV, 25, 160 P. 636).

Job hält sich 42, 6 für „Staub und Asche" ($\dot{\varepsilon}\mu\alpha\nu\tau\dot{o}\nu$ $\varepsilon\tilde{\iota}\nu\alpha\iota$, $\gamma\tilde{\eta}\nu$ $\varkappa\alpha\dot{\iota}$ $\sigma\pi o\delta\acute{o}\nu$). Dieses bezeichnet die Unwissenheit und Sünde, den Gegensatz zu „Geist" als den Zustand, in dem sich der Auserwählte befindet. Eine solche Erklärung wird gefordert durch

Jer. 22, 29. 30, wo der Prophet, freilich nur nach der Auffassung des Clemens, den König Jojakim mit „Erde" *(γῆ)* anredet. Daß die gegebene Deutung richtig ist, beweist auch, wie der Kirchenschriftsteller glaubt, Jesaja, welcher 1, 2 an die Guten und Einsichtsvollen, nämlich die Gnostiker, die nach oben trachten, sich mit dem Ausdruck „Himmel" wendet, woraus sich ohne weiteres ergibt, daß die „Erde" die Bösen bezeichnet, die am Niedrigen, der Sünde, haften. Die angeführten Schriftstellen bieten bei solcher Auslegung auch den Schlüssel zum Verständnis von Gen. 18, 25: „Gott, der die Erde richtet". Gemeint sind hier also die Bösen (Str. IV, 26, 168. 169 P. 640).

Wir möchten erwarten, daß Clemens seine Regel, eine Schriftstelle durch die andere zu erklären, vor allem dadurch befolgt hätte, daß er die Parallelstellen herbeigezogen hätte. Er läßt sie aber im Gegenteil völlig außer acht. Dies sehen wir bei der Auslegung, die er von dem Berichte über die wunderbare Brotvermehrung gibt (Matth. 14, 15—21; Marc. 6, 35—44; Luc. 9, 12—17; Joh. 6, 5—15). Mit fünf Gerstenbroten und zwei Fischen speiste der Heiland die hungrigen Volksscharen, und es blieben dabei noch zwölf Körbe voll Stücklein übrig. Da die Gerste eher als der Weizen reift, letzterer aber das Symbol der Eucharistie ist, welche am Paschafeste in ungesäuertem Weizenbrote eingesetzt wurde, die Eucharistie wiederum nur den bereits dem Christentum Angehörenden als geistige Nahrung gereicht werden kann, so folgt daraus, daß die Speisung am See Genezareth deshalb, weil sie mit Gerstenbroten erfolgte, ein Sinnbild der Vorbereitung der Juden und Heiden auf das Evangelium ist. Die Fische weisen passend auf die griechische Philosophie hin, da diese gleich jenen im Strudel des Meeres d. i. der Welt entstand und von ihren Wogen hin- und hergetragen wird; mithin, so schließt Clemens, müssen wir in den Broten die Juden repräsentiert sehen. Die Brote vermehrten sich so, daß von ihnen viele Stücklein übrig blieben — ein Hinweis auf die reiche Frucht, welche das Evangelium bei denen hervorbringt, welche auf dasselbe so gut vorbereitet sind wie die Juden durch das Gesetz und die Propheten. Die Fische vermehrten sich auch und nährten die, welche von ihnen genossen; ihre Zunahme aber war nicht so bedeutend wie die der Brote; denn es blieb von ihnen nichts übrig. So werden auch die Heiden zum ewigen Leben geführt, obgleich das göttliche Wort bei ihnen nicht in gleichem Maße

§ 7. Hermeneutische Regeln. 117

Fortschritte macht wie bei den Juden (Str. VI, 11, 94 P. 787). Wie wir sehen, stützt sich der Schluß der Erklärung darauf, daß nicht die Brote, sondern nur die Fische vollständig aufgezehrt wurden. Joh. 6, 13 wird allerdings berichtet, daß die Jünger die Körbe füllten mit den Stücken, welche „von den Gerstenbroten" übrig geblieben waren. Hätte aber Clemens die Parallelstellen herangezogen, so hätte er gefunden, daß auch von den Fischen Stücke gesammelt wurden. Matth. 14, 20 und Luc. 9, 17 sagen: τὸ περισσεῦον, τὸ περισσεῦσαν, und Marc. 6, 43 erwähnt ausdrücklich: καὶ ἀπὸ τῶν ἰχθύων.

b) **Bei der Erklärung der Schrift muß man sich nach dem Text und dem Zusammenhange richten. Stellen, welche aus dem Zusammenhange gerissen sind, beweisen nichts.**

Wenn sich Philo und Clemens nach dieser Regel, auf welche sich jede gesunde Exegese aufbauen muß, gerichtet hätten, so hätten sie die Schrift nicht allegorisch erklären können. Vor allem hätten sie sich nicht zu dem Satze bekennen dürfen, daß die Schrift einen mehrfachen Sinn habe. Die allegorische Auslegung kann eben nur dann eintreten, wenn man Sätze und Worte aus ihrem Zusammenhange löst. Wie alle bisher angeführten Regeln zeigen, werden gerade einzelne Ausdrücke und Wendungen zum Ausgangspunkte der Exegese gemacht. Soll aber der von Philo und Clemens aufgestellte Satz nur besagen, daß der Text bei der allegorischen Schriftauslegung konsequent angewendet werden muß, so können wir zugeben, daß in den Erklärungen des jüdischen Exegeten und seiner christlichen Schüler ein gewisser innerer Zusammenhang herrscht. Gewiß kommen zahlreiche Widersprüche in der Exegese vor. Es soll hier nicht darauf aufmerksam gemacht werden, daß bei Philo dasselbe Ding und dieselbe Person an verschiedenen Stellen oft ganz verschiedene und zuweilen entgegengesetzte Bedeutung hat. Die Schafe z. B. sind als die zahmsten von allen Tieren, die jährlich ihre Frucht bringen, Symbol des Verstandes (de mut. nom. 246 [M. I, 616]); wegen ihrer Dummheit aber eignen sie sich auch als Sinnbild der Fehler, die nicht aus Bosheit, sondern aus Unwissenheit begangen werden (de sacrif. Ab. et Caini 47. 48 [M. I, 170]). Laban ist in der Allegorie sowohl Liebhaber der Erziehung (de fuga et inv. 45 [M. I, 552]) als auch Symbol der Leidenschaft (leg. alleg. III, 18 [M. I, 91]). In diesen Fällen sieht sich Philo nämlich gerade durch die Rücksicht auf den biblischen Text zu seiner so abweichenden Symbolik gezwungen. Wohl aber führt ihn der Gegensatz zwischen Philosophie und Offenbarungsglauben oft zu inneren Widersprüchen in der Schrifterklärung. Von vielen sei ein Beispiel angeführt: Gen. 1, 26 καὶ ἔλεγε θεός· ποιήσωμεν ἄνθρωπον ist der Plural deshalb gesetzt, weil der Mensch nicht von Gott allein, sondern zum Teil auch von den Engeln erschaffen ist; denn er ist ein Wesen gemischter Natur und schwankt zwischen Gut und Böse hin und her, Gott aber hat mit dem Bösen nichts zu schaffen (de opif. m. 72—76 [M. I, 16. 17]). Unmittelbar darauf gibt der jüdische Exeget als Grund dafür, daß Gott die Tiere, die doch viel schlechter sind als der Mensch, vor diesem erschaffen hat, an, daß der Mensch alles zum Leben Notwendige vorfinden sollte und die Tiere, wenn sie ihn plötzlich in seiner Herrlichkeit erscheinen sähen, ihn als ihren Herrn begrüßen und verehren sollten (ib. 77—86 [M. I, 18—20]). Im folgenden aber werden wir belehrt, daß die Stelle Gen. 1, 26. 27 gar nicht von der Schöpfung des wirklichen Menschen, sondern von der Schöpfung der Idee des Menschen handelt; die Schöpfung des wirklichen Menschen werde Gen. 2, 7 erzählt (ib. 134. 135 [M. I, 32]). In dieser Erklärung liegt ein dreifacher Widerspruch. 1) Der Idealmensch, der Gattungsbegriff, kann nicht von Gott und den Engeln geschaffen sein, weil er eine Idee ist. 2) Gott kann auch den wirklichen Menschen nach Philos Ansicht nicht ins Dasein rufen, ebenso nicht die Tiere, weil er sich mit der Materie nicht beflecken darf. Das Schaffen kommt vielmehr dem Logos zu, der Gott und die Materie trennt. 3) Ist Gen. 1, 27 der Idealmensch gemeint, so kann man nicht sagen, die Tiere seien vor ihm erschaffen worden, um ihm zu dienen; denn einer Idee dient nichts, und alle Ideen sind, wie Philo an anderen Stellen versichert, zugleich im göttlichen Logos vorhanden gewesen.

Auch Justin vertritt entschieden die Ansicht, daß man bei der Erklärung der Schrift den Zusammenhang beachten muß und daß aus dem Zusammenhange gerissene Stellen nichts beweisen. Dem Tryphon wirft er vor, daß er eine Stelle anführt, ohne das Vorhergehende und das Folgende mit ihr zu verbinden (μήτε τοὺς πρὸ αὐτῶν προειπὼν μήτε τοὺς ἐπακολουθοῦντας (sc. λόγους) συνάψας), und zeigt ihm dann, daß dieselbe, Jes. 42, 8, im Zusammenhange das gerade Gegenteil von dem aussagt, was der Jude in ihr finden wollte (ἀναλήψομαι δὲ βραχεῖς τινας λόγους τοὺς ἐν συναφείᾳ τῶν εἰρημένων ὑπὸ τοῦ Τρύφωνος καὶ τοὺς ὁμοίως

§ 7. Hermeneutische Regeln.

συνημμένους κατ' έπακολούθησιν Dial. 65). Daß Gen. 49, 19 von Christus handelt, soll „das Folgende" beweisen (Dial. 120). Sehr oft zitiert Justin in seinem Dialoge längere Abschnitte, selbst ganze Kapitel und Psalmen, obgleich es sich für seinen Beweis nur um einen Vers handelt, einzig in der Absicht, den wahren Sinn der Stelle aus dem Zusammenhange zu zeigen (z. B. Dial. 56. 83. 73). Er fordert vom Exegeten, daß er darauf achte, wer die redende Person und wer die angeredete sei (Ap. I, 36; 48; 50; 57; Dial. 63). Aber anderseits hält sich der Kirchenvater nicht einmal bei der wörtlichen Erklärung — auf die Allegorie und die durch ihre Methode bedingte Vernachlässigung des Zusammenhanges soll nicht weiter eingegangen werden — an seine Regel. So bezieht er Jes. 65, 2: „Ich breitete meine Hände aus nach einem ungläubigen und widerspenstigen Volke" unter gänzlicher Verkennung des durch den Zusammenhang geforderten Sinnes auf den Gekreuzigten (Ap. I, 35). Justin wäre auch nicht der Überzeugung gewesen, daß der Heiland ein unschönes Äußere besaß, wenn er die Prophetenstellen, auf die er sich stützt, im Zusammenhange betrachtet hätte. Er hätte dann gesehen, daß alle nur von dem durch das Leiden und die Wunden entstellten Heilande handeln (Dial. 14. 49. 85 u. ö.).

Derselbe Vorwurf muß auch dem Clemens gemacht werden, der die gleiche Ansicht über das Äußere des Heilandes vertritt unter Berufung auf Jes. 53, 2 ff. Aus dem ganzen Kapitel aber geht hervor, daß von dem leidenden Messias die Rede ist (Paed. III, 1, 3 P. 252; Str. III, 17, 103 P. 559).

Wenn aber auch die Anhänger der allegorischen Schrifterklärung oft mit Willkür und ohne Folgerichtigkeit dem Texte einen Sinn abgewannen, wie sie ihn gerade für den Augenblick brauchten, so sind doch weit zahlreicher jene Fälle, in denen sie den höheren Sinn, den sie den Worten des Textes einmal gegeben hatten, beibehielten. Diese Konsequenz war zuweilen so stark, daß sie bei der Auslegung zu Schwierigkeiten führte und den Exegeten zu Erklärungen veranlaßte, die nicht in seinem Sinne liegen konnten und die er, wenn er ohne die Textvorlage sich hätte äußern sollen, nicht gegeben hätte. Wir wollen zu Philo, Justin und Clemens je ein Beispiel von Fällen der Art anführen, in denen die Treue gegen die einmal angenommene Bedeutung der Schriftworte den Exegeten förmlich in Verlegenheit brachte.

Die Stelle Gen. 28, 10. 11: „Jakob wanderte nach Haran und kam an den Ort und schlief daselbst; denn die Sonne war untergegangen", wird von Philo folgendermaßen erklärt: Haran = τρῶγλαι (Höhlen) bedeutet die Sinne, die in den Höhlen des Kopfes ihren Sitz haben. Wenn nun der Asket (Jakob) in den Sinnen lebt (nach Haran kommt), so begegnet er dem göttlichen Logos (dem τόπος); denn dieser ist der Ort, den Gott mit unkörperlichen Kräften angefüllt hat (Ex. 24, 10). Es heißt aber weiter, der Asket sei dem Orte begegnet, als die Sonne unterging. Die Sonne bedeutet in diesem Falle das strahlende Licht des unsichtbaren Gottes. Wenn dieser den Verstand erleuchtet, da geht das Licht der Logoi unter und umgekehrt. Der Sinn ist also folgender: Wenn das göttliche Licht, die reine Erkenntnis Gottes, untergegangen ist, so sehen wir die Logoi d. i. die Engel; wenn aber das göttliche Licht leuchtet, so schauen wir die Welt der reinen Ideen *(αἱ ἀρχέτυποι καὶ ἀσώματοι ἀκτῖνες)*. Nachdem Philo diese Erklärung gegeben, sagt er, andere verständen in jener Stelle unter der Sonne den menschlichen Verstand mit den Sinnen und unter dem Orte den göttlichen Logos. Die Schrift wolle also lehren: Wenn das menschliche Licht der Sinne untergegangen ist, dann erst erkennen wir den göttlichen Logos (de somn. I, 41—119; besonders 115—119 [M. I, 626—638]). Die zuletzt angeführte, von den anderen Exegeten vertretene Deutung stimmt mit Philos sonstiger Ansicht überein, nicht aber seine eigene; denn der Logos ist für ihn das Höchste, was der Mensch überhaupt zu erkennen vermag, weil Gott selbst sich dem leiblichen und geistigen Auge des Sterblichen entzieht. Bei seiner eigenen Erklärung macht Philo einen tiefgreifenden Unterschied zwischen dem Logos und der Ideenwelt, die doch eins sind; denn der Logos ist der τόπος τοῦ κόσμου νοητοῦ (de opif. m. 20 [M. I, 4]), ja der κόσμος νοητός selbst (ib. 24 [M. I, 5]); er ist ein Buch, in welches sämtliche Ideen eingegraben sind (leg. alleg. I, 19 [M. I, 47]). Ferner erwähnt Philo die Mehrzahl λόγοι und ἄγγελοι, während er vorher von dem einen göttlichen Logos spricht und das Wort τόπος auch nur auf den einen Logos gedeutet werden kann. Hätte unser Exeget die von ihm angeführte Erklärung anderer Ausleger sich zu eigen gemacht, so hätte er diese Widersprüche vermieden. Allein daran hinderte ihn die Bedeutung, die er dem Worte Haran auf Grund der Etymologie geben mußte. War Haran einmal das Bild des Sinnenlebens, so konnte er unter der „Sonne" nicht

§ 7. Hermeneutische Regeln.

den menschlichen Geist und das Leben der Sinne verstehen, obgleich er diese Deutung in derselben Schrift anführt und mit Beispielen belegt (de somn. I, 77—84 [M. I, 632. 633]); denn man kann nicht sagen, das der Asket in den Sinnen (in Haran) lebt, wenn der menschliche Geist oder das Sinnenleben (die Sonne) untergegangen ist. Auch durfte Philo den „Ort", der sonst Gott und den Logos bezeichnet (de somn. I, 62. 63 [M. I, 630]), hier nicht in dieser Weise erklären, weil der Ort mit Haran identisch ist. Die Treue gegen die dem Worte Haran einmal gegebene Bedeutung und gegen den Text und den Zusammenhang zwang also den jüdischen Exegeten, den Logos viel weiter herabzusetzen, als es seiner sonstigen Überzeugung entsprach. In dieser Verlegenheit führte er plötzlich die $\lambda \acute{o} \gamma o \iota$ und $\mathring{a} \gamma \gamma \varepsilon \lambda o \iota$ an Stelle des $\vartheta \varepsilon \tilde{\iota} o \varsigma \; \lambda \acute{o} \gamma o \varsigma$ ein.

Da Justin den alten Bund in allen seinen Einzelheiten als das Vorbild des neuen betrachtet, so ist es für ihn selbstverständlich, daß eine so wichtige Person wie Jakob auch ein Typus Christi ist. Eine Bestätigung dessen findet er in dem Umstande, daß, wie der Antitypus zwei Namen hat, Jesus und Christus, so auch der Typus Jakob und Israel heißt (Dial. 134). Die Etymologie des Namens Israel = $\mathring{a} \nu \vartheta \varrho \omega \pi o \varsigma \; \nu \iota \varkappa \tilde{\omega} \nu \; \delta \acute{v} \nu a \mu \iota \nu$ weist auf den Kampf hin, den Jakob bei seiner Rückkehr aus Mesopotamien mit dem Engel bestand und der mit seinem Siege, aber auch mit der Lähmung seines Hüftnervs endete (Gen. 32, 24. 25). Es muß sich also nach Justin auch im Leben Christi ein solcher Kampf mit ähnlichem Ausgange nachweisen lassen, und er findet den Antitypus in der Versuchung Jesu durch den Satan und in seinem Tode am Kreuze (Dial. 125). Allein Christus kämpft wohl in der Versuchung, aber mit dem Teufel, während Jakob mit dem Logos streitet. Christus duldet am Kreuze, aber im Kampfe mit dem Satan vor seinem Siege; nachdem er durch seinen Tod den Sieg über die höllische Macht errungen hatte, ist er ohne Leiden ewig verherrlicht. Jakob erringt umgekehrt zuerst den Sieg und wird dann gelähmt. Die Typologie ist in diesem Falle mithin verfehlt. Wir sehen aber, daß sie sich aufbaut auf der streng festgehaltenen Deutung des Namens Israel. Der Doppelsinn des Wortes $\delta \acute{v} \nu a \mu \iota \varsigma$ (אל) kam dem Justin hierin zu Hilfe. Der Kirchenvater versteht darunter den Logos und erklärt in dieser Weise das Wort bei Luc. 1, 35 (Ap. I, 33) und bei der Etymologie des Namens Israel, indem er den Jakob mit dem Logos ringen läßt. Er nennt aber auch die Engel $\delta v \nu \acute{a} \mu \varepsilon \iota \varsigma$ (Dial. 85) und bezieht daher die „Kraft", welche von Christus besiegt wird, auf den Satan als einen gefallenen Engel *(ὁ διάβολος τουτέστιν ἡ δύναμις ἐκείνη ἡ καὶ ὄφις κεκλημένη καὶ σατανᾶς* Dial. 125*)*.

Clemens hält bei der Erklärung der wunderbaren Brotvermehrung[1]) an der einmal angenommenen Symbolik Gerstenbrote = Juden, Fische = Heiden selbst bei der Behandlung der Stelle Joh. 6, 13 fest, und da hier berichtet wird, daß nur von den Broten Reste übrig geblieben seien, so sagt er, daß das göttliche Wort, wenn es auch von den Heiden angenommen werde, doch bei den Juden größere Fortschritte mache als bei jenen[2]). In Wirklichkeit aber traf dies nicht einmal zu, als der Heiland das Evangelium verkündete. Clemens hat indessen die frohe Botschaft vom Auferstandenen im Auge *(ἀνάστασις τῆς θειότητος)*. Aber da waren es gerade die Juden, welche schon den Aposteln bei ihrem Missionswerk hindernd in den Weg traten und selbst die Heiden gegen sie aufwiegelten (Apg. 13, 45; 14, 2; 17, 5; 17, 13 u. ö.). Daher wurde von den Aposteln das von den Juden zurückgewiesene Gotteswort zu den Heiden gebracht, um bei diesen reiche Frucht zu tragen. „Weil ihr es von euch stoßet und euch des ewigen Lebens nicht wert erachtet, siehe, so wenden wir uns zu den Heiden", redet Paulus die Juden an (Apg. 13, 46), und nach Anführung der die Verblendung und Verwerfung der Juden weissagenden Stelle bei Jesaja (6, 9. 10) sagt er: „So sei euch denn kundgetan, daß den Heiden dieses Heil Gottes gesandt ward; diese aber werden es hören" (Apg. 28, 25—28). Je mehr sich das Evangelium ausbreitete, um so verstockter wurden die Juden. Sie verwarfen sogar die altehrwürdige und von ihren Vätern dem Urtext gleichgeachtete Übersetzung der Septuaginta, weil sie die Christen benutzten und aus ihr bewiesen, daß die messianischen Weissagungen an Jesus in Erfüllung gegangen waren. Clemens selbst wollte ja durch seine große Trilogie gerade dem Heidentum die Brücke zum Christentum schlagen. Wider die historischen Tatsachen also bleibt der Kirchenschriftsteller bei seiner Erklärung der einmal gefundenen Symbolik treu und führt sie konsequent durch.

---

[1]) Vgl. S. 116 f.

[2]) *Αὐξήσαντες (οἱ ἰχθύες) μὲν οὐκέτι καθάπερ τῶν ἄρτων τὰ κλάσματα, τῆς δὲ τοῦ κυρίου μεταλαβόντες εὐλογίας τὴν ἀνάστασιν τῆς θειότητος διὰ τῆς τοῦ λόγου δυνάμεως ἐνεπνεύσθησαν.* Str. VI, 11, 94 P. 787.

§ 7. Hermeneutische Regeln. 123

Alle Regeln, welche Philo anwandte, waren, wie wir gesehen haben, auch bei den Stoikern in Gebrauch, mit Ausnahme derjenigen, welche auf den Inspirationsbegriff zurückgehen. Nun bringt Siegfried[1]) zu vielen Gesetzen des jüdischen Exegeten Beispiele aus der haggadischen Auslegung bei und schließt daraus, daß Philo in seiner Methode auch von der palästinensischen Schrifterklärung abhängig ist[2]). Allein die angeführten Beispiele sind fast sämtlich dem Midrasch Rabboth entnommen, welcher erst aus der Zeit vor dem Schluß des Talmud stammt. Es läßt sich von ihnen also nicht auf die palästinensische Exegese zur Zeit Philos schließen. In der Mischna aber kommen sehr wenige Allegorien vor[3]). Auch ist es bemerkenswert, daß unter den Interpretationsregeln, welche Hillel der Ältere, also ein älterer Zeitgenosse Philos, aufgestellt hat, keine einzige sich findet, welche einem der Gesetze des alexandrinischen Exegeten entspräche. Dazu kommt, daß in der Haggada die Allegorie, die von Philo so gepflegt wird, eine sehr untergeordnete Rolle spielt und der Wortsinn als die Hauptsache erscheint[4]). Auch bei den Beispielen, die Siegfried anführt, wird von den palästinensischen Rabbinen auf auffällige Ausdrücke und Wendungen des biblischen Textes nur hingewiesen, um aus ihnen einen auf den ersten Blick nicht erkennbaren Wortsinn abzuleiten[5]). Endlich hat die Regel Philos, daß man zum Zwecke der allegorischen Erklärung Worte anders als herkömmlich betonen und verknüpfen dürfe, in der palästinensischen Exegese wohl eine Parallele, indem diese den Text durch Umstellung der Vokale oder Umbiegung von Buchstaben in einen in der Aussprache ähnlichen ändert mit der Formel אל תקרי כך אלה כך [6]). Allein diese Art der Exegese gehört, worauf schon Frankel aufmerksam macht[7]), erst der jüngeren Haggada an, der älteren, Mechilta (Midrasch zu Exodus), Siphra (zu Leviticus) und Sifri (zu Numeri und Deuteronomium), ist sie ganz

---

[1]) Philo v. Alex. 168 ff.
[2]) a. a. O. 165.
[3]) Dieselben sind zusammengestellt von Aicher, Das Alte Testament in der Mischna (Bibl. Stud. XI, 4 Freiburg 1906) 138.
[4]) Frankel, Über palästinensische und alexandrinische Schriftforschung (Breslau 1854) 22. Aicher a. a. O. 138.
[5]) Vgl. auch die Deutungen, die Aicher 107 ff. aus der Mischna anführt.
[6]) Siegfried a. a. O. 176. Frankel a. a. O. 22.
[7]) a. a. O. 22.

unbekannt. Daraus ergibt sich, daß die palästinensische Exegese auf die Methode der allegorischen Auslegung Philos und damit auch auf die des Barnabas, Justin und Clemens keinen Einfluß ausgeübt hat. Im Gegenteil ist von Freudenthal[1]) nachgewiesen, daß die palästinensische Exegese von dem jüdischen Hellenismus manche Anschauungen und Allegorien übernommen hat. Was die wörtliche Interpretation der Gesetze anlangt, so hat Ritter[2]) die Erklärungen, welche von Philo und welche von der palästinensischen Schule gegeben werden, zusammengestellt. Dabei zeigt sich, daß in vielen Punkten Philo mit der palästinensischen Halacha übereinstimmt, in vielen abweicht. Hieraus ist zu schließen, daß er in der Auslegung der Gesetze von der Praxis des alexandrinischen Gerichtshofes, dem er als Bruder des Alabarchen Alexander angehörte oder doch nahe stand, sich leiten ließ. Dieses Tribunal war von der palästinensischen Halacha abhängig, mußte aber natürlich, wie es die Verhältnisse der Diaspora mit sich brachten, viele Gesetze anders anwenden, als sie in der Heimat gehandhabt werden konnten.

Es ist zuzugeben, daß ein System, welches verschiedene Erklärungen derselben Schriftstelle als gleichberechtigt anerkennt, das auf den logischen Zusammenhang so wenig Rücksicht nimmt, in dem die Phantasie, nicht aber der kühl abwägende Verstand zur Geltung kommt, bei oberflächlicher Betrachtung den Eindruck völliger Regellosigkeit machen muß. Die gegebene Übersicht über die allegorischen Gesetze zeigt indessen, daß die Behauptung, die allegorische Erklärung mache aus allem alles, unhaltbar ist. Sie läßt erkennen, daß diese den Schrifttext im ganzen konsequent anwendet, daß der allegorische Sinn um ihn sich windet wie der Efeu um die Eiche, und wenn er auch ihn meist völlig überwuchert, so doch an ihn sich klammert. Wir haben auch gesehen, welch nachhaltigen Einfluß das System Philos auf die ältesten kirchlichen Exegeten ausgeübt hat. Gilt von der Anlehnung Philos an Plato in Gedanken und Stil das Wort des Suidas[3]): ἢ Πλάτων φιλωνίζει ἢ Φίλων πλατωνίζει, τοσαύτη ἐστὶν ὁμοιότης τῆς τε διανοίας καὶ φράσεως τοῦ ἀνδρὸς πρὸς Πλάτωνα,

---

[1]) Hellenistische Studien I, 67.
[2]) Philo und die Halacha, Leipzig 1879.
[3]) s. v. Φίλων im Anschluß an das Urteil des Hieronymus (de vir. illustr. c. 11): tanta est similitudo sensuum et eloquii.

so ist wiederum Philo, dieser ἀνὴρ ἐπισημότατος (Euseb. Hist. eccl. II, 4, 2), als Exeget für viele christliche Theologen derartig vorbildlich gewesen, daß man z. B. sagen könnte: ἢ Φίλων κλημεντίζει ἢ Κλήμης φιλωνίζει.

Zweiter Hauptteil.

Der Einfluß Philos auf die Erklärung des Alten Testaments im besonderen.

Erster Abschnitt.

§ 8. Die Lehre von Gott und vom Logos.

Nachdem wir den Einfluß nachgewiesen haben, den Philo auf die Methode der Exegese bei den ältesten Kirchenschriftstellern ausübte, müssen wir nun zeigen, in welcher Weise dieselben das Alte Testament in Anlehnung an den jüdischen Exegeten erklärten, sei es, daß sie von ihm Deutungen wörtlich übernahmen, sei es, daß sie seine Allegorien weiter entwickelten und für ihre Zwecke umgestalteten. Da Philo sich auf die Auslegung des Pentateuchs beschränkt, kommt hier für uns auch dieser nur in Betracht. Da aber die Kirchenschriftsteller in der Lehre von Gott und vom Logos sich ebenfalls in mehreren Punkten an den jüdischen Exegeten angeschlossen haben, so liegt es uns zuvor ob, ihre Abhängigkeit nach dieser Richtung hin darzustellen; denn wenn dies auch zunächst ein bisher freilich stiefmütterlich behandelter Gegenstand der Dogmengeschichte ist, so war ihre Theologie und ihre Logoslehre doch auch für die Exegese mancher Schriftstellen entscheidend.

1. Die Lehre von Gott.

Philos Theologie ist eine Verschmelzung der jüdischen auf das Alte Testament zurückgehenden Vorstellung von Gott mit den Lehren der griechischen Philosophie, in erster Linie des Plato, in zweiter des Stoizismus. Ohne eine eingehende Darstellung von ihr geben zu wollen [1]), seien aus derselben hier nur

---

[1]) Ausführlich handeln über Philos Lehre von Gott und den göttlichen Kräften Gfrörer, Philo u. die alex. Theosophie 1, 113—167. Siegfried, Philo von Alex. 199—218. Zeller, Philosophie der Griechen III, 2[4],

126   Der Einfluß Philos auf die Erklärung des Alten Testaments im besonderen.

diejenigen Züge angeführt, denen wir bei Justin und Clemens wieder begegnen.

Gott ist nicht wie ein Mensch. Er hat kein räumliches und kein zeitliches Sein; er hat keine menschlichen Eigenschaften und Affekte, ja er hat überhaupt keine Eigenschaften *(ἄποιος)*. Diese Auffassung vertritt Philo an vielen Stellen. „Gott ist frei von den unvernünftigen Leidenschaften der Seele und den Teilen und Gliedmaßen des Körpers" (quod Deus sit immut. 52 [M. I, 280]). Indem nun der jüdische Theosoph mit einer gewissen Heftigkeit gegen die heidnischen Gegner polemisiert, welche den Israeliten spottend die Anthropomorphismen, die sie in der Schrift fanden, vorhielten, kommt er schließlich dazu, daß er überhaupt jeden Vergleich Gottes mit dem Geschaffenen ausschließt. Zunächst spricht er ihm jede Beziehung auf den Raum und die Zeit ab. „Der Böse glaubt, Gott sei an einem Orte, nicht ihn umfangend, sondern von ihm umfangen" (*μὴ περιέχοντα, ἀλλὰ περιεχόμενον* leg. alleg. III, 6 [M. I, 88]). „Gott aber ist nirgends, das Geschöpf hingegen ist an einem Orte" (ib. 51 [M. I, 97]). Weil Gott in keiner Beziehung zur Materie steht, so folgt, daß er durch keinen Namen adäquat bezeichnet werden kann. Die Gottesnamen sind also uneigentlich zu verstehen: *ἦν οὖν ἀκόλουθον τὸ μηδ' ὄνομα κύριον ἐπιφημισθῆναι δύνασθαι τῷ ὄντι πρὸς ἀλήθειαν ... τὸ ὂν ἄρρητόν ἐστιν* (de mut. nom. 10—14 [M. I, 579. 580]; de vita Mosis I, 75 [M. II, 92]).

Der gleichen Ansicht, wie sie hier Philo vertritt, begegnen wir bei Justin. Den Namen des unaussprechlichen Gottes *(ἄρρητος θεός)*, so äußert sich der Apologet, kann niemand nennen;

400—418. Drummond, Philo Judaeus II, 1—64 (The existence and nature of God); 65—155 (The Divine Powers). Die Gotteslehre des Justin wird dargestellt von Semisch, Justin der Martyrer II (Breslau 1842) 253—257 (der wenigstens auf einige Berührungen zwischen Philo und dem Apologeten aufmerksam macht), von Sprinzl, Die Theologie des hl. Justinus d. M., in der Linzer Theol. prakt. Quartalschrift 1884, 778—782 (Philo ist hier nicht berücksichtigt), und von Harnack, Lehrbuch der Dogmengeschichte I[3], (Freiburg 1894), 464 ff. Zur Gotteslehre des Clemens vgl. Redepenning, Origenes I (Bonn 1841) 101—114. Capitaine, Die Moral des Clemens von Alexandrien (Paderborn 1903) 71 ff. de Faye, Clément d'Alexandrie (Paris 1898), 216 ff. (Philo wird in diesen Abhandlungen kaum genannt). Siegfried läßt in seiner Darstellung von den Berührungen zwischen Philo und Justin bzw. Clemens in der Gottes- und Logoslehre (S. 332 f.; 346 f.) den Einfluß des N. T. außer acht.

§ 8. Die Lehre von Gott und vom Logos.

würde jemand wagen, zu sagen, daß es einen Namen Gottes gebe, so müßte man annehmen, er sei unheilbar verrückt (Ap. I, 61; Ap. II, 12; vgl. Ap. I, 63: ὁ ἀνωνόμαστος θεός). Es kann aber keinen Gottesnamen geben, weil jede Namengebung voraussetzt, daß der den Namen Gebende älter ist als der Benannte. Gott aber geht als ungezeugt allen zeitlich voran. Ausdrücke wie Vater, Gott, Schöpfer, Herr und Gebieter sind mithin nicht Namen, sondern nur Titel, welche von seinen Wohltaten und Werken hergenommen sind. Die Bezeichnung „Gott" ist ebenfalls nicht ein Name, sondern eine der menschlichen Natur eingepflanzte Vorstellung von einem unerklärbaren Wesen (*πράγματος δυσεξηγήτου ἔμφυτος τῇ φύσει τῶν ἀνθρώπων δόξα* Ap. II, 6). Und wie Gott über jeden Namen erhaben ist, so wandelt er auch nicht umher, sondern bleibt an seinem Orte; er bewegt sich nicht und kann von keinem Orte erfaßt werden: *ὁ γὰρ ἄρρητος πατὴρ καὶ κύριος τῶν πάντων οὔτε ποι ἀφίκται οὔτε περιπατεῖ . . . ἀλλ' ἐν τῇ αὐτοῦ χώρᾳ, ὅπου ποτέ, μένει . . . οὔτε κινούμενος, ὁ τόπῳ τε ἀχώρητος καὶ τῷ κόσμῳ ὅλῳ* (Dial. 127). Die Worte: „Er bleibt an seinem Orte" können in diesem Zusammenhange nur bedeuten, daß Gott unveränderlich ist. In dieser Wendung „er bleibt" ist Justin von Philo beeinflußt, da bei diesem das „Stehen" auf die unwandelbare Natur Gottes hinweist *(τὸ ἀκλινὲς καὶ ἀρρεπὲς τῆς γνώμης* quod Deus sit immut. 23 [M. I, 276]). Der auffällige Ausdruck „an seinem Orte", dessen sich der Apologet bedient, findet seine Erklärung ebenfalls durch die Annahme, er habe sich an den jüdischen Theosophen angelehnt, welcher das in der Schrift vorkommende Wort „Ort" auf Gott deutet *(τὸ δὲ θεῖον ὑπ' οὐδενὸς περιεχόμενον ἀναγκαίως ἐστὶν αὐτὸ τόπος ἑαυτοῦ* de somn. I, 64 [M. I, 630]).

Clemens schließt sich in allen Punkten an Philo an. „Von Gott können wir nicht erkennen, was er ist, sondern nur, was er nicht ist. Gestalt oder Bewegung oder Stehen oder einen Thron oder einen Ort oder eine rechte oder linke Seite kann man sich bei dem Vater des Alls nicht denken, wenn auch solches geschrieben steht. „Nicht an einem Orte ist die erste Ursache *(τὸ πρῶτον αἴτιον)*, sondern über Ort, Zeit, Namen und Erkennen erhaben" (Str. V, 11, 71 P. 689). „Wie könnten wir etwas benennen, was weder Gattung noch Art noch Unterart noch Atom noch Zahl ist . . . Gott ist ohne Gestalt und ohne Namen; wenn wir ihn benennen, so geschieht es nicht mit einem eigentlichen

Namen *(οὐ κυρίως)*; indem wir ihn als das Eine, das Gute, die Vernunft, das Sein selbst, Vater, Gott, Schöpfer, Herr bezeichnen, so drücken wir uns so aus, nicht als ob wir seinen Namen anführten, sondern aus Verlegenheit bedienen wir uns schöner Namen, damit der Verstand sich auf sie stützen kann und nicht in die Irre geht" (Str. V, 12, 81 P. 695).

Nun gibt sich aber Gott im A. T. selbst den Namen יהוה = ὁ ὤν (Ex. 3, 14). Über dessen Bedeutung äußern sich Philo und der Verfasser der Cohortatio ad Gentiles in folgender Weise.

De vita Mosis I, 75 [M. II, 92]: „λέγε" φησίν „αὐτοῖς, ὅτι ἐγώ εἰμι ὁ ὤν, ἵνα μαθόντες διαφορὰν ὄντος τε καὶ μὴ ὄντος προσαναδιδαχθῶσιν, ὡς οὐδὲν ὄνομα τὸ παράπαν ἐπ' ἐμοῦ κυριολογεῖται, ᾧ μόνῳ πρόσεστι τὸ εἶναι". de somn. I, 231 [M. I, 655]: μαρτυρεῖ „ἐγώ εἰμι ὁ ὤν", ἵν' ὃν δυνατὸν ἀνθρώπῳ καταλαβεῖν μὴ ὄντων περὶ θεόν, ἐπιγνῷ τὴν ὕπαρξιν.

Coh. ad Gent. 20. 21: ἀκηκοὼς γὰρ ἐν Αἰγύπτῳ τὸν θεὸν τῷ Μωυσεῖ εἰρηκέναι „ἐγώ εἰμι ὁ ὤν" ... ἔγνω (ὁ Πλάτων), ὅτι οὐ κύριον ὄνομα ἑαυτοῦ ὁ θεὸς πρὸς αὐτὸν ἔφη, οὐδὲν γὰρ ὄνομα ἐπὶ θεοῦ κυριολογεῖσθαι δυνατόν. τὰ γὰρ ὀνόματα εἰς δήλωσιν καὶ διάγνωσιν τῶν ὑποκειμένων κεῖται πραγμάτων, πολλῶν καὶ διαφόρων ὄντων. θεῷ δὲ οὔτε ὁ τιθεὶς ὄνομα προυπῆρχεν, οὔτε αὐτὸς ἑαυτὸν ὀνομάζειν ᾠήθη δεῖν, εἷς καὶ μόνος ὑπάρχων ... „ἐγὼ γὰρ" φησίν „εἰμὶ ὁ ὤν", ἀντιδιαστέλλων ἑαυτὸν δηλονότι ὁ ὢν τοῖς μὴ οὖσιν.

Beide Schriftsteller stimmen mithin darin überein, daß sie erklären, man dürfe aus dem Umstande, daß Gott sich nach der Schrift den Namen J a v e h beilegt, nicht folgern, daß er einen Namen hat; denn die Wahrheit, daß Gott keinen eigentlichen Namen besitze, stehe fest. Die Bezeichnung „der Seiende" solle nur in Erinnerung bringen, daß Gott allein ein wahres Sein eigen ist und er insofern zu allem, was nicht Gott ist, als dem Nichtseienden den Gegensatz bildet. Das μὴ ὄν versteht Philo von der Kreatur; der Verfasser der Cohortatio bezieht es auf die heidnischen Götter und sucht die Nichtigkeit und Unvernünftigkeit des Götterkultus darzulegen. Daß letzterer von dem jüdischen Theosophen abhängig ist, kann bei seiner Übereinstimmung mit ihm nicht nur im Gedanken, sondern auch im Ausdruck, nicht geleugnet werden. Indem er weiter erklärt, Plato habe aus der hl. Schrift die Wahrheit gelernt, daß Gott ohne Namen sei, macht er unbewußt auf die philosophische Doktrin aufmerksam, aus welcher Philo seine Theorie geschöpft hat. Diese Stelle ist ferner deshalb lehrreich, weil der Verfasser der Cohortatio, obgleich er

§ 8. Die Lehre von Gott und vom Logos. 129

weiß, daß Philos Aufstellungen aus Plato stammen, trotzdem sich nicht an diesen Philosophen unmittelbar anschließt, sondern an den jüdischen Theosophen, der Platos Idee mit der hl. Schrift in Übereinstimmung gebracht und aus ihr bewiesen hat. Wir werden noch öfters feststellen können, daß die Kirchenschriftsteller platonischen und stoischen Sätzen deshalb beistimmen, weil sie dieselben auch bei Philo finden, sogar dann, wenn sie mit den griechischen Philosophen im Wortlaut enger zusammentreffen, als dies bei dem jüdischen Exegeten der Fall ist.

Von den positiven Bezeichnungen Gottes, die dem jüdischen Theosophen eigentümlich sind, begegnen wir bei den Kirchenvätern folgenden: ὁ ὤν (Paed. I, 8, 71 P. 140 u. ö.), τὸ ὄν (Str. I, 25, 166 P. 420), ὁ ἑστώς (Philo de somn. II, 221 [M. I, 688]; von Clemens Str. I, 24, 163 P. 418 als Neutrum gefaßt), τὸ αἴτιον (de opif. m. 8 [M. I, 2] u. ö.; Str. V, 11, 71 P. 689), ὁ τῶν ὅλων νοῦς (de opif. m. 8 [M. I, 2], de migr. Abr. 4 [M. I, 437] u. ö. und die pseudojustinische Schrift de resurr. 8).

Da Gott eigenschaftslos und über alles erhaben ist, so ist es ausgeschlossen, daß man ihn erkennen kann. Wir müssen uns damit begnügen, zu wissen, daß er ist, ohne zu begreifen, wie er ist. Diesen platonischen Gedanken spricht Philo an vielen Stellen aus. Die Erkenntnis Gottes κατὰ τὴν οὐσίαν ist „nicht nur schwer, sondern sogar unmöglich" (de special. leg. I, 32 [M. II, 216]). „Wenn die gottliebende Seele forscht, was das Seiende nach seinem Wesen ist, geht sie an die körperlose und unsichtbare Untersuchung, aus der ihr das größte Gut zu teil wird, daß sie nämlich erkennt, daß Gott in seinem Sein für jeden unerfaßbar (ἀκατάληπτος) ist, und daß sie sieht, daß er unsichtbar ist" (de post. Caini 15 [M. I, 229]). Τὸ ὂν ἀνθρώποις ἀκατάληπτον (de mut. nom. 10 [M. I, 579] u. ö.). Die gleiche Ansicht vertritt Justin, der sich aber auf eine Stelle aus Plato beruft, die er irrtümlich dem Sokrates in den Mund legt: Τὸν δὲ πατέρα καὶ δημιουργὸν πάντων οὔθ' εὑρεῖν ῥᾴδιον οὔθ' εὑρόντα εἰς πάντας εἰπεῖν ἀσφαλές (Ap. II, 10). Bei Plato (Tim. 28 C) lautet dieser Satz: τὸν μὲν οὖν ποιητὴν καὶ πατέρα τοῦδε τοῦ παντὸς εὑρεῖν τε ἔργον καὶ εὑρόντα εἰς πάντας ἀδύνατον λέγειν. Derselbe Ausspruch des griechischen Philosophen wird angeführt von dem Verfasser der Cohortatio (c. 38) und von Clemens (Protrept. 6, 68 P. 59; Str. V, 12, 78 P. 692). Letzterer schließt sich in diesem Punkte auch an Philo direkt an. Gott ist nicht nur, so lehrt er, für die Sinne uner-

Alttest. Abhandl. I, 1/2. Heinisch, Der Einfluß Philos. 9

kennbar *(ἄβατον δὲ ἀκοαῖς καὶ τοῖς ὁμογενέσιν ἡ νόησις τοῦ θεοῦ* Str. V, 6, 33 P. 665), sondern auch für den menschlichen Geist *(δυσάλωτόν τι χρῆμα καὶ δυσθήρατον* Str. II, 2, 5 P. 431). Wir können nur erkennen, was er nicht ist, nicht aber das, was er ist *(οὐχ ὅ ἔστιν, ὃ δὲ μή ἐστι γνωρίσαντες* Str. V, 11, 71 P. 689). Gott kann daher auch nicht Gegenstand des Wissens sein *(ὁ θεὸς ἀναπόδεικτος ὢν οὐκ ἔστιν ἐπιστημονικός* (Str. IV, 25, 156 P. 635). Auf Stellen der hl. Schrift, wie „Gott ist ein Licht", „Gott ist die Liebe", darf man sich nicht berufen; denn diese wollen nur Eigenschaften Gottes, nicht seine unerkennbare und unaussprechliche Wesenheit zum Ausdruck bringen (Adumbr. in ep. I. Joh. P. 1000).

Die Lehre Platos, daß Gott von der Materie als der Quelle des Bösen getrennt ist, übernimmt Philo gleichfalls und stellt daher den Satz auf, daß Gott als absolutes Wesen ohne jede Verbindung mit dem Endlichen ist. „Das Seiende hat als Seiendes nicht Beziehungen zu etwas; denn es erfüllt sich selbst und genügt sich selbst und ist sich vor der Entstehung der Welt und nach der Entstehung des Alls gleich" (de mutat. nom. 27 [M. I, 582]). Wegen seiner Seligkeit und Reinheit darf er die Materie nicht berühren (de special. leg. I, 329 [M. II, 261]). Von dieser Idee geht Philo auch aus, wenn er gegen den Pantheismus eifert: „Man darf, so erklärt er, durchaus nicht glauben, Gott sei ein Teil der Welt; diese ist geworden, das Werden aber ist der Anfang des Vergehens, auch wenn sie durch die Vorsehung des Schöpfers mit Unsterblichkeit ausgestattet wäre, und es gab eine Zeit, in der sie nicht war; daß Gott aber vordem nicht war und von einer gewissen Zeit an ist und nicht Ewigkeit besitzt, darf man nicht sagen" (de decal. 58 [M. II, 190]). Da Clemens sich gegen den Gnostizismus wenden muß, der Teile des Lichtreiches *(πλήρωμα)*, das die Gottheit umgibt und in stets absteigender Vollkommenheit aus ihr hervorgeht, mit der Materie sich vermischen läßt, so daß die menschliche Seele einen göttlichen Lichtfunken beherbergt, so dürfen wir erwarten, daß er sich an die eben angeführten Sätze des jüdischen Theosophen anschließt. „Gott hat keine physische Beziehung zu uns, wie die Häretiker wollen, weder wenn er aus dem Nichtseienden schafft, noch wenn er aus der Hyle bildet; denn das eine ist überhaupt nichts, das andere aber ist ganz anders als Gott; es wird also wohl niemand zu behaupten wagen, daß wir ein Teil von Gott und ihm gleichwesentlich seien, und ich verstehe nicht, wie jemand, der Gott erkannt hat, solches anzuhören vermag, wenn er auf unser

§ 8. Die Lehre von Gott und vom Logos.

Leben blickt und auf das Böse, durch das wir befleckt werden ... Wären wir seine Teile, so würde ja Gott durch uns sündigen" (Str. II, 16, 74 P. 467). Menschen, die sich eine so unwürdige Vorstellung von Gott machen, daß sie den Höchsten für körperlich halten, wie sie es selbst sind, werden von Philo und Clemens mit Schnecken verglichen, die sich in ihr Gehäuse zurückziehen, und mit Igeln auf gleiche Stufe gestellt, die sich zu einer Kugel zusammenrollen (de sacrif. Ab. et Caini 95 [M. I, 182]; Str. V, 11, 68 P. 687).

Obwohl nun Gott unbegreiflich ist und der Mensch sich keine adäquate Vorstellung von seinem Wesen machen kann, da er nicht mehr einzusehen vermag, als daß der Gottheit das „Sein" zukommt, so mahnt Philo doch, daß man sich um Gotteserkenntnis bemühe. „Ist der Vater und Leiter des Alls auch schwer zu erkennen und schwer zu fassen, so darf man es doch nicht aufgeben, ihn zu suchen" (de special. leg. I, 32 [M. II, 216]). In ähnlicher Weise fordert Clemens auf: „Bebaue das Land, wenn du ein Landmann bist, aber erkenne Gott, indem du das Land bebaust" (Protrept. 10, 100 P. 80). Gott selbst hat den Menschen auf seine irdische Bestimmung, zur Erkenntnis Gottes zu gelangen, hingewiesen, indem er ihm als dem einzigen unter allen Geschöpfen eine aufrechte Gestalt und ein zum Himmel emporgewandtes Antlitz gab. Diesen von den Alten wiederholt ausgesprochenen Gedanken — wir begegnen ihm z. B. auch bei Ovid (Metamorph. 1, 84 ff.) — hat Clemens von Philo übernommen (quod det. pot. ins. sol. 85 [M. I, 207]; Str. IV, 26, 163 P. 638).

Wenn nun Gott als absolut vollkommenes Wesen über jeden Vergleich mit dem Endlichen und über den Bereich des menschlichen Denkens hinausgerückt werden muß, der Mensch aber trotzdem nach der Erkenntnis Gottes streben soll, so bleibt nur noch übrig, daß man ihn in seinem Wirken betrachtet. Als Schöpfer der Welt umfaßt er ja mit seiner Macht alles in seinem Busen.

Philo de confus. ling. 137 [M. I, 425]:	Clemens Str. II, 2, 5 P. 431: ἐγγυ-
τούτου δύναμις ... ἐγκεκόλπισται τὰ ὅλα καὶ διὰ τῶν τοῦ παντὸς μερῶν διελήλυθε.	τάτω δὲ (ὁ κύριος) δυνάμει, ᾗ τὰ πάντα ἐγκεκόλπισται [1]).

---

[1]) Clemens nahm diesen Ausdruck aus Philo um so lieber auf, weil er ihm bei Joh. 1, 18 begegnete: vgl. Str. V, 12. 81 P. 695: „ὁ μονογενὴς θεός, ὁ ὢν εἰς τὸν κόλπον τοῦ πατρός, ἐκεῖνος ἐξηγήσατο", τὸ ἀόρατον καὶ ἄρρητον κόλπον ὀνομάσας θεοῦ· βυθὸν δ' αὐτὸν κεκλήκασιν ἐντεῦθεν τινὲς ὡς ἂν περιειληφότα καὶ ἐγκολπισάμενον τὰ πάντα ἀνέφικτόν τε καὶ ἀπέραντον.

Da nun Philo als Schüler Platos Gott und die Welt so streng scheidet, daß er zwischen dem Herrn als dem Inbegriff der Heiligkeit und der Materie als dem Bösen nicht die geringste Berührung zuläßt, so ist er genötigt, den Kräften d. h. den Eigenschaften Gottes, die in der Welt sich tätig erweisen und in ihren Wirkungen erkannt werden können, eine gewisse Selbständigkeit zu verleihen. In seiner Lehre von den göttlichen Kräften *(δυνάμεις)* kreuzen sich zwei Vorstellungen, nämlich die jüdisch-religiöse von den persönlichen Vermittlern zwischen Gott und der Welt, den Engeln, und die griechisch-philosophische von den unpersönlichen zwischen Gott und der Materie stehenden Elementen, und zwar verschmelzen hier die platonischen Ideen (de opif. m. 17—35 [M. I, 4—7]) mit den stoischen wirkenden Ursachen, die wie der stoische *λόγος σπερματικός* die ganze Welt durchdringen (de confus. ling. 171 [M. I, 431]). Im Anschluß an die Stoa, welche die alles durchwaltenden Kräfte der Gottheit mit den Dämonen des griechischen Volksglaubens gleichsetzte, meinte der jüdische Philosoph, daß Engel und Dämonen nur verschiedene Ausdrücke für dieselbe Sache wären (de gigant. 6 [M. I, 263]; de somn. I, 141 [M. I, 642]), und übertrug das, was die Schrift von den Engeln aussagt, auf die stoischen Kräfte. Den Widerspruch, der dadurch entstand, bemerkte Philo nicht und durfte ihn nicht bemerken; denn sonst hätten seine Kräfte nicht die Vermittlerrolle spielen können, die er ihnen zugedacht hatte, nämlich einerseits mit Gott identisch zu sein, weil durch sie der Mensch zu dem Allerhöchsten in Beziehung treten sollte und auch die Einheit Gottes nicht verloren gehen durfte, anderseits von Gott verschieden zu sein, weil die Gottheit vor jeder Berührung mit der Welt bewahrt werden mußte.

Unter den unzähligen (de confus. ling. 171 [M. I, 431]) Kräften Gottes ragen Güte und Macht hervor. Philo findet sie wieder in den Gottesnamen יהוה und אלהים. Die Septuaginta übersetzen ersteren mit *κύριος*, letzteren mit *θεός*. Da nun Philo *θεός* von *τίθημι* ableitet (de Abr. 121 [M. II, 19]; de confus. ling. 137 [M. I, 425]), so sieht er in diesem Namen die Schöpfermacht Gottes angedeutet, und weil die Weltschöpfung in seinen Augen ein ganz besonderer Beweis der göttlichen Güte ist (quod Deus sit immut. 108 [M. I, 288]; de mut. nom. 46 [M. I, 585]), so glaubt er, daß der Name *θεός* auch die Güte Gottes bezeichnet (de migr. Abr. 183 [M. I, 464]). Das Wort *κύριος*, als von *κρατεῖν* abzuleiten, hält er für einen Hinweis auf die königliche

§ 8. Die Lehre von Gott und vom Logos.

Kraft Gottes, welche herrscht und straft[1]). Eine weitere Entfaltung der göttlichen Kräfte sucht Philo aus den Num. 35, 6 erwähnten sechs Freistädten herzuleiten. Durch sie wird nach ihm angedeutet *1) ὁ θεῖος λόγος, 2) ἡ ποιητικὴ δύναμις, 3) ἡ βασιλικὴ δύναμις, 4) ἡ ἵλεως, 5) ἡ νομοθετική, 6) ἡ νομοθετικῆς μοῖρα, δι' ἧς ἃ μὴ χρὴ γίνεσθαι ἀπαγορεύει* (de fuga et inv. 94. 95 [M. I, 560]). Indessen ist die Unterscheidung der göttlichen Kräfte dadurch nicht gefördert; denn wie wir gesehen haben, ist die schöpferische Kraft nur ein Ausfluß der göttlichen Huld; die gesetzgeberische Kraft aber ist mit ihrer Schwester, der verbietenden, nur ein Zweig der königlichen[2]). Daß der jüdische Theosoph unter der Macht und Güte, die er Gott zuschreibt, sich nicht bloße Eigenschaften denkt, beweist seine Erklärung zu Gen. 18, 2, wo berichtet wird, daß dem Abraham drei Männer erschienen. Derjenige, welcher spricht, ist nach Philo der Seiende; seine beiden Begleiter sind die schöpferische und die königliche Kraft Gottes. Von den Männern gehen nur zwei in die Städte bei Sodom und Gomorrha; die königliche Kraft begibt sich dahin, um zu züchtigen, die wohltätige (schöpferische) Kraft aber, um von den fünf Städten wenigstens eine zu retten. Der Seiende bleibt inzwischen bei Abraham zurück, weil er mit dem Bösen und der Strafe nichts zu schaffen hat (de Abr. 119—146 [M. II, 18—22]). Den Unterschied, den Philo zwischen Gott und seinen Kräften konstruiert, zeigt auch Quaest. in Ex. II, 68: Propitiam creativam omnemque virtutem superat divinitas. Eigenschaften aber können sich von einer Person nicht trennen noch kann die Person über d. h. außerhalb ihrer Eigenschaften stehen.

Bei Philos Lehre von den Kräften hat Clemens ziemlich bedeutende Anleihen gemacht. Obgleich Gott, so äußert er sich im Anschluß an den jüdischen Theosophen, seinem Wesen nach der Welt fern steht, so ist er ihr doch nahe, und zwar durch seine Kräfte.

---

[1]) De Abr. 121 [M. II, 19]: *αἱ πρεσβύταται καὶ ἐγγυτάτω τοῦ ὄντος δυνάμεις, ἡ μὲν ποιητική, ἡ δ' αὖ βασιλική. προσαγορεύεται δὲ ἡ μὲν ποιητικὴ θεός, ταύτῃ γὰρ ἔθηκέ τε καὶ διεκόσμησε τὸ πᾶν, ἡ δὲ βασιλικὴ κύριος, θέμις γὰρ ἄρχειν καὶ κρατεῖν τὸ πεποιηκὸς τοῦ γενομένου.* De plant. 87 [M. I, 342]: *καθὸ μὲν οὖν ἄρχων ἐστίν, ἄμφω δύναται, καὶ εὖ καὶ κακῶς ποιεῖν.*

[2]) Herriot, Philon le Juif, stellt S. 240 in Anlehnung an Quaest. in Ex. II, 68 die göttlichen Kräfte schematisch zusammen, desgleichen etwas anders S. 250.

De post. Caini 20 [M. I, 229]: ἐγγύτατα ὁ αὐτὸς ὢν καὶ μακρὰν ἐστιν, ἁπτόμενος μὲν ταῖς ποιητικαῖς καὶ κολαστηρίοις δυνάμεσι πλησίον ὑπαρχούσαις ἑκάστου, ποῤῥωτάτω δὲ τῆς κατὰ τὸ εἶναι φύσεως αὐτοῦ τὸ γενητὸν ἀπεληλακώς, ὡς μηδὲ κατὰ τὰς ἀκραιφνεῖς καὶ ἀσωμάτους τῆς διανοίας ἐπιβολὰς ψαῦσαι δύνασθαι.

Str. II. 2, 5 P. 431: ὁ θεὸς πόῤῥω μὲν κατ' οὐσίαν (πῶς γὰρ ἂν συνεγγίσαι ποτὲ τὸ γεννητὸν ἀγεννήτῳ;), ἐγγυτάτω δὲ δυνάμει ... καὶ δὴ πάρεστιν ἀεὶ τῇ τε ἐποπτικῇ τῇ τε εὐεργετικῇ τῇ τε παιδευτικῇ ἁπτομένη ἡμῶν δυνάμει δύναμις τοῦ θεοῦ.

Beide Schriftsteller stimmen nicht nur darin überein, daß sie Gott durch Kräfte in Beziehung zur Welt treten lassen, sondern sie betrachten auch als die obersten Kräfte die schöpferische und die herrschende; denn die strafende Kraft, die von Philo erwähnt wird, fällt mit der herrschenden zusammen *(ἡ κολαστική, καθ' ἣν ἄρχει* quis rer. div. heres 166 [M. I, 496]). Auf dieselbe lassen sich auch die beaufsichtigende und die erzieherisch wirkende Kraft, welche Clemens nennt, zurückführen, während Schaffen (Philo) und Wohltun (Clemens) im Sinne beider Schriftsteller identisch sind; denn nicht nur Philo sieht den Grund der Weltschöpfung in der Güte Gottes, wenn er fragt: „Warum schuf Gott das Nichtseiende? Nicht etwa deshalb, weil er gütig und wohltätig war?" (de mut. nom. 46 [M. I, 585]), und erklärt: „Die Ursache der Schöpfung war die Güte des Schöpfers" (de cherub. 127 [M. I, 162]), sondern auch Clemens äußert sich in dieser Weise: „Gott ist seinetwegen gut; gerecht ist er unsertwegen ... Denn bevor ein Geschöpf gewesen, war Gott, und er war gut, und deshalb wollte er auch Weltschöpfer und Vater sein" (Paed. I, 9, 88 P. 150). Daher umschreibt der Kirchenschriftsteller Joh. 5, 19: *οὐ δύναται ὁ υἱὸς ποιεῖν ἀφ' ἑαυτοῦ οὐδέν, ἐὰν μή τι βλέπῃ τὸν πατέρα ποιοῦντα* folgendermaßen: *ἐπεί, ὡς βλέπει τοῦ πατρός· τὴν ἀγαθότητα, ὁ υἱὸς ἐνεργεῖ* (Str. V, 6, 38 P. 669).

Ähnlich drückt sich Justin aus: „Wir sind belehrt worden, daß Gott die Welt nicht planlos erschaffen habe, sondern nur um des Menschengeschlechts willen" (Ap. II, 4). „Alles macht er, da er gut ist" (Ap. I, 10).

Gott zeigt, daß er gut ist, selbst dann, wenn er straft. Die Züchtigung ist ihm nämlich nicht Selbstzweck, sondern er hat bei ihr nur das Beste des Menschen im Auge, seine Bekehrung.

§ 8. Die Lehre von Gott und vom Logos. 135

De confus. ling. 171 [M. I, 431]:
ὁ θεὸς ἀμυθήτους περὶ αὑτὸν ἔχει δυνάμεις ἀρωγοὺς καὶ σωτηρίους τοῦ γενομένου πάσας, αἷς ἐμφέρονται καὶ αἱ κολαστήριοι· ἔστι δὲ καὶ ἡ κόλασις οὐκ ἐπιζήμιον, ἁμαρτημάτων οὖσα κώλυσις καὶ ἐπανόρθωσις; vgl. quod Deus sit immut. 76 [M. I, 284].

Str. VII, 16 P. 895: θεὸς δὲ οὐ τιμωρεῖται· ἔστι γὰρ ἡ τιμωρία κακοῦ ἀνταπόδοσις· κολάζει μέντοι πρὸς τὸ χρήσιμον καὶ κοινῇ καὶ ἰδίᾳ τοῖς κολαζομένοις; vgl. Str. IV, 24, 153 P. 634.

Weil die Güte Gottes uns so viele Gaben spendet und unerschöpflich ist, so können wir sie nach Philo und Clemens am besten mit einem Brunnen vergleichen, der den Durstigen mit seinem Naß erquickt und trotzdem nicht erschöpft wird (quis rer. div. heres 31 [M. I, 477]; Paed. III, 7, 39 P. 277).

Allein die Abhängigkeit des Clemens von dem jüdischen Theosophen in der Lehre von den göttlichen Kräften beschränkt sich darauf, daß der christliche Lehrer Ausdrücke und Bilder herübernimmt; in der Sache selbst denkt er biblisch-kirchlich. Der Gott Philos ist nicht viel mehr als ein bloßes Gedankending. Um auf die Welt einwirken zu können, muß er sich der Hilfe von Kräften bedienen, die, eine Art von Emanationen, bald von Gott ausströmen, um in der Welt tätig zu sein, bald in Gott zurückströmen, um seine Einheit zu retten. In diesem Schemen des höchsten Wesens konnte der altgläubige Jude unmöglich den lebendigen Gott Israels wiedererkennen. Bei Clemens hingegen erscheinen diese Kräfte als bloße Eigenschaften Gottes, die, während der Seiende in seinem Wesen nicht erkannt werden kann und insofern uns fern ist, durch ihr Wirken einen Schluß auf die Tätigkeit des Herrn ermöglichen. Die Erschaffung und Leitung des Alls und der Menschen zeigt, daß Gott allmächtig, gütig, gerecht ist. Als bloße Eigenschaften sind die göttlichen Kräfte untereinander und mit dem göttlichen Wesen untrennbar verbunden. Während also Philo Güte und Macht von Gott scheidet und selbst findet, daß sie in einem gewissen Gegensatze zu einander stehen, erklärt der Kirchenschriftsteller: „Derselben göttlichen Kraft ist, wie David bekennt, Richten und Wohltun eigen. In beiden zugleich zeigt sich die Macht als das Richteramt des Gerechten, das die Gegensätze unterscheidet. Und derselbe, der gerecht ist, ist auch gut, der wahrhafte Gott, der das All ist, während das All er ist, weil er Gott ist, der eine Gott" (Paed. I, 9, 87 f. P. 150). Den Nachweis, daß die Güte und die Gerechtigkeit Gottes sich nicht ausschließen, unternimmt Clemens Paed. I, 8, 62—74;

er wendet sich hier gegen die Marcioniten. Daß er unter den Kräften Gottes nur Eigenschaften versteht, läßt auch die Erklärung erkennen, die er zu I. Joh. 4, 16 „Gott ist die Liebe", gibt: virtutes significans Dei, quoniam clemens est et misericors (Adumbr. in ep. I. Joh. P. 999).

Mit dem Ausdruck δυνάμεις bezeichnet Clemens im Anschluß an I. Petr. 3, 22 [1]) ferner die Engel (Adumbr. in I. Petr. P. 997) und überträgt nach Analogie dieser Stelle auch an anderen das Wort δύναμις auf die Engel. „Ego sum, et videbitis filium hominis a dextris sedentem virtutis" (δυνάμεως Marc. 14, 62): virtutes autem significant sanctos angelos. Proinde etiam cum dicit a dextris Dei, eosdem ipsos dicit propter aequalitatem et similitudinem angelicarum sanctarumque virtutum qui nominantur nomine Dei (Adumbr. in ep. Judae ad v. 24 P. 998).

Ja selbst Gott der Sohn und Gott der hl. Geist werden von dem Kirchenschriftsteller als „Kräfte" erklärt, weil sie in der Welt in mannigfacher Weise tätig sind: „Et si quis, inquit, peccaverit, consolatorem *(παράκλητον)* habemus apud patrem Jesum Christum". Sicut enim apud patrem consolator est pro nobis Dominus, sic etiam consolator est, quem post assumptionem suam dignatus est mittere. Hae namque primitivae virtutes ac primo creatae, immobiles existentes secundum substantiam et cum subiectis angelis et archangelis, cum quibus vocantur aequivoce, diversas operationes efficiunt (Adumbr. in I. Joh. 2, 1 P. 999; Zahn 88).

Wie wir gesehen haben, stellte Philo die „Kräfte" Gottes oft als selbständig handelnd dar, ähnlich den Engeln, welche in den angezogenen Schriftstellen in der Regel erwähnt sind. Clemens fand, daß das Neue Testament die Engel auch als „Kräfte" bezeichnet (I. Petr. 3, 22) und daß Luc. 1, 35 unter der „Kraft" des Allerhöchsten eine göttliche Person verstanden werden muß. Er übernahm daher mehrere Erklärungen Philos, in denen die δυνάμεις als tätig erscheinen, ohne zu erkennen, daß der Jude unter diesem Worte keine volle Persönlichkeit sich vorstellte. Die inneren Widersprüche, in die sich Philo bei seiner Lehre von den Kräften verwickelte, verbargen sich ja leicht unter einem Ausdruck, der die verschiedensten Bedeutungen haben kann. Auch

---

[1]) An diese Schriftstelle mag auch Justin gedacht haben, wenn er sagt: ἄγγελοι καὶ δυνάμεις εἰσίν (Dial. 85).

Porphyrius[1]) identifiziert die Kräfte mit den Dämonen und den Göttern, scheint sich also unter ihnen etwas Reales zu denken, während doch der Neuplatonismus die Götter auf eine Stufe mit den Ideen stellt und ihnen nur mit Rücksicht auf den Volksglauben auf diese Weise ein nebelhaftes Dasein erlaubt, die Ideen aber zugleich als wirksame Kräfte auffaßt. Wenn Clemens sich des Ausdruckes δύναμις bedient, so gebraucht er ihn wohl auch in einem mehrfachen Sinne, indem er eine Eigenschaft Gottes, einen Engel als existierendes persönliches Wesen oder eine göttliche Person damit bezeichnet, aber er läßt uns an keiner Stelle im unklaren darüber, was er sich unter dem Worte denkt, selbst dann nicht, wenn er seine Ausführungen aus Philo wörtlich entlehnt.

2. Die Lehre vom Logos[2]).

Alle göttlichen Kräfte faßt Philo auch zu einer Einheit zusammen und bezeichnet diese als Logos. Der Vater der Logosidee, welche eine solche Bedeutung erlangen sollte, ist **Heraklit von Ephesus**. Dieser verstand unter dem Logos, der, materiell gefaßt, nichts anderes als das Urfeuer ist, während das Urfeuer vergeistigt den Logos vorstellt, das allgewaltige Naturgesetz, das in der Entwickelung der Welt sich offenbart; sein Logos ist also

---

[1]) De abst. p. 103 (bei Henr. Stephanus, Thesaurus Graecae linguae s. v. δύναμις): δαίμοσιν ἢ θεοῖς ἤ τισι δυνάμεσιν θῦσαι, p. 164: διαφόρους τὰς θυσίας διαφόροις δυνάμεσι προσάγοντες.

[2]) Zu Philos Logoslehre ist die Literatur sehr umfangreich. Es seien hier genannt: Gfrörer, Philo und die alex. Theosophie 1, 168—336. Heinze, Die Lehre vom Logos in der griechischen Philosophie (Oldenburg 1872) 204—298. Siegfried, Philo v. Alex. 219—229. Reville, Le Logos chez Philon d'Alexandrie 1876. Anathon Aall, Der Logos. Geschichte seiner Entwickelung in der griechischen Philosophie und in der christl. Literatur (Leipzig 1896—1899) I, 184—231. Drummond, Philo Judaeus II, 156—273. Herriot, Philon le Juif, 240 ff. Zeller, Philosophie der Griechen III, 2[4], 418—434. Zu Justins Logoslehre vgl. Semisch, Justin d. M. II, 297 ff. Sprinzl, Die Theologie Justins d. M. Theol. prakt. Quartalschr. 1884, 781 ff. A. Harnack, Dogmengeschichte I[3], 464 ff. Feder, Justins des Martyrers Lehre von Jesus Christus (Freiburg 1906) 131—154: Die Quellen der justinischen Logoslehre. Zu Clemens vgl. Redepenning, Origenes I, 115 ff. Laemmer, Clementis Alexandrini de λόγῳ doctrina (Lipsiae 1855). Aall, Der Logos II, 396—427. de Faye, Clément d'Alexandrie 238—247. Der Einfluß Philos auf die Logoslehre des Justin und des Clemens wird in den genannten Abhandlungen nur gestreift. Eine eingehende Darstellung desselben fehlt bis jetzt.

ohne Intelligenz und Bewußtsein [1]). Weil dieser Philosoph aber den Logos als universell sich dachte, reiht ihn Justin als logosanbetend mit Sokrates unter die Christen (Ap. I, 46). Während der Ephesier im Pantheismus verharrte, führte Anaxagoras das theistische Element in die Philosophie ein. Sein νοῦς steht über der Materie, ist mit Erkenntniskraft ausgestattet, handelt planvoll und besitzt eine Persönlichkeit [2]). Die Entwickelung des Begriffs wurde dann durch Plato gefördert, welcher zwischen Gott und die Materie die Weltseele einreihte, die sowohl zu der Ideenwelt als auch zu dem μὴ ὄν in Beziehung steht. Mittelst der Weltseele ist es der Vernunft möglich, in die Materie einzugehen [3]). Ihre Ausbildung erfuhr die Logosidee aber durch die Stoiker. Diese fanden etwas der menschlichen Vernunft Ähnliches im Weltprozeß und suchten dann das Dasein des Logos, d. i. der Vernunft, und seine Geltung in der Welt zu beweisen. Auch sie faßten, wie Heraklit, den Logos als materiell auf, stellten ihn aber doch in Anlehnung an Plato den gröberen Elementen als das formende, gewissermaßen geistige Prinzip gegenüber. Indem sie mit dem Logosbegriff die Vorsehung verbanden, schrieben sie ihm Intelligenz und Bewußtsein zu; jedoch dachten sie ihn sich nicht als persönlich. Als Ausflüsse dieser das All durchwaltenden Urvernunft galten ihnen die in der Materie wirksamen Keimkräfte, λόγοι σπερματικοί [4]). Ähnlich wie bei seiner Theorie von den göttlichen Kräften verband Philo bei der Lehre vom Logos diese griechisch-philosophischen Anschauungen mit der hl. Schrift. Von Heraklit, den er mit Namen anführt, übernahm er die Lehre vom λόγος τομεύς, der durch Herausbildung von Gegensätzen die Welt ins Dasein ruft (quis rer. div. heres 207 ff. [M. I, 502]). Der Einfluß Platos verrät sich in seiner Auffassung des Logos als Idee (de migr. Abr. 103 [M. I, 452] u. ö.). Stoisch ist der Gedanke, der Logos sei wirkende Kraft (de cherub. 27 [M. I, 144]). Von den biblischen Schriften lieferten besonders die Sprüchwörter (cap. 8) und das Buch der Weisheit mit ihren Aussagen über die σοφία dem Philo viele Beiträge zu seiner Logoslehre. Die Weisheit wird hier bezeichnet als Geist Gottes

---

[1]) Heinze a. a. O. 24 ff., 54 ff. Pfleiderer, Die Philosophie des Heraklit von Ephesus (Berlin 1886) 231 ff.
[2]) Heinze a. a. O. 37 f., 62.
[3]) Heinze a. a. O. 65 ff.
[4]) Heinze a a. O. 79—172.

(Weish. 1, 5). Sie steht Gott bei der Weltschöpfung bei (7, 22), erfüllt das Weltall und hält es zusammen (1, 7), bildet den Menschen (9, 2) und leitet ihn in seinem Tun (9, 10 f.). Besonders nimmt sie sich des Volkes Israel an (cc. 10—12; 16—18).

Diese vielen so verschiedenartigen Elemente vereinigt nun Philo in seinem Logosbegriff, unterläßt es aber, sie miteinander auszusöhnen. Die einzelnen Aussagen kreuzen sich bei ihm, ohne daß er den Widerspruch merkt. Nicht einmal die Frage, ob der jüdische Theosoph den Logos sich persönlich denkt, ist ohne weiteres zu bejahen oder zu verneinen. Für die Persönlichkeit seines Logos spricht, daß er die Engelerscheinungen, von denen in der hl. Schrift die Rede ist, auf den Logos deutet, sowie daß er ihn als den Sohn Gottes, ja selbst als Gott bezeichnet. Aber in allen diesen Fällen hat er nur die Wirksamkeit, nicht die Person des Logos im Auge. Anderseits wird der Logos von Philo bald als Idee, bald als Kraft bezeichnet. Er erscheint bei dem jüdischen Theosophen als Urbild der Dinge, schaffende Kraft und Weltvernunft, als Erzengel und Hoherpriester, als Eigenschaft Gottes und als selbständiges Wesen, als einzelnes Wesen und als Vielheit, als Gott selbst und als verschieden von Gott. Die Vieldeutigkeit des Wortes Logos machte es möglich, daß Philo alle Bestimmungen wenigstens äußerlich auf ein Subjekt vereinigte und so scheinbar die Lehre der Griechen von dem im Universum waltenden Logos und die Lehre der Schrift von der Weisheit Gottes verband. Gerade durch diese Unklarheit und diesen Mangel an Systematik wird es verständlich, daß Philo auf die Entwickelung des Logosbegriffs bei griechischen Philosophen und christlichen Theologen eingewirkt hat. Ein jeder konnte bei ihm jene Elemente finden, die ihm für sein eigenes System als geeignet erschienen.

Daß Justin mit Philos Logoslehre nicht unbekannt war[1]), beweist Dial. 128: „Ich höre einige sagen, diese „Kraft" *(δύναμις)*

---

[1]) Weil der Logos des Justin mit dem philonischen wenig Gemeinsames hat, glaubt Feder (Justins Lehre von Jesus Christus S. 143) daran zweifeln zu dürfen, ob der Apologet den jüdischen Schriftsteller überhaupt gekannt hat. Allein tiefgreifende Unterschiede, die tatsächlich vorliegen, können diese Frage noch nicht entscheiden, weil doch auch der johanneische Logos dem philonischen sehr unähnlich ist und der Apostel doch mit diesem bekannt gewesen ist, ja gerade in Hinblick auf diesen seine Logoslehre formuliert, die wahre Logoslehre der falschen entgegengestellt hat (vgl. A. Schaefer, Einl. in das N. T. Paderborn 1898 S. 279).

könne vom Vater sich nicht scheiden und nicht trennen, wie —
so sagen sie — das Licht der Sonne auf der Erde von der Sonne,
die am Himmel ist, nicht geschieden und getrennt werden könne
und, wenn jene untergehe, auch das Licht mit ihr schwinde; so
mache der Vater — sagen sie — wann er will, seine Kraft hervortreten und lasse sie, wann er will, wieder in sich zurücktreten.
Auf diese Weise, lehren sie, schaffe er auch die Engel." Wir
müssen uns erinnern, daß der Apologet hier nicht gegen heidnische Philosophen und ihre Emanationslehren polemisiert, sondern gegen alexandrinische Juden sich wendet. Was er aber als
ihre Ansicht anführt, deckt sich genau mit der Lehre Philos vom
Logos, dem an unserer Stelle die „Kraft" entspricht, und von
den Kräften, die hier als Engel bezeichnet werden. Wenn Justin
aber eine Auffassung, die den Logos als bloße Emanation betrachtet und ihm die Persönlichkeit abspricht, als kirchlicher
Theologe auch verwirft, so ist damit noch nicht gesagt, daß er
nicht wenigstens in einzelnen Zügen seiner Logoslehre von dem
jüdischen Philosophen sich hätte beeinflussen lassen. Ap. I, 32 [1]),
wo der Logos als „die erste Kraft" bezeichnet wird, hat freilich
nichts mit der Ansicht Philos zu tun, nach welcher der Logos
die Uridee *(ἀρχέτυπος ἰδέα)* ist und die Ideen Kräfte Gottes sind;
denn an dieser Stelle erklärt Justin Luc. 1, 35, wobei er sich in
der Deutung der „Kraft Gottes", welche Maria überschatten soll,
auf den Logos an das Protevangelium des Jakobus anschließt [2]).

---

[1]) Cramer, Die Logosstellen in Justins Apologien kritisch untersucht
(in der Zeitschrift für neutestamentliche Wissenschaft II [1901] 300—338)
spricht dem Apologeten sämtliche Logosstellen in den Apologien ab. Er sucht
nachzuweisen, daß in den Apologien zwei Schriften vorliegen, eine von Justin
und eine andere von einem alexandrinischen Judenchristen. Letzterem seien
die allegorischen Erklärungen des A. T., die Äußerungen, nach denen die
heidnischen Philosophen den jüdischen Propheten nachstehen, die Logosstellen u. a. zuzuweisen. Beide Schriften seien zu einer Apologie umgearbeitet worden, in welche später eine dritte Hand (oder auch mehrere Hände)
die orthodox-kirchliche Logoschristologie und überhaupt die orthodoxe Trinitätslehre, auch die Stellen über die Eucharistie u. a. hineingefügt habe. Von
der Logoslehre des Johannes sei Justin unberührt geblieben — dann natürlich auch von der Logoslehre des Philo. Aber von den Apologien würde
nach diesem Verfahren nicht viel übrig bleiben und noch weniger von dem
Dialoge.

[2]) Protevg. Jacobi 11, 2 (Evang. apocr. ed. II. Tischendorf,
Lipsiae 1876): καὶ ἰδοὺ ἄγγελος κυρίου ἔστη ἐνώπιον αὐτῆς λέγων· μὴ φοβοῦ,

§. 8. Die Lehre von Gott und vom Logos. 141

Dagegen werden andere Stellen, in denen er auffallend mit Philo übereinstimmt, bald zu nennen sein.

Für Clemens ist der Logos eine Person nicht erst seit der Menschwerdung, sondern von Ewigkeit her. Er ist vor aller Zeit, gleichwesentlich dem Vater und ewig wie dieser (Adumbr. in I. Joh. 1, 1 P. 999; Str. VII, 1 P. 829; VII, 10 P. 866). Aber der Kirchenschriftsteller hat auch aus der Logoslehre des jüdischen Religionsphilosophen manches übernommen.

Zunächst begegnen wir bei Clemens und teilweise auch bei Justin den gleichen Bezeichnungen des Logos wie bei Philo: Er heißt Name Gottes (de confus. ling. 146; Str. V, 6, 38) und Abbild Gottes (de confus. ling. 147; Ap. I, 62; Str. V, 14, 94; vgl. Kol. 1, 15). Wenn ihn Philo $\sigma\varphi\varrho\alpha\gamma\iota\varsigma$, $\chi\alpha\varrho\alpha\varkappa\tau\eta\varrho$, $\sigma\varkappa\iota\grave{\alpha}\ \vartheta\varepsilon o\tilde{v}$ nennt (leg. alleg. III, 96; de opif. m. 25), so entspricht dem der Ausdruck „Angesicht des Vaters" (Paed. I, 7, 57; Str. V, 6, 34). Auf die Bezeichnung des Logos als $\mathring{\alpha}\gamma\gamma\varepsilon\lambda o\varsigma\ \pi\varrho\varepsilon\sigma\beta\acute{v}\tau\alpha\tau o\varsigma$, $\mathring{\alpha}\varrho\chi\acute{\alpha}\gamma\gamma\varepsilon$-$\lambda o\varsigma\ \pi o\lambda v\acute{\omega}\nu v\mu o\varsigma$ (de confus. ling. 146) kann die Wendung „mystischer Engel" (Paed. I, 7, 59; vgl. Ap. I, 62) zurückgehen. Der Logos erscheint ferner als Idee und die Summe aller Ideen (de migr. Abr. 103; Str. V, 3, 16). Er wird verglichen mit einem Steuermann (de cherub. 36; Str. VII, 2) und mit einem Wagenlenker (de somn. I, 157; Paed. III, 12, 101) und wird genannt Hoherpriester (de gigant. 52: Str. V, 6, 34 vgl. Hebr. 4, 14 u. a.) und Melchisedech (leg. alleg. III, 80; Str. IV, 25, 161; vgl. Hebr. 5, 6; 7, 3).

Auch zu einer Reihe von Aussagen über den Logos, die wir bei Justin und Clemens finden, lassen sich aus Philo Parallelen anführen. So erklärt der jüdische Religionsphilosoph die Cherubim als die beiden obersten Kräfte Gottes, welche vom Flammenschwerte (Gen. 3, 24) d. i. vom Logos verbunden werden (de cherub. 28 [M. I, 144]). Aber nicht nur die Grundkräfte, sondern alle Kräfte vereinigt der Logos in sich. Die Welt der Ideen (welche mit den Kräften identisch sind) hat keinen anderen Ort als den göttlichen Logos, welcher in sie Ordnung bringt (de opif. m. 20 [M. I, 4]). Die Vereinigung der geistigen und sinnlichen Kräfte, welche von ihm vollzogen wird, wird durch

---

$M\alpha\varrho\iota\acute{\alpha}\mu$, $\varepsilon\tilde{v}\varrho\varepsilon\varsigma\ \gamma\grave{\alpha}\varrho\ \chi\acute{\alpha}\varrho\iota\nu\ \grave{\varepsilon}\nu\acute{\omega}\pi\iota o\nu\ \tau o\tilde{v}\ \pi\acute{\alpha}\nu\tau\omega\nu\ \delta\varepsilon\sigma\pi\acute{o}\tau o v\ \varkappa\alpha\grave{\iota}\ \sigma v\lambda\lambda\acute{\eta}\psi\eta\ \grave{\varepsilon}\varkappa\ \lambda\acute{o}\gamma o v$ $\alpha\grave{v}\tau o\tilde{v}$. Daß Justin diese Schrift öfters benutzt hat, zeigt Zahn, Geschichte des neutestamentl. Kanons I, 2 (Erlangen u. Leipzig 1889) 539 Anm. 1.

das bunte Gewand des Hohenpriesters angedeutet (de migr. Abr. 102 [M. I, 452]). Diese Ausführungen dürften dem Clemens vorgeschwebt haben, wenn er den Logos als „einen Kreis aller Kräfte bezeichnet, die in eins zusammengeführt und vereinigt werden" (Str. IV, 25, 156 P. 635).

Der Logos hat aber bei Philo nicht nur die Aufgabe, alles zu verbinden, sondern auch die entgegengesetzte, alles zu trennen. Im Anschluß an Gen. 15, 10 bildet der jüdische Theosoph die heraklitische Vorstellung vom λόγος τομεύς weiter aus. Das Fehlen des Subjekts in diesem Satze soll geheimnisvoll auf den Logos hinweisen, der die zahllosen Gegensätze hervorrufe, aus denen die Welt bestehe. Ebenso trenne der Logos die Welt als Ganzes von Gott (quis rer. div. heres 130—214 [M. I, 491—502]). Wenn nun Clemens sagt: ἐπεὶ ὁ αὐτός ἐστι λόγος ὁ προφητεύων κρίνων τε ἅμα καὶ διακρίνων ἕκαστα (Str. V, 6, 39 P. 669), so möchte man glauben, er spiele auf den λόγος τομεύς des Philo an. Indessen will er hier darlegen, daß Christus am jüngsten Tage die Welt richten und die Guten und die Bösen von einander scheiden wird.

Gott hat nach Philo „seine Kräfte durch alle Elemente ausgegossen und keinen Teil der Welt von ihnen leer gelassen" (de confus. ling. 136 [M. I, 425]). Dies gilt auch vom Logos als der Summe aller Kräfte. Seine Einwirkung erstreckt sich auf alle Seelen (leg. alleg. III, 169 [M. I, 120]: μηδὲν μέρος ἀμέτοχον αὐτοῦ ἐῶν). Er erleuchtet alles mit seinem Lichte, so daß jede tadelnswerte Handlung in ihrer Schuld erkannt wird (quod Deus sit immut. 134 [M. I, 292]). Clemens faßte diese Aussagen zusammen mit den Worten: „Der Logos ist überallhin ausgegossen und schaut auch das Geringste von dem, was im Leben begangen wird" (Str. VII, 3 P. 840).

Nach Philo hat der Mensch nur der Erleuchtung des Logos eine würdige Vorstellung von Gott zu verdanken (leg. alleg. III, 82 [M. I, 103]) [1]. Auch Clemens schreibt jede Erkenntnis Gottes seiner vermittelnden Tätigkeit zu: „Gott kann dem Menschen nicht gelehrt werden noch kann er ausgesprochen werden, sondern er ist allein durch die bei ihm wohnende Kraft zu erkennen (μόνῃ τῇ παρ᾽ αὐτοῦ δυνάμει γνωστόν) [2]. Die Gnade

---

[1] Τὸ μὴ ταπεινῶς καὶ χαμαιζήλως ὑπερμεγέθως δὲ καὶ ὑπεραύλως καὶ ὑψηλῶς νοεῖν περὶ θεοῦ ἔμφασιν τοῦ ὑψίστου κινεῖ.

[2] Clemens bedient sich häufig (wie Justin) des Ausdruckes δύναμις zur Bezeichnung des Logos in Anlehnung an I. Kor. 1, 21—24, eine Stelle, die er Str. I, 18, 88 P. 371 zitiert; vgl. S. 136.

der Erkenntnis aber ist von ihm durch den Sohn" (Str. V, 11, 71 P. 689). „Es bleibt nun übrig, durch die göttliche Gnade und den einen bei ihm wohnenden Logos den Unerkennbaren zu erkennen" (Str. V, 12, 82 P. 696).

Weil der Logos auf diese Weise Gott dem Menschen näher bringt, wird er in den Augen Philos zum Dolmetscher Gottes (ἑρμηνεὺς θεοῦ). Er verkündet dem Menschen die göttlichen Ratschlüsse und vertritt den unsichtbaren Gott (leg. alleg. III, 207 [M. I, 128]). Infolgedessen ist er der Träger aller Gotteserscheinungen im Alten Testamente. „Was wundern wir uns, wenn Gott zum Wohle der Hilfsbedürftigen in Engels-, oft auch in Menschengestalt erscheint?" Wenn es daher heißt: „Ich bin der Gott, der dir an dem Orte Gottes erschien" (Gen. 31, 13), so ist dies so zu verstehen, daß er sich nur dem Scheine nach in Engelsgestalt zeigte, nämlich zur Belehrung derer, die den wahren Gott nicht schauen können, in Wahrheit aber sich nicht verwandelte; denn wie diejenigen, welche die Sonne selbst nicht anschauen können, ihr Abbild im Wasser für sie selbst halten oder den Schimmer um den Mond für den Mond selbst, so sehen die Menschen das Ebenbild Gottes, seinen Engel, den Logos, für ihn selbst an. Siehst du nicht, wie Hagar, das Bild der niederen Wissenschaften, zu dem Engel spricht: „Du bist Gott, der mich heimsucht" (Gen. 16, 13)? Denn sie war noch nicht fähig, die älteste Ursache der Dinge selbst zu schauen, da sie egyptischen Geschlechtes ist. Nun aber (bei Jakob) fängt der Geist an, weiser zu werden und einen Begriff vom obersten Führer der himmlischen Kräfte zu bekommen. Deshalb spricht Gott zu ihm: „Ich bin der Gott, dessen Ebenbild du vorhin für mich selbst ansahest" (Gen. 31, 13) (de somn. I, 238—240 [M. I, 656]); denn „den Seelen, die in Leiber gebunden sind, erscheint Gott in Engelsgestalt, nicht als ob er seine Natur veränderte — denn er ist unwandelbar — sondern indem er in ihnen eine andere Vorstellung erregt, so daß sie sein Ebenbild (den Logos) nicht für eine Nachahmung, sondern für das Urbild selbst halten" (ib. 232 [M. I, 655]). Philo spricht hier den Satz, daß Gott dem Menschen den Logos als seinen Stellvertreter erscheinen lasse, so allgemein aus, daß man geneigt ist, ihn auf alle göttlichen Manifestationen im Pentateuch auszudehnen. Daß der Logos der Hagar erschien, ist eben gesagt worden. Er war ferner der Racheengel, der Sodom und Gomorrha zerstörte (de somn. I, 85. 86 [M. I, 633]).

Er war der Gott, der Gen. 28, 11 ff. dem Jakob erschien (de somn. I, 227—230 [M. I, 655]). Er war der Engel, der mit Jakob kämpfte und seinen Namen in Israel verwandelte Gen. 32, 28 (de mut. nom. 87 [M. I, 591]). Er sprach mit Moses im brennenden Dornbusche Ex. 3, 2 ($εἰκὼν\ τοῦ\ ὄντος$ de vita Mosis I, 66 [M. II, 91]). Er war in der Wolke, welche die Juden beim Auszuge aus Egypten begleitete und sich schützend zwischen Israel und das Heer des Pharaos stellte (quis rer. div. heres 205 [M. I, 501]; de vita Mosis I, 166 [M. II, 107]). Er war der Engel, der Num. 22, 22 ff. dem Bileam erschien (de vita Mosis I, 272 [M. II, 123]); denn Philo bezeichnet die Gestalt als $ϑεία\ ὄψις$, ein Ausdruck, den er sowohl auf die Erscheinung im brennenden Dornbusch als auch bei der Erklärung der Wolkensäule anwendet, und läßt den Bileam von ihr mit göttlicher Begeisterung erfüllt werden, was er von einem bloßen Engel nicht behauptet haben würde. Der Logos war ferner der Engel, welcher Israel in der Wüste leitete (de somn. I, 117 [M. I, 638]; de migr. Abr. 174 [M. I, 463]). Freilich bleibt sich Philo in seiner Deutung der Gotteserscheinungen nicht immer konsequent. De Abr. 145 [M. I, 22] ist es die strafende (= herrschende) Kraft, welche Sodom und Gomorrha zerstört. Die Erscheinung, die Abraham Gen. 17, 1 hat, ist die „herrschende Kraft" (de mut. nom. 15 [M. I, 581]). Allein in beiden Fällen sah sich der jüdische Exeget durch den Schrifttext zu der Abweichung gezwungen, da er die einmal festgestellten Begriffe konsequent anwenden wollte. Die drei Männer, die dem Abraham erschienen, werden nämlich als der Seiende mit seinen zwei obersten Kräften bestimmt. Da nun der Seiende bei dem Patriarchen zurückbleibt, können die zwei Männer, die nach Sodom gehen, nur die herrschende und die schöpferische Kraft sein; erstere will strafen, letztere retten. Gen. 17, 1 aber wird von der Schrift der Gottesname $κύριος$ gebraucht, welcher nach Philo stets die herrschende Kraft Gottes bezeichnet. Trotzdem der jüdische Exeget die Gotteserscheinungen fast durchweg auf den Logos deutet, so bringt er doch niemals mit diesem seine messianischen Erwartungen in Verbindung [1]).

---

[1]) Philo stützt übrigens seine Hoffnungen auf eine bessere Zukunft nur auf den Pentateuch, nicht auf die Propheten. Vgl. J. G. Müller, Die messianischen Erwartungen des Juden Philo. Basel 1870.

§ 8. Die Lehre von Gott und vom Logos.

Justin erklärt sämtliche Theophanien, von denen im Alten Testament berichtet wird, als Christophanien. „Von Moses steht geschrieben, daß dieser (Christus), der den Patriarchen erschien und hier Gott genannt wird, auch Engel und Herr heißt, damit ihr daraus erkennet, daß er dem Vater des Alls dient" (Dial. 58). Der Logos erschien dem Abraham, Gen. 18, 2 (Dial. 56), dem Isaak, dem Jakob, mit dem er kämpft, und dem Moses (Dial. 58. 59. 126 u. ö.). Es fragt sich nun, wie Justin zu dieser Auffassung gelangt ist. Da er das ganze Alte Testament nur als eine Vorbereitung auf das Neue betrachtete, das mit seinen Vorbildern und Weissagungen auf dieses hinwies, so lag es für ihn nahe, die erlösende Tätigkeit Christi, die sich ja auf die ganze Menschheit erstreckte und bei seinem Tode durch die Höllenfahrt vor allem auch den Gerechten des Alten Bundes das Heil brachte, nicht auf die kurze Zeit seines Erdenlebens oder seines öffentlichen Auftretens zu beschränken, sondern auf das Alte Testament zurückwirken zu lassen. Daß Gott Vater niemals sichtbar auf Erden erschienen war, wohl aber der Sohn[1]), mochte zu dieser Idee mit beigetragen haben. Daß der Apologet auch das Buch der Weisheit, das Kap. 10 die Theophanien auf die σοφία bezieht, nicht unberücksichtigt gelassen hat, ersehen wir daraus, daß er erklärt, der Logos werde vom hl. Geiste, d. h. in der Schrift, bald Sohn, bald Gott, bald Herr, bald Engel, bald Weisheit genannt (Dial. 61). Nun hatte bereits dieses biblische Buch die Gleichung zwischen Logos und Weisheit vollzogen: „Du hast alles gemacht durch dein Wort, und durch deine Weisheit hast du den Menschen gebildet" (9, 1. 2.; vgl. 16, 12; 18, 15). Es verstand sich für Justin von selbst, daß er nach diesem Vorgange auch an den Stellen, an welchen die Weisheit als Führerin und Retterin der Patriarchen und Propheten dargestellt wird (Kap. 10), den Logos für die Weisheit einsetzte. Apg. 7, 38, wo gesagt wird, Christus habe mit Moses auf dem Berge Sinai und mit den Vätern gesprochen, kann ebenfalls dem Kirchenvater vorgeschwebt haben. Daß er auf diese Stelle nirgends anspielt, würde sich dadurch erklären, daß er den Juden gegenüber mit neutestamentlichen Stellen nichts beweisen konnte. Aber selbst Philos Deutung der Gotteserscheinungen auf den Logos scheint nicht ohne

---

[1]) Vgl. Dial. 129: τὸν δὲ ἐν τοῖς οὐρανοῖς ὑπάρχοντα, ὃς καὶ τοῦ ἐπὶ γῆς κυρίου κύριός ἐστιν.

Einfluß auf Justin geblieben zu sein; denn abgesehen davon, daß ihm gerade diese Erklärungen des jüdischen Exegeten sehr gelegen kommen mußten, bezeichnet er die Erscheinungen des Logos als einen Dienst, den er (durch seine Stellvertretung) dem Vater leistete (ἵνα καὶ ἐκ τούτων ἐπιγνῶτε αὐτὸν ὑπηρετοῦντα τῷ τῶν ὅλων πατρί Dial. 58), und zwar unmittelbar verbunden mit der Aufzählung der speziell dem Jakob zu teil gewordenen Gnadenerweisungen. Des gleichen Ausdrucks bedient sich auch Philo, und zwar ebenfalls mit Bezugnahme auf die Erscheinungen, die Jakob hatte (ἄγγελος ὑπηρέτης τοῦ θεοῦ, λόγος de mut. nom. 87 [M. I, 591]; vgl. αἱ ὑπηρετούμεναι δυνάμεις ib. 14 [M. I, 580], womit gleichfalls der Logos gemeint ist). Für ein zufälliges Zusammentreffen wird man dies doch nicht halten können, wenn man die Bekanntschaft des Kirchenvaters mit dem jüdischen Exegeten berücksichtigt.

Auch bei Clemens ist es der Logos, durch den Gott sich stets offenbart. Der Logos erscheint dem Abraham, Isaak und Jakob, spricht im brennenden Dornbusch zu Moses, ist in der Wolkensäule und führt das Volk Israel (Paed. I, 7, 56. 57 P. 131 f.; Str. V, 1, 8 P. 648; Paed. II, 8, 75 P. 215; Protrept. 1, 8 P. 7; Str. I, 24, 163 P. 418). Daß dieser Kirchenschriftsteller hierin von Philo beeinflußt ist, läßt sich bei seiner sonstigen Abhängigkeit von dem jüdischen Exegeten nicht bezweifeln. Wir sehen aber auch das Buch der Weisheit (10, 1—11, 4) von Clemens benutzt. Paed. I, 7, 56. 57 will er über den Pädagogen und seine Leitung der Menschheit handeln: „Unser Pädagog aber ist der heilige Gott Jesus, der die ganze Menschheit leitende Logos". Die gleiche Absicht verfolgt nun Ps.-Salomo bezüglich der Weisheit. Er will schildern, welches deren Tätigkeit war und wie sie die Menschheit führte. Sie erschien dem Abraham und dem Jakob, mit dem sie auch kämpfte, führte Israel aus Egypten, war mit Moses, leitete die Juden in der Wüste und stillte ihren Durst. Die gleichen Beispiele aber führt Clemens an, wenn auch in anderer Reihenfolge: Der Logos stillte den Durst Israels in der Wüste, führte das Volk aus Egypten heraus, erschien dem Abraham und dem Jakob, stritt mit letzterem, sprach zu Moses und ging vor ihm her. Ebensowenig wie Salomo hat Clemens die Erscheinung im brennenden Dornbusch im Auge, sondern die äußere Tätigkeit des Moses bei der Leitung des Volkes, bei der ihn der Logos unterstützte.

§ 8. Die Lehre von Gott und vom Logos.

Aber das Wirken des Logos beschränkt sich nach Philo nicht darauf, daß er den Menschen an Gottes Stelle erscheint, sondern Gott tut alles, was er in der Welt vollführt, durch den Logos. Daher ist dieser vor allem als der Schöpfer der Welt zu betrachten. In diesem Sinne äußert sich der jüdische Exeget an vielen Stellen. „Des Logos bediente sich Gott wie eines Werkzeugs, als er die Welt schuf" (leg. alleg. III, 96 [M. I, 106]). „Das Werkzeug *(ὄργανον)*, durch welches die Welt gebildet wurde, ist der Logos Gottes" (de cherub. 127 [M. I, 162]). Damit man nicht einwende, es sei bei diesen den allegorischen Schriften Philos entnommenen Sätzen nur an den Ausspruch, den Befehl Gottes „Es werde" zu denken, so sei noch eine Stelle aus seinen historischen Schriften angeführt: „Der Logos aber ist das Abbild *(εἰκών)* Gottes, durch welches die ganze Welt gebildet wurde" (de special. leg. I, 81 [M. II, 225]). Den Anlaß zu dieser Auffassung haben wir ohne Zweifel darin zu suchen, daß Gen. 1 Gott durch das „Wort" schafft. Als Werkzeug Gottes bei der Schöpfung heißt der Logos ἀρχή (de conf. ling. 146 [M. I, 427]). Der Ursprung dieses Prädikats war Gen. 1, 1: ἐν ἀρχῇ ἐποίησεν ὁ θεός. Da hier die Schöpfung der Welt erzählt wird und der Logos als das dieselbe ausführende Organ galt, so nahm die alexandrinische Theosophie die Präposition ἐν für διά und ἀρχή für ein Synonym des Logos.

Justin und Clemens machten sich diese Aussagen über den Logos um so eher zu eigen, als sie Joh. 1, 3: „Alles ist durch ihn geworden", und Kol. 1, 16. 18: „In Christus ist alles geschaffen worden ... er ist der Anfang" als eine Bestätigung der philonischen Sätze auffassen konnten. Daher erklärt auch Justin den Logos als das Organ Gottes bei der Weltschöpfung. Zwar kann man bei der Stelle Ap. I, 59 „Gott sprach: „Es werde Licht"; und es geschah also: So ist durch den Logos Gottes die Welt geworden" im Zweifel sein, ob Justin an den Logos als Person oder nur an den Machtspruch Gottes gedacht hat. Dafür aber sind andere Äußerungen um so klarer: „Die Heiden hatten erkannt, daß Gott durch den Logos die Welt gemacht hat" (und daher hatten sie die Athene sich erdacht Ap. I, 64). „Sein Sohn, der allein im eigentlichen Sinne Sohn heißt, der Logos, der vor den Geschöpfen mitexistierte und gezeugt war, da er im Anfange (τὴν ἀρχήν) durch ihn alles schuf und schmückte ..." (Ap. II, 6). Während an dieser Stelle τὴν ἀρχήν „im Anfange" d. h. bei Anbeginn der Welt bedeutet (vgl. Ap. I, 10), bezeichnet an anderen ἀρχή bei Iustin wie bei Philo den Logos als die Ursache alles Seins. „Als „Anfang" *(ἀρχήν)* hat Gott vor allen Geschöpfen eine logische Kraft *(δύναμιν λογικήν)* aus sich gezeugt, welche auch „Herrlichkeit des Herrn" vom hl. Geiste genannt wird, ferner „Sohn" u. s. w." (Dial. 61). Würde ἀρχήν hier „im Anfange", initio ante omnia, bedeuten, so müßte das Wort wie Ap. I, 10. 64 den Artikel bei sich haben. Es hat also den Sinn: als Prinzip alles Seins. Zweifellos hat der Ausdruck diese Bedeutung in der Stelle: καὶ ἀρχὴ πρὸ πάντων τῶν ποιημάτων τοῦτο αὐτὸ καὶ γέννημα ὑπὸ τοῦ θεοῦ ἐγεγέννητο, ὃ σοφία διὰ Σολομῶνος καλεῖται (Dial. 62).

Der Verfasser der Cohortatio ad Gentiles sieht im Logos gleichfalls den Weltschöpfer. „Durch den Logos Gottes wurde die ganze Schöpfung ins Dasein gerufen" (c. 15).

In derselben Weise spricht sich Clemens über die Tätigkeit des Logos bei der Weltschöpfung aus. „Gott ist in Wahrheit einer, der den Anfang aller Dinge gemacht hat. So schreibt Petrus, hinweisend auf den eingebornen Sohn, wohl verstehend den Satz: Im Anfange *(ἐν ἀρχῇ)* schuf Gott Himmel und Erde" (Str. VI, 7, 58 P. 769). Aus diesen Worten geht hervor, daß der Kirchenschriftsteller 1) den Logos zum Prinzip der Weltschöpfung macht und 2) auf ihn den Ausdruck ἀρχή Gen. 1, 1 deutet; denn wenn er den ersten Teil des Satzes auch aus dem verschollenen Petrusevangelium genommen hat, so stimmt er ihm doch zu und bringt mit dem Logos als der Ursache aller Dinge das Wort ἀρχή Gen. 1, 1 in Verbindung. Da nach Clemens alles zugleich erschaffen worden ist, so fallen die Stellen Gen. 2, 4 und Gen. 1, 1 zusammen. Wenn nun in Gen. 1, 1 der „Anfang" den Logos bedeutet, so hat in Gen. 2, 4 „An dem Tage, an dem Gott den Himmel und die Erde schuf", der „Tag" auch keinen anderen Inhalt; er bezeichnet gleichfalls den Logos. „Die Wendung „an dem Tage, an dem Gott schuf", d. i. in dem und durch den er alles schuf, und „ohne den nichts geworden ist" (Joh. 1, 3), bezeichnet das Wirken durch den Sohn" (Str. VI, 16, 145 P. 815). Durch diesen Tag, d. i. den Logos, ist alles ins Dasein getreten: „Tag wird genannt der Logos, der das Verborgene erleuchtet und durch den jedes einzelne Geschöpf ins Licht und ins Dasein getreten ist" (ib.). Der Logos heißt ἡ τῶν ὅλων ἀρχή auch Str. V, 6, 38 P. 669.

Der Logos steht endlich nach Philo in einem besonderen mystischen Verhältnisse zu den tugendhaften Menschen. Er erleuchtet nämlich die Seele und heißt deshalb in der Schrift die „Sonne" Gen. 19, 23. 24. Die Israeliten in Egypten hatten, weil sie vom göttlichen Logos geistig erleuchtet wurden, Licht in allen ihren Wohnungen (Ex. 10, 23), während die Egypter des Strahls der Tugend entbehren mußten (de somn. I, 86. 117 [M. I, 633. 638]). Aber der Logos begnügt sich nicht damit, die Seele zu erleuchten und zu belehren, sondern er sucht sie auch sittlich zu erneuern, und zwar dadurch, daß er in die Seele des Guten eingeht und ihr innewohnt. „In denen, welche das Leben der Seele schätzen, wohnt der göttliche Logos und wandelt in ihnen, die aber das Leben der Lust schätzen, haben ein vorübergehendes und trügerisches Glück" (de post. Caini 122 [M. I, 249]). Der Logos bringt durch seine Einwohnung der Seele nicht nur Tugend, sondern auch Wissen. Ein Sinnbild dessen ist das Manna, welches dem Koriandersamen gleicht; denn wie der Augapfel (Wortspiel zwischen *κόρη* und *κορίον*) sehr klein ist, aber Erde und Meer überschaut, so ist auch der göttliche Logos scharfblickend und alles zu schauen imstande; er allein ist es, durch den wir alle Wahrheit sehen können (leg. alleg. III, 171 [M. I, 120]).

Da Johannes vom Logos sagt: „Er war das wahre Licht, welches jeden Menschen erleuchtet" (Joh. 1, 9) und der Heiland selbst versichert: „Wenn jemand mich liebt, so wird ihn mein Vater lieben, und wir werden kommen und Wohnung bei ihm nehmen" (Joh. 14, 23), so stand für Clemens nichts im Wege, die Auffassung Philos sich zu eigen zu machen. Er übernimmt von ihm zunächst die Bezeichnung des Logos als die Sonne der Seele, welche das Innere des Menschen erleuchtet: „Die Sonne wird wohl niemals den wahren Gott sichtbar machen, sondern der gesunde Logos, welcher die Sonne der Seele ist, durch welchen allein, wenn er innen in der Tiefe des Geistes *(νοῦς)* aufgeht, das Auge der Seele erleuchtet wird" (Protrept. 6, 68 P. 59). Der Logos ergreift ferner Besitz von der Seele des Guten, stattet sie aus mit überirdischem Tugendglanze und macht sie auf diese Weise Gott ähnlich. „Jener Mensch aber, in dem der Logos wohnt, schillert nicht in allen Farben (der Leidenschaften) und verwandelt sich nicht in alle Gestalten (d. h. gibt nicht allen Begierden nach); er trägt die Gestalt des Logos; er ist Gott ähnlich; er ist wirklich schön, nicht nur geschminkt; es ist die wahre Schönheit; er ist ja ein Gott; jener Mensch aber wird zum Gotte, weil Gott es will" (Paed. III, 1, 1 P. 251). Und wie Philo den Logos als „scharfblickend" bezeichnet, weil er dem Menschen die Weisheit mitteilt, so nennt ihn Clemens in ähnlicher Weise „alles schauend", weil er die Sünden der Menschen erforscht. „Es erblickte die Sodomiten der allschauende Logos *(ὁ παντεπόπτης λόγος),* dem niemand, der Sündhaftes tut, verborgen bleibt, und er sah nicht ruhig zu bei ihrer Unzucht, der nie schlafende Wächter der Menschheit" (Paed. III, 8, 44 P. 280).

Da Justin und Clemens mehrere Aussagen über den Logos, die ihnen bei Philo begegneten, bei Johannes wiederfanden, so mochten sie sich veranlaßt fühlen, auch andere Elemente aus dem Logosbegriff Philos herüberzunehmen. Justin indessen war hierin sehr vorsichtig. Wenn er auch einen gewissen Subordinatianismus des Logos lehrte, indem er den Sohn zwar als wahren Gott ansah, ihn aber der Natur nach dem Vater nicht völlig gleichstellte und seinen Willen dem des Vaters unterordnete [1]), so ist sein Logos doch im wesentlichen christlich. Der Apologet bezeugt klar die Persönlichkeit des Logos, der in Jesus Christus Fleisch angenommen hat, und läßt uns nie darüber im Zweifel, daß er ihm die göttliche Natur zuerkennt. Dagegen ließ sich Clemens durch die Hochschätzung, die er der Philosophie entgegenbrachte, zu so weitgehenden Anleihen bei der Logoslehre des jüdischen Theosophen verleiten, daß die metaphysische Seite seines Logosbegriffs eine gewisse Unklarheit besitzt, wenn auch nie die volle Persönlichkeit seines Logos im Unterschied zu Philo in Frage gestellt ist. Da dieser Kirchenschriftsteller sich an den jüdischen Theosophen selbst in den Punkten anschloß, für die er in der Schrift keine Parallele finden konnte, so ist es wahrscheinlich, daß er auch da, wo das Neue Testament über den Logos etwas aussagt, was philonischen Sätzen tatsächlich oder scheinbar gleicht, sich zunächst an den jüdischen Schriftsteller anlehnte und in der Schrift nur eine Bestätigung der Ausführungen Philos erblickte. Zu weit geht indeß de Faye [2]) mit der Behauptung, das Neue Testament habe dem Clemens keine Elemente seines Logosbegriffs

---

[1]) Vgl. Feder, Justins des Märtyrers Lehre von Jesus Christus 103 ff.
[2]) Clément d'Alexandrie 246 Anm. 4.

geliefert. Schon daß der Logos bei ihm eine wahre Person ist, Jesus Christus, und daß der Johannesprolog von ihm so oft zitiert wird, zeigt die Haltlosigkeit dieser These [1]).

Zweiter Abschnitt.

Die geschichtlichen Abschnitte des Pentateuchs.

§ 9. Die Urgeschichte.

1. Die Schöpfung der Welt.

1. Nach Plato hat alle Ordnung in der Körperwelt, die aus sich ungeordnet ist, ihren Ursprung in den Ideen. Diese sind unsinnlich und intelligibel, d. h. nur dem Denken zugänglich, und bilden eine Welt für sich (*τόπος νοητός* Tim. 28). In der Ideenwelt gibt es Ideen für alles das, wofür ein allgemeiner Begriff vorhanden ist. Sie sind die Vorbilder *(παραδείγματα)* der sinnfälligen Dinge, welch letztere Nachahmungen *(μιμήματα)* oder Nachbilder *(εἰκόνες)* der Ideen sind. Durch Nachahmung der Ideen bildete der Demiurg aus der Materie die Welt (Tim. 30 C). Der spätere Platonismus faßte, wie der Neuplatonismus, die Ideen als Gedanken der Gottheit auf.

Diese philosophischen Lehren macht sich Philo zu eigen und deutet sie durch allegorische Exegese in den Schöpfungsbericht der Genesis hinein.

Nur an einer Stelle vertritt der alexandrinische Schriftausleger die strengjüdische Auffassung, nach welcher Gott der Schöpfer aller Dinge ist (de somn. I, 76 [M. I, 632]: *ἃ πρότερον οὐκ ἦν, ἐποίησεν, οὐ δημιουργὸς μόνον, ἀλλὰ καὶ κτίστης αὐτὸς ὤν*). Sonst folgt er der Ansicht Platos, nach der Gott den Stoff als etwas bereits Existierendes vorfindet, schreibt aber diese Meinung dem Moses zu (de opif. m. 8 [M. I, 2]). Wie Plato und die Stoiker bezeichnet Philo die Materie als eigenschaftslos und gestaltlos (de opif. m. 22 [M. I, 5]; de fuga et inv. 8 [M. I, 547]).

---

[1]) Schwerere Verfehlungen ließ sich Clemens indes in den Hypotyposen bezüglich der Logoslehre zu schulden kommen. Photius (Biblioth. cod. 109) berichtet: »Er zieht den Sohn zu einem Geschöpfe herab ... Auch ergibt sich, daß er von zwei Logoi des Vaters fabelt, von welchen der niedere den Menschen erschienen sei oder vielmehr auch dieser nicht einmal«.

Daher kann nach ihm auch nicht mehr von einer Schöpfung ex nihilo die Rede sein, sondern nur von einer Weltbildung, bei der Gott als Werkmeister oder Künstler *(δημιουργός, κοσμοπλάστης, τεχνίτης)* erscheint. Die sichtbare Welt *(κόσμος αἰσθητός)* trat ins Dasein nach einem Plane, als welcher die Ideenwelt *(κόσμος νοητός)* anzusehen ist und den Gott sich vorher gemacht hatte, um nach diesem Vorbilde *(παράδειγμα)* das Abbild *(μίμημα)* zu formen. „Da sich Gott als solcher im voraus dachte, daß ein schönes Abbild ohne ein schönes Vorbild nicht entstehen könne und ebenso nichts sinnlich Wahrnehmbares, was ohne Tadel wäre, wenn es nicht nach einem Urbild und einer geistigen Idee gestaltet würde, so schuf er, als er diese sichtbare Welt bilden wollte, zuerst die geistige, um mit Hilfe des unkörperlichen und gottähnlichen Vorbildes die körperliche Welt zu formen, das jüngere Abbild eines älteren Vorbildes, das ebenso viele sinnliche Gattungen enthält als in jenem geistige vorhanden sind" (de opif. m. 16 [M. I, 4]). Die ideale Welt wurde am ersten Tage der Schöpfungswoche ins Dasein gerufen. Dies deutet die Schrift Gen. 1, 5 mit dem Worte *μία* an, welches hier absichtlich für *πρώτη* von Moses gebraucht ist, weil es auf den einzigartigen Charakter der geistigen Welt hinweisen soll. Die ganze Welt aber, die sichtbare und die unsichtbare, ist in sechs Tagen geschaffen, weil diese Zahl als Zahl der Zeugung passend an das Entstehen aller Dinge erinnert. „Es mußte die Welt nach einer vollkommenen Zahl, der Sechs, gebildet werden, da sie die vollkommenste der geschaffenen ist und in sich die Fähigkeit haben sollte, daß die durch Paarung entstehenden Dinge nach der ersten gemischten Zahl, dem Produkt einer geraden und einer ungeraden (3×2; *ἀρτιοπέριττον*), geschaffen würden, welche die Idee des den Samen gebenden Männlichen (3) und die Idee des die Sprößlinge empfangenden Weiblichen (2) enthielt. Jedem Tag teilte Gott einige Abschnitte des Alls mit, den ersten ausgenommen, den er selbst nicht den „ersten" *(πρώτην)* heißt, damit er nicht mit den andern mitgezählt würde, sondern den „einen" *(μίαν)* nennt und so mit einem treffenden Ausdruck bezeichnet, indem er die Natur und die Benennung der Einheit in ihm erblickt und hervorhebt" (de opif. m. 14. 15 [M. I, 3]).

Der Beweis dafür, daß die Annahme einer unsichtbaren vorbildlichen und einer sichtbaren Welt berechtigt ist, ist in den Worten der Schrift enthalten: „Im Anfange *(ἐν ἀρχῇ)* schuf Gott

Himmel und Erde; die Erde aber war unsichtbar und ungeordnet" (ἀόρατος καὶ ἀκατασκεύαστος [1]) LXX Gen. 1, 1. 2). Ἐν ἀρχῇ bezeichnet nämlich nicht den zeitlichen Anfang der Welt, weil die Zeit nicht vor der Welt existierte, sondern von ihr erst die Rede sein konnte, als die Welt ins Dasein trat. Es soll mit dieser Wendung also nur gesagt werden, daß der Himmel zuerst erschaffen wurde. Die nähere Angabe „die Erde war unsichtbar" weist darauf hin, daß nicht die wirkliche sichtbare Erde, also, da das Prädikat sich auf den vorhergehenden Satz mitbezieht, auch nicht der wirkliche sichtbare Himmel gemeint sein kann, sondern ein unsichtbarer Himmel, eine unsichtbare Erde, die Ideenwelt. Dann sind aber unter dem „Licht" (V. 3) auch nicht die realen Lichtkörper, Sonne, Mond und Sterne, zu verstehen, sondern ihre Vorbilder, die Ideen der Lichtkörper. Damit schließt die Schöpfung der Idealwelt ab (Gen. 1, 5), und Gott beginnt nun, nach ihrem Vorbild die sichtbare reale Welt zu gestalten. Darauf weist Gen. 1, 6 hin: „Es werde eine Feste inmitten des Wassers". Unter der „Feste" ist der sichtbare Himmel zu verstehen; denn was fest ist, das ist sichtbar und körperlich. Somit stellt die Schrift hier den sinnlichen körperlichen Himmel dem unsichtbaren geistigen Himmel V. 1 gegenüber (de opif. m. 26—29. 36 [M. I, 6. 8]).

In der Erklärung der Schöpfungsgeschichte scheint Justin in einem gewissen Gegensatz zu Philo zu stehen; denn nach ihm hat Plato aus Gen. 1, 1—3 nicht seine Lehre von der Ideenwelt geschöpft, wie man es im Geiste des jüdischen Exegeten erwarten möchte, sondern die Ansicht, Gott habe aus der Materie die Welt gebildet, und zwar am ersten Tage. „Damit ihr aber sehet, daß von unseren Lehrern (den Verfassern der hl. Schriften) ... Plato seinen Ausspruch hergenommen hat, durch Umwenden gestaltlosen Stoffes habe Gott die Welt gemacht, so höret, was wörtlich von Moses gesagt worden, woraus Gott am Anfange die Welt erschaffen habe" (es folgt Gen. 1, 1—3) (Ap. I, 59). An dieser Stelle kann aber deshalb nicht von der Idealwelt die Rede sein, weil Justin zeigen will, welche Parallelen zu christlichen Glaubenssätzen sich bei Plato finden, die der Philosoph seiner Ansicht nach der hl. Schrift entlehnt hat: „Also nicht wir haben die gleichen Lehrsätze mit anderen, sondern sie alle sprechen

---

[1]) Da Philo auf ἀκατασκεύαστος nirgends eingeht, scheint er dieses Wort in seiner Bibelhandschrift nicht gelesen zu haben.

die unsrigen nur nachahmend nach" (Ap. I, 60). Nun ist in der Schöpfungslehre nicht Gegenstand der Offenbarung, daß Gott eine Idealwelt ins Dasein gerufen, wohl aber, daß er die reale Welt hervorgebracht hat. Nur für die letztere Wahrheit konnte der Apologet bei Plato eine entsprechende Äußerung suchen, und er glaubte sie in dem philosophischen Satze zu finden, daß Gott aus der Materie die Welt gebildet hat. Daß Justin in diesem Zusammenhange die Idealwelt erwähnte, dürfen wir also nicht erwarten. Fraglich ist es freilich, ob der Apologet Gen. 1, 1—3 in Beziehung zu Platos Lehre von der Bildung der Welt aus der Materie gebracht hätte, wenn er die Stelle wie Philo auf die Schöpfung einer idealen, nicht einer realen Welt gedeutet hätte. Doch nimmt er wenigstens wie der jüdische Exeget an, daß Gott die Welt nach einem vorher ersonnenen Plane, also die reale Welt nach einer idealen, ins Dasein gerufen hat. „Gott machte durch den Logos die Welt, nachdem sie erdacht worden war" (Ap. I, 64).

Der Verfasser der Cohortatio ad Gentiles ist überzeugt, daß Plato seine Ideenlehre aus Gen. 1, 1—3 geschöpft hat. Der griechische Philosoph habe unter der „unsichtbaren Erde" eine präexistierende verstanden und aus den Worten „Gott schuf Himmel und Erde" geschlossen, daß Gott die Erde nach der vorher existierenden Idee, der „unsichtbaren" Erde, geschaffen habe. In ähnlicher Weise sei von ihm die Schöpfung des Himmels aufgefaßt worden; den sichtbaren Himmel habe er in der „Feste" Gen. 1, 6 angedeutet gesehen, den unsichtbaren in Ps. 113, 24 „Der Himmel des Himmels dem Herrn" erwähnt gefunden (c. 30). Die Erklärung von Gen. 1, 1—6, die der Verfasser der Cohortatio dem Plato zuschreibt, stimmt also fast ganz mit derjenigen überein, welche Philo als Schüler Platos zu dieser Stelle gibt, und letztere hat der christliche Apologet im Auge gehabt. Ohne Erinnerung an die Auslegung des ihm wohl bekannten jüdischen Exegeten hätte er den Plato schwerlich die Ideenlehre aus Moses schöpfen lassen. Aber er lehnt die Ideenlehre und damit die Exegese Philos als falsch ab: „In gleicher Weise wird (von Plato) über die Erde und den Himmel und den Menschen irrtümlich *(σφαλείς)* gelehrt; er glaubt, daß es auch von diesen Ideen gebe" (c. 30).

Clemens endlich schließt sich in der Erklärung von Gen. 1, 1—6 vollständig an Philo an: „Die barbarische Philosophie (darunter versteht der Kirchenschriftsteller das Alte Testament,

§ 9. Die Urgeschichte. 155

die „Philosophie" der Juden im Gegensatz zu der Philosophie der
Griechen) kennt eine geistige *(κόσμος νοητός)* und eine sinnliche
(αἰσθητός) Welt, die eine als Vorbild *(ἀρχέτυπος)*, die andere als
Abbild *(εἰκών)* des genannten Vorbildes; die eine eignet er der
Eins zu als die geistige, die andere, die sinnliche, der Sechs.
„Ehe" *(γάμος)* wird nämlich bei den Pythagoreern die Sechs genannt als die Zahl der Zeugung; und in der Eins bringt er (Gott)
den unsichtbaren Himmel, die körperliche Erde und das geistige
Licht hervor. „Im Anfange" nämlich, so sagt die Schrift, „schuf
Gott Himmel und Erde; die Erde aber war unsichtbar *(ἀόρατος)*".
Dann fährt sie fort: „Und Gott sprach: Es werde Licht, und es
ward Licht." In der sinnlichen Schöpfung bildet er den festen
Himmel — was fest ist, ist aber sinnlich wahrnehmbar —, die
sichtbare Erde und das wahrnehmbare Licht" (Str. V, 14, 93. 94
P. 702 f.). Wie wir sehen, weicht Clemens von Philo in einem
einzigen Punkte ab, und dies ist ein auf Flüchtigkeit beruhendes
Versehen. Er teilt nämlich der Schöpfung der sichtbaren Welt
sechs Tage zu, während für sie, da die geistige Welt auch nach
dem Kirchenschriftsteller am ersten Tage ins Dasein gerufen wurde,
nur fünf Tage zur Verfügung standen. Er übersieht, daß Philo die
sechs Tage folgerichtig auf die Schöpfung der beiden Welten bezieht.

In den **Hypotyposen** hält Clemens, wie **Photius**
ihm vorwirft (Biblioth. cod. 109. ed. Bekker p. 89), die Materie für ewig und sucht aus den Worten der hl. Schrift eine
Ideenlehre abzuleiten. Über den ersten Punkt spricht der christliche Exeget in den anderen Schriften sich nicht aus; der zweiten
Vorstellung aber begegnen wir, wie wir eben gesehen haben, auch
in den Stromata. Clemens hat sich also bei der Erklärung des
ersten Kapitels der Genesis durchweg an Philo angeschlossen.

2. Wenn nun die Schrift berichtet, daß alles in **sechs**
Tagen gemacht worden ist, so will sie nach **Philo** damit durchaus nicht sagen, daß Gott der Zeit bedurfte; denn Gott kann
alles gleichzeitig tun *(ἅμα γὰρ πάντα δρᾶν εἰκὸς θεόν)*. Sie deutet
vielmehr mit diesen Worten nur an, daß dem Geschaffenen nach
dem Willen des Schöpfers eine bestimmte Ordnung innewohnen
sollte *(ἐπειδὴ τοῖς γενομένοις ἔδει τάξεως* de opif. m. 13 [M. I, 3];
28 [M. I, 6]). Zum Beweise wird von dem jüdischen Exegeten
geschickt die Unterschrift des ersten Schöpfungsberichtes der Genesis (2, 4) benutzt: *αὕτη ἡ βίβλος γενέσεως οὐρανοῦ καὶ γῆς, ὅτε*
ἐγένετο. Hier ist, so folgert er, die Zeit, das *πότε*, nicht angegeben,

um uns darauf hinzuweisen, daß Gott, wenn er schaffen will, an die Zeit nicht gebunden ist, und um der Meinung, die Welt sei in sechs realen Tagen entstanden, den Boden zu entziehen: „Damit man nicht vermute, daß Gott in abgegrenzten Zeiträumen etwas mache, sondern sähe, daß das Geschaffene für das Menschengeschlecht verborgen, dunkel und unbegreiflich sei, gebraucht (Moses) die Wendung „als sie (die Schöpfung) wurde", wobei er das „wann" in seinem Umfange nicht begrenzt; „denn unbegrenzt wird das Geschaffene von der Ursächlichkeit (Gott) ins Dasein gerufen; es ist also ausgeschlossen, daß das All in sechs Tagen geworden ist" (leg. alleg. I, 20 [M. I, 47]). Die in den Schöpfungswerken herrschende Ordnung besteht einerseits darin, daß der Himmel zuerst gemacht wurde, weil er das Beste ist und aus dem reinsten Stoff besteht (de opif. m. 27 [M. I, 6]), anderseits darin, daß man bei den letzten Tagewerken eine von den niedrigsten bis zu den vollkommensten Lebewesen aufsteigende Reihenfolge beobachten kann. Es treten nacheinander ins Dasein d. h. es werden nacheinander in der Schrift genannt Fische, Vögel, Landtiere, der Mensch (de opif. m. 67 [M. I, 15]).

Die Meinung, bei den Schöpfungswerken sei nicht eine reale, sondern nur eine ideale Reihenfolge anzunehmen, wird von Philo aber nicht immer ohne inneren Widerspruch vertreten. So sagt er bei der Erklärung des sechsten Tagewerkes, Gott habe den Menschen deshalb ideell nach den Tieren und Pflanzen erschaffen, damit er alles, was er zum Leben brauchte, gleich vorfände, und namentlich damit ihn die Tiere, wenn er plötzlich in ihrer Mitte in all seiner Herrlichkeit erschiene, als ihren Gebieter verehrten (de opif. m. 77. 78. 83—86 [M. I, 18. 20]). Gewiß gelten diese Gründe auch dann, wenn man eine gleichzeitige Schöpfung aller Dinge annimmt. Aber bei dieser Auffassung des biblischen Berichtes brauchte der Mensch nicht am sechsten Tage ins Dasein zu treten, sondern konnte bereits am zweiten Tage geschaffen werden; denn zugleich mit ihm existierten ja auch Pflanzen und Tiere[1].

In seiner Erklärung der Schöpfungsgeschichte trägt Philo aber nicht seine eigene Meinung vor, sondern vertritt nur eine unter den alexandrinischen Juden schon lange herrschende Deutung. Bereits Aristobul nimmt eine ideale Aufeinanderfolge der Tage-

---

[1] Ein anderer Widerspruch in der Erklärung der Schöpfungsgeschichte ist S. 118 erwähnt worden.

werke an: „Die Worte: Gott hat in sechs Tagen Himmel und Erde gemacht und alles, was darin ist, gebraucht Moses, um die Zeiten anzuzeigen und den Rang, den ein (Werk) nach dem andern einnimmt; denn bei der Anordnung, die er zuerst getroffen, erhält er alles, ohne etwas zu ändern" (Euseb. Praep. evg. XIII, 12 [M. 21, 1101]). Zwar könnte man bei den hier erwähnten „Zeiten" an wirkliche Tage von 24 Stunden denken. Daß aber dies dem von Aristobul beabsichtigten Gedanken nicht entsprechen würde, zeigt der kurz vor jener Stelle sich findende Satz: „Der Schöpfer der Welt hat uns, weil unser Leben voll Mühseligkeit ist, den siebenten Tag zur Ruhe angewiesen. Dieser Tag kann in physischer Erklärung ($\varphi v \sigma \iota \varkappa \tilde{\omega} \varsigma$) die erste Erzeugung des Lichts genannt werden, in dem alles erkannt wird." Da das Licht am ersten Tage gemacht wurde, so ist dieser Ausspruch mit einer Annahme wirklicher Schöpfungstage unvereinbar. Bekannte sich aber Aristobul zu der Auffassung, daß alles gleichzeitig ins Dasein getreten war, so fielen nach ihm der erste und der siebente Tag zusammen, und er konnte das Licht auch am siebenten Tage entstanden sein lassen. Deutlich ausgesprochen wird dies von Philo: „Daher ist die Sieben zwar der Ordnung nach später erzeugt als die Sechs, an Bedeutung aber ist sie älter als jede Zahl und unterscheidet sich in nichts von der Eins. Dies zeigt Moses selbst im Schöpfungsbericht mit den Worten: „Es ruhte Gott am siebenten Tage von allen seinen Werken u. s. w." (Gen. 2, 2. 3). Dann fügt er hinzu: „Dies ist das Buch der Schöpfung des Himmels und der Erde, als sie geschah, an dem Tage, an welchem Gott Himmel und Erde gemacht hatte" (Gen. 2, 4). An dem ersten Tage geschah dies, so daß sich die Sieben auf die erste Monas und den Anfang aller Dinge zurückbezieht" (de post. Caini 64. 65 [M. I, 237]). Da nun das Licht die herrlichste Schöpfung des ersten Tages ist, der siebente und der erste Tag aber in der Allegorie ein und dasselbe sind, so ist das Licht auch dem Sabbat heilig. Auf diese Weise erklärt sich der Ausspruch Aristobuls.

Clemens folgt in allen Einzelheiten der Erklärung Philos. Auf Grund von Gen. 2, 4 faßt auch er die sechs Schöpfungstage nicht wörtlich auf, sondern nimmt eine gleichzeitige Entstehung aller Dinge infolge eines einmaligen Willensaktes Gottes an. Die sechs Tage sind mithin nicht von einer realen Reihenfolge zu verstehen, sondern von einer idealen. Etwas mußte doch an erster Stelle genannt werden, und da hielt Moses bei der Aufzählung der Tagewerke eine solche Ordnung inne, daß er zuerst die unvollkommneren, dann die vollkommneren nannte, so daß ein Fortschreiten in der Güte stattfindet. Dem Schöpfungsberichte selbst fügte er hinzu: „Dies ist das Buch der Schöpfung des Himmels und der Erde, als sie geschah", um uns darüber zu belehren, daß 1) Gott die Welt erschuf, 2) daß er dazu nicht der Zeit bedurfte (Str. VI, 16, 145 P. 815). „Die an den verschiedenen Tagen erfolgten Schöpfungen haben in bester Reihenfolge von der jedesmal vorhergehenden den Wert erhalten, da alles Gewordene, durch einen Gedanken ins Dasein gerufen, eine Ordnung haben sollte, aber dabei nicht gleich schätzenswert ist; denn durch die Aufzählung wird nicht das Entstehen des einzelnen verkündet, da, wie gesagt, die Schöpfung mit einem Male (ἀθρόως) vor sich ging. Etwas mußte nämlich an erster Stelle genannt werden" (Str. VI, 16, 142 P. 813).

3. Wenn es endlich in der Schrift heißt, Gott habe am siebenten Tage geruht (Gen. 2, 2), so ist dies, erklärt bereits Aristobul, nicht wörtlich zu verstehen, sondern dahin zu deuten, daß Gott alle Dinge in der einmal festgesetzten Ordnung erhält: „Wenn es im Pentateuch heißt, Gott habe an jenem Tage geruht, so ist dies nicht so aufzufassen, wie einige wollen, als habe Gott nichts mehr getan, sondern der wahre Sinn ist dieser: Gott hat der Unordnung ein Ende gemacht und die Ordnung für alle Zeit festgestellt" (Euseb. Praep. evg. XIII, 12 [M. 21, 1101]).

Philo stimmt mit Aristobul im Ausgangspunkt der Erklärung überein, indem auch er das Ruhen Gottes nicht wörtlich auffaßt. Da nämlich Gott niemals aufhört zu wirken, so bedeutet das κατέπαυσεν nicht, daß er von seiner Tätigkeit überhaupt abgelassen hat, sondern nur, daß er nicht mehr irdische Dinge ins Dasein ruft, da das von ihm Geschaffene von selbst weiter wirkt, und daß er nun der Heiligkeit des siebenten Tages entsprechende himmlische Dinge zu tun anfängt: „Indem er am siebenten Tage mit der Schöpfung der irdischen Dinge aufhört, beginnt er mit der Gestaltung anderer, heiligerer Dinge; denn Gott hört niemals auf zu wirken, sondern wie es dem Feuer eigen ist, daß es brennt, und dem Schnee, daß er kalt macht, so ist auch Gott das Wirken eigen, und dies um so mehr, als er auch für alle anderen Dinge der Anfang des Tuns ist" (leg. alleg. 5 [M. I, 44]; vgl. 16 [M. I, 46]).

Clemens schließt sich in der Erklärung von Gen. 2, 2 an Aristobul an. Da Gott immer wirkt, so ist die Ruhe Gottes nicht wörtlich zu verstehen, sondern die Schrift will nur sagen, daß die Unordnung nun aufhört und die unter den geschaffenen Dingen hergestellte Ordnung unverrückt bewahrt bleibt. „Gott hat nicht aufgehört zu wirken, wie einige das Ausruhen Gottes auffassen wollen ... Das „Aufhören" bedeutet vielmehr, daß er festgesetzt hat, daß die Ordnung der Dinge für alle Zeiten unverrückt bewahrt wird, und daß er jedes Geschöpf von der alten Unordnung abgewandt hat" (Str. VI, 16, 141. 142 P. 813).

4. Weil es nicht leicht ist, das zu trennen, was ursprüngliches geistiges Eigentum des Pythagoras ist und was seine Schüler später hinzugefügt haben, so sind die Ansichten noch darüber geteilt, ob jener Philosoph die Erde, um welche die Planeten und der Fixsternhimmel kreisen, zum Mittelpunkt der Welt gemacht hat, oder ob er der Meinung gewesen ist, daß die Erde nicht stille steht, sondern wie die anderen Himmelskörper um das Zentralfeuer sich bewegt [1]). Plato sieht die Erde als Mittelpunkt des kugelförmigen Weltalls an; um sie drehen sich die sieben Sphären mit der Sonne, dem Monde und den fünf Planeten, und an der äußersten Peripherie der Fixsternhimmel (Timäus und 10. Buch der Republik). Ohne auf die Meinungen späterer Philosophen einzugehen (Eudoxus nimmt 27 Sphären an, Aristoteles macht 55 daraus), vertritt Philo die Lehre Platos (de congr. erud. gr. 104 [M. I, 534]; de decal. 103 [M. II, 198] u. ö.). Wie sonst, folgt ihm auch hierin Clemens (Str. IV, 25, 159 P. 636). Diese astronomische Ansicht finden beide Exegeten, wie wir sehen werden, in der hl. Schrift an mehreren Stellen angedeutet.

2. Die Schöpfung des Menschen.

1. Die Ideenlehre des Plato, welche für Philos Erklärung der Weltschöpfung grundlegend war, übte auf den jüdischen Exegeten auch da ihren Einfluß aus, wo er von der Schöpfung des Menschen handelt. Die Verschiedenheit der beiden Schöpfungsurkunden wird von ihm dabei geschickt benutzt. Die Genesis, so äußert er sich, erzählt von zwei Menschen, einem idealen

---

[1]) Vgl. Windelband, Geschichte der alten Philosophie (Iwan Müllers Handbuch der klass. Altertumswissenschaft V, 1) 2. Aufl. München 1894. S. 62 u. 277.

und einem wirklichen. Von jenem wird Gen. 1, 27 gesagt, daß er nach dem Ebenbilde Gottes erschaffen ist; das Entstehen des zweiten wird Gen. 2, 7 mit den Worten beschrieben: Es bildete Gott den Menschen, indem er Staub von der Erde nahm. „Aufs deutlichste, so schließt Philo aus dieser Stelle, zeigt dadurch Moses, daß ein sehr großer Unterschied zwischen dem jetzt geformten Menschen und dem früher nach dem Bilde Gottes entstandenen besteht. Der eine, der geformte *(διαπλασθείς)*, ist sinnlich, hat Eigenschaften, besteht aus Leib und Seele, ist Mann oder Weib und von Natur sterblich; der andere, der nach dem Ebenbilde, ist eine Idee oder eine Gattung oder ein Siegel, geistig, unkörperlich, weder männlich noch weiblich, von Natur unvergänglich" (de opif. m. 134 [M. I, 32]). Den Idealmenschen nennt Philo den himmlischen, den anderen den irdischen Adam (leg. alleg. I, 31 [M. I, 49]). An dieser Stelle trennt er den Idealmenschen von dem Bilde Gottes d. i. dem Logos. Beide Begriffe gehen indessen sonst ineinander über, wie denn auch der Ausdruck „Mensch Gottes" den Logos bezeichnet (*ἄνθρωπος θεοῦ, ὅς τοῦ ἀϊδίου λόγος ὤν* de confus. ling. 41 [M. I, 411]), und so sagt der jüdische Exeget offen, daß Gen. 1, 27 unter dem „Bilde Gottes" der Logos zu verstehen ist, nach welchem als der vorbildlichen Idee der irdische Mensch geschaffen wurde (quis rer. div. heres 230. 231 [M. I, 505]). Es handelt sich hier um das Opfer, welches der Herr dem Abraham darzubringen geboten hatte (Gen. 15, 9 ff.). Der Patriarch zerteilte die Opfertiere mit Ausnahme der Turteltaube und der Haustaube. Warum zerteilte er gerade diese nicht? fragt Philo und antwortet: „Weil sie die zwei Logoi bedeuten, die den Vögeln gleich zum Himmel emporstreben. Der eine ist das Urbild, das über uns steht, der andere ist das Abbild, das in uns ist. Den, der über uns ist, nennt Moses „Ebenbild Gottes", den anderen, der in uns ist „Abbild des Ebenbildes"; denn er sagt nicht: „Gott schuf den Menschen als Ebenbild Gottes, sondern nach dem Ebenbilde *(οὐχὶ εἰκόνα θεοῦ, ἀλλὰ κατ' εἰκόνα)*. Folglich ist unser Geist, der ja eigentlich und in Wahrheit der Mensch ist, erst im dritten Gliede Bild des Schöpfers; in der Mitte steht sein Vorbild, das wiederum Abbild Gottes ist." Den Gedanken, daß der **Logos das Vorbild des Menschen** bei seiner Schöpfung war, wiederholt Philo sehr oft, so leg. alleg. III, 96 [M. I, 106]. Hier deutet er den Namen Beseleel auf den Logos, da dieses Wort, von ihm in בְּצֵל אֵל aufgelöst, mit „Schatten Gottes" zu übersetzen sei.

§ 9. Die Urgeschichte. 161

Dieser „Schatten und sozusagen Abbild" Gottes sei das Urbild für den Menschen gewesen. Den gleichen Gedanken trägt der jüdische Exeget de opif. m. 25 [M. I, 5] vor, wo er sich wie in der angeführten Stelle quis rer. div. heres 231 auf die Präposition κατά bei εἰκόνα θεοῦ stützt. Daß er den Logos als „Abbild Gottes" bezeichnet, hat wohl darin seinen Grund, daß im Buche der Weisheit die Weisheit genannt wird „Bild seiner (Gottes) Güte" (7, 26).

Der irdische Mensch besteht nun aus Leib und Seele. Da Gott keinen Leib hat und sein Abbild, der Logos, der himmlische Mensch, ebenfalls unkörperlich ist, so kann die in der Schrift erwähnte Ähnlichkeit des irdischen Menschen zunächst mit dem Logos und in zweiter Linie mit Gott nicht auf den Leib sich beziehen, sondern nur auf die Seele. „Die Seele des Menschen ist dem Logos Gottes als dem Vorbilde nachgeahmt" (de plant. 20 [M. I, 332]). „Da weder Gott menschenähnlich noch der menschliche Leib gottähnlich ist, so ist das Abbild nach der Vernunft als dem Führer der Seele genannt" (de opif. m. 69 [M. I, 16]; vgl. quis rer. div. heres 231 [M. I, 505]; de special. leg. I, 81 [M. II, 225]).

Der Verfasser der Cohortatio ad Gentiles schreibt dem Plato dieselbe Exegese von 2, 7 zu, welche wir eben bei Philo kennen gelernt haben, und läßt ihn aus jener Stelle die Ideenlehre ableiten. Moses erwähne zuerst (d. h. Gen. 1, 27) das Wort „Mensch"; nachdem er dann viele erschaffene Dinge angeführt, handle er endlich von der Bildung des Menschen mit den Worten: „Es schuf Gott den Menschen, indem er Staub von der Erde nahm." Plato habe daher geglaubt, daß der zuerst genannte Mensch eher als das Geschaffene existierte, der aus Erde gebildete aber später, nach der bereits vorhandenen Idee, gemacht worden sei (Kap. 30).

Ausführlicher handelt Clemens über die Schöpfung des Menschen, indem er sich an den jüdischen Exegeten anschließt. Er unterscheidet wie dieser einen geistigen und einen leiblichen Menschen. Ersterer sei das Ebenbild Gottes, εἰκὼν θεοῦ, letzterer der wirkliche Mensch, εἰκὼν εἰκόνος. Dies sei aus Gen. 1, 27 zu schließen: „Gott schuf den Menschen nach seinem Bilde." Das Bild Gottes sei der Logos, der Mensch mithin Abbild des Logos. Die Ebenbildlichkeit könne sich nicht auf den Leib des Menschen beziehen, weil Gott unkörperlich sei, habe also ihren Grund in der Seele. „Gottes Abbild ist sein Logos

Alttest. Abhandl. I, 1/2. Heinisch, Der Einfluß Philos. 11

(der göttlichen Urvernunft eigentlicher Sohn ist der göttliche Logos, des Lichtes urbildliches Licht); Abbild des Logos aber ist der wahre Mensch, die Vernunft im Menschen, von dem es deswegen heißt, daß er nach dem Bilde und dem Gleichnisse Gottes geschaffen sei" (Protrept. 10, 98 P. 78). „Das Bild und Gleichnis bezieht sich nicht auf den Leib — denn man darf das Sterbliche mit dem Unsterblichen nicht in Vergleich stellen — sondern auf die Vernunft" (Str. II, 19, 102 P. 483; vgl. Str. V, 14, 94 P. 703).

2. Gen. 2, 7: „Gott hauchte in sein Angesicht den Odem des Lebens, und es wurde der Mensch zu einem lebenden Wesen." Dem Menschen, so erklärt Philo diese Stelle, wurde die vernünftige Seele deshalb gerade ins Angesicht gehaucht und nicht in einen anderen Körperteil, weil das Gesicht der Sitz der Sinne ist und diese belebt werden mußten, da ohne deren Mitwirkung der Verstand nichts wahrnehmen kann. Clemens übernimmt diese Deutung, und zwar sind seine Ausführungen erst durch die parallele Stelle bei Philo recht verständlich.

De opif. m. 139 [M. I, 33]. διό φησιν ἀπεικόνισμα καὶ μίμημα γεγενῆσθαι τούτου τὸν ἄνθρωπον ἐμπνευσθέντα εἰς τὸ πρόσωπον, ἔνθα τῶν αἰσθήσεων ὁ τόπος, αἷς τὸ μὲν σῶμα ἐψύχωσεν ὁ δημιουργός, τὸν δὲ βασιλέα λογισμὸν ἐνιδρυσάμενος τῷ ἡγεμονικῷ παρέδωκε δορυφορεῖσθαι πρὸς τὰς χρωμάτων καὶ φωνῶν ... ἀντιλήψεις, ἃς ἄνευ αἰσθήσεως δι' αὑτοῦ μόνου καταλαβεῖν οὐχ οἷός τε ἦν. Vgl. leg. alleg. I, 39 [M.I,51].

Str. V, 14, 94 P. 703: ψυχὴν δὲ τὴν λογικὴν ἄνωθεν ἐμπνευσθῆναι ὑπὸ τοῦ θεοῦ εἰς πρόσωπον (λέγει ὁ Μωυσῆς). ἐνταῦθα γὰρ τὸ ἡγεμονικὸν ἱδρῦσθαι λέγουσι, τὴν διὰ τῶν αἰσθητηρίων ἐπείσοδον τῆς ψυχῆς ἐπὶ τοῦ πρωτοπλάστου ἑρμηνεύοντες.

Nach Photius (Biblioth. cod. 109) trug Clemens in den Hypotyposen „inbetreff der Erschaffung der Eva im Widerspruch mit der kirchlichen Lehre schmähliche und frevelhafte Ansichten vor". Philo hält die Angabe der Schrift, daß Eva aus einer Rippe des Adam erschaffen worden ist (Gen. 2, 21), für unhistorisch (vgl. S. 72). Nach dem jüdischen Exegeten bedeutet Eva die Sinnlichkeit. Diese wurde gleichzeitig mit der Vernunft, dem Adam, von Gott ins Dasein gerufen, war aber zunächst nur der Anlage nach *(καθ' ἕξιν)*, wie eine Rippe, gleichsam als Kraft des *νοῦς*, vorhanden und trat erst später in Tätigkeit. Dies wollte Moses, wie Philo erklärt, sagen, wenn er die Eva aus einer Rippe des Adam entsprungen sein ließ (leg. alleg. II, 37 ff. [M. I, 73]). Bei der Abhängigkeit des Clemens von Philo ist es leicht möglich, daß er in den Hypotyposen, wie die Lehre von der Ewigkeit der Materie (vgl. S. 155), so auch diese Allegorie des jüdischen Exegeten sich zu eigen gemacht hat. Indem dieselbe den Wortsinn der Schöpfungsgeschichte leugnet, „widerspricht sie tatsächlich der kirchlichen Lehre."

3. Die Stoiker teilten alle Naturdinge in vier Klassen ein und unterschieden das Anorganische, die Pflanzen, die Tiere und die vernünftigen Wesen. Die Wesen der ersten Klasse werden nach ihnen nur durch eine bloße Eigenschaft *(ἕξις)* zu einer Einheit zusammengefaßt, die der zweiten durch eine bildende Kraft *(φύσις)*, die der dritten durch die vegetative Seele, die der vierten endlich durch die vernünftige Seele [1]. An diese Gliederung anknüpfend erörtert Philo und im Anschluß an diesen Clemens die Stellung des Menschen unter den übrigen Geschöpfen, wobei sie zu dem Schluß gelangen, daß er alle als Ebenbild des Logos überragt, weil er als solches mit einer vernünftigen Seele ausgestattet ist und daher nicht, wie die Tiere, von den Vorspiegelungen der Einbildungskraft sich hinreißen zu lassen braucht. Alle anderen Wesen stehen tief unter ihm, da sie sich, wie die Steine, im Zustande der Starrheit befinden (dies bedeutet bei Philo nach seiner eigenen Erklärung das Wort ἕξις) oder, wie die Pflanzen, einen Organismus *(φύσις)* bilden oder höchstens, wie die Tiere, Vorstellungsvermögen *(φαντασία)* und Triebe *(ὁρμή)* besitzen, sämtlich aber darin übereinstimmen, daß sie vernunftlos sind (leg. alleg. II, 22. 23 [M. I, 71]; quod Deus sit immut. 35—50 [M. I, 278—280]; Str. II, 20, 111 P. 487).

Als Ebenbild Gottes ist der Mensch die Krone der Schöpfung. Alle anderen Wesen sind nur seinetwegen von Gott ins Dasein gerufen; ohne ihn hätten sie kein Recht zu existieren. So Philo und nach ihm Clemens.

Quaest. in Gen. I, 94 [A. 67] ad Gen. 6, 7: Certiores nos facit, quod non necessarie ac primarie propter se ipsa facta sunt animalia, sed propter homines et pro servitio illorum; quibus corruptis iure meritoque et illa cum istis corrumpuntur, cum non amplius sunt illi, in quorum gratiam facta fuere [2].

---

[1] Plutarch de virtute morali c. 12: Καθόλου δὲ τῶν ὄντων αὐτοί τέ φασι καὶ δῆλόν ἐστιν, ὅτι τὰ μὲν ἕξει διοικεῖται, τὰ δὲ φύσει, τὰ δὲ ἀλόγῳ ψυχῇ, τὰ δὲ καὶ λόγον ἐχούσῃ καὶ διάνοιαν. Vgl. Sext. Empir. Adv. Math. IX, 81.

[2] Diese Stelle ist identisch mit dem von Mangey II, 675 mitgeteilten Fragmente.

Paed. I, 3, 7 P. 102: οὐ γὰρ ἄλλως ἂν τὸ οὗ ἕνεκεν ἄνθρωπος γέγονεν ἐποίησεν ὁ θεός, εἰ μὴ ἄνθρωπος ἐγεγόνει.

4. Philo behandelt bei der Erklärung von Gen. 1, 26 nur das Wort εἰκών. Der Ausdruck ὁμοίωσις hat nach ihm lediglich den Zweck, den Inhalt, der in εἰκών liegt, d. h. die geistige Verwandtschaft des Menschen mit Gott als dessen Ebenbild, schärfer hervorzuheben, weil nicht jede Nachahmung ihrem Vorbilde ähnlich ist, sondern gar oft von ihm sich unterscheidet (de opif. m. 71 [M. I, 16]). Daran anknüpfend fragt Clemens auch, was denn, da Gott den Menschen nach seinem Bilde und Gleichnisse schaffen wollte, dieses „Gleichnis" bedeuten möge. Der Gegensatz von Gen. 1, 27, wonach der erste Mensch nur nach dem „Bilde" Gottes geschaffen wird, zu Gen. 1, 26 führt ihn zu der Meinung, daß Adam gar nicht das „Gleichnis" Gottes erhalten habe. Die Worte: „Lasset uns den Menschen machen nach unserem Bilde und Gleichnisse" sind vielmehr erst in dem Logos-Christus in Erfüllung gegangen, welcher als Mensch nach dem „Bilde und Gleichnisse" Gottes ist d. h. eine vernünftige Seele und vollendete Heiligkeit besitzt. Alle anderen Menschen sind nur nach dem Bilde Gottes erschaffen; sie sind bloß mit einer vernünftigen Seele ausgestattet. Aber die Worte Gen. 1, 26 sollen nicht nur in Christus zur Wahrheit werden, sondern in allen Menschen. Ein jeder ist berufen, das Beispiel, das Christus uns hinterlassen hat, durch einen heiligmäßigen Lebenswandel nachzuahmen. Wer nun nach ihm sein Tun und Lassen einrichtet, der erlangt zu dem „Bilde" auch das „Gleichnis" Gottes". „Lasset uns den Menschen machen nach unserem Bilde und Gleichnisse". Christus ist vollständig das, was Gott hier sagt; auf die anderen Menschen bezieht sich nur das Bild" (Paed. I, 12, 98 P. 156). „Es ist nun für uns an der Zeit, allein den Gottesfürchtigen reich und weise und edelgeboren und daher auch Ebenbild und zugleich Gleichnis Gottes *(εἰκόνα τοῦ θεοῦ μεθ' ὁμοιώσεως)* zu nennen und zu sagen und zu glauben, daß er durch Jesus Christus gerecht und heilig und weise und insofern auch Gott ähnlich *(ὅμοιος)* geworden ist" (Protrept. 12, 122 P. 94). „Wenn du das „Gleichnis" als einen anderen Ausdruck auffassen willst, so kannst du darin von Moses auf die göttliche Nachfolge hingewiesen finden. Er sagt nämlich: „Hinter Gott eurem Herrn sollt ihr wandeln und seine Gebote beobachten" (Deut. 13, 4 frei zitiert). Nachfolger und Diener Gottes aber sind, wie ich glaube, alle Tugendhaften" (Str. V, 14, 94 P. 703).

§ 9. Die Urgeschichte.

„Dieser ist der nach dem Bilde und Gleichnisse, der Gnostiker, der Gott, so viel es ihm möglich ist, nachahmt" (Str. II, 19, 97 P. 480; vgl. Str. II, 19, 100 P. 482; Str. IV, 6, 30 P. 576).

Wenn wir uns der in der Theologie üblichen Ausdrücke bedienen wollen, so versteht Clemens unter εἰκών das natürliche, unter ὁμοίωσις das übernatürliche Ebenbild Gottes. Bei der Schöpfung ist dem Menschen nur das erste zu teil geworden; das letztere soll er durch Streben nach Heiligkeit in der Nachfolge Christi sich erwerben, wenn auch nicht vollständig, so doch, so weit es ihm möglich ist; denn Christus allein ist in seinem Erdenleben das vollkommene Ebenbild und Gleichnis Gottes. Clemens denkt sich mithin den Adam in einem neutralen Urstande (status naturae purae) geschaffen und stimmt darin mit Philo überein. Dieser findet nämlich in Gen. 2, 25 „Beide waren nackt" angedeutet, daß Adam, die Vernunft, unmittelbar nach seiner Erschaffung weder Sünde noch Tugend besessen habe, sondern von beiden noch entblößt gewesen sei. Es sei dies derselbe Zustand, in dem die kleinen Kinder sich befänden (leg. alleg. II, 64 [M. I, 77 f.]). Die Seele gleiche in dieser ersten Zeit ihres Daseins dem Wachs, das für jedes Siegel, für Gutes und für Böses empfänglich sei, das aber noch des Siegels harre (leg. alleg. I, 61 [M. I, 55]).

Gerade dadurch, daß Clemens auf die Verschiedenheit der Verse 26 und 27 eingeht und, indem er die Bedeutung des Ausdruckes ὁμοίωσις entwickelt, in Gen. 1, 26 einen Hinweis auf die Vollkommenheit des Menschen findet im Gegensatz zu 1, 27, wo von seinem gewöhnlichen Zustande die Rede sei, weicht er trotz seiner Abhängigkeit von Philo in der Erklärung dieser Stelle doch auch von diesem ab. Der jüdische Exeget macht nämlich den Wechsel des Numerus in den Versen 26 und 27 zum Ausgangspunkt seines Beweisganges. Der Plural ποιήσωμεν Vers 26 deutet nach ihm an, daß Gott andere Mächte zu Hilfe ruft, die Engel, da er mit der materiellen Natur des Menschen sich nicht befassen kann. Er bildet nur die Seele des Guten, nicht aber die des Bösen. Der irdische Mensch aber mit seiner Leiblichkeit und dem unvernünftigen Seelenteile rührt von niederen Dämonen her. Vers 27 dagegen, wo der Singular ἐποίησεν gebraucht ist, ist von der reinen Vernunft die Rede, die Gott selbst ins Dasein ruft (de opif. m. 75 [M. I, 17]; de fuga et inv. 68—72 [M. I, 556]).

Fragment 50 der Excerpta ex Theodoto (P. 971) lehrt, Gott habe dem Menschen zunächst nur die unvernünftige Seele gegeben; dies wäre der Mensch nach dem Bilde Gottes. Die ὁμοίωσις besitze jener, welchem Gott die vernünftige Seele, die gewissermaßen Gott gleich sei *(ὁμοούσιόν τι)*, eingehaucht habe, wobei er sich der Engel als Mittler bedient habe. Da der hier ausgesprochene Gedanke im schroffsten Gegensatz zu der sonst von Clemens vertretenen Ansicht steht, welche wir aus vielen Stellen nachgewiesen haben, so kann das im Fragmente Behauptete nicht als die Überzeugung des Kirchenschriftstellers gelten [1]). Dazu kommt, daß dieser, gleichfalls in Anlehnung an den jüdischen Exegeten, den Unterschied, der zwischen Gott und dem Menschen besteht, in scharfen Antithesen hervorhebt. Gott ist ungezeugt, der Mensch gezeugt; Gott ist bedürfnislos, der Mensch bedarf der Nahrung; Gott bleibt sich stets gleich, der Mensch ist der Veränderung unterworfen. Gott altert nie und ist unsterblich, der Mensch wird alt und stirbt.

De sacrif. Ab. et Caini 98—100 [M. I, 182]: μυρία γὰρ ἡμῖν ἡ φύσις [2]) ἐπιβάλλοντα ἀνθρώπων γένει δεδώρηται, ὧν ἀμέτοχος ἁπάντων ἐστὶν αὐτή, γένεσιν ἀγένητος οὖσα, τροφὴν τροφῆς οὐ δεομένη, αὔξησιν ἐν ὁμοίῳ μένουσα, τὰς κατὰ χρόνον ἡλικίας ἀφαίρεσιν ἢ πρόσθεσιν οὐκ ἐπιδεχομένη ... εὐγηρία καὶ εὐθανασία ... ὧν οὐδετέρου κοινωνὸς ἡ φύσις ἀγήρως τε καὶ ἀθάνατος οὖσα.

Str. V, 11, 68 P. 687: λέληθεν δ' αὐτούς, κἂν πλησίον ἡμῶν τύχωσιν, ὡς μυρία ὅσα δεδώρηται ἡμῖν ὁ θεός, ὧν αὐτὸς ἀμέτοχος, γένεσιν μὲν ἀγένητος ὤν, τροφὴν δὲ ἀνενδεὴς ὤν, καὶ αὔξησιν ἐν ἰσότητι ὤν, εὐγηρίαν τε καὶ εὐθανασίαν ἀθάνατός τε καὶ ἀγήρως ὑπάρχων.

5. Es seien hier noch kurz die **anthropologischen Lehren Philos** erwähnt, so weit sie von den Kirchenvätern übernommen worden sind und einen Einfluß auf die Exegese ausgeübt haben.

Plato gliedert das **Seelenleben** unter Beiseitelassung der vegetativen Lebensfunktionen **trichotomisch** in den vernünftigen *(λογιστικόν)*, den zornmütigen *(θυμός* oder *θυμοειδές)* und den begehrlichen *(ἐπιθυμητικόν)* Seelenteil. Diese Unterscheidung macht sich **Philo** zu eigen, (leg. alleg. III, 115 [M. I, 110]; leg. alleg. I, 70 [M. I, 58] u. ö.), wobei er den vernünftigen Seelenteil als den „Menschen in uns" bezeichnet *(ἄνθρωπος δὲ ὁ ἐν ἑκάστῳ ἡμῶν*

---

[1]) Dies wird übersehen von Ziegert, Zwei Abhandlungen über T. Flavius Klemens Alexandrinus (Heidelberg 1894) 13, und von Capitaine, Die Moral des Clemens von Alexandrien (Paderborn 1903) 127. Wessen Ansicht das Fragment ausdrückt, wird weiter unten gezeigt werden.

[2]) Mit φύσις wird von Philo öfters und auch hier Gott bezeichnet.

§ 9. Die Urgeschichte.

τίς ἂν εἴη πλὴν ὁ νοῦς de agric. 9 [M. I, 301]). Clemens richtet sich nach Philo; denn auch er nennt die Vernunft den „inneren Menschen" (τριγενοῦς οὖν ὑπαρχούσης τῆς ψυχῆς τὸ νοερόν, ὃ δὴ λογιστικὸν καλεῖται, ὁ ἄνθρωπός ἐστιν ὁ ἔνδον Paed. III, 1, 1 P. 250).

Auf die Einteilung der Seelenvermögen in αἴσθησις, λόγος und νοῦς bei Philo und Clemens ist S. 103 aufmerksam gemacht worden.

In Anlehnung an die Stoiker, welche im Menschen außer dem herrschenden Teil oder der Vernunft noch die fünf Sinne, die Zeugungskraft und das Sprachvermögen unterschieden (Plut. plac. IV, 4, 2), zählen Philo und Clemens sieben leibliche Vermögen auf (de mut. nom. 111 [M. I, 595]; de opif. m. 117 [M. I, 28] u. ö. und Str. II, 11, 51 P. 455).

Die jüngeren Stoiker nahmen auch zehn Teile im Menschen an. Ihnen folgen Philo und Clemens (Quaest. in Gen. IV, 110 [A. 331] ad Gen. 24, 22; Str. II, 11, 50 P. 455; Str. VI, 16, 134 P. 808). Die an diesen Stellen von beiden Exegeten vorgetragene platonische Unterscheidung der ψυχὴ ζωτική und der ψυχὴ λογική finden wir noch quod det. pot. ins. sol. 82 [M. I, 207].

Justin hat bei seiner Einteilung des Menschen in σῶμα, ψυχή und πνεῦμα (Dial. 6) nicht die Trichotomie, der wir bei Plato begegnen, im Auge, sondern bezieht sich auf I. Thess. 5, 23: ὁλόκληρον ὑμῶν τὸ πνεῦμα καὶ ἡ ψυχὴ καὶ τὸ σῶμα ἀμέμπτως ... τηρηθείη.

In der Beurteilung des Leibes und der in ihm wohnenden Sinnlichkeit nimmt Philo eine schwankende Stellung ein. Einerseits ist das leibliche Leben in seinen Augen eine Naturnotwendigkeit und bedarf zu seiner Erhaltung der Nahrung (de ebr. 214 [M. I, 389]). Auch die Sinnlichkeit ist unentbehrlich; denn sie vermittelt jede Erkenntnis durch die Sinne. Da die Vernunft ohne sie blind und zu allem unfähig wäre, kann sie ihrer nicht entraten (leg. alleg. III, 58 [M. I, 98]; de cherub. 58 [M. I, 150]). Aber auf der anderen Seite bezeichnet der jüdische Philosoph den Leib als etwas an sich Böses (leg. alleg. III, 69 [M. I, 100]) und betrachtet an den meisten Stellen, an denen er sich hierüber äußert, die αἴσθησις als von Hause aus schädlich (quod. det. pot. ins. sol. 100 [M. I, 210]). Deshalb wird dem Weisen Gen. 12, 1 befohlen, sowohl die Erde (γῆ) als auch die Verwandtschaft zu verlassen d. h., wie Philo erklärt, Leib und Sinnlichkeit (de migr. Abr. 2—10 [M. I, 437]).

Der gleichen Unentschiedenheit begegnen wir bei Clemens. Dieser betont den Gnostikern gegenüber wiederholt, daß der Leib an sich nichts Böses sei und der Genuß irdischer Güter infolgedessen nicht als sündhaft angesehen werden dürfe (vgl. das zweite Buch des Pädagogen), ja er hält sogar — und in diesem Punkte nimmt er eine Ausnahmestellung in der Kirche ein — die Ehe für empfehlenswerter als das jungfräuliche Leben (Str. II, 23, 140 P. 504; Str. VII, 12 P. 874). Aber es finden sich bei ihm auch Stellen, die hart an philonische Asketik streifen und die den Leib und den Gebrauch leiblicher Güter als böse verwerfen: „Es führt der Gnostiker die Seele aus den Leidenschaften und lebt, nachdem er die Begierden getötet, und bedient sich nicht mehr des Leibes, sondern erlaubt ihm nur, das Notwendige zu gebrauchen, um nicht seine Auflösung herbeizuführen" (Str. VI, 9, 75 P. 777). Daher darf man nach ihm auch nicht annehmen, der Leib des Heilandes habe der Nahrung bedurft, um bestehen zu können. Wenn Jesus trotzdem aß, so geschah es nicht des Körpers wegen, sondern um in seiner Umgebung nicht eine falsche Meinung über sich wachzurufen. Und so wenig wie sein Leib etwas nötig hatte, so wenig war er Gefühlen, wie der Freude und der Trauer, unterworfen: „Es wäre lächerlich zu meinen, daß beim Heilande der Leib als solcher notwendige Dienstleistungen gebraucht hätte, um bestehen zu können; denn er aß nicht wegen des Körpers, der durch die himmlische Macht erhalten wurde, sondern damit es nicht seiner Umgebung beikäme, anders über ihn zu denken, wie einige später glaubten, er habe sich nur scheinbar offenbart. Er war absolut leidensunfähig, so daß keine leidenschaftliche Regung Einfluß auf ihn hatte, weder Freude noch Trauer" (Str. VI, 9, 71 P. 775). Diese Meinung, die in ihren Konsequenzen zum Doketismus führen muß, läßt sich nur dadurch erklären, daß der Kirchenschriftsteller den Leib und seine Bedürfnisse, ja selbst die Gemütsbewegungen wenigstens als etwas Unvollkommenes ansah. Dies allein konnte der Grund sein, daß er sie von Christus fernhalten zu müssen glaubte [1]).

Da somit der Leib immerhin etwas Böses ist, so befindet sich, schließen Philo und Clemens, die Seele des Weisen in ihm wie in der

---

[1]) In den Hypotyposen bekannte sich Clemens tatsächlich zum Doketismus. Photius (Bibl. cod. 109) macht ihm den Vorwurf, daß er gelehrt habe, »der Logos sei nicht in Wahrheit Mensch geworden, sondern nur dem Scheine nach«.

Fremde und sehnt sich nach dem Verlassen dieses Kerkers. Daß selbst in diesem platonischen Gedanken der Kirchenschriftsteller von dem jüdischen Exegeten abhängig ist, ergibt sich daraus, daß er wie dieser sich zum Beweise auf Gen. 23, 4 „Ein Ankömmling bin ich und ein Fremdling bei euch" beruft (de confus. ling. 77—79 [M. I, 416 f.]; vgl. de agric. 65 [M. I, 310]; und Str. IV, 26, 165 P. 639).

3. Paradies und Sündenfall.

1. Die ersten Menschen wurden nach der Schrift ins Paradies gesetzt, in dessen Mitte der Baum des Lebens stand (Gen. 2). Der Genuß seiner Frucht sollte die leibliche Unsterblichkeit zur Folge haben (Gen. 3, 22).

Da es, so folgert Philo, gottlos wäre, sich vorzustellen, daß Gott wie ein Gärtner einen Garten angepflanzt hätte, dessen er doch gar nicht bedurfte, so besitzt diese Erzählung der Bibel gar keinen historischen Wert und kann nur allegorisch, nicht auch in ihrem Wortsinne, erklärt werden (leg. alleg. I, 43. 44 [M. I, 52]). Sie zeigt nämlich, wie Gott den Menschen in seiner sittlichen Unentschiedenheit, im status naturae purae, zum Guten zu erziehen sucht. In dieser Absicht weist er ihm das Paradies als Aufenthaltsort an. Da nun die Paradiesesbäume die Tugenden bedeuten, welche Gott für den Menschen gleichsam pflanzt, so haben wir unter dem Paradiese den Ort der Tugenden (de cherub. 10 [M. I, 140]), oder die Tugend selbst zu verstehen (leg. alleg. I, 45 [M. I, 52]), welche mit der göttlichen und menschlichen Weisheit identisch ist (Quaest. in Gen. I, 6. 8 [A. 4. 6]). Die Erzählung, daß Gott den Menschen ins Paradies setzt, ist also eine Einkleidung der Wahrheit, daß er ihm nachdrücklich die Pflicht vor Augen hält, ein tugendhaftes Leben zu führen. Allein bei diesem kommt es nicht nur auf den Willen und die Absicht Gottes an, sondern auch auf die Mitwirkung des Menschen. Derselbe darf nicht nur im Paradiese verweilen d. i. sich an seine Bestimmung erinnern lassen, sondern muß auch von den Bäumen des Gartens essen d. h. tugendhafte Werke tun (leg. alleg. I, 56. 97 [M. I, 54. 63]). Unter den Bäumen zeichnet sich der Baum des Lebens besonders dadurch aus, daß er dem Menschen das Leben vermitteln soll, nämlich das Leben der Seele, nicht des Leibes (leg. alleg. I, 106 [M. I, 65]). Da er in der Mitte des Paradieses steht, so haben wir unter ihm die Tugend im allgemeinen zu verstehen ($\dot{\eta}$ $\gamma \varepsilon \nu \iota \kappa \omega \tau \acute{\alpha} \tau \eta$ $\dot{\alpha} \varrho \varepsilon \tau \acute{\eta}$, $\ddot{\eta} \nu$ $\tau \iota \nu \varepsilon \varsigma$ $\dot{\alpha} \gamma \alpha \vartheta \acute{o} \tau \eta \tau \alpha$

καλοῦσιν, ἀφ᾽ ἧς αἱ κατὰ μέρος ἀρεταὶ συνίστανται leg. alleg. I, 59 [M. I, 54]) oder die größte der Tugenden, die Gottesfurcht (de opif. m. 154 [M. I, 37]; Quaest. in Gen. I, 8 [A. 8]), in deren Besitz die Seele zur Unsterblichkeit d. h. zur Glückseligkeit gelangt (de opif. m. 156 [M. I, 38]: μακραίωνα καὶ εὐδαίμονα βίον καρποῦσθαι). Adam aber wandte sich vom Baume des Lebens, der Tugend und Gottesfurcht, ab und zog ihm den Baum der Erkenntnis des Guten und des Bösen d. i. die Sünde vor (leg. alleg. III, 107 [M. I, 109]). Daher starb er den Tod der Seele, indem er der Tugend, die zu erwerben für ihn so leicht war, verlustig ging (leg. alleg. I, 106 [M. I, 65]).

Nach Clemens bedeutet das Paradies die Welt; denn diese umfaßt alles, was Gott geschaffen hat, ebenso wie das Paradies die Bäume enthielt, welche Gott gepflanzt hatte, und die Tiere und vor allem den Menschen, die Krone der Schöpfung, aufnahm. Der Baum des Lebens versinnbildet die göttliche Weisheit. Das Festhalten an dieser hätte den ersten Menschen das geistige Leben verliehen; indem sie sich aber von ihr abwandten, sündigten sie und starben den geistigen Tod. „Die göttliche Weisheit nannte Moses allegorisch „den Baum des Lebens", der im Paradiese gepflanzt war; dieses Paradies kann auch die Welt bedeuten, in der alles Geschaffene sich befindet" (Str. V, 11, 72 P. 690).

Da ein Leben nach der göttlichen Weisheit (das Essen vom Baume des Lebens) nur ein tugendhaftes Leben sein kann, so stimmen Philo und Clemens bei der Erklärung der Paradieseserzählung in den Grundgedanken überein. Daß aber der Kirchenschriftsteller abweichend von dem jüdischen Exegeten das Paradies für ein Bild der Welt erklärt, kann man als eine absichtliche Korrektur seiner Vorlage auffassen, da diese sowohl unter dem Paradies als auch unter dem Baum des Lebens ein Symbol der Tugend erblickt, während Clemens beides der Sache entsprechender auseinander halten wollte.

Das tugendhafte Leben, dessen sich der Mensch befleißigen sollte, ist nichts anderes als das, was die Stoiker ein naturgemäßes Leben nennen, ἀκολούθως τῇ φύσει ζῆν, der Gehorsam gegen die Aufforderung der Schrift (Deut. 13, 4), Gott nachzufolgen. Wie so oft, so setzt Philo auch hier „Natur" für Gott im Geiste der Stoiker (de migr. Abr. 128. 131 [M. I, 456]). Wie aus der Verbindung mit derselben Bibelstelle hervorgeht, hat

§ 9. Die Urgeschichte. 171

Clemens auch diesen Satz aus Philo entlehnt (Str. II, 19, 100. 101. P. 482; Str. V, 14, 95 P. 703).

2. Sehr schnell trat Adam (die Vernunft) aus dem neutralen Urstande heraus (*μέλλων αὐτίκα φυγὰς ἀρετῆς ἔσεσθαι* leg. alleg. I, 54 [M. I, 54]). Anlaß zur Sünde gab das Weib (die Sinnlichkeit). Solange nämlich Adam allein war, lebte er schuldlos. Als er aber die Eva erblickte, eilte er voll Freude über die befreundete Gestalt auf sie zu und umarmte sie. Aus der Umarmung entstand die Liebe, aus der Liebe die Wollust. Daß Adam derselben nicht widerstand, sondern mit Eva ihr sich hingab, war die erste Sünde; sie hatte zur Folge, daß er ein seliges und unsterbliches Leben mit einem unglücklichen und sterblichen vertauschen mußte. Der hohe Vorzug, keinen irdischen Vater zu haben, sondern unmittelbar von Gott geschaffen zu sein, hatte dem ersten Menschen mithin nichts genutzt, da er mit dem Weibe sich einließ und statt Tugend zu üben, sündigte. Dies will Moses mit der Erzählung vom Sündenfall uns lehren. Alles, was die Bibel berichtet, ist nur Einkleidung jenes Gedankens. Darauf weist uns z. B. schon der Umstand hin, daß die Schlange sprechend eingeführt wird (de opif. m. 156. 157 [M. I, 37]). Sie ist selbst ein passendes Symbol der sinnlichen Lust, die wie die Schlange auf der Erde kriecht und Staub frißt, also am Gemeinen haftet und nach irdischen und niedrigen Genüssen verlangt. Wie die Schlange die Eva täuscht, so spiegelt die Lust dem Menschen Freuden vor, die sie ihm doch nicht gibt und nicht geben kann.

In dieser Weise erklärt Philo den Sündenfall der Stammeltern. Clemens richtet sich in allen Punkten nach dem jüdischen Exegeten mit der einzigen Ausnahme, daß er die Schlange nicht nur als das Symbol der Lust, sondern auch als den Teufel ansieht: „Dieser boshafte Tyrann und Drache hat nun diejenigen, die er von Geburt an sich eigen zu machen vermochte, an Stein, Holz, Bildsäulen und andere solche Götzen durch das unselige Band der Dämonenfurcht festgeschnürt ... Denn einer ist es, der einst die Eva täuschte und jetzt auch den übrigen Menschen den Tod bringt" (Protrept. 1, 7 P. 7).

De opif. m. 151. 152 [M. I, 36]: ἀρχὴ δὲ τῆς ὑπαιτίου ζωῆς αὐτῷ γίνεται γυνή· μέχρι μὲν γὰρ εἷς ἦν, ὡμοιοῦτο κατὰ τὴν μόνωσιν κόσμῳ καὶ θεῷ ... ἐπεὶ δ᾽ ἐπλάσθη καὶ γυνή, θεασάμενος

Str. III, 17, 103 P. 559: εἰ δὲ ἡ μὲν φύσις ἦγεν αὐτοὺς ὡς καὶ τὰ ἄλογα πρὸς παιδοποιίαν, ἐκινήθησαν δὲ θᾶττον ἢ προσῆκον ἦν ἔτι νέοι πεφυκότες ἀπάτῃ παραχθέντες, δικαία μὲν ἡ κρίσις τοῦ

ἀδελφὸν εἶδος καὶ συγγενῆ μορφὴν ἠσ- | θεοῦ ἐπὶ τοὺς οὐκ ἀναμείναντας τὸ
μένισε τῇ θέᾳ καὶ προσιὼν ἠσπάζετο. | βούλημα.
... ὁ δὲ πόθος οὗτος καὶ τὴν τῶν σω-
μάτων ἡδονὴν ἐγέννησεν, ἥτις ἐστὶν ἀδικημάτων καὶ παρανομημάτων ἀρχή, δι'
ἣν ὑπαλλάττονται τὸν θνητὸν καὶ κακο-
δαίμονα βίον ἀντ' ἀθανάτου καὶ εὐδαί-
μονος.

De virt. 203—205· [M. II, 440]: | Str. II, 19, 98 P. 481: ἐπεὶ τί τὸν
ὃς ἕνεκα εὐγενείας οὐδενὶ θνητῷ σύγ- | Ἀδὰμ ὠφέλησεν ἡ τοσαύτη αὐτοῦ εὐγέ-
κριτος ... τοῦ δὲ πατὴρ οὐδείς, ὁ δὲ | νεια; πατὴρ δὲ αὐτοῦ θνητὸς οὐδείς·
ἀίδιος θεός ... τὰ μὲν ψευδῆ καὶ αἰσχρὰ | αὐτὸς γὰρ ἀνθρώπων τῶν ἐν γενέσει
καὶ κακὰ προθύμως εἵλετο, τῶν δὲ ἀγα- | πατήρ. τὰ μὲν αἰσχρὰ οὗτος προθύμως
θῶν καὶ καλῶν καὶ ἀληθῶν ἠλόγησεν. | εἵλετο ἑπόμενος τῇ γυναικί, τῶν δὲ ἀλη-
ἐφ' οἷς εἰκότως θνητὸν ἀθανάτου βίον | θῶν καὶ καλῶν ἠμέλησεν. ἐφ' οἷς θνη-
ἀνθυπηλλάξατο. | τὸν ἀθανάτου βίον, ἀλλ' οὐκ εἰς τέλος,
ἀνθυπηλλάξατο.

De opif. m. 157 [M. I, 38]: τὸν | Protrept. 11, 111 P. 86: ὅτε δὲ ὑπο-
εἰρημένον ὄφιν ἡδονῆς εἶναι σύμβολον, | πίπτων ἡδονῇ (ὄφις ἀλληγορεῖται ἡδονὴ
ὅτι πρῶτον μὲν ζῷον ἄπουν ἐστὶ καὶ | ἐπὶ γαστέρα ἕρπουσα, κακία γηΐνη, εἰς
πρηνὲς πεπτωκὸς ἐπὶ γαστέρα, δεύτερον | ὕλας στρεφομένη) παρήγετο ἐπιθυμίαις,
δ' ὅτι γῆς βώλοις σιτίῳ χρῆται, τρίτον | ὁ παῖς ἀνδριζόμενος ἀπειθείᾳ καὶ παρα-
δ' ὅτι τὸν ἰὸν ἐπιφέρεται τοῖς ὀδοῦσιν, | κούσας τοῦ πατρὸς ᾐσχύνετο τὸν θεόν.
ᾧ τοὺς δηχθέντας ἀναιρεῖν πέφυκεν. | Vgl. Paed. I, 5. 16 P. 107.

Justin faßt die biblische Erzählung vom Sündenfalle wörtlich auf. Mit dem Buche der Weisheit 2, 24 „Durch den Neid
des Teufels ist die Sünde in die Welt gekommen" erblickt er in
der Schlange den Teufel, der in Gestalt einer Schlange die Eva
verführte (Dial. 45. 103. 124). Die Sünde, welche von den Stammeltern begangen wurde, war Ungehorsam, da sie von der verbotenen Frucht aßen (Dial. 81. 124). Der Verfasser der Cohortatio faßt ihre Sünde als Irrglauben auf, weil sie, wie er
meint, anfingen, an das Dasein mehrerer Götter und damit an
die Möglichkeit ihrer eigenen Vergötterung zu glauben (21. 38).
Indessen finden wir auch bei Justin einen Anklang an die Auffassung der Schlange, wie wir ihr bei Philo begegnen. Letzterer
erklärt sie nämlich auch deshalb als ein Symbol der Lust, weil
ihre Schuppen, wenn sie sich bewegt, in allen Farben schillern;
denn ebenso male die Lust dem Auge bunte Bilder vor, reize
das Ohr durch die verschiedensten Töne u. s. w. (εἰκάσθη δὲ
ὄφει ἡδονὴ διὰ τόδε· πολύπλοκος γὰρ καὶ ποικίλη ὥσπερ τοῦ ὄφεως
ἡ κίνησις, οὕτως καὶ ἡδονῆς κτλ. leg. alleg. II, 74. 75 [M. I, 79]).
Auf die gleiche Vorstellung haben wir die Äußerung Justins zurückzuführen, die Dämonen bedienten sich der "schillernden Be-

§ 9. Die Urgeschichte.

gierde", um die Menschen zum Bösen zu verleiten (σύμμαχον λαβόντες τὴν ἐν ἑκάστῳ κακὴν πρὸς πάντα καὶ ποικίλην φύσει ἐπιθυμίαν Ap. I, 10).

3. Adam sündigte. Da heischen sogleich mehrere Fragen eine befriedigende Antwort: Woher die Sünde? War der erste Mensch unvollkommen? Aber er war doch ein Werk Gottes! War er vollkommen? Wie konnte er dann sündigen? Fällt die Sünde Adams nicht auf Gott zurück?

Philo stellt diesen Schwierigkeiten gegenüber zunächst fest, daß Adam vortrefflich an Leib und Seele war und seine Nachkommen hierin weit überragte (de opif. m. 136—144 [M. I, 32—34]). Gott hatte ihn aber darum noch nicht so erschaffen, daß er nicht hätte sündigen können. Als Geschöpf, als schwache und sterbliche Natur war er der Möglichkeit zu fehlen nicht überhoben [1]. Gott hatte ihn ins Paradies gesetzt, d. h. ihn zu einem tugendhaften Leben angehalten. Aber er hatte ihm auch die Freiheit der Wahl gelassen; als vernünftiges Wesen sollte er sich bewähren. Wenn er nun sündigte, so lag die Schuld nicht an Gott, sondern an dem Menschen. Zu Gen. 2, 19 äußert sich Philo also: „Gott wußte wohl, wie Adam die Tiere nennen werde, aber weil er dem erstgebornen und reinen Menschen Vernunft gegeben, kraft welcher er denken konnte, so fordert er ihn mit diesen Worten, wie ein Lehrer den Schüler, auf, seine angebornen Kräfte zu zeigen. Zugleich weist die Schrift in jenem Ausspruche deutlich auf die sittliche Freiheit des Menschen hin, um diejenigen zu beschämen, welche behaupten, daß alles durch Notwendigkeit geschehe" (Fragm. ex. sacr. parall. M. II, 653). Weil aber Gott zu dem Bösen auch nicht in die entfernteste Beziehung treten kann, so hatte er in weiser Voraussicht sich der Engel als Helfer bei der Schöpfung des Menschen bedient [2], damit Adam, falls er, wie es dann wirklich geschah, ein schlechtes Gepräge annehmen sollte, als das Werk anderer erschiene (de fuga et inv. 68—72 [M. I, 556]).

Justin und Clemens folgen dem jüdischen Exegeten, wenn wir von dem zuletzt angeführten Punkte absehen, den sie ja als

---

[1] Ἐπεὶ δ' οὐδὲν τῶν ἐν γενέσει βέβαιον, τροπὰς δὲ καὶ μεταβολὰς ἀναγκαίως τὰ θνητὰ δέχεται, ἐχρῆν καὶ τὸν πρῶτον ἄνθρωπον ἀπολαῦσαί τινος κακοπραγίας de opif. m. 151 [M. I, 36].

[2] Vgl. S. 165.

ihrer christlichen Überzeugung widersprechend nicht gut sich zu eigen machen konnten. Sie betonen dabei aber weit schärfer als Philo die unbedingte **Freiheit des Menschen**, zwischen Gut und Böse zu wählen, so daß die Schuld ganz allein auf Seite Adams ist. So äußert sich der Apologet: „Es hat uns dies aber der heilige prophetische Geist gelehrt, der durch Moses bezeugt, daß dem ersterschaffenen Menschen von Gott so gesagt worden ist: „Siehe vor deinem Angesichte das Gute und das Böse; wähle das Gute" (Deut. 30, 15. 19, was Justin, dem Sinne nach richtig, auf Adam anwendet) ... Darum hat auch Plato, indem er sagt: „Die Schuld trifft den Wählenden; Gott ist ohne Schuld" [1]), diesen seinen Ausspruch dem Propheten Moses entnommen" (Ap. I, 44). „Weil Gott die Engel und das Menschengeschlecht ursprünglich frei erschuf, so werden sie mit Recht für ihre Verfehlungen in ewigem Feuer gestraft werden. Jeder aber ist von Natur aus so beschaffen, daß er des Bösen und des Guten fähig ist" (Ap. II, 7).

Clemens macht überdies darauf aufmerksam, daß Adam nicht insofern vollkommen war, als er sich im Besitze der Tugend hätte befinden müssen, sondern nur insofern, als ihm keine dem Menschen charakteristische Eigenschaft fehlte und er fähig war, sich die Tugend zu erwerben. „Adam war nicht vollkommen, was seine Beschaffenheit anlangt *(κατὰ τὴν κατασκευήν)*; er war aber fähig, die Tugend sich zu erwerben. Es ist nämlich ein Unterschied zwischen der Befähigung zur Tugend und dem Besitze derselben. Gott will ja, daß wir durch unsere Mitwirkung gerettet werden" (Str. VI, 12, 96 P. 788). „Wir sagen, daß auch Adam inbezug auf die Bildung vollkommen war; denn ihm fehlte nichts von den Dingen, welche den Begriff und die Gestalt des Menschen charakterisieren ... αἰτίᾳ δὲ ἑλομένου, καὶ ἔτι μᾶλλον τὸ κωλυθὲν ἑλομένου, ὁ θεὸς ἀναίτιος" (Str. IV, 23. 150 P. 632).

4. Die Urgeschichte nach dem Sündenfall.

1. Philo sieht in den drei Söhnen Adams, **Kain**, **Abel** und **Seth**, ein Bild für die Entwickelung, welche die menschliche Natur ihrer allgemeinen Anlage nach nehmen kann. Kain symbolisiert den Feind der Tugend, Abel den nach Vollkommenheit

---

[1]) Plato Rep. X, 617 E: αἰτία ἑλομένου, θεὸς ἀναίτιος. Worte, welche die Schicksalsgottheit bei der Wahl der Lebenslose an die präexistierenden Seelen richtet.

Strebenden, den, welcher sich vom Sinnlichen zur Tugend wendet, Seth denjenigen, welcher sich bereits im Besitze der Tugend befindet; *μήποτε εκατέρου διαφέρει τὸ γέννημα (τοῦ Σήθ), τοῦ μὲν Κάιν ὡς ἐχθρόν — δίψα γὰρ ἀρετῆς αὐτομολούσῃ κακίᾳ πολεμιώτατον —, τοῦ δὲ Ἄβελ ὡς φίλον καὶ συγγενές . . . διὰ τοῦθ᾽ ὁ μὲν Ἄβελ τὸ θνητὸν ἀπολιπὼν πρὸς τὴν ἀμείνω φύσιν μεταναστὰς οἴχεται, ὁ δὲ Σὴθ ἅτε σπέρμα ὢν ἀνθρωπίνης ἀρετῆς οὐδέποτε τὸ ἀνθρώπων ἀπολείψει γένος, ἀλλὰ πρώτην μὲν παραύξησιν ἄχρι δεκάδος ἀριθμοῦ τελείου λήψεται* (de post. Caini 172. 173 [M. I, 259], vgl ib. 125 [M. I, 249]; de migr. Abr. 74 [M. I, 447]). Diese Auffassung Philos wird in den Fragmenten 53 und 54 (P. 972) der Excerpta ex Theodoto weitergeführt. Nach diesen deuten die drei Söhne Adams symbolisch das Verhältnis an, in welches der Mensch zu Gott tritt, je nachdem er sich der einen oder der anderen seiner drei Seelenkräfte hingibt. Der Seele wird hier nämlich außer dem vernünftigen und dem unvernünftigen „Seelenteil" noch ein dritter Geistessame zugesprochen, den Gott dem Menschen zu seiner endgültigen Vollkommenheit eingesät habe. Kain ist das Symbol derer, welche dem Drange des unvernünftigen Seelenteils folgen; sie sind *κατ᾽ εἰκόνα θεοῦ*. Abel repräsentiert diejenigen, welche auf die Stimme der Vernunft hören; diese sind *κατ᾽ ὁμοίωσιν θεοῦ*. Die ganz Vollkommenen aber werden von Seth angedeutet; diese, Pneumatiker genannt, sind *κατ᾽ ἰδίαν* (sc. *οὐσίαν*) *θεοῦ*. Es sind dies nun dieselben drei Rangstufen, denen nach dem Gnostizismus, speziell nach den Valentinianern, jeder Mensch angehört, indem er entweder Hyliker oder Psychiker oder Pneumatiker ist [1]). Das im Fragm. 53 erwähnte *σπέρμα πνευματικόν* ist nichts anderes als der göttliche Keim, der nach dem Gnostizismus aus dem Pleroma in die Seelen der Gnostiker eingegangen sein soll. Auf Grund dieses Geistessamens sehen wir dem Pneumatiker die Gottgleichheit zugeschrieben und von dem Psychiker unterschieden, da dieser sich nur zur Gottähnlichkeit emporschwingen kann. Daß wir in den Fragmenten eine gnostische Erklärung der Schrift vor uns haben, wird von Irenäus bestätigt: „Von Menschen nehmen die Gnostiker drei Geschlechter an, ein geistiges, ein irdisches und ein seelisches, wie Kain, Abel und Seth waren, um auch aus diesen die drei Naturen nachzuweisen, nicht mehr in eins verbunden, sondern ge-

---

[1]) Vgl. A. Harnack, Dogmengeschichte I³, 239.

schlechtsweise verteilt. Das irdische geht zu Grunde; das seelische gelangt, wenn es das Bessere ergreift, in dem Orte der Mitte zur Ruhe; der geistige Samen wird der Vollkommenheit gewürdigt und als Braut des Heilandes erkoren" (Adv. haer. I, 7, 5). Abgesehen davon, daß die in den beiden Fragmenten niedergelegte Ansicht der von Clemens vertretenen Erklärung des „Bildes und Gleichnisses" Gottes [1]) schroff entgegensteht, spricht dieser deutlich genug aus, wie er über die Gottgleichheit des Menschen denkt: „Der Schüler ist nicht über dem Lehrer; es genügt, wenn wir werden wie der Lehrer, nicht nach dem Wesen; denn es ist unmöglich, daß in den Fähigkeiten der Adoptierte dem natürlichen Sohne gleich sei" (Str. II, 17, 77 P. 469). „Nicht wie die Stoiker erklären wir gottloser Weise, daß die Tugend des Menschen und Gottes dieselbe ist ... denn es ist unmöglich und ausgeschlossen, daß jemand so vollkommen werden könnte, wie Gott es ist" (Str. VII, 14 P. 886). Die Fragmente 53 und 54 sprechen also ebensowenig wie das Fragment 50 [2]) die Überzeugung des Clemens aus, sondern die Ansichten der Gnostiker und dienen mithin zur Bestätigung der These Rubens [3]), welche von v. Arnim [4]) weitergeführt wurde, daß die Excerpta Auszüge aus gnostischen Schriften seien, die Clemens angefertigt hat, nicht weil er ihnen beipflichtete, sondern weil er die Absicht hatte, sie in den Werken, die von ihm in Aussicht genommen waren, zu verwenden und zu widerlegen [5]). Die Fragmente sind aber zugleich ein Beweis dafür, daß Philo auch die Gnostiker in der Auslegung der Schrift beeinflußt hat [6]).

---

[1]) Vgl. S. 164.
[2]) Vgl. S. 165.
[3]) Clementis Al. Excerpta ex Theodoto, Lipsiae 1892.
[4]) De octavo Clementis Stromateorum libro, Rostochii 1894.
[5]) Damit erledigt sich der Vorwurf, den Capitaine (Die Moral des Clemens Al. 131 Anm. 1) im Anschluß an Ziegert (Zwei Abhandlungen 23) gegen den Kirchenschriftsteller erhebt, er hätte in diesen Fragmenten die Lehre von der Ähnlichkeit des Menschen mit Gott nicht nur auf die Spitze getrieben, sondern den Boden des Christentums tatsächlich bereits verlassen. An der Verkennung des Ursprungs dieser Fragmente krankt überhaupt Capitaines Darstellung von der Lehre des Clemens über die Seele, da er sich hierbei fast ausschließlich auf dieselben stützt. Auch Siegfried (Philo v. Alex. 348) übersieht den Ursprung der Fragmente.
[6]) Über den Einfluß Philos auf die Gnostiker vgl. Siegfried, Philo v. Alex. 341 ff.

2. Daß Gen. 4,10: „Das Blut deines Bruders schreit zu mir von der Erde" weder von Philo noch von Clemens wörtlich aufgefaßt wird, wurde bereits erwähnt [1]). In der Erklärung selbst weichen sie voneinander ab. Der jüdische Exeget findet in der Stelle einen Hinweis auf die ζωτικὴ δύναμις des Menschen, die ihren Sitz im Blute habe, Stimme und Sprache (λόγος) besitze und durch den νοῦς sich bemerklich mache (quod det. pot. ins. sol. 92 [M. I, 209]). Der christliche Lehrer sieht in Abel, dem unschuldig leidenden Gerechten des Alten Bundes, einen Typus Christi, des unschuldig verfolgten Gerechten des Neuen Bundes. Das Blut Abels sei daher ein Vorbild des Blutes Christi, das für uns zu Gott um Gnade flehe (Paed. I, 6, 47 P. 126; vgl. Paed. III, 3, 25 P. 267).

3. Gen. 4, 16: „Kain ging hinweg vom Angesichte Gottes und wohnte in Naid gegenüber Eden." Diese Stelle wird von Philo und von Clemens, der sich an jenen anschließt, dahin erklärt, daß Kain, der Böse, der sich selbst für weise hält und Gott die schuldige Ehre versagt, keine Stätte hat in Eden, d. i. in der Tugend, welche der Seele Frieden und dem Menschen damit ein wonnevolles Leben gewährt (Eden = τρυφή). Er muß vielmehr in Naid wohnen; denn Unruhe ist sein Schicksal, das er durch seine Bosheit selbst verschuldet hat, da er von der Tugend zum Eigendünkel, welcher auf seinen eigenen Scharfsinn vertraut und von Gott und der hl. Schrift sich nicht belehren lassen will, herabgestiegen ist und nun im Widerstreit sophistischer Meinungen hin und her geschleudert wird wie ein Schiff von den Meereswogen, ohne die Ruhe einer Gewißheit zu erlangen, welche nur durch den Glauben vermittelt werden kann (Naid = σάλος).

De post. Caini 22 [M. I, 230]: ὁ ἄφρων ἀστάτοις καὶ ἀνιδρύτοις ὁρμαῖς κεχρημένος σάλον καὶ κλόνον ... ὑπομένει. 25: ἄλλοτε γοῦν ἀλλοῖα δοξάζει. de cherub. 12 [M. I, 104]: ἑρμηνεύεται δὲ Ναιδ μὲν σάλος, Ἐδὲμ δὲ τρυφή, τὸ μὲν κακίας κλονούσης ψυχὴν σύμβολον, τὸ δὲ ἀρετῆς εὐπάθειαν αὐτῇ περιποιούσης καὶ τρυφήν, οὐχὶ τὴν δι' ἀλόγου πάθους ἡδονῆς θρύψιν, ἀλλὰ τὴν μετὰ πολλῆς εὐμαρείας ἄπονον χαρὰν καὶ

Str. II, 11, 51 P. 456: πέπηγεν οὖν τῇ πίστει ὁ γνωστικός, ὁ δὲ οἰησίσοφος ἑκὼν τῆς ἀληθείας οὐχ ἅπτεται, ἀστάτοις καὶ ἀνιδρύτοις ὁρμαῖς κεχρημένος· εἰκότως οὖν γέγραπται· ἐξῆλθεν δὲ Κάιν κτλ. ἑρμηνεύεται δὲ ἡ μὲν Ναιδ σάλος, ἡ δὲ Ἐδὲμ τρυφή· πίστις δὲ καὶ γνῶσις καὶ εἰρήνη ἡ τρυφή, ἧς ὁ παρακούσας ἐκβάλλεται, ὁ δὲ οἰησίσοφος τὴν ἀρχὴν οὐδὲ ἐπαΐειν βούλεται τῶν θείων ἐντολῶν, ἀλλ' οἷον αὐτομαθὴς ἀφηνιάσας εἰς σάλον κυμαινόμενον ἑκὼν μεθίσταται, εἰς τὰ θνητὰ

---

[1]) Vgl. S. 73 und S. 77.

ἀταλαίπωρον. Vgl. de post. Caini 32 [M. I, 232]. Kain ist ὁ δοκησίσοφος νοῦς de sacrif. Ab. et Caini 3 [M. I, 164] u. ö. Als Sophist wird er im ganzen Buche quod det. pot. ins. sol. dargestellt.

τε καὶ γεννητὰ καταβαίνων ἐκ τῆς τοῦ ἀγεννήτου γνώσεως.

4. Philo hält es in den uns griechisch überlieferten Schriften für gänzlich ausgeschlossen, daß Kain sich bekehrte und von Gott Verzeihung für seine Sünde erhielt. Sein Leben war ein fortwährendes Sterben *(ζῆν ἀποθνήσκοντα ἀεὶ καὶ τρόπον τινὰ θάνατον ἀθάνατον ὑπομένειν καὶ ἀτελεύτητον* de praem. et poen. 70 [M. II, 419]; *στένειν καὶ τρέμειν ἀεί* ib. 72), und wenn ihm Gott ein Zeichen gab (Gen. 4, 15), so geschah es nicht zu seinem Heile, sondern „damit er nicht nur einmal sterbe, sondern in Peinen und Qualen und unaufhörlichen Übeln hinsterbend ewig lebe" (ib. 72 [M. II, 420]; vgl. de virtut. 200 [M. II, 439]). Sein Sohn war Henoch (Gen. 4, 17) = χάρις σου, das Symbol der gottlosen und hoffärtigen Menschen, welche zu ihrem Verstande sprechen: χάρις σου, und alles sich selbst zuschreiben *(ἑρμηνεύεται δὲ Ἐνὼχ χάρις σου· εἰ γὰρ πάντων μέτρον ἐστὶν ἄνθρωπος, χάρις ἐστὶ καὶ δωρεὰ τοῦ νοῦ τὰ πάντα* de post. Caini 36 [M. I, 232]). Dieser Henoch bildet den Gegensatz zu einem zweiten Henoch, den die hl. Schrift Gen. 5, 18 erwähnt, einem Nachkommen Seths, dem Vater des Methusalem. Derselbe ist ein Sinnbild der Tugendhaften und Demütigen, welche zu Gott sprechen: χάρις σου, die alles auf Gott beziehen (ib. 41. 42 [M. I, 233]). Dieser zweite Henoch, der die Liebe Gottes besaß und daher an einen andern Ort versetzt wurde *(ὅτι μετέθηκεν αὐτὸν ὁ θεός* Gen. 5, 24), ist nach Philo näherhin ein Symbol der Reue, welche eine Gott wohlgefällige Lebensbesserung zur Folge hat: „*εὐηρέστησεν Ἐνὼχ τῷ θεῷ καὶ οὐχ ηὑρίσκετο, ὅτι μετέθηκεν αὐτὸν ὁ θεός·" ἡ γὰρ μετάθεσις τροπὴν ἐμφαίνει καὶ μεταβολήν· πρὸς δὲ τὸ βέλτιον ἡ μεταβολή, διότι προμηθείᾳ γίνεται θεοῦ* (de Abr. 18 [M. II, 4]; vgl. de praem. et poen. 15—21 [M. II, 410 f.]). Aus dem Berichte der Genesis geht nicht hervor, wie Henoch ein Vorbild in der Buße werden konnte. „Henoch wandelte vor Gott." Sein ganzes Leben erscheint als Gott wohlgefällig zugebracht. Wenn er immer vor Gott wandelte, konnte er nicht Sünder sein, also auch nicht umkehren und Buße tun. Den Schlüssel zum Verständnis dieser Symbolik bietet uns die Übersetzung der Septuaginta: *μετέθηκεν αὐτὸν ὁ θεός*. Diese *μετάθεσις* wurde auf das geistige

§ 9. Die Urgeschichte. 179

Gebiet übertragen und als μετάνοια verstanden. Dies zeigt uns die Anknüpfung der eben zitierten Philostelle. Henoch wurde aber schon lange vor Philo von den alexandrinischen Juden als Vorbild in der Reue angesehen; denn Sir. 44,16, wo bei Gelegenheit der Verherrlichung der Patriarchen von Henoch gesagt wird: ונלקח אות דעת לדור ודור wird von der LXX übersetzt: ὑπόδειγμα μετανοίας ταῖς γενεαῖς. Die Erkenntnis, durch welche Henoch ein Vorbild für alle Geschlechter wird, wird also hier auf die Selbsterkenntnis, auf die Einkehr in sich und die Reue gedeutet.

Während aber Philo in den griechisch erhaltenen Schriften den Henoch, den Sohn des Jared, als Symbol der Buße deutet, macht er in den Quaestiones den gleichnamigen Sohn des Kain zum Vorbild der Reue: Indulgentia in Cain commonstrata post non diutinam temporis intercapedinem inducit illud, quod Enoch poenitentiam exercuit, monens, indulgentiam poenitentiam producere solere (Quaest. in Gen. I, 82 [A. 57] ad Gen. 5, 24). Daß hiernach Kain der Verzeihung gewürdigt wird, ist aus Gen. 4,15 gedeutet: „Gott machte dem Kain ein Zeichen, daß niemand ihn töte." „Nicht viel später" geschah es nämlich, wie Vers 17 berichtet, daß „Kain sein Weib erkannte und diese empfing und den Henoch gebar" d. i. die Reue. Diese Erklärung widerspricht derjenigen, welche wir vorhin aus den anderen Schriften des jüdischen Exegeten angeführt haben. Selbst in den Quaestiones ist an jenen Stellen, welche von Kain und seinen Söhnen handeln, nicht erwähnt, daß jenem die Sünde des Brudermordes von Gott jemals verziehen worden wäre. Wenn nun Philo bei Besprechung der Stelle Gen. 5, 24 plötzlich bemerkt, Kain habe doch noch einmal Nachlassung seiner Sünde erhalten, so kommt dies daher, daß er hier die Personen gleichen Namens, aber ungleichen Lebens nicht auseinanderhält, wie er es in der Schrift de post. Caini tut, sondern das, was nur auf Henoch, den Nachkommen Seths, paßt, auf Henoch, den Sohn Kains, überträgt.

Clemens schließt sich wörtlich an die Erklärung der Quaestiones an. Er schreibt daher dem Kain Reue zu und läßt ihn Verzeihung seiner Sünde erlangen: οὐχὶ καὶ ὁ θεὸς μετὰ τὴν ἐπὶ τῷ Κάϊν συγγνώμην ἀκολούθως οὐ πολλῷ ὕστερον τὸν μετανοήσαντα Ἐνὼχ εἰσάγει δηλῶν ὅτι συγγνώμη μετάνοια πέφυκε γεννᾶν; (Str. II, 15, 70 P. 466).

5. Gen. 6, 2 (LXX): ἰδόντες δὲ οἱ ἄγγελοι τοῦ θεοῦ (בְּנֵי־הָאֱלֹהִים) τὰς θυγατέρας τῶν ἀνθρώπων ὅτι καλαί εἰσιν, ἔλαβον ἑαυτοῖς γυναῖκας ἀπὸ πασῶν ὧν ἐξελέξαντο.

12*

Philo vertritt die Ansicht, daß die Seele des Menschen bereits vor ihrer Vereinigung mit dem Körper existiert und die Luft bewohnt. Ihren Eintritt in die Welt beschreibt er im Anschluß an Gen. 6, 2 und an Plato Tim. 43 A, wobei er mit den leiblosen Seelen die Engel der Juden und die Dämonen der Griechen identifiziert. Von diesen Seelen hält sich ein Teil rein von allem Irdischen, verharrt im Dienste Gottes und vermittelt den Verkehr zwischen dem Unendlichen und dem Menschen (die Engel). Andere aber sanken aus Liebe zum Fleische aus den seligen Höhen, in denen sie lebten, in die Leiber herab. Nicht an himmlischer Schönheit, nicht an Wissenschaft und Tugend fanden sie nämlich Gefallen, sondern an den Töchtern der Menschen, d. i. den sinnlichen Reizen. So wird Gen. 6, 2 von dem jüdischen Exegeten de gigant. 6—18 [M. I, 263—265] folgendermaßen erklärt: „Die Wesen, welche die anderen Philosophen Dämonen nennen, werden von Moses mit dem Namen Engel bezeichnet. Es sind dies Seelen, welche in der Luft herumschweben ... Von diesen Seelen steigen die einen in Leiber herab, die anderen dagegen wollen mit keinem Teile der Erde Verkehr haben, sondern heilig, rein und nur mit dem Dienste des Vaters beschäftigt, werden sie von diesem zur Aufsicht über die Sterblichen gebraucht. Jene anderen aber stürzen in den Leib herab ... Diese sind die Schlechten, welche des Namens der Engel unwürdig sind, welche die Töchter des echten Logos, die Wissenschaften und Tugenden, nicht kennen, sondern den Töchtern der Sterblichen, den Lüsten, nachlaufen, die keine geistige Schönheit an sich haben, sondern nur trügerischen Reiz, der die Sinne bestrickt." In gleicher Weise äußert sich Philo de somn. I, 133 ff. [M. I, 641] und de plant. 14 ff. [M. I, 332]. Aus diesen Stellen, die aus dem allegorischen Kommentar genommen sind, geht hervor, daß der jüdische Exeget der Erzählung der Genesis zwar eine gewisse Wahrheit nicht abspricht, jedoch die Unzucht der Engel nicht wörtlich auffaßt. Der Sinn ist seiner Ansicht nach der, daß reine Seelen aus Liebe zum Fleische den Himmel verlassen und zur Strafe in Leiber gefesselt werden. In den Quaestiones aber, in denen Philo den Wortsinn und den allegorischen Sinn nebeneinanderstellt, ist er der Meinung, daß die Genesisstelle in der Fassung der Septuaginta wörtlich von einer geschlechtlichen Vermischung der Engel mit Weibern zu verstehen sei, indem jene Scheinleiber angenommen hätten. Die Frucht dieses Verkehrs wären die Giganten gewesen. Selbst Gen. 6, 4, wo von den „Söhnen" Gottes und deren Ehe mit den Töchtern der Menschen die Rede sei, könne man auf die Engel beziehen, da diese, von keinem Sterblichen gezeugt, in Wahrheit Söhne Gottes seien, wenn man auch zugeben müsse, daß Moses öfter auch die guten Menschen als „Söhne Gottes" bezeichnet: Qua ratione ex angelis et mulieribus gigantes? Enim vero spiritualis est angelorum substantia, passim tamen occurrit, ut hominum imitantes speciem pro rebus usurpandis sese commutant formanturque, sicut in mulieribus cognoscendis pro generatione gigantium ... Caeterum aliquando angelos vocat Dei filios, quoniam non ab ullo facti sunt mortales incorporei, cum sint spiritus corpore carentes. Potius autem exhortator iste (sc. Moyses) optimos praeditosque virtute viros filios Dei nominat, pessimos vero et pravos corpora (vel carnes) (Quaest. in. Gen. I. 92 [A. 66] ad Gen. 6, 2—4).

Diese Erklärung der Genesisstelle gibt auch Josephus: „Viele Engel Gottes vermischten sich mit Weibern und zeugten Söhne, die gewalttätig waren und alles Schöne verachteten, weil sie auf ihre Stärke vertrauten; denn es wird überliefert, daß diese Ähnliches taten, wie es nach den Sagen der Hellenen von den Giganten gewagt worden ist" (Ant. I, 73).

Der erste unter den christlichen Exegeten, welche dieselbe Deutung bieten, ist Justin: „Gott übergab die Sorge für die Menschen und für alles, was unter dem Himmel ist, Engeln, die er hierzu bestimmte. Die Engel aber übertraten diese Bestimmung, erniedrigten sich so weit, daß sie mit Weibern Gemeinschaft pflegten, und erzeugten Kinder, welche die sogenannten Dämonen sind" (Ap. II, 5) [1]). Da der Apologet häufig selbstständige Erklärungen der hl. Schrift gibt, so wird man zugestehen müssen, daß er auch hier lediglich vom biblischen Texte Gen. 6, 2 ausgehend unabhängig von Philo seine Deutung entwickelt haben kann. Da er aber so häufig Bekanntschaft mit den Erklärungen des jüdischen Exegeten zeigt und zudem die Dämonen in Beziehung zu Gen. 6, 2 bringt, wenn auch in anderer Weise als Philo, indem dieser dieselben mit den Engeln identifiziert, Justin aber sie von den Engeln abstammen läßt, so liegt große Wahrscheinlichkeit vor, daß der Kirchenvater einer Erinnerung an die Auslegung Philos gefolgt ist.

---

[1]) Dieser Ansicht begegnen wir dann bei vielen vornicänischen Kirchenvätern und Kirchenschriftstellern; vgl. Athenagoras Supplic. pro Christ. 24; Tertullian Apol. 22; Lactantius Div. inst. 2, 14.

Clemens lehnt die Auffassung des jüdischen Exegeten, daß die Menschenseelen gefallene Engel seien, ab; denn Gott führe nicht eine Seele aus einem besseren an einen schlechteren Ort, wie es die Erde dem Himmel gegenüber sei. Der kirchliche Schriftsteller denkt dabei freilich nicht an die Äußerungen Philos, sondern an die Lehre der Gnostiker von den Lichtfunken, die sich in die Materie verirrt haben sollen: „Der Herr kam, wie er erklärte, zu „den Verirrten", nicht von oben herab in das irdische Geschlecht verirrt (denn geschaffen ist das Geschlecht und eine Schöpfung des Allmächtigen, welcher die Seele nicht aus der besseren Welt in die schlechtere herabführt), sondern zu den geistig Verirrten, zu uns kam der Erlöser" (Str. III, 14, 94 P. 554; vgl. Str. IV, 26, 167 P. 640). Die wörtliche Exegese der Genesisstelle, so wie sie von der Septuaginta wiedergegeben wird, vertritt auch er. „Die Einsicht wird durch die Lust vom Wege abgeführt, und das klare Denken gleitet, da nicht vom Logos gezügelt, herab zur Üppigkeit, und als Lohn für das Abgleiten wird ihm der Sturz zuteil. Beweis dafür sind die Engel, welche die Schönheit Gottes verließen um der vergänglichen Schönheit willen und vom Himmel auf die Erde herabstürzten" (Paed. III, 2, 14 P. 260). „Auch einige Engel wurden unenthaltsam und stürzten, von Begierde ergriffen, vom Himmel herab" (Str. III, 7, 59 P. 538). Diese Engel teilten nach ihrem durch die böse Lust herbeigeführten Falle den Weibern Wahrheiten mit, die zu ihrer Kenntnis gelangt waren, während die guten Engel über dieselben Schweigen bewahrten, weil erst bei der Erscheinung Christi im Fleische den Menschen die volle Offenbarung zuteil werden sollte (Str. V, 1, 10 P. 650; vgl. Str. VII, 7 P. 859). Wenn daher Photius (Biblioth. cod. 109) als Meinung des Clemens aus den Hypothesen, welche auch die Genesis kommentierten, anführt: μίγνυσθαί τε τοὺς ἀγγέλους γυναιξὶ καὶ παιδοποιεῖν ἐξ αὐτῶν ὀνειροπολεῖ, so muß man ergänzend dazu bemerken, daß der Kirchenschriftsteller diese Ansicht schon in dem Pädagogen und in den Stromata vertritt.

Wenn wir bedenken, daß Clemens sehr wenig eigene Erklärungen zum Alten Testament bietet, sondern fast alle von Philo übernommen hat, so spricht die Wahrscheinlichkeit dafür, daß er auch in dieser Deutung von dem jüdischen Exegeten abhängig ist. Dafür können wir auch einen positiven Grund anführen. Hätte sich nämlich der Kirchenschriftsteller nur durch den Text Gen. 6, 2 bei seiner Erklärung leiten lassen, so hätte er nicht immer wieder von einem „Herabstürzen" der Engel vom Himmel gesprochen. Wohl wäre jene Sünde der Engel, die Vermischung mit den Weibern, ein furchtbarer Sturz gewesen, aber ein Fall in sittlicher Beziehung. Das Herabkommen auf die Erde aber hätte, weil frei gewollt, nicht ein Sturz genannt werden können. Auch Philo spricht in seinen Quaestiones nicht von einem Sturze, sondern erörtert nur die Möglichkeit der vermeintlichen Tatsache. Dagegen erwähnt er einen solchen da, wo er von dem durch die Liebe zu sinnlichen Genüssen veranlaßten Herabsteigen der Seelen-Engel in die Leiber handelt (de gigant. l. c.). Mit den menschlichen Körpern vereinigen sich ja die Seelen, welche der Erde am nächsten sind (de somn. I, 138 [M. 1, 641]). Diese werden also von dem Unglück mit einer gewissen Notwendigkeit betroffen und kehren nicht ganz freiwillig in die Leiber ein, sondern „stürzen" herab. Die Erklärung des Clemens läßt sich also am leichtesten als eine Kombination der Ansicht Philos vom Falle der Seelen und seiner in den Quaestiones dargelegten Auffassung von der Sünde der Engel begreifen.

6. Da bei der Sündflut alle die dem Tode entrissen wurden, welche sich in der Arche befanden, so konnte Clemens diese Tatsache als das Symbol der Erlösung auffassen, durch welche die Menschheit vor dem ewigen Tode bewahrt bleibt. Da nun bei der Sündflut die Arche das wirksame Mittel zur Rettung war, so mußten sich im Sinne der allegorischen Schriftauslegung in ihr auch Züge finden, welche auf die einstige Erlösung von der Sünde hinwiesen. Der Kirchenschriftsteller sieht sie in ihren Maßbestimmungen. Nach Gen. 6, 15 war sie 300 Ellen lang, 50 Ellen breit und 30 Ellen hoch. In einigen Handschriften der Septuaginta, welche dem Clemens vorgelegen haben, die wir aber nicht mehr besitzen, war die Höhe mit 12 Ellen angegeben. Die Zahl 300 weist nach dem Kirchenschriftsteller hin auf das Kreuz Christi. Hierin ist er vom Barnabasbriefe 9, 7 abhängig, nach welchem *T,* das Zahlzeichen für 300, vermöge seiner Gestalt das Kreuz symbolisiert [1]). Die Zahl 50 ist eine Andeutung der Hoffnung auf die Erlösung, welche am 50. Tage eintritt. Hier erkennen wir den Einfluß Philos, nach dem, da das Jubeljahr die Befreiung aus den früheren Schuldverhältnissen bringt, 50 die Zahl

---

[1]) Vgl. S. 107.

der Hoffnung auf diese Befreiung ist: ἡ παντελὴς εἰς ἐλευθερίαν ἄφεσις, ἧς σύμβολον ὁ πεντηκοστὸς λόγος ἱερός (de mut. nom. 228 [M. I, 613]; vgl. Lev. 25, 10). Was der jüdische Exeget hier vom Jubeljahr als dem fünfzigsten Jahre aussagt, überträgt der Kirchenschriftsteller auf Pfingsten als den fünfzigsten Tag (nach Ostern). Er denkt dabei wohl daran, daß an diesem Tage die Herabkunft des hl. Geistes erfolgte, den die Apostel erst empfangen mußten, ehe sie die Predigt von dem Gekreuzigten und der Erlösung in die Welt hinaustrugen und in der Menschheit die Hoffnung auf eine Nachlassung der Sündenschuld erweckten. 30 ist die Zahl desjenigen Lebensjahres des Herrn, in welchem er predigte und dadurch die Menschheit auf die Erlösung vorbereitete. Diese Erklärung geht auf Luc. 4, 19 zurück. In dem hier erwähnten „angenehmen Jahr des Herrn" findet Clemens die Dauer der öffentlichen Wirksamkeit Jesu angedeutet [1]). 12 ist die Zahl der Apostel, welche die Tätigkeit des Herrn zum Heile der Menschen fortsetzten: Εἰσὶ δ'οἳ τοὺς τριακοσίους πήχεις σύμβολον τοῦ κυριακοῦ σημείου λέγουσι, τοὺς ν' δὲ τῆς ἐλπίδος καὶ τῆς ἀφέσεως τῆς κατὰ τὴν πεντηκοστήν, καὶ τοὺς λ' ἤ, ὡς ἔν τισι, δώδεκα τὸ κήρυγμα δηλοῦν ἱστοροῦσιν, ὅτι τριακοστῷ μὲν ἐκήρυξεν ὁ κύριος ἔτει, ιβ' δὲ ἦσαν οἱ ἀπόστολοι (Str. VI, 11, 87 P. 783).

Daß Noe allein aus der Sündflut gerettet wurde, war nach Philo der Lohn für seine Tugend. Dasselbe macht Clemens geltend.

De virt. 201 [M. II, 440]: μόνος μετὰ τῶν οἰκείων διασῴζεται, τῆς καλοκἀγαθίας ἆθλον ἀράμενος, οὗ μεῖζον οὐκ ἔστιν εὑρεῖν.

Str. II, 19, 99 P. 481: Νῶε δὲ ὁ μὴ οὕτω γενόμενος ὡς ὁ Ἀδὰμ ἐπισκοπῇ θείᾳ διασῴζεται· φέρων γὰρ αὐτὸν ἀνέθηκε τῷ θεῷ.

Da Clemens in diesem Kapitel die genannte Schrift des jüdischen Exegeten wiederholt benutzt, so haben wir eine Anlehnung auch hier anzunehmen.

7. Gen. 9, 21: Noe trank vom Weine und wurde trunken *(ἐμεθύσθη).*

Philo erkennt den Wortsinn dieser Stelle an, nimmt aber den Noe gegen den Verdacht der Trunkenheit eifrig in Schutz (de plant. 149—177 [M. I, 352—356]). Vor allem macht er darauf aufmerksam, daß, wenn οἶνος und μέθυ dasselbe bedeuteten, auch οἰνοῦσθαι und μεθύειν denselben Sinn haben müßten, näm-

---

[1]) Vgl. meinen Aufsatz »Clemens von Alexandrien und die einjährige Lehrtätigkeit des Herrn« in der Bibl. Zeitschr. 4 (1906) 402 ff.

lich „Wein trinken". μεθύειν aber sei von μετὰ τὸ θύειν abzuleiten und weise darauf hin, daß die Alten nach dem Opfer mäßig und bescheiden Wein zu sich nahmen (l. c. 154. 163 [M I, 352. 354]). Daß der jüdische Exeget den Wortlaut der Stelle tatsächlich von einem bloßen Weingenuß, nicht von Unmäßigkeit verstand, beweisen auch seine Worte Quaest. in Gen. II, 68 [A. 154] ad Gen. 9, 21: Illud autem ‚inebriatus est' accipe pro ‚vino usus est'. Duplex enim modi sunt inebriandi, unum temulentiae abutentis vino, quod delictum est proprium improbare pravo; alterum usus vini cadentis in sapientes quoque. Secunda igitur significatione dicitur constans ille et sapiens inebriatus, non abusus, sed usus vino. Wer freilich, wie Philo (de Abr. 1—6 [M. II, 1]), die Urväter und Patriarchen als in jeder Beziehung vollkommene Vorbilder der Tugend ansieht, darf in ihrem Leben keinen Makel finden und muß daher entweder Fehltritte, die die Schrift von ihnen berichtet, wegdeuten, wie es hier geschieht, oder den Wortsinn solcher Stellen überhaupt leugnen.

Clemens gibt zu, daß Noe sich berauscht hat. Die hl. Schrift erzähle dies als abschreckendes Beispiel. „Die Trunkenheit des Noe wurde aufgezeichnet, damit wir uns vor dem Rausche hüten, indem wir ein deutlich gezeichnetes Bild des Falles vor uns haben" (Paed. II, 2, 34 P. 187).

§ 10. Die Patriarchengeschichte.

Der Jude, der in seinen hl. Schriften las, daß sich sein Gott so oft als Gott Abrahams, Isaaks und Jakobs bezeichnete, mußte zu diesen drei Patriarchen mit besonderer Verehrung emporschauen. Er konnte in ihnen Vorbilder der Tugend erblicken, die durch ihr Leben ihm zeigten, wie man das Wohlgefallen Gottes sich erwirbt. Ein Beispiel dafür ist das vierte Makkabäerbuch [1]). Da aber in den Augen der alexandrinischen Juden und vor allem Philos die hl. Schrift zugleich Philosophie war (de vita Mosis II, 211 [M. II, 167]), so ist es leicht erklärlich, daß man den aristotelischen Satz τριῶν ἔφη δεῖν παιδείᾳ φύσεως, μαθήσεως, ἀσκήσεως (Aristot. apud Diog. Laert. V, 18) aus dem Leben der drei Patriarchen Abraham, Isaak und Jakob nachzuweisen suchte. Diese bezeichnen also nach Philo den dreifachen Weg, auf dem der Mensch zur Tugend und Vollkommenheit gelangen

---

[1]) Vgl. S. 26.

kann. Die Erhebung aus der Sinnlichkeit zu einem Gott wohlgefälligen Leben kann geschehen dadurch, daß man sich belehren läßt *(μάθησις, διδασκαλία)*, oder dadurch, daß man mit dem Bösen, mit der Sinnlichkeit und der Leidenschaft kämpft und sie in mühevollem Streit überwindet *(ἄσκησις)*, oder endlich dadurch, daß man von vornherein durch die Natur glücklich ausgestattet ist, die Tugend gleichsam bei der Geburt mit auf die Welt gebracht hat *(φύσις)*. Dementsprechend sieht Philo in Abraham den Vertreter der *μάθησις*, in Jakob den Vertreter der *ἄσκησις* und in Isaak den Vertreter der *φύσις*. Clemens übernimmt diese Symbolik von dem jüdischen Exegeten, wenn er sie auch nur, wieder im Anschluß an jenen, bei der Lebensbeschreibung des Abraham im einzelnen durchführt.

De Abr. 52 [M. II, 9]: τρόπους γὰρ ψυχῆς ἔοικεν ὁ ἱερὸς διερευνᾶσθαι λόγος, ἀστείους ἅπαντας, τὸν μὲν ἐκ διδασκαλίας, τὸν δ' ἐκ φύσεως, τὸν δ' ἐξ ἀσκήσεως ἐφιέμενον τοῦ καλοῦ. ὁ μὲν γὰρ πρῶτος, ἐπίκλησιν Ἀβραάμ, σύμβολον διδασκαλικῆς ἀρετῆς ἐστιν, ὁ δὲ μέσος, Ἰσαάκ, φυσικῆς, ὁ δὲ τρίτος, Ἰακώβ, ἀσκητικῆς. Vgl. de mut. nom. 12 [M. I, 580]; de somn. I, 167 [M. I, 646]; de Josepho 1 [M. II, 41]; de praemiis 27 [M. II, 412].

Str. I, 5, 31 P. 334: εἴη δ' ἄν τι καὶ ἄλλο δηλούμενον διὰ τῶν τριῶν προπατόρων, κυρίαν εἶναι τὴν σφραγῖδα τῆς γνώσεως, ἐκ φύσεως καὶ μαθήσεως καὶ ἀσκήσεως συνεστῶσαν.

In dieser Symbolik scheint sich Clemens nur einmal schwankend zu zeigen, und zwar da, wo er den Abraham den Aposteln gegenüberstellt. Diese lassen sich vom Herrn belehren, jener aber ringt aus eigener Kraft nach der Wahrheit. „Von den Menschen gelangen die einen durch Belehrung *(διδαχθέντες)* zum Heile, die andern als Autodidakten *(αὐτοδιδάκτως)*; entweder ahmen sie die Tugend nach oder sie suchen dieselbe.

„Keiner ist besser, als wer aus sich selbst gelangt zur Einsicht". Ein solcher ist Abraham, der Gott suchte.

„Jener ist edel doch auch, der weisem Worte gehorchet"
(Hesiod Op. I, 293, 295).

Das sind die Jünger, welche dem Logos gehorchen ... Dem einen wird sein Glück im Suchen, dem anderen sein Heil im Finden" (Paed. III, 8, 42 P. 279). Philo bezeichnet sonst den Isaak als Autodidakten: τῷ δὲ κατ' εὐμοιρίαν φύσεως αὐτήκοον καὶ αὐτομαθῆ καὶ αὐτοδίδακτον κτησαμένῳ τὴν ἀρετήν (de praemiis 27

[M. II, 412]). Allein Clemens weicht von dem jüdischen Exegeten hier nur in den Worten, nicht aber im Gedanken ab. Gerade die Apostel gelangen nach dem Kirchenschriftsteller durch unmittelbare Unterweisung vom Herrn leicht, gewissermaßen von selbst, zur Kenntnis der göttlichen Wahrheit, während der Patriarch durch eigene Austrengung zu diesem Ziele sich mühsam emporarbeiten muß, so daß ihn also das Forschen *(μάθησις)* zu Gott führt.

1. Abraham.

Das **Lernen der Tugend** *(μάθησις)* geschieht in drei voneinander gesonderten Abschnitten, die wir im Leben des Abraham nachweisen können. Die erste Stufe ist die **Naturwissenschaft**; mit dieser beschäftigte sich der Patriarch in Chaldäa. Die zweite Stufe sind die **Fachwissenschaften**; dieselben wurden von Abraham seit seiner Einwanderung in Kanaan gepflegt, so lange er mit der Hagar verkehrte. Die dritte Stufe endlich umfaßt die **Ethik**. Zu dieser stieg der Patriarch durch seinen Umgang mit der Sara empor.

Diese Entwickelung, welche das Leben des Abraham erkennen läßt, wird von Clemens ganz im Anschluß an Philo dargestellt.

a) Abrahams Naturkenntnisse.

Als Chaldäer war Abraham von Haus aus **Astronom**. Er befaßte sich in seiner Heimat mit der Beobachtung der Himmelskörper; er berechnete ihren Lauf und betrachtete staunend ihre Harmonie. Aber noch besaß er nicht die Kenntnis des wahren Gottes, sondern hielt die Gestirne für Götter. Die Astronomie sollte ihn ja erst dazu anleiten, auf die Existenz eines Schöpfers aller Dinge zu schließen. Tatsächlich sah auch Abraham ein, daß es über den Sternen einen Lenker der Welt geben müsse, und erhob sich auf diese Weise von der Naturbetrachtung zu einer Geisteswissenschaft.

De virt. 212. 214 [M. II; 441 f.]: τοῦ τῶν Ἰουδαίων ἔθνους ὁ πρεσβύτατος γένος μὲν ἦν Χαλδαῖος, πατρὸς δὲ ἀστρονομικοῦ τῶν περὶ τὰ μαθήματα διατριβόντων, οἳ τοὺς ἀστέρας θεοὺς νομίζουσι ... Er verläßt sein Vaterhaus εἰδὼς ὅτι μένοντος μὲν αἱ τῆς πολυθέου

Str. VI, 10, 80 P. 780: ἔκ τε αὖ τῆς ἀστρονομίας γῆθεν αἰωρούμενος τῷ νῷ συννψωθήσεται (ὁ γνωστικὸς) οὐρανῷ καὶ τῇ περιφορᾷ συμπεριπολήσει, ἱστορῶν ἀεὶ τὰ θεῖα καὶ τὴν πρὸς ἄλληλα συμφωνίαν, ἀφ' ὧν ὁρμώμενος Ἀβραὰμ εἰς τὴν τοῦ κτίσαντος ὑπεξανέβη γνῶσιν.

δόξης ἐγκαταμενοῦσιν ἀπάται. de mut.
nom. 67 [M. I, 588]: μετέωρον τοίνυν
ἀλληγοροῦντές φαμεν τὸν ἀπὸ γῆς ἑαυτὸν εἰς ὕψος αἴροντα καὶ ἐπισκοποῦντα
τὰ μετάρσια. Vgl. de migr. Abr. 177
[M. I, 463]; de Abr. 82 [M. II, 13];
de praem. 58 [M. II, 417]; Quaest.
in Gen. III, 1 [A. 167].

b) Abrahams wissenschaftliches Streben.

Wohl tat Abraham, als er das Ungenügende der Astronomie erkannte und von ihr sich abwandte, einen großen Schritt vorwärts. Aber die Stufe, die er jetzt erreicht hatte, war noch nicht die Tugend und das Wissen, war noch nicht die Höhe der Vollkommenheit, sondern erst die Vorbereitung, um in ihren Besitz zu gelangen. Sara, die Weisheit und Tugend, war ihm in dieser Zeit unfruchtbar und gab ihm keine Kinder d. h. er konnte noch nicht einzelne tugendhafte Werke vollbringen. Zu einem vollkommenen Leben mußte Abraham erst befähigt werden. Daher führte Sara ihm die Egypterin [1]) Hagar zu, die das Symbol der weltlichen Wissenschaften, der ἐγκύκλιος παιδεία, ist. Diese vermitteln dem nach Weisheit Strebenden die niederen Kenntnisse, in deren Besitz es ihm dann möglich ist, zum Höheren, der Tugend, sich emporzuringen. Infolgedessen stehen sie unter der wahren Weisheit, wie Hagar die Dienerin der Sara war.

Dies ist nach Philo und Clemens der Inhalt von Gen. 16 in allegorischer Erklärung.

De congr. erud. gr. 79 [M. I, 530].
Καὶ μὴν ὥσπερ τὰ ἐγκύκλια συμβάλλεται πρὸς φιλοσοφίας ἀνάληψιν, οὕτω καὶ φιλοσοφία πρὸς σοφίας κτῆσιν. ἔστι γὰρ φιλοσοφία ἐπιτήδευσις σοφίας, σοφία δὲ ἐπιστήμη θείων καὶ ἀνθρωπίνων καὶ τῶν τούτων αἰτίων. γένοιτ᾽ ἂν οὖν ὥσπερ ἡ ἐγκύκλιος μουσικὴ φιλοσοφίας, οὕτω καὶ φιλοσοφία δούλη σοφίας.

ib. 14 [M. I, 521]: „εἴσελθε" οὖν φησι „πρὸς τὴν παιδίσκην μου", τὴν τῶν μέσων καὶ ἐγκυκλίων ἐπιστημῶν μέσην παιδείαν, „ἵνα τεκνοποιήσῃ πρότερον ἐξ αὐτῆς" (Gen. 16, 1). αὖθις γὰρ δυνήσῃ καὶ τῶν πρὸς τὴν δέσποιναν

Str. I, 5, 30 P. 333: Ἀλλ᾽ ὡς τὰ ἐγκύκλια μαθήματα συμβάλλεται πρὸς φιλοσοφίαν τὴν δέσποιναν αὐτῶν, οὕτω καὶ φιλοσοφία αὐτὴ πρὸς σοφίας κτῆσιν συνεργεῖ. ἔστι γὰρ ἡ μὲν φιλοσοφία ἐπιτήδευσις σοφίας, ἡ σοφία δὲ ἐπιστήμη θείων καὶ ἀνθρωπίνων καὶ τῶν τούτων αἰτίων. κυρία τοίνυν ἡ σοφία τῆς φιλοσοφίας ὡς ἐκείνη τῆς προπαιδείας. ... Σάῤῥα στεῖρα ἦν πάλαι, Ἀβραὰμ δὲ γυνή. μὴ τίκτουσα ἡ Σάῤῥα τῆς ἑαυτῆς παιδίσκην ὀνόματι Ἄγαρ τὴν Αἰγυπτίαν εἰς παιδοποιίαν ἐπιτρέπει τῷ Ἀβραάμ. ἡ σοφία τοίνυν ἡ τῷ πιστῷ σύνοικος (πιστὸς δὲ ἐλογίσθη Ἀβραὰμ

---
[1]) Zur Symbolik Egyptens vgl. S. 110.

§ 10. Die Patriarchengeschichte.

ὁμιλιῶν ἐπὶ γενέσει παίδων γνησίων ἀπόνασθαι.

9. 10 [M. I, 520]: διὰ τοῦτο οὔ φησι μὴ τίκτειν τὴν Σάραν, ἀλλ' αὐτῷ τινι μὴ τίκτειν. οὐ γάρ ἐσμεν ἱκανοὶ δέξασθαί πω γονὰς ἀρετῆς, εἰ μὴ πρότερον ἐντύχοιμεν αὐτῆς τῇ θεραπαινίδι· θεραπαινὶς δὲ σοφίας ἡ διὰ τῶν προπαιδευμάτων ἐγκύκλιος μουσική ... οὕτως καὶ ἀρετῆς πρόκειται τὰ ἐγκύκλια· ταῦτα γὰρ ὁδός ἐστιν ἐπ' ἐκείνην φέρουσα.

20. 21: Gegenstand der niederen Wissenschaften ist hauptsächlich das sinnlich Wahrnehmbare; daher heißt es in der Schrift, daß Hagar aus Egypten stammt; denn Egypten ist Symbol des Leibes.

καὶ δίκαιος) στεῖρα ἦν ἔτι καὶ ἄτεκνος κατὰ τὴν γενεὰν ἐκείνην, μηδέπω μηδὲν ἐνάρετον ἀποκνήσασα τῷ Ἀβραάμ, ἠξίου δὲ εἰκότως τὸν ἤδη καιρὸν ἔχοντα προκοπῆς τῇ κοσμικῇ παιδείᾳ (Αἴγυπτος δὲ ὁ κόσμος ἀλληγορεῖται) συνευνασθῆναι πρότερον, ὕστερον δὲ καὶ αὐτῇ προσελθόντα κατὰ τὴν θείαν πρόνοιαν γεννῆσαι τὸν Ἰσαάκ.

Diese vorbereitenden Wissenschaften werden von Philo und Clemens nach der in den philosophischen Schulen jener Zeit herkömmlichen Weise eingeteilt. Der jüdische Exeget zählt sie in folgender Ordnung auf: Grammatik, Musik, Geometrie, Rhetorik, Dialektik (de congr. erud. gr. 15—18 [M. I, 521]); Grammatik, Geometrie, Musik (ib. 74—76 [M. I, 530]); Grammatik, Geometrie, Astronomie, Rhetorik, Musik, Logik (ib. 11 [M, I, 520]). Clemens nennt nur Musik, Geometrie, Grammatik, Rhetorik (Str. I, 5, 29 P. 333).

Wie bereits früher Abraham auf dem Gebiete der Himmelskunde einen Beweis seiner Kenntnisse gab, indem er den Lauf der Gestirne berechnete, so zeigt er nach Clemens auch jetzt, da er den niederen Wissenschaften sich widmet, daß sein Lernen nicht erfolglos ist, besonders nicht in der Mathematik, indem er seine Knechte zusammenzählt. 318 sind es nämlich, mit denen der Patriarch aufbricht, um den Lot aus der Gefangenschaft zu befreien und die Feinde zu besiegen (Gen. 14, 14). Diese Zahl weist hin auf den Heiland am Kreuze. Wer zu ihm seine Zuflucht nimmt, der wird Herr über alle seine Widersacher; er bleibt standhaft in der Verfolgung durch die Feinde; denn Christus hat durch seinen Tod die Macht des Satans gebrochen und die Menschheit erlöst.

In der Zahlensymbolik schließt sich Clemens hier an Barnabas 9, 7. 8 an [1]; in der Anwendung der Episode auf das Leben des Abraham zeigt er sich als Schüler Philos.

---

[1] Vgl. S. 107.

Str. VI, 11, 84 P. 781: Καθάπερ οὖν ἐπὶ τῆς ἀστρονομίας ἔχομεν ὑπόδειγμα τὸν Ἀβραάμ, οὕτως ἐπὶ τῆς ἀριθμητικῆς τὸν αὐτὸν Ἀβραάμ. ἀκούσας γὰρ ὅτι αἰχμάλωτος ἐλήφθη ὁ Λώτ, τοὺς ἰδίους οἰκογενεῖς τιῃ ἀριθμήσας καὶ ἐπεξελθὼν πάμπολυν ἀριθμὸν τῶν πολεμίων χειροῦται. φασὶν οὖν εἶναι τοῦ μὲν κυριακοῦ σημείου τύπον κατὰ τὸ σχῆμα τὸ τριακοσιοστὸν στοιχεῖον, τὸ δὲ ἰῶτα καὶ τὸ ἦτα τοὔνομα σημαίνειν τὸ σωτήριον· μηνύεσθαι τοίνυν τοὺς Ἀβραὰμ οἰκείους εἶναι κατὰ τὴν σωτηρίαν, τοὺς τῷ σημείῳ καὶ τῷ ὀνόματι προσπεφευγότας, κυρίους γεγονέναι τῶν αἰχμαλωτιζόντων καὶ τῶν τούτοις ἀκολουθούντων παμπόλλων ἀπίστων ἐθνῶν.

Über der Hagar darf man jedoch die Sara nicht vergessen. Die weltlichen Wissenschaften sind gut und nützlich, ja notwendig, dem wahren Wissen aber stehen sie weit nach. Dieses ist schon um seiner selbst willen zu wählen, da es zur Enthaltsamkeit von allem irdischen Genuß und aller Sünde anleitet; wenn wir nun vollends um dasselbe uns bemühen in der Absicht, Gott zu ehren und ihm zu gefallen, so erscheint es noch ehrwürdiger. Die weltlichen Wissenschaften verleiten den Menschen oft auch zur Überhebung, wie Hagar sich gegen Sara auflehnt. Daher darf der nach Tugend strebende Weise die Beschäftigung mit ihnen nur als ein Übergangsstadium ansehen. Er soll sich nicht, wie es so vielen begegnet, von ihren Reizen bestricken lassen und in ihnen aufgehen. Hagar bedeutet ja παροίκησις, Sara aber ἀρχή μου. Bei den weltlichen Wissenschaften darf man also nur vorübergehend, nicht dauernd verweilen, nur παροικεῖν, nicht κατοικεῖν. Die Herrin ist und bleibt die Gnosis. Das erkennt auch Abraham an, indem er die Hagar der Sara überläßt, und Sara weist die Magd, die sich auflehnt, in ihre Schranken zurück, indem sie sie an ihr gegenseitiges Verhältnis erinnert (Gen. 16, 6).

De congr. erud. gr. 80 [M. I, 530]: φιλοσοφία δὲ ἐγκράτειαν μὲν γαστρός, ἐγκράτειαν δὲ τῶν μετὰ γαστέρα, ἐγκράτειαν δὲ καὶ γλώττης ἀναδιδάσκει. ταῦτα λέγεται μὲν εἶναι δι' αὑτὰ αἱρετά, σεμνότερα δὲ φαίνοιτ' ἄν, εἰ θεοῦ τιμῆς καὶ ἀρεσκείας ἕνεκα ἐπιτηδεύοιτο.

§ 77: τινὲς γὰρ τοῖς φίλτροις τῶν θεραπαινίδων δελεασθέντες ὠλιγώρησαν τῆς δεσποίνης, φιλοσοφίας, καὶ κατεγήρασαν οἱ μὲν ἐν ποιήμασιν, οἱ δὲ ἐν γραμμαῖς, οἱ δὲ ἐν χρωμάτων κράσεσιν, οἱ δὲ ἐν ἄλλοις μυρίοις, οὐ δυνηθέντες ἐπὶ τὴν ἀστὴν ἀναδραμεῖν.

Str. I, 5, 30 P. 333: εἰ γὰρ ἐγκράτειαν φιλοσοφία ἐπαγγέλλεται γλώσσης τε καὶ γαστρὸς καὶ τῶν ὑπὸ γαστέρα, καὶ ἔστιν δι' αὑτὴν αἱρετή, σεμνοτέρα φανεῖται καὶ κυριωτέρα, εἰ θεοῦ τιμῆς τε καὶ γνώσεως ἕνεκεν ἐπιτηδεύοιτο.

§ 29: „μὴ πολὺς ἴσθι πρὸς ἀλλοτρίαν", χρῆσθαι μέν, οὐκ ἐνδιατρίβειν δὲ καὶ ἐναπομένειν τῇ κοσμικῇ παιδείᾳ παραινεῖ· προπαιδεύει γὰρ τῷ κυριακῷ λόγῳ τὰ κατὰ τοὺς προσήκοντας καιροὺς ἑκάστῃ γενεᾷ συμφερόντως δεδομένα. ἤδη γάρ τινες τοῖς φίλτροις τῶν θεραπαινίδων δελεασθέντες ὠλιγώρησαν τῆς

§ 10. Die Patriarchengeschichte. 191

§ 20 [M. I, 522]: Ἄγαρ, τοῦτο δὲ
ἑρμηνευθέν ἐστι παροίκησις.

§ 23: πάροικος γὰρ τῷ μὲν ἐνδιατρίβειν ἀστοῖς, τῷ δὲ μὴ κατοικεῖν ἀλλο-
δαποῖς ἰσοῦται[1]).

§ 2 [M. I, 519]: τὸ Σάρας ὄνομα
μεταληφθέν ἐστιν ἀρχή μου.

§ 154 [M. I, 541]: „ἰδοὺ ἡ παιδίσκη
ἐν ταῖς χερσί σου, χρῶ αὐτῇ ὡς ἄν σοι
ἀρεστὸν ᾖ" . . . τὴν μὲν ἐγκύκλιον παιδείαν καὶ ὡς νεωτέραν καὶ ὡς θεραπαινίδα ἀσπάζομαι, τὴν δὲ ἐπιστήμην
καὶ φρόνησιν ὡς τελείαν καὶ δέσποιναν
ἐκτετίμηκα.

§ 158: „καὶ ἐκάκωσεν αὐτήν", ἴσον
τῷ ἐνουθέτησε καὶ ἐσωφρόνισε.

§ 177: „παιδείας θεοῦ, υἱέ, μὴ ὀλιγώρει, καὶ μὴ ἐκλύου ὑπ' αὐτοῦ ἐλεγχό-
μενος· ὃν γὰρ ἀγαπᾷ κύριος ἐλέγχει,
μαστιγοῖ δὲ πάντα υἱὸν ὃν παραδέχεται"·.

δεσποίνης, φιλοσοφίας, καὶ κατεγήρασαν
οἳ μὲν αὐτῶν ἐν μουσικῇ, οἳ δὲ ἐν γεω-
μετρίᾳ, ἄλλοι δὲ ἐν γραμματικῇ, οἱ πλεῖ-
στοι δὲ ἐν ῥητορικῇ.

§ 31: ἑρμηνεύει δὲ ὁ Φίλων τὴν μὲν
Ἄγαρ παροίκησιν . . . τὴν Σάραν δὲ
ἀρχήν, μου. ἔνεστιν οὖν προπαιδευθέντα
ἐπὶ τὴν ἀρχικωτάτην σοφίαν ἐλθεῖν.

§ 32: διὰ τοῦτο καὶ ὁ Ἀβραάμ, παρα-
ζηλούσης τῆς Σάρρας τὴν Ἄγαρ παρευ-
δοκιμοῦσαν αὐτήν, ὡς ἂν τὸ χρήσιμον
ἐκλεξάμενος μόνον τῆς κοσμικῆς φιλοσοφίας, „ἰδοὺ ἡ παιδίσκη κτλ" φησί,
δηλῶν ὅτι ἀσπάζομαι μὲν τὴν κοσμικὴν
παιδείαν καὶ ὡς νεωτέραν καὶ ὡς σὴν
θεραπαινίδα, τὴν δὲ ἐπιστήμην τὴν σὴν
ὡς τελείαν δέσποιναν τιμῶ καὶ σέβω.
„καὶ ἐκάκωσεν αὐτὴν Σάρρα" ἴσον τῷ
ἐσωφρόνισε καὶ ἐνουθέτησεν. εὖ γοῦν
εἴρηται „παιδείας θεοῦ, υἱέ, μὴ ὀλιγώρει,
μηδὲ ἐκλύου ὑπ' αὐτοῦ ἐλεγχόμενος. ὃν
γὰρ ἀγαπᾷ κύριος παιδεύει, μαστιγοῖ δὲ
πάντα υἱὸν ὃν παραδέχεται" (Prov. 3,11.12.
Hebr. 12, 5. 6).

Im letzten Zitat weichen Philo und Clemens, untereinander selbst etwas differierend, von den Septuagintahandschriften und vom Hebräerbrief ab, stimmen aber bezeichnender Weise im Anfange gegen LXX und Hebr. überein, welche mit *υἱέ* beginnen. Es kann keinem Zweifel unterliegen, daß der Kirchenschriftsteller auch bei dem Zitat die Philohandschrift benutzt hat. Die geringe Abweichung läßt sich leicht durch die Unaufmerksamkeit eines Abschreibers erklären.

c) Abrahams sittliches Niveau.

Wir haben jetzt den Weg kennen gelernt, auf dem Abraham, beginnend mit der Betrachtung der Gestirne, schließlich zur Erkenntnis der vollen Wahrheit, zum Glauben an Gott und zur Gerechtigkeit gelangt, und haben an seinem Beispiele gesehen, daß man zu dieser höchsten und letzten Stufe sich durch eifriges Streben und Lernen emporarbeiten kann.

---

[1]) Zu *παροικεῖν* als Bezeichnung eines vorübergehenden Wohnens »wie in der Fremde« im Gegensatz zu *κατοικεῖν* vgl. noch de conf. ling. 76. 80. 81 [M. I, 416. 417]; de agric. 64 [M. I, 310]; quis rer. div. heres 267 [M. I, 511].

De congr. erud. gr. 35 [M. I, 524]: Str. I. 5, 31 P. 334: ἐξ ὧν δείκνυται
ἡ διδακτικὴ ἀρετή, ἣν Ἀβραὰμ μέτεισι ... διδακτικὴν εἶναι τὴν σοφίαν, ἣν μετῆλθεν
Ἀβραάμ, ἐκ τῆς τῶν οὐρανίων θέας με-
τιὼν εἰς τὴν κατὰ θεὸν πίστιν τε καὶ
δικαιοσύνην.

Mit ganz besonderer Liebe hat Clemens im Anschluß an den jüdischen Exegeten diese Entwickelung gezeichnet. Hierbei war ihm die Möglichkeit gegeben, das Verhältnis des Glaubens zu dem weltlichen Wissen darzulegen, ohne daß er so leicht einen Widerspruch befürchten durfte, weil er ja seine Thesen auf die Schrift stützte. Daß dies durch phantasievolle Allegorie geschah, nahm dem Beweise weder in seinen Augen noch nach dem Urteil seiner Zeitgenossen die Gültigkeit. Auf diese Weise vermochte er überzeugend darzulegen, daß der christliche Glaube über alles geht und alles weltliche Wissen mit ihm nicht im entferntesten verglichen werden kann, daß aber auch die irdische Wissenschaft ihre Bedeutung hat und daß jener Glaube am höchsten steht, mit dem sich das Wissen paart[1]). Diese praktischen Rücksichten erklären es, daß Clemens bei Philo gerade da umfangreiche Anleihen macht, wo er von dem Leben des Abraham handelt.

Als der Patriarch auf die letzte und höchste Stufe gelangt ist, gibt ihm Gott einen anderen Namen (Gen. 17, 5). Aus dem Abram, wie er bis jetzt hieß, wird ein Abraham. Als Abram = erhabener Vater *(πατὴρ μετέωρος)* hatte er sich mit der Astronomie und Meteorologie beschäftigt. Aber vom Geschöpf hatte er auf den Schöpfer geschlossen, von der in der Welt herrschenden Ordnung auf den Ordner, von der Schöpfung auf den über ihr waltenden einen Gott. Daher wird er nun mit Recht Abraham = *πατὴρ ἐκλεκτὸς ἠχοῦς* genannt; es ist ja aus dem Naturphilosophen *(φυσιόλογος)* ein Weiser und Freund Gottes *(σοφὸς καὶ φιλόθεος)* geworden. Sein weisheitserfüllter Verstand ist ein auserlesener Vater, ein Quell weiser Worte; denn wie der Sohn vom Vater, so wird das ausgesprochene Wort vom Verstande erzeugt.

De cherub. 4—7 [M. I, 139]: ἔτι Str. V, 1, 8 P. 648: οὗτος τὴν μετ-
ἦν ὁ μὲν Ἀβραὰμ πατὴρ μετέωρος τὴν μετ- άρσιον τῶν κατὰ τὸν ἀέρα συμβαινόντων
άρσιον τῶν κατὰ τὸν ἀέρα συμβαινόντων καὶ τὴν μετέωρον τῶν κατὰ τὸν οὐρανὸν

---

[1]) Über das Verhältnis von γνῶσις und πίστις bei Clemens v. Al. handeln Reinkens, De fide et γνῶσει Clementis Presbyteri Alex. 1850. Laemmer, Clementis Al. de λόγῳ doctrina 40 ff. de Faye, Clément d'Alexandrie, 185 ff. Capitaine, Die Moral des Clemens v. Alex. 266 ff.

§ 10. Die Patriarchengeschichte.

καὶ τὴν μετέωρον τῶν κατὰ τὸν οὐρανὸν
ὑπαρχόντων φιλοσοφίαν μετιών . . .
ὅταν δὲ ἤδη ὁ μὲν Ἀβραμ ἀντὶ φυσιολόγου γένηται σοφὸς καὶ φιλόθεος μετ-
ονομασθεὶς Ἀβραάμ, ὃς ἑρμηνεύεται πατὴρ
ἐκλεκτὸς ἠχοῦς — ἠχεῖ μὲν γὰρ ὁ γεγωνὸς λόγος, πατὴρ δὲ τούτου ὁ νοῦς,
ἐξειλεγμένος δὲ ὁ τοῦ σπουδαίου.
De mut. nom. fügt Philo der Namenserklärung §§ 66—76 [M. I, 588 f.]
hinzu: § 76: τοιαῦτα ἐδιδάχθημεν περὶ
τοῦ λόγῳ μὲν μετονομασθέντος, ἔργῳ δὲ
μεταβαλόντος ἀπὸ φυσιολογίας πρὸς τὴν
ἠθικὴν φιλοσοφίαν καὶ μεταναστάντος ἀπὸ
τῆς περὶ τὸν κόσμον θεωρίας πρὸς τὴν τοῦ
πεποιηκότος ἐπιστήμην, ἐξ ἧς εὐσέβειαν,
κτημάτων τὸ κάλλιστον, ἐκτήσατο. Vgl.
de Abr. 82—84 [M. II, 13].

κινουμένων φιλοσοφίαν μετιὼν Ἀβραμ
ἐκαλεῖτο, ὃ μεθερμηνεύεται „πατὴρ μετέωρος". ὕστερον δὲ ἀναβλέψας εἰς τὸν
οὐρανόν, εἴτε τὸν υἱὸν ἐν τῷ πνεύματι
ἰδών, ὡς ἐξηγοῦνταί τινες, εἴτε ἄγγελον
ἔνδοξον, εἴτε καὶ ἄλλως ἐπιγνοὺς θεὸν
κρείττονα τῆς ποιήσεως καὶ πάσης τῆς
ἐν αὐτῇ τάξεως, προσλαμβάνει τὸ ἄλφα,
τὴν γνῶσιν τοῦ ἑνὸς καὶ μόνου θεοῦ, καὶ
λέγεται Ἀβραάμ, ἀντὶ φυσιολόγου σοφὸς
καὶ φιλόθεος γενόμενος. ἑρμηνεύεται μὲν
γὰρ „πατὴρ ἐκλεκτὸς ἠχοῦς"· ἠχεῖ μὲν γὰρ
ὁ γεγωνὸς λόγος, πατὴρ δὲ τούτου ὁ
νοῦς, ἐξειλεγμένος δὲ ὁ τοῦ σπουδαίου
νοῦς.

Die Bezeichnung „Freund Gottes" für Abraham wird von Clemens noch angewendet Paed. III, 2, 12 (weil er Gott zuliebe alle irdischen Güter verachtete Gen. 12, 1 ff.); Paed. III, 8, 42; Str. II, 5, 20; Str. II, 20, 103 und Str. IV, 17, 105, an letzter Stelle in der Reproduktion von I. Clem. ad Cor. 10, 1; 17, 2. Von Str. I, 5, 8 abgesehen ist der Kirchenschriftsteller, was diesen Titel anlangt, nicht allein von Philo (außer de cherub. 7 noch de sobr. 55 [M. I, 401]) abhängig, sondern der Ausdruck war, wie der häufige Gebrauch beweist, damals bei den Christen üblich, weil die hl. Schrift selbst den Abraham so nennt (Jes. 41, 8; II. Chron. 20, 7; Jac. 2, 23). Die Worte Str. II, 5, 20: θεὸς Ἀβραάμ, θεὸς Ἰσαάκ, θεὸς Ἰακώβ· ὁ μὲν γὰρ φίλος ἄντικρυς κεκλημένος εὑρίσκεται weisen bestimmt auf die hl. Schrift als Quelle hin.

Jetzt endlich hat Abraham auch jene Festigkeit des Charakters erlangt, die ihm erlaubt, dem unwandelbaren Gott zu nahen (Gen. 18, 22. 23), und er bildet nun den Gegensatz zu Kain, der in seinen Meinungen hin- und herschwankt.

De post. Caini 27 [M. I, 231]:
Ἀβραμ δὲ ὁ σοφὸς ἐπειδὴ ἔστηκε, συνεγ-
γίζει τῷ ἑστῶτι θεῷ· λέγει γὰρ ὅτι „ἑστὼς
ἦν ἔναντι κυρίου καὶ ἐγγίσας εἶπεν".
ὄντως γὰρ ἀτρέπτῳ ψυχῇ πρὸς τὸν
ἄτρεπτον θεὸν μόνῃ πρόσοδός ἐστι.

Str. II, 11, 51 P. 456: ὄντως γὰρ
ἀτρέπτῳ πρὸς τὸ ἄτρεπτον ἡ προσαγωγή.
οὕτως „Ἀβραμ ἑστὼς ἦν ἀπέναντι κυρίου καὶ ἐγγίσας εἶπεν" (Gen. 18, 22. 23).

Das „Stehen" des Abraham wird also von Philo und von Clemens allegorisch auf seine Standhaftigkeit gedeutet.

Wegen seiner nunmehr erworbenen Vollkommenheit wird der Patriarch der **Erscheinung Gottes** gewürdigt (Gen. 18). Da aber eine solche Erkenntnis des höchsten Wesens nicht für jeden bestimmt ist, gibt Abraham der Sara den Befehl, für die drei Männer, die zu ihm gekommen sind, Aschenkuchen zu backen (Gen. 18, 6). Dies enthält den höheren Sinn, daß „das geheimnisvolle Wort über Gott und seine Kräfte verborgen werden müsse" wie der Kuchen unter der Asche (Wortspiel).

De sacrif. Ab. et Caini 60 [M. I, 173]:
. . . ἵνα τῶν τελείων μύστις γενομένη τελετῶν μηδενὶ προχείρως ἐκλαλῇ τὰ μυστήρια, ταμιευομένη δὲ αὐτὰ καὶ ἐχεμυθοῦσα ἐν ἀπορρήτῳ φυλάττῃ· γέγραπται γὰρ „ἐγκρυφίας ποιεῖν", ὅτι κεκρύφθαι δεῖ τὸν ἱερὸν περὶ τοῦ ἀγενήτου καὶ τῶν δυνάμεων αὐτοῦ μύστην λόγον.

Str. V, 12, 80 P. 694: καὶ μή τι τοῦτ' ἦν ὃ ᾐνίσσετο ὁ προφήτης, „ἐγκρυφίας" κελεύων ποιεῖν „ἀζύμους", μηνύων ὅτι τὸν ἱερὸν ὡς ἀληθῶς περὶ τοῦ ἀγενήτου καὶ τῶν δυνάμεων αὐτοῦ μύστην λόγον ἐπικεκρύφθαι δεῖ.

Hier haben wir einen Fall, wo Clemens sich in den Worten getreu an Philo anschließt, ohne mit ihnen den gleichen Begriff zu verbinden, wie der jüdische Exeget. Einer der drei Männer, welche zu Abraham kamen, ist Gott selbst; dies wird von Philo und von Clemens übereinstimmend ausgesprochen. Seine beiden Begleiter sind nach dem jüdischen Exegeten die zwei obersten Kräfte Gottes (de sacrif. Ab. et Caini 59; vgl. de Abr. 121. 122 [M. II. 19]). Auch der Kirchenschriftsteller erklärt jene Männer Str. V, 12, 80 als δυνάμεις θεοῦ. Unter diesem Ausdruck versteht er, wie wir gesehen haben [1]), entweder Eigenschaften Gottes oder Engel oder göttliche Personen. Erstere kann er hier nicht gemeint haben; denn die Männer treten in der biblischen Erzählung als selbständige Wesen neben Gott auf, trennen sich dann von ihm und gehen nach Sodom. Auch an Gott den Sohn und den heiligen Geist hat Clemens hier nicht gedacht; denn dann wäre dem Abraham die heiligste Dreifaltigkeit erschienen; Gott der Vater aber zeigt sich nie auf Erden; sein Offenbarungsprinzip ist der Logos [2]). Folglich versteht er unter den „Kräften" an unserer Stelle Engel, auf welche auch der biblische Text hinweist. Daß dies wirklich seine Auffassung ist, geht hervor aus Str. IV, 19, 123 P. 620: ἡ τοῦ Ἀβραὰμ γυνὴ Σάρρα ἡ μακαρία αὐτὴ τοὺς ἐγκρυφίας παρεσκεύασε τοῖς ἀγγέλοις. Die göttliche Person aber, die dem Abraham erscheint, ist der Logos, der schon einmal (Gen. 17, 1) den Patriarchen dieser Gnade gewürdigt hat (Paed. I, 7, 56 P. 131).

---

[1]) Vgl. S. 135 f.   [2]) Vgl. S. 146 ff.

§ 10. Die Patriarchengeschichte.

Auch von Justin wird Gen. 18 dahin erklärt, daß dem Abraham der Logos mit zwei Engeln erscheint (Dial. 56). Indem aber der Kirchenvater irrtümlich den Logos, der doch bei dem Patriarchen zurückbleibt, nach Sodom gehen läßt, wird nach ihm Lot von „zwei Engeln und dem Herrn" gerettet (Dial. 19).

Wenn aber Abraham zur Erkenntnis Gottes gelangte, so darf man dies nicht dahin verstehen, daß er Gott begriffen hätte. Dem Patriarchen selbst wurde es klar, daß ein solches Eindringen in Gottes Wesenheit dem Verstande eines Menschen, mag er auch noch so hoch begnadet sein, nicht möglich ist. Als ihm nämlich Gott den Befehl gab, den Isaak zu opfern, ging er nach dem Orte, von dem der Herr zu ihm gesprochen hatte, und „am dritten Tage sah er aufschauend den Ort von ferne" (Gen. 22, 3. 4).

Clemens erklärt im Anschluß an Philo diese Stelle folgendermaßen: Der Ort, zu dem Abraham gelangen will, ist Gott; denn wie von einem Orte, so wird alles von Gott umfaßt. Er ist aber schwer zu erreichen *(δυσάλωτος)* d. h. er ist unbegreiflich, was Philo klar ausspricht. Abraham erreicht ihn überhaupt nicht, da er ein Geschöpf ist (*ἐν γενέσει*). Auf dem Wege zu Gott bedeutet der erste Tag die Betrachtung der Schönheit und Ordnung in der Welt, welche wir bereits als Vorbereitung auf die Gotteserkenntnis den Patriarchen haben üben sehen. Der zweite Tag besteht in einem großen Verlangen, Gott zu schauen (Philo: *γλιχόμενος*, Clemens: *ἐπιθυμία*). Am dritten Tage endlich öffnen sich die Augen des Verstandes; der Mensch sieht ein, daß er, während er Gott bereits nahe zu sein glaubt, in Wirklichkeit fern von ihm ist, daß er wohl sein Dasein erkennen, nie aber sein Wesen begreifen kann.

Außer dieser von Philo übernommenen allegorischen Erklärung bietet der Kirchenschriftsteller noch eine typische: Die drei Tage können auf die Taufe hinweisen, bei der durch das Aussprechen der drei göttlichen Personen unter dreimaligem Untertauchen der Mensch ein Kind Gottes wird und somit tatsächlich zu Gott gelangt. Diese Symbolik ist, abgesehen von der Deutung des „Ortes" auf Gott, durch die Dreizahl veranlaßt, in der der Exeget einen höheren Sinn fand. Sie ist also, wenn auch nicht vollständig Philos Eigentum, so doch „philonisch".

De post. Caini 18 [M. I, 229]: ὁ σοφὸς αἰεὶ γλιχόμενος κατανοῆσαι τὸν ἡγεμόνα τοῦ παντός, ὅταν τὴν δι' ἐπιστήμης καὶ σοφίας ἀτραπὸν βαδίζῃ, λόγοις

Str. V, 11, 73 P. 690: πρώτη μὲν γὰρ (ἡμέρα) ἡ δι' ὄψεως τῶν καλῶν ἵμερος, δευτέρα δὲ ἡ ψυχῆς τῶν ἀρίστων ἐπιθυμία, τῇ τρίτῃ δὲ ὁ νοῦς τὰ πνευ-

13*

μὲν προεντυγχάνει θείοις παρ' οἷς προκαταλύει, τρέπεσθαι δὲ τὴν ἄλλην ἐγνωκὼς ἐπέχεται· διοιχθέντων γὰρ τῶν διανοίας ὀμμάτων ὀξυδερκέστερον εἶδεν ὅτι ἐπὶ τὴν δυσαλώτου πράγματος θήραν ἀναδέδυκεν ἐξαναχωροῦντος αἰεὶ καὶ μακρὰν ἀφισταμένου καὶ φθάνοντος ἀπείρῳ τῷ μεταξὺ διαστήματι τοὺς διώκοντας.

De somn. I, 63 [M. I, 630]: αὐτὸς ὁ θεὸς καλεῖται τόπος τῷ περιέχειν μὲν τὰ ὅλα, περιέχεσθαι δὲ πρὸς μηδενὸς ἁπλῶς. Vgl. §§ 65. 66.

De virt. 215 [M. II, 442]: οὐ πρότερον ἀνῆκεν ἢ τρανοτέρας λαβεῖν φαντασίας, οὐχὶ τῆς οὐσίας, τοῦτο γὰρ ἀμήχανον, ἀλλὰ τῆς ὑπάρξεως αὐτοῦ καὶ προνοίας.

ματικὰ διορᾷ, διοιχθέντων τῶν τῆς διανοίας ὀμμάτων πρὸς τοῦ τῇ τρίτῃ ἡμέρᾳ διαναστάντος διδασκάλου. εἶεν δ' ἂν καὶ αἱ τρεῖς ἡμέραι τῆς σφραγῖδος μυστήριον, δι' ἧς ὁ τῷ ὄντι πιστεύεται θεός. μακρόθεν οὖν ἀκολούθως ὁρᾷ τὸν τόπον· δυσάλωτος γὰρ ἡ χώρα τοῦ θεοῦ, ὃν χώραν ἰδεῶν ὁ Πλάτων κέκληκεν, παρὰ Μωυσέως λαβὼν τόπον εἶναι αὐτόν, ὡς τῶν ἁπάντων καὶ τῶν ὅλων περιεκτικόν. ἀτὰρ εἰκότως πόρρωθεν ὁρᾶται τῷ Ἀβραὰμ διὰ τὸ ἐν γενέσει εἶναι, καὶ δι' ἀγγέλου προσεχῶς μυσταγωγεῖται. Vgl. Str. II, 2, 5 P. 431: ἀνάγει δὲ ἡ τούτων μάθησις ... ἐπὶ τὸν ἡγεμόνα τοῦ παντός, δυσάλωτόν τι χρῆμα καὶ δυσθήρατον, ἐξαναχωροῦν ἀεὶ καὶ πόρρω ἀφιστάμενον τοῦ διώκοντος.

Clemens identifiziert an unserer Stelle den „Ort" = Gott mit Platos Ideenwelt, die ja alle Ideen und damit alles wahrhaft Seiende *(ὄντως ὄν)* enthält und zugleich das Göttliche ist. Philo selbst ist bei seiner Symbolik τόπος = Gott von Platos Ideenlehre beeinflußt. Als Ort der Ideen umfaßt nach ihm Gott alles, ohne selbst umfaßt zu werden. Mithin gibt der Kirchenschriftsteller dem Plato nur zurück, was ihm ursprünglich gehörte, freilich in der Weise der alten jüdischen und christlichen Apologeten, welche die griechischen Philosophen alle ihre Lehrsätze aus Moses schöpfen lassen.

Da Abraham ein Muster der Tugend ist, so müssen wir von ihm auch erwarten, daß er durch sein ganzes Tun und Lassen uns zu einem vollkommenen, gottgefälligen Leben aneifert. Da fällt uns aber auf, daß er mit drei Frauen, Sara, Hagar und Ketura, Kinder zeugte. Es wäre dies freilich keine Tugend gewesen, wenn der Patriarch es aus sinnlicher Lust getan hätte. Allein sein Beweggrund war ein edler; er ließ sich leiten durch die Rücksicht auf die ihm von Gott versprochene Nachkommenschaft, die ja nach der Verheißung zahlreich werden sollte wie der Sand am Meere *(πληθύνων πληθυνῶ τὸ σπέρμα σου* Gen. 22, 17). Abraham suchte also mit seiner auf den ersten Blick anstößigen Handlungsweise nur den Willen Gottes zu erfüllen, zeigte mithin selbst hierin seine Vollkommenheit.

De virt. 207 [M. II, 441]: πολύπαις ἦν ὁ πρῶτος ἐκ τριῶν παιδοποιησάμενος γυναικῶν, οὐ δι' ἡδονῆς ἀπόλαυσιν, ἀλλὰ δι' ἐλπίδα τοῦ πληθῦναι τὸ γένος.

Str. II, 19, 99 P. 481: τόν τε Ἀβραὰμ ἐκ τριῶν παιδοποιησάμενον γυναικῶν οὐ δι' ἡδονῆς ἀπόλαυσιν, δι' ἐλπίδα δέ, οἶμαι, τοῦ πληθῦναι τὸ γένος ἐν ἀρχῇ.

§ 10. Die Patriarchengeschichte. 197

Auch Justin weist den Vorwurf, die Patriarchen hätten sich mehrere Frauen genommen, um ihre Lust zu befriedigen, zurück; denn dies wäre ihnen ebensowenig erlaubt gewesen wie dem David der Verkehr mit der Frau des Urias. Sie taten es nur, weil es so von Gott angeordnet war *(οἰκονομία τις)* und weil diese Handlung wie alle anderen ein höheres Geheimnis andeuten sollte (Dial. 134. 141).

So sehen wir, daß Abraham ein einziges Ziel kennt, nach dem er strebt, nämlich Gott zu gefallen. Alles Irdische, selbst Eltern, Weib und Kinder, müssen, wie Clemens im Anschluß an Philo, nur etwas ausführlicher, darlegt, vor der Liebe zu Gott zurücktreten. Weil sinnliche Begierden, wie wir gesehen haben, in ihm keinen Raum finden, so wird Sara nach Zeugung des Sohnes ihm zur Schwester. Dies schließt der christliche Schriftsteller aus der Äußerung des Patriarchen dem König von Egypten gegenüber (Gen. 12, 19; vgl. 20, 12).

De gigant. 64 [M. I, 271]: ὁ δὲ τοιοῦτος τῷ ἑνὶ μόνῳ προσκεκλήρωται θεῷ, οὗ γινόμενος ὀπαδὸν εὐθύνει τὴν ἀτραπὸν τοῦ παντὸς βίου βασιλικῇ τῷ ὄντι χρώμενος ὁδῷ τῇ τοῦ μόνου βασιλέως καὶ παντοκράτορος, ἐπὶ μηδέτερα ἀποκλίνων καὶ ἐκτρεπόμενος.

Str. VI, 12, 100 P. 790: οὐ τὸ ζῆν, ἀλλὰ τὸ εὖ ζῆν περὶ πλείστου ποιήσεται (ὁ γνωστικός), μήτ᾽ οὖν παῖδας μήτ᾽ αὖ γάμον ἢ τοὺς γονεῖς τῆς πρὸς τὸν θεὸν ἀγάπης καὶ τῆς ἐν βίῳ δικαιοσύνης προτιμῶν. ἀδελφὴ δὲ τούτῳ ἡ γυνὴ μετὰ τὴν παιδοποιΐαν, ὡς καὶ ὁμοπάτρια, κρίνεται.

Aber auch Sara ist ihres Gatten würdig. Ihr Lachen Gen. 18, 12 ist ihr nicht zum Vorwurf zu machen, weil es nicht von Zweifel oder Unglauben herrührt. In dieser Rechtfertigung der Sara stimmen Philo und Clemens überein im Gegensatz zu dem Zeugnisse der Schrift (Gen. 18, 13. 15), welche berichtet, daß sie wegen ihres Lachens getadelt wird. In der positiven Erklärung des Lachens gehen jene Exegeten auseinander. Philo faßt es als Zeichen der Freude auf (de mut. nom. 166 [M. I, 603]). Sara leugnet, gelacht zu haben, weil auf Erden keine Freude vollkommen, sondern immer mit Leid gemischt ist (de Abr. 205, 206 [M. II, 30]). Clemens erklärt das Lachen der Sara als Scheu vor dem ehelichen Verkehr, durch den sie Mutter eines Sohnes werden sollte (Str. VI, 12, 101 P. 790), indem er ohne Zweifel von Gen. 18, 13 „Nun, da ich alt geworden bin und mein Herr auch alt ist, soll ich der Lust pflegen?" sich leiten läßt.

In dem Bericht über das Leben des Abraham erwähnt die hl. Schrift den Melchisedech und den Lot. Es seien die Erklärungen, die Clemens im Anschluß an Philo von beiden gibt, hier angeführt.

d) Melchisedech (Gen. 14, 18—20).

Philo übersetzt Melchisedech mit „gerechter König" und Salem mit „Friede" und sieht in Melchisedech den Logos. Die gleiche Deutung und Etymologie wird vom Hebräerbriefe und von Clemens geboten. Es ist nun die Frage zu beantworten, ob dieser Kirchenschriftsteller von dem jüdischen Exegeten oder von dem Hebräerbriefe in seiner Erklärung abhängig ist.

Leg. alleg. III, 79—81 [M. I, 103]: καὶ Μελχισεδὲκ βασιλέα τε τῆς εἰρήνης — Σαλήμ τοῦτο γὰρ ἑρμηνεύεται — καὶ ἱερέα ἑαυτοῦ πεποίηκεν ὁ θεός . . . καλεῖται γὰρ βασιλεὺς δίκαιος, βασιλεὺς δὲ ἐχθρὸν τυράννῳ, ὅτι ὁ μὲν νόμων, ὁ δὲ ἀνομίας ἐστὶν εἰσηγητής . . . οὗτος δέ ἐστιν ὁ ὀρθὸς λόγος. καλείσθω οὖν ὁ μὲν τύραννος ἄρχων πολέμου, ὁ δὲ βασιλεὺς ἡγεμὼν εἰρήνης, Σαλήμ, καὶ προσφερέτω τῇ ψυχῇ τροφὰς εὐφροσύνης καὶ χαρᾶς πλήρεις. Vgl. de congr. erud. gr. 99 [M. I, 533].

Hebr. 7, 1. 2: οὗτος (Ἰησοῦς) γὰρ ὁ Μελχισεδέκ, βασιλεὺς Σαλήμ, ἱερεὺς τοῦ θεοῦ τοῦ ὑψίστου, ὁ συναντήσας Ἀβραὰμ ὑποστρέφοντι ἀπὸ τῆς κοπῆς τῶν βασιλέων καὶ εὐλογήσας αὐτόν, ᾧ καὶ δεκάτην ἀπὸ πάντων ἐμέρισεν Ἀβραάμ, πρῶτον μὲν ἑρμηνευόμενος „βασιλεὺς δικαιοσύνης", ἔπειτα δὲ καὶ βασιλεὺς Σαλήμ, ὅ ἐστιν „βασιλεὺς εἰρήνης". Vgl. 5, 10.

Str. II, 5, 21 P. 439: Μελχισεδέκ, ὁ πάντων ἱκανώτατος ἀφηγεῖσθαι τοῦ τῶν ἀνθρώπων γένους· νομοθέτης δὲ ὡς ἂν διδοὺς τὸν νόμον ἐν τῷ στόματι τῶν προφητῶν τά τε πρακτέα καὶ μὴ σαφέστατα ἐντελλόμενός τε καὶ διδάσκων.

Str. IV, 25, 161 P. 637: δικαιοσύνη οὖν ἐστιν εἰρήνη βίου καὶ εὐστάθεια, ἐφ' ᾗ ὁ κύριος ἀπέλυε λέγων· „ἄπελθε εἰς εἰρήνην"· Σαλὴμ γὰρ ἑρμηνεύεται εἰρήνη, ἧς ὁ σωτὴρ ἡμῶν ἀναγράφεται βασιλεύς, ὅτι φησὶ Μωυσῆς, „Μελχισεδέκ βασιλεὺς Σαλὴμ ὁ ἱερεὺς τοῦ θεοῦ τοῦ ὑψίστου", ὁ τὸν οἶνον καὶ τὸν ἄρτον τὴν ἡγιασμένην διδοὺς τροφὴν εἰς τύπον εὐχαριστίας, καὶ δὴ ἑρμηνεύεται ὁ Μελχισεδὲκ βασιλεὺς δίκαιος, συνώνυμα δέ ἐστι δικαιοσύνης καὶ εἰρήνης.

Clemens schließt sich an Philo, nicht an den Hebräerbrief an, wenn er den Melchisedech als Vorbild des Logos-Christus bezeichnet; denn beide Exegeten heben im Anschluß an die Namenserklärung nachdrücklich seine Tätigkeit als Friedensfürst hervor (vgl. Jes 9, 6 [א c A], wo der Messias ἄρχων εἰρήνης genannt wird). Ferner betonen sie sein Wirken als Gesetzgeber, und zwar mit fast dem-

selben Ausdruck *(ἀφηγεῖσθαι — εἰσηγητής)*, und endlich stellen sie die
Verbindung zwischen den Bezeichnungen „gerechter König" und
„Friedensfürst" durch den Gedanken her, daß gerechte Gesetze Frieden bringen. Über den jüdischen Schriftausleger hinausgehend sieht
Clemens als christlicher Exeget in der Opfergabe, die Melchisedech
darbringt, einen Typus der eucharistischen Speise, stimmt aber
wiederum darin mit jenem überein, daß er erklärt, sie bringe der
Seele Freude und Wonne (Philo l. c.: *εὐφροσύνη καὶ χαρά*): *τελευταῖον
δὲ αἷμα ἀμπέλου τοῦ λόγου τὸν αἴθοπα οἶνον, τὴν τελευοῦσαν τῆς
ἀγωγῆς εὐφροσύνην, διδάσκει* (Str. V, 8, 48 P. 675). Von all dem
erwähnt der Hebräerbrief nichts. Er kann also in diesem Punkte
für Clemens höchstens insofern in Betracht gekommen sein, als
der christliche Ausleger in ihm die Deutung Philos bestätigt fand.
Der Hebräerbrief selbst aber ist in seiner Typologie des Melchisedech nicht von dem jüdischen Exegeten abhängig, sondern geht
sowohl Kap. 5 als auch Kap. 7 von dem messianischen Psalm
109, 4 aus: „Du bist ein Priester in Ewigkeit nach der Ordnung
des Melchisedech."

e) Lot.

Als Lot aus Sodom flieht, wendet sich sein Weib um und
wird zur Strafe in eine Salzsäule verwandelt (Gen. 19, 26).
Nach der allegorischen Erklärung des Philo, welche von
Clemens wiederholt wird, stellt die Frau des Lot den im Irdischen versunkenen Menschen vor, der Sodom liebt, d. i. die
Gottlosigkeit und ihre Folge, die geistige Verblendung, und der
sich von der Sünde nicht trennen will. Zur Strafe dafür wird
er vollständig unempfänglich für alles Höhere, so daß er wie eine
leblose Säule in seinem unglücklichen Zustande verharrt.

Leg. alleg. III, 213 [M. I, 130]: *πολλαῖς γὰρ ψυχαῖς μετανοίᾳ χρῆσθαι βουληθείσαις οὐκ ἐπέτρεψεν ὁ θεός, ἀλλ᾽ ὥσπερ ὑπὸ παλιρροίας εἰς τοὔμπαλιν ἀνεχώρησαν τρόπον τινὰ τῆς Λὼτ γυναικὸς τῆς λιθουμένης διὰ τὸ Σοδόμων ἐρᾶν καὶ εἰς τὰς κατεστραμμένας ὑπὸ τοῦ θεοῦ φύσεις ἀνατρέχειν.*

De ebr. 222 [M. I, 391]: Sodom bedeutet *στείρωσις καὶ τύφλωσις*.

De somn. I, 247. 248 [M. I, 657]: *τὴν γὰρ Λὼτ γυναῖκα ἐπιστραφεῖσαν εἰς τοὐπίσω φασὶν οἱ χρησμοὶ γενέσθαι στήλην ἁλός, εἰκότως γε καὶ προσηκόντως·*

Protrept. 10, 103 P. 82: *ἢ γὰρ οὐχ ἡ Νιόβη τρόπον τινά, μᾶλλον δὲ ἵνα μυστικώτερον πρὸς ὑμᾶς ἀποφθέγξωμαι, γυναικὸς τῆς Ἑβραίας δίκην (Λὼτ ἐκάλουν αὐτὴν οἱ παλαιοί) εἰς ἀναισθησίαν μετατρέπεσθε; λελιθωμένην ταύτην παρειλήφαμεν τὴν γυναῖκα διὰ τὸ Σοδόμων ἐρᾶν· Σοδομῖται δὲ οἱ ἄθεοι καὶ οἱ πρὸς τὴν ἀσέβειαν ἐπιστρεφόμενοι σκληροκάρδιοί τε καὶ ἠλίθιοι.*

Str. II, 14, 61 P. 461: *ἐπεὶ καὶ τὴν Λὼτ γυναῖκα ἐπιστραφεῖσαν μόνον ἑκουσίως ἐπὶ τὴν κακίαν τὴν κοσμικὴν κατέλιπεν ἀναίσθητον, ὡς λίθον δείξας ἁλα-*

εἰ γάρ τις μὴ τὰ πρόσω, τὰς θέας καὶ ἀκοῆς ἄξια, διορᾷ — ταῦτα δ' εἰσὶν ἀρεταὶ καὶ τὰ κατὰ ἀρετὰς ἔργα —, περιβλέπεται δὲ τὰ ὀπίσω καὶ τὰ νῶτια, κωφὴν δόξαν καὶ τυφλὸν πλοῦτον καὶ ἀναίσθητον εὐσαρκίαν ... μεταδιώκων, ἄψυχος ἀνακείσεται στήλῃ. Vgl. de fuga et inv. 121 f. [M. I, 564].

τίνην καὶ στήσας εἰς τὸ μὴ πρόσω χωρεῖν, οὐ μωρὰν καὶ ἄπρακτον εἰκόνα, ἀρτῦσαι δὲ καὶ στῦψαι τὸν πνευματικῶς διορᾶν δυνάμενον.

Da Lot nicht zu den Patriarchen des israelitischen Volkes gehört, so hat Philo keinen Grund, den Verkehr der Töchter mit ihm und daher auch seine Trunkenheit als reale Tatsachen zu leugnen (Gen. 19, 31 ff.): Aggressum interim propositum ad morem spectans matrimonii, iniquum est et novarum rerum molitio enormis (Quaest. in Gen. IV, 56 [A. 291]).

Auch Clemens stellt den Wortsinn der Erzählung nicht in Abrede, fügt aber hinzu, daß er eine Erklärung derselben wisse, ohne diese freilich an irgend einer Stelle vorzutragen: „Lot der Gerechte — ich übergehe nämlich für jetzt die Deutung nach der Heilsökonomie *(τῆς παλιγγενεσίου οἰκονομίας τὴν ἐξήγησιν)* — wäre nicht zu jener ungesetzlichen Umarmung verleitet worden, wenn er nicht von den Töchtern trunken gemacht und vom Schlafe überwältigt worden wäre" (Paed. II, 9, 81 P. 219). Hatte nun die schreckliche Handlung irgend eine Bedeutung, so mußte es auch einen Grund geben, welcher sie in einem milderen Lichte erscheinen ließ. Philo nimmt zu gunsten der Töchter Lots an (veniam tamen habere videtur l. c.), sie hätten, als sie die fünf Städte in Flammen aufgehen sahen, gemeint, daß sie mit ihrem Vater nun die einzigen Bewohner der Erde seien, und wären in dem guten Glauben, nun für die Fortpflanzung des Menschengeschlechtes sorgen zu müssen, zu der Tat geschritten. Auf diese Erklärung würde der Ausdruck *παλιγγενέσιος οἰκονομία* bei Clemens passen; die Töchter Lots wollten ja für die „Wiedergeburt" der Menschheit sorgen. Mithin spricht die Wahrscheinlichkeit dafür, daß der Kirchenschriftsteller mit seinem Zwischensatz auf diesen Rechtfertigungsversuch des jüdischen Exegeten hinweisen will. Dessen allegorische Erklärung des biblischen Berichtes, der Verstand (Lot) verbinde sich, wenn er vom Weine verdunkelt sei, mit dem Rat und der Zustimmung *(βουλή* und *συναίνεσις)* als seinen Töchtern d. h. er gebe jedem Eindruck nach und urteile daher verkehrt (de ebr. 164 ff. [M, I, 382]; de post. Caini 175 [M. I, 259]; ähnlich

Quaest. in Gen. IV, 56 [A. 291]), entspricht nicht der eingeschobenen Bemerkung des Clemens.

2. Isaak.

Am höchsten unter den Patriarchen als τρόποι ψυχῆς steht Isaak. Er repräsentiert jenen Zustand der Seele, in dem der Mensch die Tugend nicht erst mühsam durch Lernen oder durch Enthaltsamkeit sich erwerben muß, sondern sie durch glückliche Naturanlage, ohne sein Zutun, bereits besitzt *(αὐτομαθές)*. Mit Recht führt er daher seinen Namen; denn Isaak bedeutet „Freude". Da ihm Gott alle Vorzüge von vornherein gespendet hat, bedarf er nicht, wie Abraham und Jakob, mehrerer Frauen, d. h. verschiedener Mittel und Wege, um jene sich zu erringen. Seine einzige Frau ist Rebekka *(ὑπομονή)*, die Ausdauer und Beharrlichkeit im Guten. Durch diese von Philo de congr. erud. gr. 36 [M. I, 524] dargelegte Allegorie wird die kurze Bemerkung des Clemens verständlich: Ἰσαὰκ δὲ τὸ αὐτομαθὲς ἐνδείκνυται ... οὗτος μιᾶς γυναικὸς ἀνὴρ τῆς Ῥεβέκκας, ἣν ὑπομονὴν μεταφράζουσιν (Str. I, 5, 31 P. 334).

Nach Gen. 26, 8 sieht Abimelech von seinem Fenster aus den Isaak mit seinem Weibe scherzen. Der vollkommene und tugendhafte Mensch (Isaak) findet nämlich seine Freude an einem sündenlosen Leben und der Beharrlichkeit im Guten (Rebekka). Die göttliche Weisheit aber, von Abimelech repräsentiert, schaut auf diese reinen Freuden des Guten billigend herab.

Diese Allegorie Philos wird von Clemens übernommen.

De plant. 169. 170 [M. I, 354]: οὗτός ἐστιν Ἰσαάκ, ὃς ἑρμηνεύεται γέλως, ᾧ παίζειν μετὰ τῆς ὑπομονῆς, ἣν Ῥεβέκκαν Ἑβραῖοι καλοῦσιν, ἁρμόττει. τὴν δὲ θείαν παιδιὰν τῆς ψυχῆς ἰδιώτῃ μὲν οὐ θέμις ἰδεῖν, βασιλεῖ δὲ ἔξεστιν, ᾧ πάμπολυν χρόνον παρῴκησεν, εἰ καὶ μὴ πάντ' ἐνῴκησε τὸν αἰῶνα, σοφία. προσαγορεύεται οὗτος Ἀβιμέλεχ ... τί γὰρ ἄλλο εὐπρεπὲς ἔργον σοφῷ ἢ τὸ παίζειν καὶ γανοῦσθαι καὶ συνευφραίνεσθαι τῇ τῶν καλῶν ὑπομονῇ;

Paed. I, 5, 21 P. 110: γέλως ἑρμηνεύεται ὁ Ἰσαάκ. τοῦτον ἑώρακεν παίζοντα μετὰ τῆς γυναικὸς καὶ βοηθοῦ, τῆς Ῥεβέκκας, ὁ περίεργος βασιλεύς. βασιλεύς μοι δοκεῖ (Ἀβιμέλεχ ὄνομα αὐτῷ) σοφία τις εἶναι ὑπερκόσμιος, κατασκοποῦσα τῆς παιδιᾶς τὸ μυστήριον· Ῥεβέκκαν δὲ ἑρμηνεύουσιν ὑπομονήν. ... τί γὰρ ἄλλο εὐπρεπὲς ἔργον σοφῷ καὶ τελείῳ ἢ παίζειν καὶ συνευφραίνεσθαι τῇ τῶν καλῶν ὑπομονῇ καὶ τῇ διοικήσει τῶν καλῶν, συμπαρηγυαζοντα τῷ θεῷ;

Außer dieser sich eng an Philo anschließenden Deutung gibt der Kirchenschriftsteller Paed. I, 5, 22. 23 noch zwei mystische Erklärungen zu dem biblischen Bericht über das Scherzen des Isaak und der Rebekka.

1. Der Isaak, der sich freut, sind wir selbst; denn wir haben allen Grund, uns zu freuen und zu jubeln, da wir wie jener vom Tode, vom ewigen Verderben errettet sind als Erlöste. Wir freuen uns mit unserer Braut und Gehilfin, der Kirche, die uns ja beisteht, wie die Gattin dem Gatten, auf daß wir das Heil erlangen. Sie ist in Wahrheit Rebekka = $ὑπομονή$; denn 1. sie bleibt immer frohlockend bestehen *(μένει)* in Ewigkeit (vgl. Matth. 10, 22; 24, 13; Marc. 13, 13: $ὑπομείνας εἰς τέλος$), und 2. sie besteht durch die Ausdauer *(ὑπομονή)* der Gläubigen (vgl. Apc. 14, 12: $ἡ ὑπομονὴ τῶν ἁγίων$). Abimelech aber ist Christus, der unser Frohlocken und die Ausdauer seiner Kirche mit Befriedigung sieht. Das Fenster, in welchem dieser Abimelech sich zeigt, ist die menschliche Natur, die Christus angenommen hat und in der er uns erschienen ist.

Diese Deutung beruht auf der Symbolik Philos Isaak = Freude, Rebekka = Ausdauer und Abimelech = Weisheit; denn die Gleichung $σοφία = λόγος$ hat, abgesehen von dem Buche der Weisheit[1]), auch der jüdische Exeget vollzogen (quod det. pot. ins. sol. 115—118 [M. I, 213]).

2. Nachdem der christliche Schriftausleger von Philo gelernt hat, in Isaak das Symbol der Tugend und Vollkommenheit zu sehen, braucht er auch kein Bedenken zu tragen, ihn als das **Vorbild Christi**, des Vollkommensten und Tugendhaftesten, zu erklären, zumal er hierin einen Vorgänger im Verfasser des **Barnabasbriefes** hat. Daß Isaak auf dem Altare dargebracht werden sollte, fand nämlich nach diesem (7, 3) seine Erfüllung im Antitypus Christus, der seinen Leib als Opfer für die Sünden der Welt wirklich darbrachte. Clemens macht noch auf einige andere Vergleichungspunkte aufmerksam. Wie Isaak der Sohn Abrahams ist, so ist Christus der Sohn Gottes. Beide sind Opfergabe. Wie Isaak das Holz zum Brandopfer (Gen. 22, 6 ff.), so trägt Christus das Kreuzesholz; doch räumt Isaak, indem er nicht duldet, die Erstlinge des Leidens dem Herrn ein. Selbst die Gottheit Christi findet in Isaak ihren Typus; denn wie dieser vom Leiden und vom Opfertode verschont blieb, so litt Christus seiner Gottheit nach nicht, und wenn er auch als Mensch den Tod erduldete, so erstand er doch aus dem Grabe zu neuem Leben. Indem der Typus Isaak mit Rebekka scherzt und lacht, prophezeit er, daß

---

[1]) Vgl. S. 145.

§ 10. Die Patriarchengeschichte.

sein Antitypus Christus uns mit seinem Blute erlösen und dadurch uns mit Freude erfüllen werde. — Inwiefern wir durch Rebekka symbolisiert werden, ergibt sich aus der vorher mitgeteilten Deutung. Diese dritte Erklärung zu Gen. 26, 8 ist nicht vollständig durchgeführt; denn es fehlt die Angabe, was Abimelech bedeutet. Clemens dachte sich wohl durch ihn Gott den Vater repräsentiert, der vom Himmel (dem Fenster) auf Isaak = Christus und Rebekka = Kirche wohlgefällig herabschaut.

Wenn nun Clemens in Isaak einen Typus Christi sieht, so ist er durch Philos symbolische Auffassung dieses Patriarchen dazu veranlaßt worden; denn er gibt ausdrücklich als Grund für seine Deutung an, daß Isaak ein Repräsentant jenes Zustandes der Seele ist, bei dem man aus sich selbst, ohne sich bemühen zu müssen, die Tugend besitzt: Ἰσαὰκ δὲ τὸ αὐτομαθὲς ἐπιδείκνυται· διὸ καὶ Χριστοῦ τύπος εὑρίσκεται (Str. I, 5, 31 P. 334). Der Kirchenschriftsteller ließ sich hier also nicht durch den Barnabasbrief leiten, trotzdem er dieses Schreiben sonst sehr schätzte, auch nicht durch eine in der Kirche damals vielleicht schon übliche Auffassung des Isaak als Vorbild Christi, sondern durch Philo. Daß er bei Barnabas dieser Deutung begegnete, konnte ihn in seiner Ansicht nur bestärken, nicht aber zu derselben führen.

Die Auszeichnung, die dem Isaak dadurch zuteil wurde, daß er als Opferlamm den Erlöser vorbedeuten sollte, entspricht der Gnade, die Gott dem Abraham durch die Bezeichnung „Freund Gottes" und dem Jakob durch die Änderung seines Namens in Israel = Gott schauend erwies, übertrifft sie aber weit an Würde (Str. II, 5, 20 P. 439). So zeigt sich hierin die Berechtigung der Symbolik Philos, der in ihm den bevorzugtesten unter den Patriarchen sieht.

Zu der Vollkommenheit, die von Isaak repräsentiert wird, gehört auch die Reinheit und Unversehrtheit an Leib und Seele. Die Schrift drückt dies dadurch aus, daß sie dem Isaak die Rebekka zur Frau gibt, von der es Gen. 24, 16 heißt: „Die Jungfrau war schön; kein Mann hatte sie erkannt." Der Zusatz „Kein Mann hatte sie erkannt" weist darauf hin, daß die Schönheit der Rebekka nicht nur vom Körper, sondern noch mehr von der Seele zu verstehen ist. So weit stimmen Philo und Clemens in der Deutung dieser Stelle überein. Indem nun der Kirchenschriftsteller Rebekka als

204   Der Einfluß Philos auf die Erklärung des Alten Testaments im besonderen.

θεοῦ δόξα erklärt [1]), kommt er, weil der erhabenste Vorzug Gottes (θεοῦ δόξα) seine Unvergänglichkeit ist, zu dem Schluß, daß Isaak selbst, da er als Gatte die Rebekka besitzt, Gott ähnlich ist.

Quaest. in Gen. IV, 99 [A. 323] ad 24, 16 : Vult palam declarare, quod duplicem habebat virginitatem, unam secundum corpus, alteram secundum animam incorruptibilem (ἀδιάφθορον); erat enim tam visu tam intellectu pulchra ... quare adiicit virginitati id quod superfluum quibusdam putatur, necesse tamen est, quod vir non cognovit eam.	Str. IV, 25, 161 P. 637: ναὶ μὴν τὴν κατά τε σῶμα κατά τε ψυχὴν ἁγνείαν, ἣν μέτεισιν ὁ γνωστικός, ὁ πάνσοφος Μωυσῆς ἐκπρεπῶς τῇ ἐπαναλήψει χρησάμενος ἐμήνυσεν, τὸ ἀδιάφθορον τοῦ τε σώματος τῆς τε ψυχῆς διαγράφων ἐπὶ τῆς Ῥεβέκκας ὧδέ πως· „ἡ δὲ παρθένος ἦν καλή, παρθένος ἦν, ἀνὴρ οὐκ ἔγνω αὐτήν". Ῥεβέκκα δὲ ἑρμηνεύεται θεοῦ δόξα, θεοῦ δὲ δόξα ἀφθαρσία.

Die Patriarchen bedeuten aber nicht nur Seelenzustände, sondern sind auch **wirkliche Personen**. Unter den Söhnen Abrahams ist nun Isaak der einzige, der des Vaters würdig ist und daher als Erbe eingesetzt wird, während die übrigen ihm weichen müssen. Von den zwei Söhnen des Isaak, Esau und Jakob, gewinnt der jüngere durch Gehorsam das Wohlgefallen und den Segen des Vaters [2]). Der ältere muß ihm dienen, doch ist dies sogar zu seinem Glück; denn für den Bösen ist es gut, wenn er nicht Herr seiner selbst, sondern einem andern unterworfen ist [3]).

Dieser Erklärung, die von Philo nach dem Litteralsinn gegeben wird, folgt Clemens, indem er dabei die für jeden Anhänger der allegorischen Schriftauslegung selbstverständliche Bemerkung macht, daß in diesen Begebenheiten noch ein höherer Sinn verborgen sei.

De virt. 207–209 [M. II, 441]: ἀλλ' ἐκ πολλῶν (τοῦ Ἀβραὰμ υἱῶν) εἷς μόνος ἀπεδείχθη κληρονόμος τῶν πατρῴων ἀγαθῶν, οἱ δὲ ἄλλοι πάντες ... διῳκίσθησαν ἀλλοτριωθέντες τῆς ἀοιδίμου	Str. II, 19, 99 P. 481: εἷς μόνος διαδέχεται κληρονόμος τῶν πατρῴων ἀγαθῶν, οἱ δὲ ἄλλοι διῳκίσθησαν τῆς συγγενείας· ἔκ τε αὐτοῦ διδύμων γενομένων ὁ νεώτερος κληρονομεῖ εὐάρεστος τῷ

---

[1]) Vgl. S. 111.

[2]) In Wirklichkeit erschlich Jakob sich den Segen des Vaters, indem er ihn überlistete. Isaak hatte seinen Segen dem Lieblingssohne Esau zugedacht Gen. 27. Vgl. Gen. 25, 28: »Isaak liebte den Esau«. Der Betrug des Vaters wird von Philo als Kriegslist gerechtfertigt, so daß Jakob nicht Tadel, sondern Lob verdient (Quaest. in Gen. IV, 228 [A. 426] ad Gen. 27, 35).

[3]) Den zuletzt ausgesprochenen Gedanken trägt Philo öfter vor, z. B. auch (mit Bezugnahme auf Esau) de congr. erud. gr. 175 [M. I, 544].

εὐγενείας. πάλιν ἐκ τοῦ δοκιμασθέντος
κληρονόμου δύο δίδυμοι γεννῶνται ...
ὁ μὲν γὰρ νεώτερος καταπειθὴς ἀμφο-
τέροις τοῖς γονεῦσιν ἦν καὶ οὕτως εὐάρεστος.
... τοιγαροῦν τῷ μὲν εὐχὰς τίθενται τὰς
ἀνωτάτω ... τῷ δὲ κατ' ἔλεον χαρίζονται
τὴν ὑπήκοον τάξιν, ἵνα δουλεύῃ τῷ ἀδελφῷ,
νομίζοντες, ὅπερ ἐστίν, ἀγαθὸν εἶναι τῷ
φαύλῳ τὸ μὴ αὐτεξούσιον.

πατρὶ γενόμενος, καὶ τὰς εὐχὰς λαμβάνει,
δουλεύει δὲ ὁ πρεσβύτερος αὐτῷ· ἀγαθὸν
γὰρ μέγιστον τῷ φαύλῳ τὸ μὴ αὐτεξούσιον. ἡ δὲ οἰκονομία αὕτη καὶ προ-
φητικὴ καὶ τυπική.

3. Jakob.

Den letzten und beschwerlichsten Weg zur Tugend und Vollkommenheit zeigt uns Jakob. Dieser ist Symbol der Askese, der Übung im Guten. Weil der Asket sich mit den verschiedensten Meinungen auseinandersetzen muß, wird Jakob in der Schrift als Gatte zweier Frauen vorgeführt. Das Ziel aber, das er durch seine Mühen schließlich erreicht, ist das Schauen Gottes. Deshalb erhält Jakob zuletzt den Namen Israel, ὁρῶν τὸν θεόν (διορατικός).

Diese Allegorie Philos hat Clemens übernommen.

De congr. erud. gr. 35 [M. I, 524]: πλειόνων δεῖται ... ἡ δ' ἀσκήσεως τελειουμένη, περὶ ἣν Ἰακὼβ ἐσπουδακέναι φαίνεται· διὰ πλειόνων γὰρ καὶ διαφερόντων αἱ ἀσκήσεις δογμάτων, ἡγουμένων ἑπομένων, προαπαντώντων ὑστεριζόντων, πόνους τοτὲ μὲν ἐλάττους τοτὲ δὲ μείζους ἐχόντων.

Str. I, 5, 31 P. 334: πλείοσι δὲ συνέρχεσθαι ὁ Ἰακὼβ λέγεται ὡς ἂν ἀσκητὴς ἑρμηνευόμενος (διὰ πλειόνων δὲ καὶ διαφερόντων αἱ ἀσκήσεις δογμάτων), ὅθεν καὶ Ἰσραὴλ οὗτος μετονομάζεται ὁ τῷ ὄντι διορατικὸς ὡς ἂν πολύπειρός τε καὶ ἀσκητικός.

Justin deutet die Ehe Jakobs mit mehreren Frauen typisch. Lea und Rachel sind Synagoge und Kirche (besser Juden und Heiden), um die Christus dient (Dial. 134).. Der Patriarch heiratet auch die Mägde seiner Frauen und gibt deren Kindern gleiches Erbteil mit den Kindern seiner rechtmäßigen Frauen. Dies weist nach dem Apologeten darauf hin, daß Christus auch den Sklaven (Kanaan), die dem Sem und dem Japhet dienen, die Freiheit zu bringen gekommen ist. Im Neuen Bunde gibt es keinen Unterschied der Person, sondern alle, die Christi Gebote befolgen, sollen gleicher Herrlichkeit teilhaftig werden (Dial. 140).

4. Joseph.

Während in den allegorischen Erklärungen Joseph sich bei Philo gar keiner Wertschätzung erfreut, findet er bei Clemens volle Anerkennung. Nach dem jüdischen Exegeten tun die

Brüder Josephs recht daran, daß sie ihn hassen und verfolgen; denn er ist ein Symbol der Selbstüberhebung und des Strebens nach leerem Ruhm (de somn. II, 93 ff. [M. I, 671]). Dies läßt sich daraus schließen, daß er träumt, anstatt zu handeln, und nur durch die Träume mit dem Pharao bekannt wird, nicht durch rühmliche Taten. Ferner wird er infolge seiner Ruhmsucht als Verwalter Egyptens d. i. des Leibes ausgerufen und nimmt den zweiten Rang nach dem Könige dieses Landes ein, während es doch jedem Verständigen für erniedrigend gilt, sogar dem Könige von Egypten d. i. der Schlechtigkeit ($\dot{\eta}$ τῶν παθῶν ἡγεμονὶς κακία leg. alleg. III, 38 [M. I, 94]) nachzustehen. Er erhält eine Kette; denn er unterwirft sich unaufhörlichem Zwange. Er besteigt den Wagen der Überhebung und besorgt Getreide d. h. er zeigt sich bekümmert um den Leib (de somn. II, 42 ff. [M. I, 664 f.]; vgl. ib. 135 ff. [M. I, 676 f.]). Joseph ist nach Philo endlich Symbol des Politikers, der viel mit Lüge und wenig mit Wahrheit umgeht. Dies ist in der Schrift durch den bunten [1]) Rock angedeutet, den er in seiner Jugend trägt (de somn. I, 220 [M. I, 654]; quod det. pot. ins. sol. 6, 7 [M. I, 192]). Der jüdische Exeget wurde hauptsächlich durch die Konsequenz der Allegorie zu seiner Auffassung geführt; denn von den Egyptern wurden die Israeliten einst bedrückt und geknechtet, Israel aber ist zu übersetzen mit ὁρῶν τὸν θεόν. Mithin kann Egypten, das zu Israel den Gegensatz bildet, nur etwas Böses bedeuten, und daher sieht Philo in ihm ein Symbol des Leibes, der Sinnlichkeit und der Leidenschaft (leg. alleg. II, 77 [M. I, 80]; de ebr. 208 [M. I, 388]; de migr. Abr. 77 [M. I, 448]: ὅταν δὲ καὶ τοῖς κατὰ αἴσθησιν ἢ πάθος ἢ σῶμα, ὧν ἐστιν ἡ Αἰγύπτου χώρα σύμβολον) [2]). Nun nimmt Joseph in diesem Lande eine hervorragende Stellung ein und bringt sein ganzes Leben mit Ausnahme der Jugendjahre daselbst zu. Auf seine Veranlassung zog Jakob nach Egypten herab, so daß Joseph, wenn auch indirekt und unbeabsichtigt, die spätere Knechtschaft Israels herbeiführte. Auch die Zeitverhältnisse hatten ihren Anteil an der Stellung, die Philo dem Joseph in der Allegorie zuwies. Unter der Regierung des Tiberius, Caligula und Claudius war es nicht ohne Gefahr, sich mit Politik zu beschäftigen, zumal für die Juden, die ohnedies von seiten der kaiserlichen Statthalter beein-

---

[1]) ποικίλος bedeutet sowohl „bunt" als auch „schlau", „verschlagen".
[2]) Vgl. S. 110.

trächtigt und verfolgt wurden, nicht nur in Palästina, sondern
auch in Alexandria (vgl. de somn. II, 123—132 [M. I, 675] und
Philos Schriften Adversus Flaccum und De legatione in Caium)[1]).
In seiner Eigenschaft als höchster Staatsbeamter konnte also Joseph
nicht als nachahmungswertes Vorbild hingestellt werden. Diese
Erwägungen gelten aber nur für die Allegorie. In der Schrift
De Josepho, welche viel mehr Erklärungen nach dem Wortsinn bietet, läßt der jüdische Exeget dem Joseph als einem
Patriarchen Gerechtigkeit widerfahren, wenn er ihn auch nicht
so hoch stellt wie den Abraham, Isaak und Jakob. Clemens
hingegen nimmt selbst da, wo er allegorisiert, darauf Rücksicht,
daß die hl. Schrift in Joseph das Bild eines tugendhaften Jüng-
lings zeichnet und die Handlungsweise seiner Brüder verurteilt
(Gen. 42, 21).

Gen. 37, 23 ff.: Joseph wird von seinen Brüdern des
bunten Rockes beraubt und in eine leere Zisterne geworfen.

In den griechisch überlieferten Schriften gibt Philo zu dieser
Stelle keine Erklärung. Zwar hat er in den Quaestiones die ganze
Genesis behandelt, doch reichen die uns erhaltenen Bücher nur
bis zum 28. Kapitel. Wir sind daher nicht in der Lage, feststellen zu können, ob Clemens bei seiner im folgenden angeführten Deutung an die Exegese, die der jüdische Allegorist in
den Quaestiones zu Gen. 37, 23 ff. gegeben hat, irgendwie sich
anlehnt.

„Da die Brüder auf Joseph, den jüngsten, eifersüchtig waren,
weil er bei seinem Wissen einen weiteren Blick hatte, so „zogen
sie ihm den bunten Rock aus, ergriffen ihn und warfen ihn in
die Zisterne; die Zisterne aber war leer und enthielt kein Wasser".
Da sie dem bunten Wissen, der Frucht eifrigen Lernens, entsagt
hatten und mit dem bloßen Glauben, der dem Gesetze entspricht, sich begnügten, warfen sie ihn in eine wasserlose Zisterne
in der Absicht, ihn nach Egypten, das des göttlichen Logos bar
ist, zu verkaufen. Leer von Wissen aber ist die Zisterne; in dieselbe geworfen und der Wissenschaft entkleidet, schien der Weise,
weil verborgen und des Wissens beraubt, den Brüdern gleich zu
sein (Str. V, 8, 53 P. 678).

---

[1]) Vgl. auch Bludau, Juden und Judenverfolgungen im alten Alexandria.
Münster 1906.

Nach dem Kirchenschriftsteller ist also Joseph das Symbol des Gnostikers, desjenigen Christen, der bei dem bloßen Glauben nicht stehen bleibt, sondern die Lehrsätze mit dem Verstande zu durchdringen sucht und auch nach weltlichem Wissen trachtet. Darauf deutet das bunte Kleid hin. Clemens geht hier, ebenso wie es nach dem eben Gesagten Philo tut, von der doppelten Bedeutung des Wortes ποικίλος aus, nimmt aber im Gegensatz zu dem jüdischen Exegeten den Begriff „schlau" in gutem Sinne. Die Brüder, die in einem feindlichen Verhältnis zu Joseph stehen, sind diejenigen Christen, welche sich gegen Philosophie und Theologie, weltliche Wissenschaft und Vertiefung der Glaubenssätze, ablehnend verhalten. Sie hassen daher den Bruder und nehmen ihm das bunte Gewand, die mit so vieler Mühe errungene Wissenschaft. Ja, nicht zufrieden damit, werfen sie ihn in eine Zisterne, die leer ist von Wasser d. i. von Wissen, berauben ihn also auch der Möglichkeit, sich solches zu erwerben, um ihn endlich nach Egypten zu verkaufen, das des göttlichen Logos und damit der Weisheit entbehrt, wollen ihn also für immer zur Unwissenheit verurteilen. Sie wollen nicht leiden, daß Joseph mehr ist als sie; in der Zisterne erscheint er, da ohne Wissenschaft, ihnen gleich.

Wie wir sehen, ist die Exegese des Clemens herausgewachsen aus seinem Kampf mit den simpliciores, die jedes wissenschaftliche Streben als ein Paktieren mit Heidentum und Gnostizismus anfeindeten und in ihrem Argwohn die kirchlichen Gnostiker samt ihrer Weisheit am liebsten aus ihrer Mitte hätten verbannen wollen, wie die Söhne des Patriarchen Jakob sich ungerechterweise an ihrem guten Bruder Joseph vergriffen. Wie aber deren Bemühen zwar anfangs scheinbar Erfolg hatte, zuletzt aber doch mißlang, so möchten, wünscht Clemens, auch die Bestrebungen jener unverständigen Christen zu nichte werden zum Heile der Kirche.

Da bei Philo, wie oben bemerkt, Egypten Symbol des Leibes, der Leidenschaft und der Sinnlichkeit ist, so entbehrt es auch im Sinne dieses Exegeten den göttlichen Logos. Der Brunnen, der Wasser enthält, bedeutet nach ihm die Weisheit, aus deren Tiefe man das Wissen schöpft: ἐμοὶ τοίνυν δοκεῖ σύμβολον εἶναι τὸ φρέαρ ἐπιστήμης (de somn. I, 6 [M. I, 621]); in divinum perveniunt fontem, sapientiam inquam, quae secundum virtutem sumit aquae similitudinem (Quaest. in Gen. IV, 94 [A. 320] ad Gen. 24, 11; vgl. de post. Caini 138 [M. I, 252]; de fuga et inv. 176 [M. I, 572] u. a.).

Weist also Philo in der Allegorie dem Joseph auch eine ganz andere Stellung zu als Clemens, so hat er diesem durch die symbolische Deutung Egyptens und des Brunnens doch wenigstens die Grundsteine geliefert, auf denen er seine Erklärung aufbauen konnte.

Nach Clemens kann das bunte Gewand des Joseph, das den Neid der Brüder erregte und dadurch die Veranlassung wurde, daß Joseph in die Zisterne geriet, auch die Begierde bedeuten, welche den Menschen in die Grube d. i. ins Verderben stürzt: κατ᾽ ἄλλο σημαινόμενον εἴη ἂν ἐπιθυμία τὸ ποικίλον ἔνδυμα, εἰς ἀχανὲς ἀπάγουσα βάραθρον (l. c.)

Hier bildet das verbindende Glied zwischen der Begierde und der bunten Farbe des Gewandes die buntschillernde Schlange, die den Menschen zur Sünde verführt, worüber Philo und Clemens bei der Auslegung des biblischen Berichtes vom Sündenfall eingehend handeln[1]). Die Deutung selbst aber ist unvollständig, weil die Brüder Josephs und ihr Verhalten keine Berücksichtigung erfahren.

Gen. 39, 7—12: Die Frau des Putiphar sucht den Joseph zur Sünde zu verführen.

Da Philo und Clemens die Person des Joseph in der allegorischen Erklärung verschieden darstellen, so weichen sie auch bei der bildlichen Deutung dieses Ereignisses von einander ab. Der jüdische Exeget sieht die Flucht vor der bösen Lust, welche durch Putiphars Frau symbolisiert wird (de migr. Abr. 19 [M. I, 439]), als ein Zeichen von Schwäche an. Joseph eilt aus ihrer Nähe, weil er sie nicht besiegen kann; denn daß er nicht Herr über die böse Lust zu werden vermochte, sondern sogar von ihr Gewalt erlitt, erkennt man deutlich aus dem Umstande, daß er seinen Mantel zurücklassen mußte. Ist auch seine Enthaltsamkeit anzuerkennen (Ἰωσὴφ ὁ ἐγκρατὴς τρόπος leg. alleg. III, 237 [M. I, 134]), so steht doch, was die Vollkommenheit anbelangt, Phinees hoch über ihm, da dieser vor der bösen Lust nicht flieht, sondern ihr kühn entgegentritt und sie überwindet (Num. 25, 7. 8).

Nach Clemens dagegen ist gerade die Flucht des Joseph ein Beweis für seine Tugend. Dadurch, daß er, der Vertreter des Gnostikers, sich von der Frau des Putiphar trennt, wird er

---
[1]) Vgl. S. 171.

tatsächlich Sieger über die böse Lust; indem er sein Kleid in ihren Händen läßt, bleibt er unberührt von der Sünde und angetan mit dem Schmucke der Tugend.

Mithin hat sich der christliche Exeget an den jüdischen in der symbolischen Deutung der Frau des Putiphar angelehnt, im übrigen aber seine Selbständigkeit bewahrt.

Leg. alleg. III, 242 [M. I, 135]: ἀλλ᾽ ὁ μὲν Ἰωσὴφ — νέος τε γάρ ἐστι καὶ τῷ Αἰγυπτίῳ σώματι οὐκ ἴσχυσεν ἀγωνίσασθαι καὶ νικῆσαι τὴν ἡδονήν — ἀποδιδράσκει. Φινεὲς δὲ ὁ ἱερεὺς ὁ ζηλώσας τὸν ὑπὲρ θεοῦ ζῆλον οὐ φυγῇ τὴν ἰδίαν σωτηρίαν πεπόρισται . . .

de Josepho 49 [M. II, 49]: δειναὶ γάρ αἱ ἐπιθυμίαι καὶ τὰς ἀκριβεστάτας τῶν αἰσθήσεων ἐπισκιάσαι· ὅπερ συνιδὼν ἀποδιδράσκει τὰ ἱμάτια καταλιπὼν ἐν ταῖς χερσὶν αὐτῆς, ὧν ἐπείληπτο.

Str. VII, 11 P. 868: εἰκότως οὖν οὐδέποτε τὸ ἡδὺ πρὸ τοῦ συμφέροντος αἱρεῖται (ὁ γνωστικός) . . . ἐπεὶ μηδὲ ὁ Ἰωσὴφ παράγειν τῆς ἐνστάσεως ἴσχυσεν ἡ τοῦ δεσπότου γυνή. ἀπεδύσατο δὲ αὐτῇ πρὸς βίαν κατεχούσῃ τὸν χιτῶνα, γυμνὸς μὲν τῆς ἁμαρτίας γενόμενος, τὸ κόσμιον δὲ τοῦ ἤθους περιβαλλόμενος.

Paed. III, 11, 68 P. 293: νενίκηται δὲ ἡ πόρνη ἡ Αἰγυπτία.

5. Thamar.

Gen. 38, 14 ff. Thamar setzt sich verhüllt an den Weg, um ihren Schwiegervater Juda zu erwarten.

In der Allegorie ist Thamar die Tugend, welche sich nicht aufdrängt, sondern wartet, bis Juda d. i. derjenige, welcher nichts undurchforscht läßt, keine Gelegenheit, sich Tugend und Wissen zu erwerben, versäumt und daher beständig in der Freundschaft Gottes bleibt, sich ihr zuwendet.

Dieser Erklärung des Philo schließt sich Clemens wörtlich an[1]).

De congr. erud. gr. 124. 125 [M. I, 537]: οὐχ ὑπαντᾷ μέν (sc. ἡ ἀρετή), ἐγκαλυψαμένη δὲ τὸ πρόσωπον ὥσπερ Θάμαρ ἐπὶ τριόδου καθέζεται, πόρνης δόξαν παρασχοῦσα . . . τίς οὖν ὁ ἐξεταστικὸς καὶ φιλομαθὴς καὶ μηδὲν ἄσκεπτον καὶ ἀδιερεύνητον τῶν ἐγκεκαλυμμένων πραγμάτων παραλιπεῖν ἀξιῶν ἐστιν, ὅτι μὴ ὁ ἀρχιστράτηγος καὶ βασιλεὺς καὶ ταῖς πρὸς θεὸν ὁμολογίαις ἐμμένων τε καὶ χαίρων, ὄνομα Ἰούδας;

Str. I, 5, 31 P. 334: ἔχοις δ᾽ ἂν καὶ ἄλλην εἰκόνα τῶν εἰρημένων τὴν Θάμαρ ἐπὶ τριόδου καθεσθεῖσαν καὶ πόρνης δόξαν παρασχοῦσαν, ἣν ὁ φιλομαθὴς Ἰούδας (δυνατὸς δὲ ἑρμηνεύεται) ὁ μηδὲν ἄσκεπτον καὶ ἀδιερεύνητον καταλιπὼν ἐπεσκέψατο καὶ „πρὸς αὐτὴν ἐξέκλινεν", σῴζων τὴν πρὸς τὸν θεὸν ὁμολογίαν.

---

[1]) Zur Namenserklärung vgl. S. 111.

§ 11. Die Geschichte des Moses.

1. Die Stellung des Moses in der Heilsgeschichte.

Wie Moses in den Augen des Juden Philo eine einzigartige Stellung einnimmt und selbst alle Patriarchen an Würde überragt, so erhält er auch von dem Christen Clemens das höchste Lob. Alle weltliche und geistliche Macht war ihm von Gott übertragen; alle Ämter, zu denen Gott jemals seine Auserwählten berufen hat, wurden von ihm verwaltet, und während sonst eine Teilung der Ämter stattfindet, so daß dem einen dieses, dem andern jenes anvertraut wird, vereinigte Moses alle in seiner Person. Unter den Würden, mit denen ihn Gott auszeichnete, ragen aber vier hervor: Moses war König und damit auch Feldherr, ferner Gesetzgeber, Prophet und Priester.

De vita Mosis II, 3 [M. II, 135]: ἐγένετο γὰρ προνοίᾳ θεοῦ βασιλεύς τε καὶ νομοθέτης καὶ ἀρχιερεὺς καὶ προφήτης καὶ ἐν ἑκάστῳ τὰ πρωτεῖα ἠνέγκατο.
de praemiis 54 ff. [M. II, 417]: βασιλεύς τε γὰρ γέγονεν ... ὁ δ' αὐτὸς γίνεται καὶ νομοθέτης ... οἰκεῖον ἦν τρίτον λαβεῖν, προφητείαν ... τέταρτον δ' ἀρχιερωσύνην. Vgl. de vita Mosis I, 1 [M. II, 80].

Str. I, 24, 158 P. 416: ἔστιν οὖν ὁ Μωυσῆς ἡμῖν προφητικός, νομοθετικός, τακτικός, στρατηγικός, πολιτικός, φιλόσοφος ... τὸ τακτικὸν δὲ μέρος ἂν εἴη τοῦ στρατηγικοῦ· τὸ στρατηγικὸν δὲ τοῦ βασιλικοῦ.
Str. I, 26, 168 P. 421: μόνον γοῦν τὸν σοφὸν οἱ φιλόσοφοι βασιλέα, νομοθέτην, στρατηγόν, δίκαιον, ὅσιον, θεοφιλῆ κηρύττουσιν· εἰ δὲ ταῦτα περὶ τὸν Μωυσέα εὕροιμεν ... εὖ μάλα πεπεισμένως ἂν ἀγορεύοιμεν σοφὸν τῷ ὄντι τὸν Μωυσέα.
Str. II, 5, 21 P. 439: ἦν δ' οὖν ὁ μὲν Μωυσῆς σοφός, βασιλεύς, νομοθέτης. Dazu kommt Str. I, 22, 150 P. 411: προφήτης·

Wie hoch Moses von Clemens geschätzt wird, kann man daraus erkennen, daß er in ihm als dem Könige, Propheten und Weisen ein Vorbild des Messias sieht, der dieselben Ämter ausgeübt habe (Str. II, 5, 21 P. 439).

Als Gesetzgeber wird Moses von Philo und Clemens das „lebendige Gesetz" genannt.

De vita Mosis I, 162 [M. II, 106]: τάχα δ', ἐπεὶ καὶ νομοθέτης ἔμελλεν ἔσεσθαι, πολὺ πρότερον αὐτὸς ἐγίνετο νόμος ἔμψυχός τε καὶ λογικὸς θείᾳ προνοίᾳ.

Str. I, 26, 167 P. 421: Μωυσῆς δὲ συνελόντι εἰπεῖν νόμος ἔμψυχος ἦν, τῷ χρηστῷ λόγῳ κυβερνώμενος.

2. Die Jugendgeschichte des Moses.

Als Quellen für die Darstellung des Lebens des Moses dienten dem Philo nicht nur die Berichte der hl. Schrift, sondern auch die mündlichen Überlieferungen der Haggada. Er weist selbst darauf hin, daß er diese mit den Angaben der Bibel verbunden hat: „Das Leben dieses Mannes will ich erzählen, nachdem ich es nicht nur aus den hl. Büchern, welche er als bewunderungswürdige Denkmale seiner Weisheit hinterlassen hat, kennen gelernt habe, sondern auch von einigen Älteren aus dem Volke; denn das mündlich Berichtete habe ich mit dem schriftlich Aufgezeichneten verwoben und glaube deshalb, genauer als andere die Ereignisse aus seinem Leben zu beschreiben" (de vita Mosis I, 4 [M. II, 81]).

Clemens schließt sich im allgemeinen wörtlich an Philo an und zieht nur zuweilen andere jüdische Schriftsteller zu Rate.

1. Moses war wegen seiner Abstammung von Abraham ein Chaldäer, wurde aber in Egypten geboren, wo seine Vorfahren infolge einer langen Hungersnot eingewandert waren, und zwar gehörte er dem siebenten Geschlechte an.

De vita Mosis I, 5 [M. II, 81]: Μωσῆς γένος μέν ἐστι Χαλδαῖος, ἐγεννήθη δ' ἐν Αἰγύπτῳ καὶ ἐτράφη, τῶν προγόνων αὐτοῦ διὰ πολυχρόνιον λιμόν, ὃς Βαβυλῶνα καὶ τοὺς πλησιοχώρους ἐπίεζε, κατὰ ζήτησιν τροφῆς εἰς Αἴγυπτον πανοικὶ μεταναστάντων ... § 7: ἑβδόμη γενεᾷ δ' οὗτός ἐστιν ἀπὸ τοῦ πρώτου, ὃς ἐπηλύτης ὢν τοῦ σύμπαντος Ἰουδαίων ἔθνους ἀρχηγέτης ἐγένετο. § 34 [M. II,86]: τῶν τοῦ ἔθνους ἀρχηγετῶν διὰ λιμὸν ἀπορίᾳ τροφῆς ἐκ Βαβυλῶνος καὶ τῶν ἄνω σατραπειῶν εἰς Αἴγυπτον μεταναστάντων.

Str. 23, 151 P. 411: Μωυσῆς οὖν ἄνωθεν τὸ γένος Χαλδαῖος ὢν ἐν Αἰγύπτῳ γεννᾶται, τῶν προγόνων αὐτοῦ διὰ πολυχρόνιον λιμὸν ἐκ Βαβυλῶνος εἰς Αἴγυπτον μεταναστάντων. ἑβδόμῃ γενεᾷ γεννηθεὶς καὶ τραφεὶς βασιλικῶς περιστάσει κέχρηται τοιαύτῃ.

Die sieben Geschlechter, die Clemens erwähnt, beziehen sich nicht auf den Aufenthalt in Egypten, sondern sind von Abraham angefangen gerechnet, wie aus Philo a. a. O. und de post Caini 173 [M. I, 259]: ἕβδομος γὰρ ἀπὸ Ἀβραὰμ οὗτός (sc. Μωυσῆς) ἐστιν hervorgeht. Für diese Behauptung boten dem jüdischen Exegeten die Angaben der Schrift selbst die Unterlage. Gott spricht Gen. 15, 16 zu Abraham: „Im vierten Geschlecht (nachdem deine Nachkommen nach Egypten ausgewandert sind) werden sie

§ 11. Die Geschichte des Moses. 213

hierher zurückkehren" ¹). Nach Ex. 6, 16—20 (vgl. Num. 26, 57—59; I. Chron. 6, 1—3) ist das Geschlechtsregister des Moses folgendes: Abraham, Isaak, Jakob, Levi, Kaath, Amram, Moses. Auch nach dem Geschlechtsregister Matth. 1, welches sich auf I. Chron. 2, 4 und Ruth. 4, 18 stützt, erfolgte die Rückkehr der Israeliten aus Egypten im vierten Geschlecht. Daß die Geschlechtsregister der hl. Schrift vollständig sind, wird indes niemand als sicher hinstellen können. Bei den 430 Jahren, welche der Aufenthalt in Egypten umfaßte ²), erklären sich diese Angaben der Schrift als Zahlensymbolik. Vier ist eine vollkommene Zahl; daher findet der Auszug aus Egypten im vierten Geschlechte statt. Allein Philo und Clemens richteten sich nicht nach dem masoretischen Texte, sondern nach der Übersetzung der Septuaginta. Diese kombiniert Ex. 12, 40 den Aufenthalt der Patriarchen in Kanaan mit dem Aufenthalt der Israeliten in Egypten, so daß auf letzteren nur 215 Jahre kommen ³). Da nach Ex. 7, 7 Moses 80 Jahre alt war, als er sein Volk aus der Knechtschaft befreite, so reichen die 215 Jahre für vier Geschlechter aus ⁴) ,und Philo und Clemens konnten das biblische Geschlechtsregister des Moses als vollständig ansehen. Bei ihrer Darstellung machen sie besonders auf die Siebenzahl aufmerksam, welche unter den Zahlen, die eine Vollkommenheit andeuten, die vorzüglichste ist ⁵). Weil Moses in ihren Augen als Führer des Volkes und als Liebling Gottes höher steht als alle anderen Menschen, deshalb wurde er, wie sie glauben, gerade im siebenten Geschlechte geboren.

Weil Clemens die Angabe des jüdischen Exegeten, die Hungersnot habe in Babylonien und in den Nachbarländern dieses Reiches geherrscht, weshalb aus einem derselben, nämlich Palästina, die Vorfahren des Moses, Jakob und seine Söhne, nach Egypten ausgewandert seien, abkürzt, erhält seine Darstellung den

---

¹) Vgl. zu dieser Stelle Hummelauer, Commentarius in Genesim (Parisiis 1895) 393.

²) Ex. 12, 40 nach dem masoretischen Text; vgl. Gen. 15, 13, wo als runde Zahl 400 angegeben ist. Zur Berechnung des Aufenthalts der Israeliten in Egypten vgl. Schanz, Das Alter des Menschengeschlechts, Freiburg 1896 (Bibl. Stud. I, 2) 28 f.

³) Schanz a. a. O. und Hummelauer, Commentarius in Exodum (Parisiis 1897) 130 f.

⁴) Hummelauer a. a. O. 131.

⁵) Vgl. S. 105.

Anschein, als ob die Auswanderung von Babylonien aus stattgefunden habe.

Indem der christliche Ausleger die Tatsache berücksichtigt, daß nach Ex. 7, 7 Aaron drei Jahre älter ist als Moses, stellt er dessen Eltern als Muster und Vorbilder der Enthaltsamkeit hin, da sie die drei Jahre von der Geburt (sollte heißen: Zeugung) des Aaron bis zur Zeugung des Moses den ehelichen Verkehr gemieden hätten (Str. III, 11, 72 P. 543).

2. Der hohen Bestimmung entsprechend, welche dem Moses von Gott zugedacht war, wurde ihm nach dem Willen der Vorsehung eine Erziehung zu teil, wie sie ein Königssohn genießt. Die Veranlassung war nach Philo und Clemens folgende: Da die Juden in Egypten sich sehr vermehrt hatten, fürchtete der König, sie könnten für das Land und seine Herrschaft eine Gefahr werden, und befahl daher, die Mädchen zwar aufzuziehen, weil das weibliche Geschlecht zur Kriegsführung nicht tauglich ist [1]), die Knaben aber gleich nach der Geburt zu töten. Die Eltern des Moses verbargen jedoch das Kind, das sehr schön war (LXX ἀστεῖον, Philo: ὄψιν ἀστειοτέραν ἢ κατ᾽ ἰδιώτην, Clemens: εὐπατρίδα ὄντα), drei Monate lang. Als sie dann für ihr eigenes Leben fürchten mußten [2]), setzten sie den Knaben im Schilf des Flußufers aus, ließen ihn aber von seiner Schwester beobachten. Bald darauf kam die Tochter des Königs von Egypten, von Dienerinnen begleitet, an den Fluß, um zu baden. Schon lange war sie verheiratet, ohne daß ihre Ehe mit einem Kinde gesegnet war, nach welchem sie doch so sehr verlangte [3]). Als sie nun den kleinen Knaben bemerkte, ließ sie ihn zu sich bringen, und da sie mit ihm Mitleid fühlte, ging sie auf den Vorschlag der Schwester des Moses ein, das Kind füs Geld aufziehen zu lassen, und zwar durch eine Hebräerin, die, was die Königstochter freilich nicht wußte, die Mutter war.

De vita Mosis I, 8 [M.II, 81 f.]: τροφῆς δ᾽ ἠξιώθη βασιλικῆς ἀπ᾽ αἰτίας τοιᾶσδε· τῆς χώρας ὁ βασιλεύς, εἰς πολυανθρωπίαν ἐπιδιδόντος ἀεὶ τοῦ ἔθνους, δείσας μὴ οἱ ἔποικοι πλείους γενόμενοι δυνατωτέρα

Str. I, 23, 151. 152 P. 411 f.: τραφεὶς βασιλικῶς περιστάσει κέχρηται τοιαύτῃ· εἰς πολυανθρωπίαν ἐπιδεδωκότων ἐν Αἰγύπτῳ τῶν Ἑβραίων δείσας ὁ βασιλεὺς τῆς χώρας τὴν ἐκ τοῦ πλήθους ἐπιβου-

---

[1]) Diese Begründung des Gesetzes ist Zusatz zum biblischen Text.
[2]) Rechtfertigung der Eltern des Moses durch Philo und Clemens.
[3]) Ausschmückung des biblischen Textes, für welche Ex. 2, 10: ἐγενήθη αὐτῇ εἰς υἱόν, eine Unterlage bildete.

§ 11. Die Geschichte des Moses. 215

χειρὶ τοῖς αὐτόχθοσι περὶ κράτους ἀρχῆς ἁμιλλῶνται ... κελεύει τῶν γεννωμένων τὰ μὲν θήλεα τρέφειν — ἐπεὶ γυνὴ διὰ φύσεως ἀσθένειαν ὀκνηρὸν εἰς πόλεμον —, τὰ δ᾽ ἄρρενα διαφθείρειν, ἵνα μὴ αὐξηθῇ κατὰ πόλεις. § 9: γεννηθεὶς οὖν ὁ παῖς εὐθὺς ὄψιν ἐνέφαινεν ἀστειοτέραν ἢ κατ᾽ ἰδιώτην, ὡς καὶ τῶν τοῦ τυράννου κηρυγμάτων, ἐφ᾽ ὅσον οἷόν τε ἦν, τοὺς γονεῖς ἀλογῆσαι· § 10: φοβηθέντες μὴ σωτηρίαν ἑνὶ μνώμενοι πλείους ὄντες αὐτοὶ σὺν ἐκείνῳ παραπόλωνται, δεδακρυμένοι τὸν παῖδα ἐκτιθέασι παρὰ τὰς ὄχθας τοῦ ποταμοῦ[1]). § 12: ἀδελφὴ δὲ τοῦ ἐκτεθέντος βρέφους ... μικρὸν ἄποθεν ἐκαραδόκει τὸ ἀποβησόμενον. § 13: θυγάτηρ ἦν τῷ βασιλεῖ ... ταύτην φασὶ γημαμένην ἐκ πολλοῦ χρόνου μὴ κυΐσκειν τέκνων ὡς εἰκὸς ἐπιθυμοῦσαν καὶ μάλιστα γενεᾶς ἄρρενος.

λὴν τῶν γεννωμένων ἐκ τῶν Ἑβραίων κελεύει τὰ μὲν θήλεα τρέφειν αὐτούς (ἀσθενὲς γὰρ εἰς πόλεμον γυνή), διαφθείρειν δὲ τὰ ἄρρενα εὐαλκῆ νεότητα ὑφορώμενος. εὐπατρίδην δὲ τὸν παῖδα ὄντα τρεῖς ἐφεξῆς κρύπτοντες ἔτρεφον μῆνας οἱ γονεῖς νικώσης τῆς φυσικῆς εὐνοίας τὴν τυραννικὴν ὠμότητα, δείσαντες δὲ ὕστερον μὴ συναπόλωνται τῷ παιδί, ἐκ βίβλου τῆς ἐπιχωρίου σκεῦός τι ποιησάμενοι τὸν παῖδα ἐνθέμενοι ἐκτιθέασι παρὰ τὰς ὄχθας τοῦ ποταμοῦ ἐλώδους ὄντος[1]), ἐπετήρει δὲ τὸ ἀποβησόμενον ἄπωθεν ἑστῶσα τοῦ παιδὸς ἡ ἀδελφή. ἐνταῦθα ἡ θυγάτηρ τοῦ βασιλέως, συχνῷ χρόνῳ μὴ κυΐσκουσα, τέκνων δὲ ἐπιθυμοῦσα, ἐκείνης ἀφικνεῖται τῆς ἡμέρας παρὰ τὸν ποταμόν.

Im folgenden geben beide Exegeten nur eine Umschreibung des biblischen Berichtes, wobei sich Clemens enger an den Schrifttext anschließt als Philo. Letzterer macht § 15 noch die Bemerkung, daß die Königstochter deshalb das Kind zunächst in fremde Pflege gab, weil sie es nicht für sicher hielt, dasselbe sofort in den Palast zu bringen.

3. Der Name Moses. Die Königstochter gibt dem Kinde den Namen „Moses" d. i.: „aus dem Wasser gezogen"; denn Wasser heißt egyptisch μῶυ. So Philo und Clemens.

De vita Mosis I, 17 [M. II, 83]: εἶτα δίδωσιν ὄνομα θεμένη Μωυσῆν ἐτύμως διὰ τὸ ἐκ τοῦ ὕδατος αὐτὸν ἀνελέσθαι· τὸ γὰρ ὕδωρ μῶυ ὀνομάζουσιν Αἰγύπτιοι.

Str. I, 5, 152 P. 412: εἶτα τίθεται τῷ παιδίῳ ὄνομα ἡ βασιλὶς Μωυσῆν ἐτύμως διὰ τὸ ἐξ ὕδατος ἀνελέσθαι αὐτό (τὸ γὰρ ὕδωρ μῶυ ὀνομάζουσιν Αἰγύπτιοι).

Diese Deutung geht auf Ex. 2, 18 zurück: ἐπωνόμασεν δὲ τὸ ὄνομα αὐτοῦ Μωυσῆν λέγουσα Ἐκ τοῦ ὕδατος αὐτὸν ἀνειλόμην. Aus dem Egyptischen leitet auch Josephus den Namen ab: τὸ γὰρ ὕδωρ μῶυ οἱ Αἰγύπτιοι καλοῦσιν, ἐσῆς δὲ τοὺς [ἐξ ὕδατος] σωθέντας (Ant. 2, 228). Gegenwärtig erklärt man das Wort meist aus dem egyptischen Worte mes, mesu = Sohn [2]).

---

[1]) Ex. 2, 3 LXX: ἔθηκεν αὐτὴν εἰς τὸ ἕλος παρὰ τὸν ποταμόν. Die Angabe des Clemens erscheint als eine Kombination der biblischen Worte mit Philo.

[2]) Hummelauer, Commentarius in Exodum 39. Döller in der Bibl. Zeitschrift III (1905) 151, ff.

Wohl aus der Assumptio Mosis (vgl. μετὰ τὴν ἀνάληψιν) schaltet Clemens hier (§ 153) die Angabe ein, die Eltern hätten das Kind bei der Beschneidung Joakim genannt, während Moses im Himmel den Namen Melchi führe: δῆλον οὖν ὡς ἐν τῷ ἔμπροσθεν χρόνῳ περιτμηθέντι τῷ παιδίῳ οἱ γονεῖς ἔθεντο ὄνομά τι, ἐκαλεῖτο δὲ Ἰωακείμ. ἔσχεν δὲ καὶ τρίτον ὄνομα ἐν οὐρανῷ μετὰ τὴν ἀνάληψιν, ὥς φασιν οἱ μύσται, Μελχί.

4. Als Moses an den Königshof gekommen war, wurde er in allen Wissenschaften unterrichtet. Von egyptischen Lehrern lernte er Arithmetik, Geometrie, Rythmik, Harmonik, Metrik und Musik; außerdem wurde er von ihnen in die egyptische Geheimlehre samt der Hieroglyphenschrift eingeweiht. Von griechischen Lehrern wurde er in den anderen freien Künsten unterwiesen. Gegenstände des Unterrichts waren endlich die assyrische Schrift[1]) und die Astronomie. Bei seiner reichen Begabung *(μεγάλη φύσις)* machte Moses rasche Fortschritte und kam schnell zum Ziel, zu der Erkenntnis der Wahrheit. De vita Mosis I, 23 (M. II, 84] = Str. I, 5, 153 P. 413.

§ 22: πολλὰ γὰρ αἱ μεγάλαι φύσεις καινοτομοῦσι τῶν εἰς ἐπιστήμην.

Str. II, 19, 100 P. 482: αἱ γὰρ μεγάλαι φύσεις καὶ γυμναὶ παθῶν εὐστοχοῦσί πως περὶ τὴν ἀλήθειαν, ὥς φησιν ὁ Πυθαγόρειος Φίλων τὰ Μωυσέως ἐξηγούμενος.

Von all dem wird Ex. 2 nichts erwähnt. Philo geht von Ex. 2, 10 aus, wo erzählt wird, daß Moses von seiner Mutter zur Königstochter gebracht wurde, und beschreibt nun den Unterricht, der zu seiner Zeit in Alexandria vornehmen Knaben zuteil werden mochte, da in seinen Augen Moses in keiner Beziehung jemandem nachstehen durfte. Clemens aber schließt sich an den jüdischen Exegeten, den er hier mit Namen erwähnt *(ᾗ φησι Φίλων ἐν τῷ Μωυσέως βίῳ)*, um so lieber an, weil, wie er selbst bemerkt, auch die Apostelgeschichte (7, 22) berichtet, daß Moses „in aller Weisheit der Egypter" unterrichtet worden war.

5. Bei allem Fleiße, den Moses auf die Weisheit der Egypter verwandte, blieb er jedoch ein treuer Anhänger seines Volkes und machte sich auch mit dessen Bildung vertraut.

Ein Umschwung trat in seinem Leben ein, als er den Egypter erschlug.

---

[1]) Darunter verstand man zur Zeit Christi die hebräische Quadratschrift.

§ 11. Die Geschichte des Moses.

§ 32 [M. II, 86]: ... *τὴν συγγε-*   Str. I, 5, 153 P. 413: ... *τὴν συγ-*
νικὴν καὶ προγονικὴν ἐζήλωσε παιδείαν.   *γενικὴν καὶ προγονικὴν ζηλώσας παιδείαν.*

Dazu führt Clemens die ausschmückende Legende an, daß Moses durch ein bloßes Wort (Javeh) den Egypter getötet habe, so wie Ananias und Saphira nur infolge des strafenden Wortes des Petrus aus dem Leben geschieden seien (Apg. 5). Außerdem schaltet er hier aus der Schrift des Artapanus „Über die Juden" noch ein, daß Moses von Chenephres, dem Könige von Egypten, ins Gefängnis geworfen wurde, weil er die Entlassung der Juden forderte. In der Nacht öffneten sich nach dem Willen Gottes die Tore des Kerkers, und Moses ging zum Könige und weckte ihn. Als dieser ihn fragte, welcher Gott ihn gesandt habe, flüsterte Moses dem Könige den Gottesnamen ins Ohr, worauf er tot zu Boden stürzte, von Moses aber zum Leben wieder erweckt wurde. Diese letztere Legende steht indes an der unrechten Stelle. Sie fügt sich besser an den Bericht über die Rückkehr aus Arabien an. Die Ähnlichkeit des Wunders mit dem unmittelbar vorher erzählten (Tötung durch ein Wort) war für Clemens der Anlaß, dasselbe an diesem Orte einzureihen.

6. Nach der Tötung des Egypters mußte Moses nach Arabien fliehen. Hier weidete er die Herden (Ex. 3, 1). Es war dies für ihn nichts anderes als die Vorbereitung auf die Leitung des Volkes, gerade so wie die Jagd die Vorbereitung auf den Krieg ist.

§ 60 [M. II, 90]: *μετὰ δὲ τὸν γάμον*   Str. I, 23, 156 P. 415: *φεύγει δὴ ἐν-*
παραλαβὼν τὰς ἀγέλας ἐποίμαινε προδι-   *τεῦθεν καὶ ποιμαίνει πρόβατα προδι-*
δασκόμενος εἰς ἡγεμονίαν. ποιμενικὴ   *δασκόμενος εἰς ἡγεμονίαν ποιμενικῇ·*
γὰρ μελέτη καὶ προγυμνασία βασιλείας   *προγυμνασία γὰρ βασιλείας τῷ μέλλοντι*
τῷ μέλλοντι τῆς ἡμερωτάτης τῶν ἀν-   *τῆς ἡμερωτάτης τῶν ἀνθρώπων ἐπιστα-*
θρώπων ἐπιστατεῖν ἀγέλης, καθάπερ καὶ   *τεῖν ἀγέλης ἡ ποιμενικὴ καθάπερ καὶ*
τοῖς πολεμικοῖς τὰς φύσεις τὰ κυνηγέσια.   *τοῖς πολεμικοῖς τῇ φύσει ἡ θηρευτική.*
Vgl. de Josepho 2. 3 [M. II, 41].

3. Die öffentliche Tätigkeit des Moses.

1. Als die Zeit gekommen war, da Moses nach dem Willen Gottes die Israeliten aus der Knechtschaft der Egypter erlösen sollte, da hatte er in einem brennenden Dornbusche eine Erscheinung. Ex. 3, 2 LXX: *ὤφθη δὲ αὐτῷ ἄγγελος κυρίου.*

Philo hält diesen Engel für den Logos: *μορφή, .. ἦν ἄν τις ὑπετόπησεν εἰκόνα τοῦ ὄντος εἶναι* (de vita Mosis I, 66 [M. II, 91]).

Unter εἰκὼν θεοῦ aber versteht der jüdische Exeget, wie wir wissen, den Logos [1]).

Auch Clemens deutet die Erscheinung, die Moses hatte, auf den Logos, der damals sein Amt als Gesetzgeber das erste Mal ausgeübt habe. „Als Gott der Allmächtige, der damals anfing, durch den Logos Gesetze zu geben, dem Moses seine Kraft *(δύναμις)* sichtbar machen wollte, zeigte sich ihm eine göttliche Erscheinung *(ὄψις θεοειδής)* in Form eines Lichtes im brennenden Dornbusch. Es ist der Dornbusch ein stachliches Gewächs. Als aber der Logos seine Gesetzgebung und seinen Wandel unter den Menschen beendet hatte, wurde er geheimnisvoller Weise wiederum mit Dornen gekrönt. Als er von hier fortging dorthin, von wo er gekommen war, da wollte der Logos, um den Anfang der früheren Herabkunft wieder zu erneuern, nachdem er das erste Mal im Dornbusch erschienen, nun durch die Dornen wieder verschwinden, um zu zeigen, daß dies alles das Werk der einen Kraft ist, er, der eine, Sohn des einen Vaters, der Anfang und das Ende der Welten" (Paed. II, 8, 75 P. 215). Διὰ βάτου λαλεῖ sc. ὁ λόγος (Protrept. 1, 8 P. 8). [2])

Der Auffassung der Engelserscheinungen im Alten Testament als Offenbarungen des Logos bei den Kirchenschriftstellern Justin und Clemens und der Weise ihrer Abhängigkeit von Philo wurde bereits Erwähnung getan [3]). Hier ist nur darauf aufmerksam zu machen, daß Clemens höchst sinnig das Alte Testament zum Neuen in Beziehung bringt. Christus wirkte im Alten Bunde wie im Neuen. Bei Beginn seiner Heilstätigkeit, als er das alttestamentliche Gesetz gab, erschien er im Dornbusch. Am Ende derselben, als das „Es ist vollbracht" am Kreuze uns verkündete, daß unsere Erlösung und unsere Aussöhnung mit Gott erfolgt sei, zeigte er sich wieder in Dornen, mit einer Dornenkrone auf dem Haupte.

An dieser Stelle haben wir noch zu untersuchen, wie sich Clemens die Erscheinungen des Logos auf Erden dachte, ob er glaubte, derselbe habe sich dem Moses in einer sichtbaren Gestalt gezeigt, und was er unter der ὄψις θεοειδής verstand.

---

[1]) Vgl. S. 160.
[2]) τὸ δὲ ἀκανθῶδες φυτόν ἐστιν, ὁ βάτος. Vgl. de vita Mosis I, 65 [M. II, 91]: βάτος ἦν, ἀκανθῶδές τι φυτὸν καὶ ἀσθενέστατον.
[3]) Vgl. S. 143 ff.

§ 11. Die Geschichte des Moses.

Auskunft darüber gibt uns ein Fragment aus den Hypotyposen Adumbr. in I. Joh. 2, 1 (P. 999; Zahn 88). Nachdem der Kirchenschriftsteller erklärt, daß der Logos und der hl. Geist durch untergeordnete Engel und Erzengel wirken, fährt er fort: Sic etiam et Moyses Michael virtutem per vicinum sibi et infimum angelum vocat ... Sed Moysi quidem propinquus ac vicinus angelus apparuit; exaudivit eum et locutus est ei Moyses manifeste facie ad faciem [1]). Der Engel des biblischen Textes, der dem Moses erschien uud mit ihm von Angesicht zu Angesicht redete, war also ein untergeordneter Engel. Auf ihn bezieht sich ὄψις θεοειδής. Dieser Engel aber war ein Werkzeug des Erzengels Michael, der wiederum der Stellvertreter des Logos ist. Der Logos erschien mithin dem Moses, aber nicht selbst, da ja sein sichtbares Auftreten erst in der Fülle der Zeiten erfolgen sollte, sondern durch einen Engel als Mittelsperson [2]). Es wäre jedoch verfehlt, wenn wir jetzt meinen wollten, Moses habe nach dem Urteil des Clemens nicht besondere Gunst bei Gott besessen. Im Gegenteil können wir gerade aus der Art und Weise, wie ihm der Logos erschien, nach dem Kirchenschriftsteller ersehen, daß er eine alle Propheten überragende Stellung einnimmt, wie sie ihm auch Philo zuweist; denn während dem Moses ein, wenn auch untergeordneter, Engel sich wirklich zeigt, müssen sich die Propheten — und dies ist auch auf die Patriarchen auszudehnen — mit einer von Engeln bewirkten Sinneswahrnehmung begnügen [3]): Aliis autem prophetis secundum operationem angelorum motus quidam fiebat veluti audientium ac videntium (l. c.). Aber auch dies war immerhin noch eine große Auszeichnung, die ihnen vor den übrigen Menschen zu teil wurde: Idcirco et soli audiebant solique cernebant, sicut et in Samuele manifestatur (I. Kg. 3, 3 ff). Elisaeus etiam solus audiebat vocem, qua vocatus est (III. Kg. 19). Si autem esset manifesta et communis vox, ab omnibus praesentibus audiretur; nunc autem a solo, in quo operabatur motus qui ab angelo fiebat, audita est (l. c.).

---

[1]) Die Funktion, die Clemens hier dem Erzengel Michael zuweist, läßt erkennen, daß er im Ideenkreise der Assumptio Mosis sich bewegt.

[2]) Vgl. auch Zahn, Forschungen III, 99.

[3]) Worin der Unterschied bestehen soll, ist freilich schwer einzusehen, da Engel den Menschen, also auch dem Moses, doch nur als Lichtglanz oder mit Scheinleibern sichtbar werden können; es würde sich mithin selbst bei Moses um nichts anderes als um eine Sinneswahrnehmung handeln.

Damit findet auch die Frage ihre Beantwortung, wie der Kirchenschriftsteller sich die Erscheinungen des Logos dachte, welche die Patriarchen hatten, obwohl, wenn schon der Name (Paed. I, 7, 57 P. 132), so doch erst recht der Anblick des Logos den Christen vorbehalten war. Dieser bediente sich im Alten Testamente stets der Engel als Mittelspersonen und Werkzeuge. Hierin stimmt Clemens mit dem Hebräerbriefe überein (1, 1—4).

2. Um dem von Gott erhaltenen Auftrage, sein Volk aus Egypten herauszuführen, nachzukommen, kehrt Moses aus Arabien zurück. Da aber der Pharao die Israeliten nicht freiwillig ziehen lassen will, so verhängt Gott über die Egypter die Plagen. Durch diese werden jene eines Besseren belehrt, welche auf Worte nicht haben hören wollen „gleich unmündigen Kindern" (Ilias 17, 32; 20, 198). Die Israeliten aber sind Zeugen der Leiden, von welchen ihre Unterdrücker heimgesucht werden, und erhalten einen Beweis für die Macht Gottes, die sich glücklicherweise nicht zu ihrem, sondern zu der Feinde Verderben offenbart.

| De vita Mosis I, 146 [M. II, 104]: καί μοί τις δοκεῖ ... μηδὲν ἂν ἄλλο νομίσαι τοὺς Ἑβραίους ἢ θεατὰς ὧν ἕτεροι κακῶν ὑπέμενον καὶ ... ἀναδιδασκομένους εὐσέβειαν. § 95 [M. II, 95]: ἐδέησε καὶ πληγῶν ἐσμοῦ, αἷς οἱ ἄφρονες νουθετοῦνται, οὓς λόγος οὐκ ἐπαίδευσε. § 102 [M. II. 97]: παθόντες δ' ἀνεδιδάσκοντο νηπίων παίδων τρόπον μὴ καταφρονεῖν. | Str. I, 23, 157 P. 415: ἔπειτα νουθετοῦνται μὲν Αἰγύπτιοι πολλάκις οἱ πολλάκις ἀσύνετοι, θεαταὶ δὲ Ἑβραῖοι ἐγίνοντο ὧν ἕτεροι κακῶν ὑπέμενον ἀκινδύνως ἐκμανθάνοντες τὴν δύναμιν τοῦ θεοῦ. ἔτι δὲ Αἰγύπτιοι ἀκοῇ μὴ παραδεχόμενοι τὰ τῆς δυνάμεως ἀποτελέσματα, δι' ἀφροσύνην οἱ νήπιοι ἀπιστοῦντες, τότε, ὡς εἴρηται, ὀρχθὲν δέ τε οἱ νήπιοι ἔγνωσαν. |

3. Bei dem jetzt erfolgenden Auszuge aus Egypten nahmen die Israeliten viele Beute mit (Ex. 12, 36). Mit Unrecht wird ihnen nun vorgeworfen, sie hätten aus Habsucht die goldenen und silbernen Gefäße und die Kleider von den Egyptern gefordert; denn auch für die Israeliten galt das Gebot: Du sollst nicht begehren. In ihrer Handlungsweise ließen sie sich vielmehr durch zwei Gründe bestimmen, welche eine glänzende Rechtfertigung ihres Verhaltens bedeuten. 1) Sie hatten den Egyptern die ganze Zeit während ihres Aufenthalts im Lande treu gedient, ohne auch nur den geringsten Lohn zu erhalten; jetzt erst wurde ihnen zuteil, was ihnen schon längst zukam. 2) Sie bestraften, indem sie das Eigentum der Egypter mitnahmen, diese für die lange Unterdrückung. Man kann also den Israeliten nichts Böses vorwerfen, mag man ihr Verfahren nach dem Kriegsrecht oder nach dem

§ 11. Die Geschichte des Moses.

Friedensrecht beurteilen. Im ersten Falle brachten sie nur das Recht des Stärkeren in Anwendung, und sie durften dies um so eher tun, weil der Krieg von den Egyptern begonnen worden war, indem diese die Juden, als sie um Schutz und Gastfreundschaft baten, wie Kriegsgefangene behandelt und geknechtet hatten. Im zweiten Falle aber nahmen die Israeliten nur das, was ihnen von Rechts wegen längst gehörte, nämlich den Lohn, der ihnen von den Egyptern wie von faulen Zahlern bisher vorenthalten worden war.

De vita Mosis I, 141. 142 [M. II, 103]: πολλὴν γὰρ λείαν ἐκφορήσαντες . . . οὐ διὰ φιλοχρηματίαν ἤ, ὥς ἄν τις κατηγορῶν εἴποι, τὴν τῶν ἀλλοτρίων ἐπιθυμίαν — πόθεν; — ἀλλὰ πρῶτον μὲν ὧν παρὰ πάντα τὸν χρόνον ὑπηρέτησαν ἀναγκαῖον μισθὸν κομιζόμενοι, εἶτα δὲ ὑπὲρ ὧν κατεδουλώθησαν ἐν ἐλάττοσι καὶ οὐχὶ τοῖς ἴσοις ἀντιλυποῦντες· ποῦ γάρ ἐσθ' ὅμοιον ζημία χρημάτων καὶ στέρησις ἐλευθερίας, ὑπὲρ ἧς οὐ μόνον προΐεσθαι τὰς οὐσίας οἱ νοῦν ἔχοντες ἀλλὰ καὶ ἀποθνήσκειν ἐθέλουσιν; ἐν ἑκατέρῳ δὴ κατώρθουν, εἴθ' ὡς ἐν εἰρήνῃ μισθὸν λαμβάνοντες, ὃν παρ' ἀκόντων πολὺν χρόνον οὐκ ἀποδιδόντων ἀπεστεροῦντο, εἴθ' ὡς ἐν πολέμῳ τὰ τῶν ἐχθρῶν φέρειν ἀξιοῦντες νόμῳ τῶν κεκρατηκότων· οἱ μὲν γὰρ χειρῶν ἦρξαν ἀδίκων, ξένους καὶ ἱκέτας, ὡς ἔφην πρότερον, καταδουλωσάμενοι τρόπον αἰχμαλώτων, οἱ δὲ καιροῦ παραπεσόντος ἠμύναντο δίχα τῆς ἐν ὅπλοις παρασκευῆς, προασπίζοντος καὶ τὴν χεῖρα ὑπερέχοντος τοῦ δικαίου.

Str. I, 23, 157 P. 415: ὕστερόν τε ἐξιόντες οἱ Ἑβραῖοι πολλὴν λείαν τῶν Αἰγυπτίων ἐκφορήσαντες ἀπῄεσαν, οὐ διὰ φιλοχρηματίαν, ὡς οἱ κατήγοροί φασιν (οὐδὲ γὰρ ἀλλοτρίων αὐτοὺς ἀνέπειθεν ἐπιθυμεῖν ὁ θεός), ἀλλὰ πρῶτον μὲν ὧν παρὰ πάντα τὸν χρόνον ὑπηρέτησαν τοῖς Αἰγυπτίοις μισθὸν ἀναγκαῖον κομιζόμενοι, ἔπειτα δὲ καὶ τρόπον τινὰ ἠμύναντο ἀντιλυποῦντες ὡς φιλαργύρους Αἰγυπτίους τῇ τῆς λείας ἐκφορήσει, καθάπερ ἐκεῖνοι τοὺς Ἑβραίους τῇ καταδουλώσει. εἴτ' οὖν ὡς ἐν πολέμῳ φαίη τις τοῦτο γεγονέναι, τὰ τῶν ἐχθρῶν φέρειν ἠξίουν νόμῳ τῶν κεκρατηκότων ὡς κρείττονες ἡττόνων (καὶ τοῦ πολέμου ἡ αἰτία δικαία· ἱκέται διὰ λιμὸν Ἑβραῖοι ἧκον πρὸς Αἰγυπτίους· οἱ δὲ τοὺς ξένους καταδουλωσάμενοι τρόπον αἰχμαλώτων ὑπηρετεῖν ἠνάγκασαν σφίσι μηδὲ τὸν μισθὸν ἀποδιδόντες), εἴτε ὡς ἐν εἰρήνῃ, μισθὸν ἔλαβον τὴν λείαν παρὰ ἀκόντων τῶν πολὺν χρόνον οὐκ ἀποδιδόντων, ἀλλὰ ἀποστερούντων.

Während selbst Philo darauf hinweist, daß die Juden Gnade für Recht hatten ergehen lassen, indem sie den Räubern ihrer Freiheit, des höchsten Gutes, nur Geldeswert abnahmen, billigt Clemens hier im Eifer des Abschreibens die Rache der Israeliten. Da nach seiner Auffassung Altes und Neues Testament übereinstimmen, hätte er doch bei dieser Gelegenheit auf das Gebot aufmerksam machen müssen: „Liebet eure Feinde, tuet Gutes denen, die euch hassen, und betet für die, die euch verfolgen und beleidigen". Sonst empfiehlt er dasselbe dringend (Str. VII, 14 P. 883), hier aber schließt er sich so eng an den jüdischen Exegeten an, daß er ganz darauf vergißt.

4. Moses führte die Israeliten, indem er von dem gebahnten Wege abwich, in die Wüste (Ex. 13, 18). Dafür geben Philo und Clemens, der Form nach von einander abweichend, im Sinne aber übereinstimmend, zwei Gründe an, einen politischen und einen religiös-pädagogischen. Nach dem jüdischen Exegeten, der hierbei an Ex. 13, 17 denkt, fürchtete Moses, die Juden möchten, wenn sie von einem Feinde am Weitermarsch gehindert würden, nach Egypten, in die frühere Knechtschaft, zurückkehren, um einem Kampfe auszuweichen; auch wollte er das Volk prüfen, ob es, wenn Mangel einträte, gehorchen könnte (de vita Mosis I, 164 [M. II, 107]). Der christliche Schriftsteller glaubt, daß Moses die Verfolgung der Egypter fürchtete, und daß er durch den langen Wüstenzug die Juden zum Glauben an Gott und zur Ausdauer anleiten wollte (Str. I, 24, 160 P. 417).

5. Auf ihrem Wüstenzuge ging den Juden die Wolken- und Feuersäule voran (Ex. 13, 21).

Das Buch der Weisheit setzt bereits die göttliche Weisheit mit der Wolken- und Feuersäule gleich: „Die Weisheit leitete sie auf wunderbarem Wege und war ihnen Schirm am Tage und Sternenleuchte des Nachts" (10, 17). Daher sehen auch Philo und Clemens in der Säule eine Erscheinung des Logos[1]). Indem der letztere noch an Joh. 1, 5 „Das Licht leuchtet in der Finsternis" sich erinnert und die Stelle mit der Feuersäule in Verbindung bringt, erklärt er diese als ein Symbol Christi; denn der Logos sei das Licht, das auf Erden wie die Feuersäule gewandelt und durch das Kreuz (das einer Säule ähnlich ist) in den Himmel zurückgekehrt sei. „Jenes Feuer, das einer Säule glich, und das Feuer im Dornstrauch ist ein Symbol des heiligen Lichtes, das auf der Erde wandelte und wieder zum Himmel durch das Holz zurückeilte, durch das uns die Fähigkeit, geistig zu schauen, verliehen ist" (Str. I, 24, 164 P. 419). Die Feuersäule hat nach Clemens auch durch ihre Gestalt eine tiefe Bedeutung. Indem sie nämlich steht und nie verlischt, weist sie auf die unwandelbare, stets gleichbleibende Natur Gottes hin. „Es bedeutet die Säule, daß Gott nicht abgebildet werden kann. Die Feuersäule aber bedeutet nicht nur, daß Gott nicht abgebildet werden kann, sondern auch, daß Gott feststeht und beständig ist und daß sein Licht unwandelbar *(ἄτρεπτον)* und unabbildbar ist" (Str. I, 24, 163 P. 418).

---

[1]) Vgl. S. 144, 146.

§ 11. Die Geschichte des Moses.

In dieser Erklärung ist Clemens von Philo zwar nicht direkt — denn derselbe gibt keine allegorische Deutung der Feuersäule —, wohl aber indirekt beeinflußt. Der jüdische Exeget sieht nämlich in allen Stellen der hl. Schrift, welche das „Stehen" Gottes erwähnen, einen Hinweis auf die Unveränderlichkeit des höchsten Wesens. Die Worte Gottes Ex. 17, 6: ἐγὼ ἕστηκα ἐκεῖ umschreibt er folgendermaßen: ἑστὼς ἐν ὁμοίῳ καὶ μένων, ἄτρεπτος ὤν (de somn. II, 221 [M. I, 688]; vgl. τὸ μὲν οὖν ἀκλινῶς ἑστὼς ὁ θεός ἐστιν, τὸ δὲ κινητὸν ἡ γένεσις de post. Caini 23 [M. I, 230]; de gigant. 49 [M. I, 269]). Daß Clemens von einer so oft vorgetragenen Deutung Philos unberührt geblieben ist, ist wegen seiner sonstigen Abhängigkeit von diesem höchst unwahrscheinlich.

6. Der Untergang der Egypter im Roten Meere (Ex. 15, 1: „Roß und Reiter stürzt er ins Meer") ist eine Tatsache, die aber auch einen höheren Sinn enthält. Von Philo und ebenso von Clemens, welcher an jenen sich anlehnt, wird das Ereignis als ein Sinnbild dafür erklärt, daß derjenige, welcher dem Pferde die Zügel schießen läßt, d. i. der Leidenschaft nachgibt, von den Wogen der Sinnlichkeit verschlungen wird [1]).

De agric. 83 [M. I, 313]: „ἵππον καὶ ἀναβάτην ἔρριψεν εἰς θάλασσαν". ἀμείνονα γὰρ καὶ τελειοτέραν οὐκ ἄν τις εὕροι σκοπῶν νίκην ἢ καθ' ἣν τὸ τετράπουν καὶ σκιρτητικὸν καὶ ὑπέραυχον ἥττηται παθῶν τε καὶ κακῶν ἀλκιμώτατον στῖφος — καὶ γὰρ κακίαι τῷ γένει τέτταρες καὶ πάθη ταύταις ἰσάριθμα —, πρὸς δὲ καὶ ὁ ἐπιβάτης αὐτῶν μισάρετος καὶ φιλοπαθὴς νοῦς καταπεσὼν οἴχεται, ὃς ἡδοναῖς καὶ ἐπιθυμίαις, ἀδικίαις . . . ἐγεγήθει.

Str. V, 8, 52 f. P. 677: „ἵππον καὶ ἀναβάτην ἔρριψεν εἰς θάλασσαν", τὸ πολυσκελὲς καὶ κτηνῶδες καὶ ὁρμητικὸν πάθος, τὴν ἐπιθυμίαν, σὺν καὶ τῷ ἐπιβεβηκότι ἡνιόχῳ τὰς ἡνίας ταῖς ἡδοναῖς ἐπιδεδωκότι „ἔρριψεν εἰς θάλασσαν", εἰς τὰς κοσμικὰς ἀταξίας ἀποβαλών. οὕτως καὶ Πλάτων ἐν τῷ Περὶ ψυχῆς[2]) τόν τε ἡνίοχον καὶ τὸν ἀποστατήσαντα ἵππον (τὸ ἄλογον μέρος, ὃ δὴ δίχα τέμνεται, εἰς θυμὸν καὶ ἐπιθυμίαν) καταπίπτειν φησίν.

Plato führt im Phädrus das Herabsinken der präexistierend gedachten Seele aus dem idealen in den irdischen Zustand auf das Erwachen der Begierlichkeit zurück. In dieser Schrift stellt er die Seele unter dem Bilde eines von zwei Rossen (begehrlicher und zornmütiger Seelenteil) gezogenen, vom Wagenlenker (Vernunft) geleiteten Gefährtes dar. Weil das eine der Rosse, die Begierlichkeit, nach unten lenkte, mußte die Seele den überwelt-

---

[1]) Zur Symbolik des Pferdes und des Meeres vgl. S. .95, 96.
[2]) Ein Irrtum des Clemens; der Vergleich findet sich im Phaedrus 247 B.

lichen Ort verlassen. Dieses Bild war, wie Clemens richtig bemerkt, für Philo der Anlaß zu seiner Deutung des biblischen Berichtes Ex. 15, 1; denn er selbst führt Platos Erzählung kurz vor der zitierten Stelle (de agric. 72 ff. [M. I, 311]) an, so daß es für den Kirchenschriftsteller ein leichtes war, die Beziehung des jüdischen Exegeten zu dem griechischen Philosophen festzustellen.

7. **Moses auf Sinai.** Auf Sinai wurde Moses großer Gnaden gewürdigt. Gott sprach mit ihm und gab ihm die Gesetzestafeln. Aber trotzdem blieb ihm Gott unbegreiflich. Die Schrift deutet dies durch das Wetterdunkel an, in das Moses hineinging. Moses sah auch selbst ein, daß kein Mensch aus eigener Kraft Gott zu erkennen vermag; denn er bat Gott: „Zeige dich mir" (Ex. 20, 21; 24, 18; 33, 13).

De post. Caini 14 [M. I, 228]: ἤδη γοῦν καὶ εἰς τὸν γνόφον ὅπου ἦν ὁ θεὸς εἰσελεύσεται, τουτέστιν εἰς τὰς ἀδύτους καὶ ἀειδεῖς περὶ τοῦ ὄντος ἐννοίας. § 16: λέγει γάρ· „ἐμφάνισόν μοι σεαυτόν", ἐναργέστατα διὰ τούτου παριστὰς ὅτι τῶν γεγονότων ἱκανὸς οὐδὲ εἷς ἐξ ἑαυτοῦ τὸν κατὰ τὸ εἶναι θεὸν ἀναδιδαχθῆναι.

de mut. nom. 7 [M. I, 579]: εἰς τὸν γνόφον φασὶν αὐτὸν οἱ θεῖοι χρησμοὶ εἰσελθεῖν, τὴν ἀόρατον καὶ ἀσώματον οὐσίαν αἰνιττόμενοι.

Str. II, 2, 6 P. 431: ὅθεν ὁ Μωυσῆς οὔποτε ἀνθρωπίνῃ σοφίᾳ γνωσθήσεσθαι τὸν θεὸν πεπεισμένος, „ἐμφάνισόν μοι σεαυτὸν" φησὶ καὶ „εἰς τὸν γνόφον", οὗ ἦν ἡ φωνὴ τοῦ θεοῦ, εἰσελθεῖν βιάζεται, τουτέστιν εἰς τὰς ἀδύτους καὶ ἀειδεῖς περὶ τοῦ ὄντος ἐννοίας.

Str. V, 12, 78 P. 692: „εἰσῆλθεν δὲ Μωυσῆς εἰς τὸν γνόφον", ταῦτο δηλοῖ τοῖς συνιέναι δυναμένοις, ὡς ὁ θεὸς ἀόρατός ἐστι καὶ ἄρρητος.

Zu dem Wetterdunkel, in das Moses hineingeht, gibt der christliche Exeget noch eine andere allegorische Erklärung. Es bedeutet nicht nur die Unbegreiflichkeit Gottes, sondern auch die Finsternis des Unglaubens und der Unwissenheit. Moses dringt in das Dunkel ein, sucht also dasselbe zu überwinden und gelangt dadurch zum Lichte der Wahrheit und des Glaubens. Die Juden hingegen sind und bleiben ungläubig. Sie sehen nur das Dunkel, dringen aber nicht hindurch: γνόφος δὲ ὡς ἀληθῶς ἡ τῶν πολλῶν ἀπιστία τε καὶ ἄγνοια τῇ αὐγῇ τῆς ἀληθείας ἐπίπροσθε φέρεται (Str. V, 12, 78 P. 692).

Die Stelle „Jene Herabkunft auf den Berg Gottes (Sinai) ist das Erscheinen der göttlichen Macht, welche das unzugängliche Licht verkündet *(κηρυττούσης τὸ φῶς τὸ ἀπρόσιτον)"* (Str. VI, 3, 32 P. 755) geht dagegen nicht auf die Deutung Philos: Sinai = inaccessum (Quaest. in Ex. II, 45 [A. 501] ad. Ex. 24, 16) zurück, sondern berücksichtigt I. Tim. 6, 16: φῶς οἰκῶν ἀπρόσιτον.

§ 11. Die Geschichte des Moses. 225

Auf Sinai gibt Moses nach Clemens auch ein Beispiel der **Enthaltsamkeit und Bedürfnislosigkeit**, indem er vierzig Tage und vierzig Nächte auf dem Berge bleibt (Ex. 24, 18), ohne ein Verlangen nach Speise und Trank zu haben (Str. III, 7, 57 P. 537). Selbst die Juden sucht er hier zur Selbstbeherrschung und Keuschheit anzuleiten, indem er ihnen befiehlt (Ex. 19, 15), drei Tage den ehelichen Verkehr zu meiden (Str. III, 11, 73 P. 544).

Deut. 4, 12 erinnert Moses das Volk, daß es, als der Herr auf Sinai aus dem Feuer heraus zu ihm redete, „wohl den Schall *(φωνή)* der Worte gehört, nicht aber eine Gestalt gesehen" hätte. Philo erklärt diese Stimme als den Logos (de migr. Abr. 47—52 [M. I, 443 f.]). Da Clemens mit Philo alle Offenbarungen Gottes auf den Logos bezieht, so will diese Stelle auch nach seiner Deutung angeben, daß damals der Logos unsichtbar auf die Erde kam: ὁρᾷς, ὅπως ἡ κυριακὴ φωνὴ λόγος ἀσχημάτιστος. ἡ γὰρ τοῦ λόγου δύναμις, ῥῆμα κυρίου φωτεινόν, ἀλήθεια οὐρανόθεν ἄνωθεν ἐπὶ τὴν συναγωγὴν τῆς ἐκκλησίας ἀφιγμένη, διὰ φωτεινῆς καὶ προσεχοῦς διακονίας ἐνήργει (Str. VI, 3, 34 P. 756). Diese Wendungen zeigen aber zugleich, daß der christliche Exeget sich nicht nur an Philo anlehnte, sondern, als er sie niederschrieb, auch an Joh. 1, 9 sich erinnerte: ἦν τὸ φῶς τὸ ἀληθινόν ... ἐρχόμενον εἰς τὸν κόσμον.

8. Während des Wüstenzuges verführten auf den Rat Balaams **midianitische Weiber** die Israeliten zur Unzucht und zum Götzendienste (Num. 25, 1 ff.; 31, 16). Dies hörte erst auf, als Phinees, von heiligem Eifer entflammt, einen Israeliten samt seiner Hure tötete, nachdem bereits durch Hinrichtungen und die Pest 24000 Menschen umgekommen waren (Num. 25, 8. 9). Daß die Israeliten von der Unzucht abließen, schreibt Philo der Wirkung der **Furcht** zu. Clemens folgt ihm hierin; seine Abhängigkeit ist um so sicherer, als er kurz vor dieser Stelle nach derselben Schrift des jüdischen Exegeten das Gesetz Deut. 20, 5—7 erklärt.

De virtut. (de fort.) 41 [M. II, 382]:   Str. II, 18, 83 P. 472: ... κινδυ-
... κινδυνεύσαντας ἀνεχαίτισε φόβῳ   νεύοντας ἀνεχαίτισε νουθετήσας φόβος.
νουθετήσας.

4. Der Tod des Moses.

Philo weiß vom Ende des Moses nur zu berichten, daß er prophezeite, es werde niemand bei seinem Begräbnis zugegen sein, und daß er von Engeln bestattet wurde: ἤδη γὰρ ἀναλαμβανόμενος

... τὰ ὡς ἐπὶ θανόντι ἑαυτῷ προφητεύει δεξιῶς, ὡς ἐτελεύτησε μήπω τελευτήσας, ὡς ἐτάφη μηδενὸς παρόντος, δηλονότι χερσὶν οὐ θνηταῖς ἀλλ' ἀθανάτοις δυνάμεσιν (de vita Mosis II, 291 [M. II, 179]).

Clemens weicht in diesem Punkte von dem jüdischen Exegeten ab. Nach ihm waren Josue und Kaleb Zeugen seines Begräbnisses. Josue hatte dabei eine doppelte Erscheinung. Er sah sowohl den Leichnam des Moses, wie er bestattet wurde, als auch den Moses zusammen mit Engeln, also offenbar den zum Himmel fahrenden Moses. Kaleb dagegen sah nur den Leichnam. Der Grund dafür ist darin zu suchen, daß Josue tugendhafter als Kaleb war. „Als Moses hinweggenommen wurde, sah ihn Josue, der Sohn des Nun, doppelt, und zwar einerseits mit Engeln, anderseits auf dem Berge, wie er begraben wurde. Es schaute Josue die untere Erscheinung, im Geiste emporgehoben, zusammen mit Kaleb; aber es schauten nicht beide in gleicher Weise, sondern der eine ging schneller herab ... der andere erzählte, als er später herabkam, die Herrlichkeit, die er geschaut hatte, da er mehr als der andere hatte sehen können, weil er reiner war" (Str. VI, 15, 132 P. 806 f.). Deut. 34, wo der Tod des Moses berichtet wird, liest man weder etwas von einer doppelten Erscheinung des Moses, noch überhaupt, daß Josue und Kaleb bei seinem Tode zugegen waren. Letzteres leugnet Philo geradezu, wie wir gesehen haben. Die Angabe, Moses sei mit Engeln zusammengewesen, als er hinweggenommen wurde (τὸν Μωυσέα ἀναλαμβανόμενον — τὸν μὲν μετ' ἀγγέλων), weist darauf hin, daß der Kirchenschriftsteller hier die apokryphe Assumptio Mosis zu Rate gezogen hat. Daß gerade Josue und Kaleb genannt werden, mag seinen Grund in Num. 26, 65 haben, wonach diese als die einzigen von denen, welche aus Egypten ausgezogen waren, für wert erachtet werden, das gelobte Land zu betreten. Sie schienen daher auch würdig, das Begräbnis des Moses zu sehen. Da aber Josue dessen Nachfolger in der Leitung des Volkes war, also höher stand als Kaleb, so erhielt er den Vorzug, auch den zum Himmel fahrenden Moses zu schauen.

Clemens gibt zu diesen Mitteilungen auch eine allegorische Deutung. Kaleb, der nur den Leib des Moses sieht, ist ein Symbol derjenigen, welche beim Wortsinn der Schrift stehen bleiben, während Josue, der den zum Himmel fahrenden Moses erblickt, jene repräsentiert, welche mit den Worten der Schrift sich nicht begnügen, sondern in den höheren, allegorischen Sinn derselben einzudringen suchen (l. c.). Die Angabe des Judasbriefes 9, es habe nach der „Himmelfahrt des Moses" der Erzengel Michael mit dem Teufel um den Leichnam des Moses gekämpft, wird von Clemens dahin erklärt, daß Michael nicht in eigener Person mit dem Teufel stritt, sondern durch einen niederen Engel sich vertreten ließ [1]). Michael autem hic dicitur, qui per propinquum nobis angelum altercabatur cum diabolo (Adumbr. in ep. Judae 9 [P. 998; Zahn 84]). Für Clemens war diese Deutung ein Ausweg in der Schwierigkeit, daß der Erzengel Michael im Pentateuch nicht genannt wird.

Dritter Abschnitt.

Die mosaische Gesetzgebung.

§ 12. Begriff, Zweck und Einteilung des Gesetzes.

1. Das Gesetz ist das göttliche Wort, welches vorschreibt, was zu tun und was zu unterlassen ist. Diese stoische Definition [2]) hat Clemens von Philo übernommen.

De migr. Abr. 130 [M. I, 456]: νόμος δὲ οὐδὲν ἄρα ἢ λόγος θεῖος προστάττων ἃ δεῖ καὶ ἀπαγορεύων ἃ μὴ χρή. de vita Mosis II, 4 [M. II, 135]: πρόσταξις δὲ τῶν πρακτέων καὶ ἀπαγόρευσις τῶν οὐ πρακτέων ἴδιον νόμου. Vgl. de praemiis 55 [M. II, 417].

Str. I, 25, 166 P. 420: ᾗ τινες ἀκολούθως δηλονότι τῇ χρηστῇ δόξῃ λόγον ὀρθὸν τὸν νόμον ἔφασαν, προστακτικὸν μὲν ὧν ποιητέον, ἀπαγορευτικὸν δὲ ὧν οὐ ποιητέον. Vgl. Paed. I, 2, 8 P. 102.

2. Als Moses das Gesetz gab, hatte er die Absicht, durch dasselbe die Juden zu Gott zu führen.

De migr. Abr. 131 [M. I, 456]: τέλος οὖν (τοῦ νόμου) ἐστι κατὰ τὸν ἱερώτατον Μωυσῆν τὸ ἕπεσθαι θεῷ.

Str. I, 26, 167 P. 420: ἔχει γοῦν τὴν ἀγωγὴν εἰς τὸ θεῖον. Vgl. Str. VI, 17, 159 P. 823.

Das Gesetz will, indem es den Menschen zur Gottesfurcht anleitet, immer dessen Nutzen, sogar dann, wenn es den Gehorsam, der ihm freiwillig nicht geleistet wird, durch Strafen zu erzwingen sucht. Gerade dadurch, daß es den Menschen gleichsam mit Gewalt vom Bösen weg- und zur Tugend hinführt, erweist es sich als eine Wohltat für den Sünder.

---

[1]) Vgl. S. 219.
[2]) Vgl. Stob. Flor. 44, 12 u. a.

De congr. erud. gr. 158. 160 [M. I, 542]:
λυσιτελές γὰρ σφόδρα τοῖς ἐν ἀδείᾳ καὶ
ἐκεχειρίᾳ, καθάπερ ἵπποις ἀφηνιασταῖς,
ὀξὺ κέντρον, ἐπεὶ μάστιγι μόλις καὶ ἀγωγῇ
δαμασθῆναι καὶ τιθασευθῆναι δύνανται
... εἰ ἡ ἐπὶ πλέον ἄνεσις τὸ μέγιστον
κακόν, ἀσέβειαν, ὠδίνει, τοὐναντίον ἡ
μετὰ νόμου κάκωσις ἀγαθὸν τέλειον ἀπο
τίκτει, τὴν ἀοίδιμον νουθεσίαν.

Str. I, 27, 171 P. 422: ὁ νόμος ...
εἴργει τε ἕκαστον τῶν ἁμαρτημάτων,
δίκας ἐπιτιθεὶς τοῖς μετρίοις αὐτῶν. —
(§ 173) μέγιστον δὲ καὶ τελεώτατον
ἀγαθόν, ὅταν τινὰ ἐκ τοῦ κακῶς πράτ
τειν εἰς ἀρετήν τε καὶ εὐπραγίαν μετά
γειν δύνηταί τις, ὅπερ ὁ νόμος ἐργάζεται.

3. Wie erwähnt, schreibt Philo dem Moses eine vierfache Tätigkeit als König, Gesetzgeber, Priester und Prophet zu [1]). Als König lag ihm die Führung des Volkes ob. Als Prophet schaute er geheimnisvoller Weise in die Zukunft, wie z. B. das letzte Kapitel des Pentateuchs Prophetie ist (de vita Mosis II, 291 [M. II, 179]) [2]). Als Gesetzgeber erließ er Vorschriften, und zwar nach Philo auf zweifache Art, nämlich einerseits im Schöpfungsbericht und besonders in den Lebensbeschreibungen der Patriarchen, die als Vorbilder in der Erfüllung des Gesetzes uns vor Augen stehen und durch ihr ganzes Tun und Lassen uns zeigen, in welcher Weise man dem Willen Gottes gemäß handelt (ungeschriebene Gesetze), anderseits in der eigentlichen Gesetzgebung (geschriebene Gesetze). Erstere bezeichnet der jüdische Exeget selbst als den „historischen Teil". Als Priester endlich gab Moses das Kultgesetz. „Von den hl. Schriften ist der eine Teil der historische, der andere bezieht sich auf die Gebote und die Verbote, worüber wir an zweiter Stelle reden werden, nachdem wir das, was der Reihe nach das erste ist, zuerst behandelt haben. Von dem historischen Teil hat einiges die Entstehung der Welt zum Gegenstande, das andere betrifft die Genealogie (die Vorfahren); letzteres bezieht sich entweder auf die Strafen der Gottlosen oder auf die Ehren der Gerechten" (de vita Mosis II, 46, 47 [M. II, 141]). „Nachdem ich das Leben der weisen Männer, welche in den hl. Schriften als Stammväter unseres Volkes und als ungeschriebene Gesetze dargestellt werden, in den vorhergehenden Büchern erzählt habe, will ich nun im folgenden der Reihe nach die Gedanken der geschriebenen Gesetze klarlegen" (de decal. 1

---

[1]) Vgl. S. 211.

[2]) Philo rechnet hierher aber auch diejenigen Gesetze, welche dem Moses von Gott auf ausdrückliches Befragen mitgeteilt wurden, z. B. die Strafe der Gotteslästerung und das Erbschaftsgesetz (de vita Mosis II, 187—245 [M. II, 163—172]).

§ 12. Begriff, Zweck und Einteilung des Gesetzes.

[M. II, 180]). Über die Wirksamkeit des Moses als Priester d. h. über die Vorschriften, die er bezüglich des Gottesdienstes erließ, handelt Philo de vita Mosis II, 66—186 [M. II, 145—163]. Der jüdische Exeget unterscheidet also

    1) den historischen Teil der Gesetzgebung mit den Patriarchen als Vorbildern in der Erfüllung der göttlichen Vorschriften,

    2) das eigentliche Gesetz, welches die bürgerlichen und die Sittenvorschriften umfaßt,

    3) das Kultgesetz.

Clemens teilt das Gesetz in vier Teile und sucht damit die übliche Dreiteilung der Philosophie in Ethik, Physik und Metaphysik nach Aristoteles bezw. in Ethik, Physik und Dialektik nach Plato in Einklang zu bringen. „Die mosaische Philosophie ist vierfach geteilt, in den historischen Teil und in denjenigen, welcher eigentlich der gesetzliche genannt wird — diese beziehen sich auf die Ethik —, ferner in den, welcher den Gottesdienst betrifft, als dritten — dieser entspricht der Physik — und endlich in einen vierten, der über allen anderen steht, nämlich in die Theologie *(τὸ θεολογικὸν εἶδος), das Schauen (ἡ ἐποπτεία)*, das, wie Plato sagt, auf die großen Geheimnisse sich bezieht, während Aristoteles diesen Teil Metaphysik nennt. Auch die Dialektik des Plato ist, wie er in der Staatslehre sagt, das Wissen, das das Seiende zu erklären sucht" (Str. I, 28, 176 P. 424). Sehen wir von dem letzten Teile ab, der von Clemens selbst als die Gnosis über die anderen Teile gestellt wird und der nicht zeigen will, wie man durch Erfüllung des göttlichen Willens das Wohlgefallen Gottes sich erwirbt, sondern der zum „Schauen" führt, so finden wir bei dem christlichen Schriftsteller dieselbe Einteilung des mosaischen Gesetzes wie bei dem jüdischen Exegeten. Er unterscheidet nämlich gleichfalls 1) den historischen Teil, 2) das eigentliche Gesetz, 3) das Kultgesetz. Indem er die beiden ersten Teile mit der Ethik der griechischen Philosophie in Verbindung bringt, zeigt er, daß er sich unter ihnen sittliche Vorschriften denkt, welche von den Patriarchen im Leben verwirklicht und in dem eigentlichen Gesetze aufgeschrieben waren, also jene rechtlichen Bestimmungen, welche wir heute als bürgerliches Gesetz und Sittengesetz bezeichnen. Von Philo und Clemens wird die letztere jetzt übliche Unterscheidung nicht gemacht, weil im Alten Testament alle Bestimmungen über das tägliche Leben unmittelbar von Gott herrührten, ebenso wie der Dekalog, und wie dieser im

Gewissen verpflichteten. Das Kultgesetz mochte Clemens wohl deshalb mit der Physik zusammenstellen, weil, wie wir sehen werden, die Erklärungen, welche Philo zu demselben gibt und welche der Kirchenschriftsteller übernimmt, fast ausnahmslos „physische" sind. Im folgenden lehnen wir uns an die Einteilung des mosaischen Gesetzes an, welcher wir bei dem jüdischen und bei dem christlichen Exegeten begegnen, unterscheiden aber der leichteren Übersicht halber 1) Kultgesetze, 2) Sittengesetze und 3) bürgerliche Gesetze.

A. Kultgesetze.

§ 13. Die Kultuspersonen.

1. Die Priester.

1. Philo und Clemens fordern vom Priester einen sittenreinen Lebenswandel. „Der Priester muß an Leib und Seele unbefleckt sein und darf an keiner Leidenschaft hängen, sondern hat sich zu enthalten von allem, was auf die sterbliche Natur Bezug hat, von Trinkgelagen und Schmausereien und vom Verkehr mit Weibern" (de vita Mosis II, 68 [M. II, 145]). „Nur die, welche rein leben, sind in Wahrheit Priester Gottes. Daher wurden, obwohl alle Stämme beschnitten wurden, diejenigen als heiliger betrachtet, welche (Männer aus ihrer Mitte) zu Priestern und Königen und Propheten salbten" (Str. IV, 25, 158 P. 635). Diese Forderung ist indes so selbstverständlich, daß eine bewußte Anlehnung des Kirchenschriftstellers an den jüdischen Exegeten nicht anzunehmen ist. Eine solche liegt aber bei der folgenden Parallele vor.

Wegen der ihm zur Pflicht gemachten Reinheit ist es dem Priester — so schließt Clemens — auch nicht erlaubt, einen Leichnam zu berühren, nicht etwa weil der Leib an sich unrein wäre, sondern weil der Tod eine Folge und Strafe der Sünde ist. Eine Ausnahme darf er nur bei seinen nächsten Verwandten machen (Lev. 21,1 ff.), muß sich aber dann den levitischen Reinigungsvorschriften unterziehen, welche das Gesetz (Num. 19, 11, 12) angibt: „Daher befiehlt er ihnen, nicht die Toten zu berühren und auch zu den Gestorbenen nicht hineinzugehen, nicht als ob der Körper unrein wäre, sondern weil der Ungehorsam fleischlich ist und mit dem Körper und dem Tode zusammenhängt und daher verabscheut werden muß. Nur zu dem Vater und der Mutter

§ 13. Die Kultuspersonen.

zu dem Sohn und der Tochter [1]) darf der Priester, wenn sie gestorben sind, eintreten, weil nur diese stamm- und blutsverwandt sind und weil sie auch für den Priester die nächste Ursache des Eintritts ins Leben waren. Diese reinigen sich nun sieben Tage" (Str. IV, 25, 158 P. 636). Philo gibt zu Lev. 21 nur eine Paraphrase des Schrifttextes (de special. leg. I, 112 [M. II, 230]). Dagegen macht er bei der Erklärung von Num. 19, 11 gleichfalls darauf aufmerksam, daß die levitische Unreinheit nicht am Körper haftet, sondern ihren Ursprung in der Sünde hat; unrein ist nämlich der Ungerechte und Gottlose, der weder vor den Menschen noch vor Gott Scheu hat (de special, leg. III, 208. 209 [M. II, 333]).

2. Wenn das Gesetz vorschreibt, den Priestern zu ihrem Lebensunterhalt den Zehnten von dem Vieh und den Feld- und Baumfrüchten darzubringen (Lev. 27, 30. 32; Num. 18, 21), so will es dadurch die Israeliten zur Gottes- und Nächstenliebe anleiten und die Augenlust in ihnen ertöten. Diese Erklärung des Philo wird von Clemens übernommen.

De virt. (de human.) 95 [M. II, 391]: κελεύουσιν οἱ νόμοι δεκάτας μὲν ἀπό τε σίτου καὶ οἴνου καὶ ἐλαίου καὶ θρεμμάτων ἡμέρων καὶ ἐρίων ἀπάρχεσθαι τοῖς ἱερωμένοις ... ὅπως ἐξεθιζόμενοι τῇ μὲν τιμᾶν τὸ θεῖον τῇ δὲ μὴ πάντα κερδαίνειν εὐσεβείᾳ καὶ φιλανθρωπίᾳ ταῖς ἀρετῶν ἡγεμονίσιν ἐπικοσμῶνται.

Str. II, 18, 86 P. 473: καὶ μὴν καὶ αἱ δεκάται τῶν τε καρπῶν καὶ τῶν θρεμμάτων εὐσεβεῖν τε εἰς τὸ θεῖον καὶ μὴ πάντα εἶναι φιλοκερδεῖς, μεταδιδόναι δὲ φιλανθρωπίας καὶ τοῖς πλησίον ἐδίδασκον. ἐκ τούτων γάρ, οἶμαι, τῶν ἀπαρχῶν καὶ οἱ ἱερεῖς διετρέφοντο.

2. Der Hohepriester.

a) Die Person des Hohenpriesters.

Bei Philo bedeutet der Hohepriester den Logos (quis rer. div. heres 205 [M. I, 501]; de somn. II, 185 [M. 1, 683] u. ö.).

Das Neue Testament bezeichnet Christum als Hohenpriester: „Da wir nun einen großen Hohenpriester haben, der durch die Himmel hindurchgedrungen ist, Jesus, den Sohn Gottes, so lasset uns festhalten am Bekenntnisse" (Hebr. 4, 14; vgl. 5,5; 9, 25).

Wie nun Clemens philonische Elemente mit der paulinischen und johanneischen Logoslehre zu verschmelzen suchte, so verbindet er auch hier das Neue Testament mit den Erörterungen des jüdischen Exegeten, indem er, ausgehend von der Bezeichnung

---

[1]) Clemens übersieht hier, daß der Priester nach dem Gesetze auch seine Geschwister bestatten darf (Lev. 21, 2; vgl. Ez. 44, 25).

Christi als Hoherpriester, auf ihn Erklärungen überträgt, welche Philo zu seinem Logos-Hohenpriester gibt.

Zunächst sieht er in dem Hohenpriester des Alten Bundes das Vorbild des Hohenpriesters des Neuen Bundes: „Dieser ewige Jesus, der einzige und große Hohepriester des selbst auch einzigen Gottes und Vaters, bittet für die Menschen und mahnt die Menschen" (Protrept. 12, 120 P. 93). Als Christ, der im Logos eine volle Persönlichkeit erblickt und sich täglich an sein Versöhnungsopfer, das er für die sündige Menschheit darbrachte, erinnert, begnügt sich Clemens auch nicht mit der Erklärung, die Philo zu dem Weihrauchopfer gibt, welches der Hohepriester auf dem Rauchopferaltar anzünden muß (Ex. 30, 7). Der jüdische Exeget kann dieses nur als ein Symbol der frommen Gesinnung auffassen, die Gott allein wohlgefällig ist: „Dieses (Opfer) ist ein Sinnbild von nichts anderem, als daß bei Gott nicht die Menge des Geopferten wertvoll ist, sondern die Reinheit des vernünftigen Geistes im Opfernden" (de special. leg. I, 277 [M. II 254]). Indem nun der Kirchenschriftsteller sich an Eph. 5, 2 erinnert: „Wandelt in Liebe, wie auch Christus uns geliebt und sich selbst für uns dahingegeben hat als Gabe und Opfer, Gott zum lieblichen Geruche", sieht er in dem Rauchopfer des alttestamentlichen Hohenpriesters einen Hinweis auf das große Liebesopfer, das Christus am Kreuze darbrachte und dessen geistiger Wohlgeruch wie Weihrauchduft zu Gott emporstieg. „Wenn man nun sich darauf beziehen wollte, daß der große Hohepriester, der Herr, ein duftendes Rauchopfer Gott darbringt, so darf man dies nicht als wirkliches Opfer und als Weihrauchduft auffassen, sondern man hat es so zu verstehen, daß der Herr die Gabe der Liebe, den geistigen Opferduft, auf den Altar legt" (Paed. II, 8, 67 P. 209). Der Vorrang, den der Hohepriester vor dem gewöhnlichen Priester besitzt, ist für Clemens der Anlaß, den ersteren als ein Symbol des Gnostikers, den letzteren als das Symbol des Pistikers aufzufassen. Wie der Priester im Vorhof der rituellen Waschung sich unterzieht und die heilige Kleidung anlegt, so empfängt der Christ die Taufe und bekleidet sich mit dem Glauben. Wie aber der Hohepriester die hl. Schar der Priester weit überragt, so steht der Gnostiker viel höher als die Menge der gewöhnlichen Gläubigen. Er zieht ja den hohenpriesterlichen Prachtornat an (Lev. 16, 23), d. i. er begnügt sich nicht mit der sinnlichen Erfahrung, sondern eignet sich auch die Wissenschaft an, welche ihn allein befähigt, das Allerheiligste zu betreten, nämlich zu tieferer Erkenntnis Gottes vorzudringen (Str. V, 6, 39 P. 669).

b) Die Kleidung des Hohenpriesters.

1. Wie wir wissen, wird der Logos von Philo und Clemens als Organ Gottes bei der Weltschöpfung aufgefaßt[1]). Von diesem Gedanken ausgehend, erklären sie die aus den vier Elementen bestehende Welt als ein Kleid, welches der Logos, der ja „überall hin ausgegossen" ist, anzieht. „Es legt der älteste Logos des Seienden *(ὁ πρεσβύτατος τοῦ ὄντος λόγος)* wie ein Gewand die Welt an; denn er umhüllt sich mit der Erde und dem Wasser, der Luft und dem Feuer und dem, was aus diesen besteht" (de fuga et inv. 110 [M. I, 562]). Indem nun die Allegoristen im Hohenpriester ein Symbol des Logos erblickten, mußten sie in Verfolgung dieser Idee auch das Kleid des Hohenpriesters als ein Abbild der Welt, dieses Kleides des Logos, deuten: „Die ganze Kleidung des Hohenpriesters wurde das Abbild und die Nachahmung der Welt, ihre Teile aber die Abbilder von Teilen der Welt im einzelnen" (de vita Mosis II, 117 [M. II, 152]). Besteht die Welt aus vier Elementen und zeigt die hohepriesterliche Kleidung vier Farben, so verstand es sich bei der allegorischen Auslegung von selbst, daß die Farben die vier Elemente vorstellen. Es bedeutet nämlich der dunkelblaue Purpur *(ὑάκινθος)* die Luft, weil diese dunkel ist. Der dunkelrote Purpur *(πορφύρα)* weist hin auf das Wasser, weil in diesem die Purpurschnecke lebt, aus der diese Farbe gewonnen wird. Das Hellrot oder Karmosin *(κόκκος)* ist ein Sinnbild des Feuers wegen der Ähnlichkeit im Aussehen. Das Weiß endlich bezeichnet die Erde, weil das Weiß die natürliche Farbe der Leinwand *(βύσσος)* ist und diese, da aus Flachs bereitet, ihren Ursprung in der Erde hat.

De vita Mosis II, 88 [M. II, 148]: τὰς ὕλας ... ἐπέκρινεν ἐκ μυρίων ὅσων ἑλόμενος τοῖς στοιχείοις ἰσαρίθμους, ἐξ ὧν ἀπετελέσθη ὁ κόσμος, καὶ πρὸς αὐτὰ λόγον ἐχούσας, γῆν καὶ ὕδωρ καὶ ἀέρα καὶ πῦρ· ἡ μὲν γὰρ βύσσος ἐκ γῆς, ἐξ ὕδατος δ' ἡ πορφύρα, ἡ δ' ὑάκινθος ἀέρι ὁμοιοῦται — φύσει γὰρ μέλας οὗτος —, τὸ δὲ κόκκινον πυρί, διότι φοινικοῦν ἑκάτερον. Vgl. de congr. erud. gr. 117 [M. I, 536].

Str. V, 6, 32 P. 665: ἐξ ὕδατος μὲν γὰρ ἡ πορφύρα, βύσσος δὲ ἐκ γῆς, ὑάκινθός τε ὡμοίωται ἀέρι ζοφώδης ὤν, ὥσπερ ὁ κόκκος τῷ πυρί.

---

[1]) Vgl. S. 147 f.

Handeln die eben angegebenen Stellen auch vom heiligen
Zelte, so kommen dieselben Farben doch auch beim Gewande
des Hohenpriesters vor. Daß Philo und Clemens sie hier nicht
anders auffassen, ergibt sich aus den im folgenden angeführten
Deutungen der einzelnen Kleidungsstücke des Hohenpriesters.

2. Das **Obergewand** (מְעִיל *ποδήρης*), das von dunkelblauer
Farbe ist und von den Schultern bis zu den Füßen reicht [1], bedeutet die **Luft**, die gleichfalls dunkel ist und vom Himmel abwärts bis auf die Erde sich ausdehnt.

De vita Mosis II, 118 [M. II, 153]:
ἀρκτέον δ᾽ ἀπὸ τοῦ ποδήρους. οὗτος ὁ
χιτὼν σύμπας ἐστὶν ὑακίνθινος, ἀέρος
ἐκμαγεῖον· φύσει γὰρ ὁ ἀὴρ μέλας καὶ
τρόπον τινὰ ποδήρης, ἄνωθεν ἀπὸ τῶν
μετὰ σελήνην ἄχρι τῶν γῆς ταθεὶς περάτων, πάντῃ κεχυμένος. ὅθεν καὶ ὁ χιτὼν
ἀπὸ στέρνων ἄχρι ποδῶν περὶ ὅλον τὸ
σῶμα κέχυται. Vgl. de special. leg. I, 85
[M. II, 225]; Quaest. in Ex. II, 117
[A. 544].

Str. V, 6, 32 P. 664: ἥ τε κατὰ τὸν
ποδήρη διασκευή, διὰ ποικίλων τῶν
πρὸς τὰ φαινόμενα συμβόλων τὴν ἀπ᾽
οὐρανοῦ μέχρι γῆς αἰνισσομένη συνθήκην.

3. An dem Obergewande hingen **Granatäpfel und Glöckchen**. Da die Septuaginta das Wort רִמּוֹנִים mit ὡσανεὶ ἐξανθούσης
ῥόας ῥοΐσκοι übersetzen, so unterscheidet Philo irrtümlich Granatäpfel *(ῥοΐσκοι)*, **Blumen** *(τὰ ἄνθινα)* und **Glöckchen** *(κώδωνες)*.
Die Blumen symbolisieren nach ihm die **Erde**, weil aus dieser
alles hervorwächst und aufblüht. Die Granatäpfel bedeuten das
Wasser; dies ergibt sich aus der Wortähnlichkeit *(ῥοΐσκοι παρὰ
τὴν ῥύσιν λεχθέντες εὐθυβόλως)*. Die Glöckchen weisen mit ihrem
harmonischen Klang auf die **Harmonie** hin, die zwischen Wasser
und Erde herrscht, da nur dann, wenn beide Elemente sich vereinigen, etwas wachsen und gedeihen kann (de vita Mosis II, 119
[M. II, 153]; vgl. de special. leg. I, 93 [M. II, 226]). Das Obergewand mit seinen Troddeln symbolisiert also die drei Elemente:
Luft, Wasser und Erde, aus denen alle irdischen Dinge bestehen:
τριῶν μὲν δὴ στοιχείων, ἐξ ὧν τε καὶ ἐν οἷς τὰ θνητὰ καὶ φθαρτὰ
γένη πάντα, ἀέρος, ὕδατος, γῆς, ὁ ποδήρης σὺν τοῖς ἀπῃωρημένοις
κατὰ τὰ σφυρὰ σύμβολον ἐδείχθη προσηκόντως (de vita Mosis II, 121
[M. I, 153]). Nichts anderes aber sagt Clemens, wenn er das

---

[1] Dies ist die Meinung des Philo, der sich von der Übersetzung der
Septuaginta, *ποδήρης*, leiten läßt. In Wirklichkeit reichte das Obergewand
nur bis an die Knie oder etwas darüber.

§ 13. Die Kultuspersonen.

Obergewand als ein Sinnbild der sichtbaren Welt erklärt: τοῦ δὲ ἀρχιερέως ὁ ποδήρης κόσμον ἐστὶν αἰσθητοῦ σύμβολον (Str. V, 6, 37 P. 668). Daß diese Deutung nicht erst von Philo erfunden, sondern viel älter ist, beweist das Buch der Weisheit, welches das hohepriesterliche Obergewand mit seinen Troddeln ebenfalls als ein Symbol der ganzen Welt auffaßt: ἐπὶ γὰρ ποδήρους ἐνδύματος ἦν ὅλος ὁ κόσμος (18, 24). Daß hier nicht von der Kleidung des Hohenpriesters in ihrer Gesamtheit, sondern speziell von dem Obergewande die Rede ist, ergibt sich nicht nur aus dem Worte ποδήρης, sondern auch daraus, daß in demselben Verse das Brustschild gedeutet wird.

Indem Clemens in dem Hohenpriester das Vorbild Christi sieht, gelangt er dazu, das Obergewand auch als die menschliche Natur zu erklären, die der Logos angenommen hat, um in der Welt zu erscheinen: φασὶ δὲ καὶ τὸ ἔνδυμα, τὸν ποδήρη, τὴν κατὰ σάρκα προφητεύειν οἰκονομίαν, δι' ἣν προσεχέστερον εἰς κόσμον ὤφθη (Str. V, 6, 39 P. 669).

Die Zahl der Granatäpfel und Glöckchen ist in der hl. Schrift nicht angegeben. Auch Philo und Josephus teilen nicht mit, wieviele am hohenpriesterlichen Gewande angebracht waren. Justin weiß von zwölf Glöckchen und deutet sie auf die zwölf Apostel, die von der Kraft des Hohenpriesters Christus abhingen, und deren Stimme die ganze Erde mit dem Ruhme und der Gnade Gottes und seines Gesalbten erfüllte (Dial. 42). Diese Erklärung wird, was die Zahl anlangt, meist als eine Verwechslung der Glöckchen mit den Steinen am Brustschild, deren es nach der hl. Schrift zwölf gab (Ex. 28, 17—21), aufgefaßt. Gewiß ist dem Apologeten ein derartiger Irrtum zuzutrauen; gerade was Zahlenangaben betrifft, hat er Unglaubliches an Verwirrung geleistet (vgl. Ap. I, 31 und 42). Aber in unserem Falle ist ihm nicht die Zahl die Hauptsache, sondern der Klang der Glöckchen und ihr Hängen am hohenpriesterlichen Kleide. Indem er, beeinflußt vom Neuen Testament, im Hohenpriester ein Vorbild Christi erblickt, drängte sich ihm dann von selbst die Folgerung auf, daß die Glöckchen mit ihrem Klange die Predigt der Apostel bedeuteten. Da es nun zwölf Apostel waren, welche das Evangelium verkündeten, so glaubte Justin sich berechtigt, auch zwölf Glöckchen annehmen zu dürfen.

Demselben Verfahren begegnen wir bei Clemens. Dieser bezog die Glöcklein mit ihrem Schalle auf die Predigt Jesu, und da er auf Grund von Luc. 4, 19 = Jes. 61, 2 die Lehrtätigkeit des Herrn mit einem Jahre berechnete, so ergab sich für ihn als die Zahl der Glöckchen 360, nämlich die Anzahl der Tage, an denen der Herr das Evangelium verkündet hatte: οἵ τε τριακόσιοι ἑξήκοντα κώδωνες οἱ ἀπηρτημένοι τοῦ ποδήρους χρόνος ἐστὶν ἐνιαύσιος, „ἐνιαυτὸς κυρίου δεκτός", κηρύσσων καὶ κατηχῶν τὴν μεγίστην τοῦ σωτῆρος ἐπιφάνειαν (Str. V, 6, 37 P. 668)[1]).

Nach Clemens ist das Obergewand des Hohenpriesters mit sieben Edelsteinen besetzt. Daß er diese auf die Planeten deutet, erklärt sich aus der Zahl. Unter ihnen sind zwei Rubinen, welche speziell den Saturn und den Mond symbolisieren: τῶν μὲν ἑπτὰ πλανητῶν οἱ πέντε λίθοι καὶ οἱ δύο ἄνθρακες διά τε τὸν Κρόνον καὶ τὴν Σελήνην (Str. V, 6, 37 P. 668). Allein weder die hl. Schrift (Ex. 28) noch Philo oder Josephus wissen etwas von sieben Steinen, welche das Obergewand zieren oder in dieser Zahl überhaupt bei der hohenpriesterlichen Kleidung vorkommen. Worauf dieser Irrtum des Clemens zurückzuführen ist, läßt sich nicht feststellen.

4. **Schulterkleid und Brustschild.** Die beiden Edelsteine, welche sich auf den Schulterstücken befanden, die das Vorder- und das Hinterblatt des Schulterkleides (אֵפוֹד ἐπωμίς) zusammenhielten, symbolisieren nach einer von Philo angeführten und von Clemens übernommenen Erklärung Sonne und Mond. Philo selbst möchte sie lieber auf die beiden Hemisphären deuten, von denen die eine über, die andere unter der Erde ist; denn sie sind gleich groß wie die beiden Steine, stimmen in der Farbe mit den Smaragden überein und sind in je sechs Tierzeichen geteilt, wie in die Steine je sechs Namen eingraviert sind. Das Brustschild (חֹשֶׁן λογεῖον) weist nach dem jüdischen Exegeten auf den Logos hin, und zwar in seiner zweifachen Bedeutung, menschliches Wort und göttlicher Logos. Es ist auf dem Schulterkleide befestigt, um, wie Philo ausführt und Clemens andeutet, darauf hinzuweisen, daß das Wort nicht getrennt sein darf von guten Werken; denn die Schulter, und damit auch das Schulterkleid, bedeutet die Tätigkeit. Die zwölf Steine, mit denen das Brustschild besetzt ist, symbolisieren infolge ihrer Zahl den Tierkreis. In

---

[1]) Nagl (Die Dauer der öffentl. Wirksamkeit Jesu, im Katholik 1900 II, 419) bringt die Zahl 360 mit den Gnostikern in Verbindung. Vgl. dagegen meinen Artikel in der Bibl. Zeitschr. IV (1906) 402. 405.

§ 13. Die Kultuspersonen.

vier Reihen sind sie angeordnet, weil es vier Jahreszeiten gibt;
jeder Jahreszeit entsprechen drei Zeichen des Zodiakus. So weit
stimmen Philo und Clemens überein. Letzterer zieht aus dem
Namen λόγιον noch den Schluß, daß das Brustschild symbolisch
auch den Himmel bedeutet, der ein Werk des göttlichen Logos
ist und mit seinen Sternzeichen als Vorbild für das Brustschild
gedient hat. Philo dagegen erklärt den Ephod als Symbol des
Himmels wegen der Bedeutung, die er den beiden Steinen, mit
denen er besetzt ist, zuweist.

De vita Mosis II, 122 [M. II, 153]:
τὴν δ' ἐπωμίδα οὐρανοῦ σύμβολον ὁ λόγος εἰκόσι στοχασμοῖς χρώμενος παρα-
στήσει. πρῶτον μὲν γὰρ οἱ ἐπὶ τῶν
ἀκρωμίων σμαράγδου δύο λίθοι περι-
φερεῖς μηνύουσιν, ὡς μὲν οἴονταί τινες,
... ἥλιον καὶ σελήνην, ὡς δ' ἂν ἐγγυ-
τέρω τις τῆς ἀληθείας προσερχόμενος
εἴποι, τῶν ἡμισφαιρίων ἑκάτερον. (124)
ἔπειθ', οἱ κατὰ τὰ στέρνα δώδεκα λίθοι
... διανεμηθέντες εἰς τέσσαρας στοίχους
ἐκ τριῶν τίνος ἑτέρου δείγματ' εἰσὶν ἢ
τοῦ ζῳδιακοῦ κύκλου; καὶ γὰρ οὗτος
τετραχῇ διανεμηθεὶς ἐκ τριῶν ζῳδίων
τὰς ἐτησίους ὥρας ἀποτελεῖ, τροπὰς τέσσαρας. (130) λόγου δὲ οὐδὲν ὄφελος τὰ
καλὰ καὶ σπουδαῖα σεμνηγοροῦντος, ᾧ μὴ
πρόσεστιν οἰκείων ἀκολουθία πράξεων.
ὅθεν τὸ λογεῖον ἤρτησεν ἐκ τῆς ἐπωμίδος, ἵνα μὴ χαλᾶται, τὸν λόγον οὐ δικαιώσας ἔργων ἀπεζεῦχθαι· τὸν γὰρ
ὦμον ἐνεργείας καὶ πράξεως ποιεῖται
σύμβολον. Vgl. de special. leg. I, 86—88
[M. II, 226]; Quaest. in Ex. II, 108—112
[A. 538—541].

Str. V, 6, 38 P. 668: καὶ μὴν τὸ μὲν
περιστήθιον ἔκ τε ἐπωμίδος, ἥ ἐστιν
ἔργον σύμβολον, ἔκ τε τοῦ λογίου (τὸν
λόγον δὲ τοῦτο αἰνίσσεται) συνέστηκεν καὶ
ἔστιν οὐρανοῦ εἰκὼν τοῦ λόγῳ γενομένου,
τοῦ ὑποκειμένου τῇ κεφαλῇ τῶν πάντων
τῷ Χριστῷ, καὶ κατὰ τὰ αὐτὰ καὶ
ὡσαύτως κινουμένου. οἱ οὖν ἐπὶ τῆς
ἐπωμίδος σμαράγδου φωτεινοὶ λίθοι ἥλιον
καὶ σελήνην μηνύουσι τοὺς συνεργοὺς τῆς
φύσεως. χειρὸς δέ, οἶμαι, ὦμος ἀρχή.
οἱ δὲ ἐπὶ τῷ στήθει τέτραχα τεταγμένοι
δώδεκα τὸν ζῳδιακὸν διαγράφουσιν ἡμῖν
κύκλον κατὰ τὰς τέσσαρας τοῦ ἔτους
τροπάς.

Weil das Brustschild den Logos bedeutet, so ist es nach
Clemens auch ein Symbol der christlichen Predigt und des
kommenden Gerichtes; denn der Logos-Christus ist es, der predigt, richtet und scheidet: καὶ μὴν τὸ λόγιον τὴν προφητείαν τὴν
ἐκβοῶσαν τῷ λόγῳ καὶ κηρύσσουσαν καὶ τὴν κρίσιν τὴν ἐσομένην
δηλοῖ, ἐπεὶ ὁ αὐτός ἐστι λόγος ὁ προφητεύων κρίνων τε ἅμα καὶ
διακρίνων ἕκαστα (§ 39). Daß Clemens hier auf die Tätigkeit Christi
als Richter hinweist, hat seinen Grund in dem Ausdruck: τὸ λόγιον τῶν κρίσεων Ex. 28, 15. 26. Mit διακρίνων will er nicht

den λόγος τομεύς bezeichnen [1]) — an diesen denkt nicht einmal Philo bei der Erklärung von Ex. 28, 26 (leg. alleg. III, 119 [M. I, 111]) —, sondern an das Weltgericht erinnern, bei dem Christus die Menschen sondern wird: „Es werden alle Völker vor ihm versammelt werden, und er wird sie von einander scheiden, wie der Hirt die Schafe scheidet von den Böcken" (Matth. 25, 32).

5. Die hohepriesterliche **Kopfbedeckung** ist ein Hinweis auf die königliche Würde des Logos-Hohenpriesters, der über alle Menschen hoch emporragt. Das geheimnisvolle **Tetragrammaton**, das auf dem Stirnblech eingegraben ist [2]), ist der Gottesname, den nur diejenigen aussprechen dürfen, die ins Heiligtum eintreten [3]). Er wird übersetzt mit „Der Seiende". So Philo und Clemens.

De vita Mosis II, 131 [M. II, 155]: κίδαριν δὲ ἀντὶ διαδήματος ἐπιτίθησι τῇ κεφαλῇ δικαιῶν τὸν ἱερωμένον τῷ θεῷ, καθ᾽ ὃν χρόνον ἱερᾶται, προφέρειν ἁπάντων καὶ μὴ μόνον ἰδιωτῶν ἀλλὰ καὶ βασιλέων. § 116: κιδάρει γὰρ οἱ τῶν ἑῴων βασιλεῖς ἀντὶ διαδήματος εἰώθασι χρῆσθαι. § 114: χρυσοῦν δὲ πέταλον ὡσανεὶ στέφανος ἐδημιουργεῖτο τέτταρας

Str. V, 6, 37 P. 668: ἀλλὰ καὶ ὁ πῖλος ὁ χρυσοῦς ὁ ἀνατεταμένος τὴν ἐξουσίαν μηνύει τὴν βασιλικὴν τοῦ κυρίου, εἴ γε „ἡ κεφαλὴ τῆς ἐκκλησίας" (Eph, [*]5, 23) ὁ σωτήρ. σημεῖον γοῦν ἡγεμονικωτάτης ἀρχῆς ὁ πῖλος ὁ ὑπὲρ αὐτήν. § 34 P. 666: ἀτὰρ καὶ τὸ τετράγραμμον ὄνομα τὸ μυστικόν, ὃ περιέκειντο οἷς μόνοις τὸ ἄδυτον βάσιμον ἦν. λέγεται δὲ Ἰαουε

---

[1]) Vgl. S. 142.
[2]) Die Inschrift auf der Goldplatte bestand in den beiden Worten קדש ליהוה, nicht nur in dem Gottesnamen יהוה, wie nicht nur Philo, sondern auch Josephus Ant. 3, 178 irrtümlich angibt.
[3]) Trotzdem Philo und Josephus die Unaussprechbarkeit des Gottesnamens behaupten, ist die Tradition, daß seit dem Tode des Hohenpriesters Simon des Gerechten (310—291) das Tetragrammaton nicht mehr ausgesprochen worden sei, keine einheitliche. Die Pharisäer erlaubten den Gebrauch beim Gruß (Mischna Berach. 9, 5). Vgl. Hoberg im Kirchenlexikon [2], XI, 1433. Darin wenigstens geht Philo zu weit, daß er erklärt, der Hohepriester dürfe den Gottesnamen nur im Allerheiligsten aussprechen; denn er wurde doch beim Priestersegen gebraucht; dieser aber wurde außerhalb der Stiftshütte bzw. des Tempelgebäudes, wenn auch im Vorhofe, erteilt. Clemens drückt sich, allerdings unbeabsichtigt, vorsichtiger aus als Philo, indem er die Erlaubnis, den Gottesnamen auszusprechen, auf die amtierenden Priester einschränkt. Erst später, und zwar in der christlichen Zeit, nahm die Scheu vor dem Mißbrauch des Javehnamens derart zu, daß er überhaupt nicht mehr ausgesprochen wurde. Dieser Gewohnheit trugen dann die Masoreten in der Punktation des Tetragrammaton Rechnung.

§ 13. Die Kultuspersonen.

ἔχον γλυφὰς ὀνόματος, ὃ μόνοις τοῖς ὦτα καὶ γλῶτταν σοφίᾳ κεκαθαρμένοις θέμις ἀκούειν καὶ λέγειν ἐν ἁγίοις, ἄλλῳ δ᾽ οὐδενὶ τὸ παράπαν οὐδαμοῦ.

ὃ μεθερμηνεύεται ὁ ὢν καὶ ὁ ἐσόμενος.

Ausgehend von Ex. 28, 32: ἐκτύπωμα σφραγίδος, ἁγίασμα κυρίου, erklärt Philo die Gravierung auf der Goldplatte als einen Hinweis auf den Logos, weil dieser das Abbild Gottes ist und Gott nach ihm als einem Vorbilde die Welt geschaffen, gleichsam geprägt hat. Clemens greift diese Deutung auf und verbindet mit ihr neutestamentliche Stellen.

De migr. Abr. 103 [M. I, 452]: ἀλλ᾽ ἐκείνη μὲν ἡ σφραγὶς ἰδέα ἐστὶν ἰδεῶν, καθ᾽ ἣν ὁ θεὸς ἐτύπωσε τὸν κόσμον, ἀσώματος δήπου καὶ νοητή.
Joh. 5, 19: οὐ δύναται ὁ υἱὸς ποιεῖν ἀφ᾽ ἑαυτοῦ οὐδέν, ἐὰν μή τι βλέπῃ τὸν πατέρα ποιοῦντα.
Kol. 1, 15: ὅς ἐστιν εἰκὼν τοῦ θεοῦ τοῦ ἀοράτου, πρωτότοκος πάσης κτίσεως.

Str. V, 6, 38 P. 669: τὸ ἐν τῷ πετάλῳ ἔγγραπτον ὄνομα ... εἴρηται θεοῦ, ἐπεί, ὡς βλέπει τοῦ πατρὸς τὴν ἀγαθότητα, ὁ υἱὸς ἐνεργεῖ, θεὸς σωτὴρ κεκλημένος, ἡ τῶν ὅλων ἀρχή, ἥτις ἀπεικόνισται μὲν ἐκ τοῦ θεοῦ τοῦ ἀοράτου πρώτη καὶ πρὸ αἰώνων, τετύπωκεν δὲ τὰ μεθ᾽ ἑαυτὴν ἅπαντα γενόμενα.

Diese Symbolik, welche in der Stirnplatte einen Hinweis auf Christus erblickt, wird von Clemens im einzelnen durchgeführt. Wie nämlich das Stirnblech, weil an der Kopfbedeckung angebracht, räumlich über der hohenpriesterlichen Kleidung sich befindet, welche die Welt vorstellt, so ist Christus als Gott außer und über der Welt. Daß der Gottesname in dasselbe eingegraben und für das körperliche Auge mithin sichtbar ist, ist ein Hinweis nicht nur auf den Dekalog, der auf Stein geschrieben war, sondern auch auf das sichtbare Erscheinen des Logos im Fleische. Da die beiden Ephodsteine unter dem Stirnblech sich befinden, so bedeuten sie das Alte und das Neue Testament, deren gemeinsames Haupt Christus ist: ἄλλως τε ἐχρῆν τῇ κεφαλῇ τῇ κυριακῇ νόμον μὲν καὶ προφήτας ὑποκεῖσθαι, δι᾽ ὧν οἱ δίκαιοι μηνύονται καθ᾽ ἑκατέρας τὰς διαθήκας· προφήτας γὰρ ἅμα καὶ δικαίους εἶναι τοὺς ἀποστόλους λέγοντες εὖ ἂν εἴποιμεν, ἑνὸς καὶ τοῦ αὐτοῦ ἐνεργοῦντος διὰ πάντων ἁγίου πνεύματος. ὥσπερ δὲ ὁ κύριος ὑπεράνω τοῦ κόσμου παντός, μᾶλλον δὲ ἐπέκεινα τοῦ νοητοῦ, οὕτως καὶ τὸ ἐν τῷ πετάλῳ ἔγγραπτον ὄνομα „ὑπεράνω πάσης ἀρχῆς καὶ ἐξουσίας" (Eph. 1, 21) εἶναι ἠξίωται, ἔγγραπτον δὲ διά τε τὰς ἐντολὰς τὰς ἐγγράφους διά τε τὴν αἰσθητὴν παρουσίαν (Str. V, 6, 38 P. 669).

§ 14. Die Kultusorte: Die Stiftshütte.

1. Die Konstruktion der Stiftshütte.

Da Philo bei seinen Erklärungen lediglich den Pentateuch berücksichtigt, so findet bei ihm nur die Stiftshütte ihre symbolische Deutung, während der Tempel und seine Geräte nicht erwähnt werden. Auch Clemens geht auf die mystische Auslegung des salomonischen oder des zerubabelischen Tempels nicht ein.

1. Nach beiden Exegeten hat Moses absichtlich nur **eine Kultusstätte** errichtet; denn er wollte auf diese Weise nachdrücklich und beständig an die Wahrheit erinnern, daß Gott nur einer ist.

De special. leg. I, 67 [M. II, 223]: προυνόησε δ' ὡς οὔτε πολλαχόθι οὔτ' ἐν ταὐτῷ πολλὰ κατασκευασθήσεται ἱερά, δικαιώσας, ἐπειδὴ εἷς ἐστιν ὁ θεός, καὶ ἱερὸν ἓν εἶναι μόνον.

Str. V, 11, 74 P. 690: πάλιν ὁ Μωυσῆς οὐκ ἐπιτρέπων βωμοὺς καὶ τεμένη πολλαχοῦ κατασκευάζεσθαι, ἕνα δ' οὖν νεὼν ἱδρυσάμενος τοῦ θεοῦ, μονογενῆ τε κόσμον, ὥς φησιν ὁ Βασιλείδης, καὶ τὸν ἕνα, ὡς οὐκέτι τῷ Βασιλείδῃ δοκεῖ, κατήγγελε θεόν.

2. Die Stiftshütte bestand aus dem Zelt und dem Vorhofe. Das heilige Zelt wurde durch einen Vorhang abgeschlossen, der an fünf Säulen hing, und durch einen zweiten Vorhang, der an vier Säulen befestigt war, in zwei Abteilungen, das Heilige und das Allerheiligste, geschieden (Ex. 26).

Wie in der Kleidung des Hohenpriesters, so findet Philo in der **Stiftshütte** ein Symbol der **Welt**. Clemens schließt sich ihm an. Das Zelt (Philo), besonders das Allerheiligste (Clemens), das nur wenigen, den Priestern bzw. dem Hohenpriester, zugänglich ist, repräsentiert die geistige Welt; der Vorhof, der frei daliegt und von allen betreten werden kann, ist ein Bild der sinnlichen Welt. Zu dieser Erklärung sahen sich die beiden Allegoristen schon durch den Umstand veranlaßt, daß bei den Decken des Zeltes die vier Farben, welche die vier Elemente vorstellen, zur Verwendung gekommen waren. Das Allerheiligste wurde von ihnen ferner auf den Himmel, der Vorhof auf die Erde gedeutet. Die beiden Erklärungen hängen miteinander zusammen. Die zuerst angeführte ist nämlich nur eine unter dem Einfluß der platonischen Ideenlehre erfolgte Weiterentwickelung der zweiten; denn Philo deutet in der Stelle Gen. 2, 1 den Himmel auf die

§. 14. Die Kultusorte: Die Stiftshütte.

Vernunft, die Erde auf die Sinnlichkeit und fährt fort: „Die Welt der Vernunft umfaßt alles Unkörperliche und Geistige, die der Sinnlichkeit alles Körperliche und sinnlich Wahrnehmbare" (leg. alleg. I, 1 [M. I, 43]).

De vita Mosis II, 88 [M. II, 148]: τὰς δὲ τῶν ὑφασμάτων ὕλας ἀριστίνδην ἐπέκρινεν ἐκ μυρίων ὅσων ἑλόμενος τοῖς στοιχείοις ἰσαρίθμους, ἐξ ὧν ἀπετελέσθη ὁ κόσμος, καὶ πρὸς αὐτὰ λόγον ἐχούσας, γῆν καὶ ὕδωρ καὶ ἀέρα καὶ πῦρ. § 82: διὸ καὶ τὴν μεθόριον χώραν ἀπένειμε τοῖς πέντε [1]. τὰ μὲν γὰρ ἐντὸς αὐτῶν ἐκνένευκε πρὸς τὰ ἄδυτα τῆς σκηνῆς, ἅπερ ἐστὶ συμβολικῶς νοητά, τὰ δ' ἐκτὸς πρὸς τὸ ὕπαιθρον καὶ τὴν αὐλήν, ἅπερ ἐστὶν αἰσθητά.

Quaest. in Ex. II, 91 [A. 529]: Figurat autem mutabiles partes mundi sublunares, quae variationem recipiunt, et caelestem, quae caret casu ac mutatione, atque tamquam velo separantur a se invicem, mediante aetherea aereaque essentia [2]).

Str. V, 6, 32 f. P. 665: τό τε κάλυμμα καὶ παραπέτασμα ὑακίνθῳ καὶ πορφύρᾳ κόκκῳ τε καὶ βύσσῳ πεποίκιλτο, ᾐνίττετο δ' ἄρα, ὡς ἡ τῶν στοιχείων φύσις περιέχει τὴν ἀποκάλυψιν τοῦ θεοῦ ... μέσος δὲ καὶ ὁ τόπος ἐκεῖνος τοῦ τε ἐντὸς τοῦ καταπετάσματος, ἔνθα μόνῳ τῷ ἀρχιερεῖ ἐπετέτραπτο ῥηταῖς εἰσιέναι ἡμέραις, καὶ τῆς ἔξωθεν περικειμένης αὐλαίας τῆς πᾶσιν ἀνειμένης Ἑβραίοις· διὸ μεσαίτατον οὐρανοῦ φασι καὶ γῆς. ἄλλοι δὲ κόσμου τοῦ νοητοῦ καὶ τοῦ αἰσθητοῦ λέγουσιν εἶναι σύμβολον.

3. Der Vorhang des Heiligen trennt die mit dem hl. Dienst beschäftigten Priester von der Außenwelt und schützt das Heiligtum und die religiösen Handlungen vor profanen Blicken. Er hängt an fünf Säulen, ein Hinweis darauf, daß Gott und die Geisteswelt mit den Sinnen nicht erkannt werden kann; denn die Fünf ist die Zahl der Sinnlichkeit.

De vita Mosis II, 81 [M. II, 147]: ἡ πεντὰς αἰσθήσεων ἀριθμός ἐστιν. § 87: τό τε καταπέτασμα καὶ τὸ λεγόμενον κάλυμμα κατεσκευάζετο, τὸ μὲν εἴσω κατὰ τοὺς τέσσαρας κίονας, ἵν' ἐπικρύπτηται τὸ ἄδυτον, τὸ δ' ἔξω κατὰ τοὺς πέντε, ὡς μηδεὶς ἐξ ἀπόπτου δύναιτο τῶν μὴ ἱερωμένων καταθεάσασθαι τὰ ἅγια.

Str. V, 6, 33 P. 665: τὸ μὲν οὖν κάλυμμα κώλυμα λαϊκῆς ἀπιστίας ἐπίπροσθε τῶν πέντε τετάνυστο κιόνων, εἶργον τοὺς ἐν τῷ περιβόλῳ ... τοιοῦτοι γὰρ οἱ τῇ πεντάδι τῶν αἰσθήσεων προσανέχοντες μόνῃ. ἄβατον δὲ ἀκοαῖς καὶ τοῖς ὁμογενέσιν ἡ νόησις τοῦ θεοῦ ... ἔνδον μὲν οὖν τοῦ καλύμματος ἱερατικὴ κέκρυπται διακονία καὶ τοὺς ἐν αὐτῇ πονουμένους πολὺ τῶν ἔξω εἴργει.

Daß der innere Vorhang an vier Säulen hängt, also zu einer heiligen Zahl in Beziehung steht, ist in der allegorischen Schrifterklärung

---

[1]) Es sind die fünf Säulen des äußeren Tempelvorhanges gemeint.

[2]) Hier erklärt Philo das Heilige als Symbol der sinnlichen Welt; um so eher ist es der Vorhang, wie er selbst de vita Mosis II, 82 angibt.

auch nicht ohne Bedeutung. Philo findet den Grund darin, daß er dem Heiligsten, d. i. dem Geistigen, so nahe ist: Priori vero ac interiori velo concedit quaternionem, sicut dixi, quia in incorporea propinquat; incorporea autem usque ad quaternionem definiunt (Quaest. in Ex. II, 97 [A. 531]). Clemens sieht in den vier Säulen vier Bündnisse angedeutet, welche Gott mit den Menschen geschlossen hatte: πάλιν τὸ παραπέτασμα τῆς εἰς τὰ ἅγια τῶν ἁγίων παρόδου, κίονες τέτταρες αὐτόθι, ἁγίας μήνυμα τετράδος διαθηκῶν παλαιῶν (Str. V, 6, 34 P. 666). Welches diese Bündnisse sind, sagt der Kirchenschriftsteller nicht. Irenäus unterscheidet entsprechend der Zahl der Evangelien ebenfalls vier Bündnisse, die Gott mit der Menschheit geschlossen hatte, nämlich das erste vor der Sündflut mit Adam, das zweite nach der Sündflut mit Noe, das dritte, die Gesetzgebung, mit Moses, während das vierte, das den Menschen erneuert und alles in sich zusammenfaßt, das Evangelium ist, welches die Gläubigen erhebt und beflügelt ins himmlische Reich (Adv. haer. III, 11, 8). Da indes Clemens von διαθῆκαι παλαιαί spricht, also von Verträgen, die noch ins Alte Testament fallen, kann er diese nicht gemeint haben, und wir dürften der Wahrheit am nächsten kommen, wenn wir annehmen, er habe auf die Bündnisse Gottes mit Adam, Noe, Abraham und Moses hinweisen wollen.

2. Die Geräte der Stiftshütte.

1. Im Allerheiligsten befand sich die Bundeslade mit den Cherubim Ex. 25, 10—22.

Da die Bundeslade das wichtigste Gerät des Allerheiligsten, des Symbols der geistigen Welt, ist, da sie ferner der großen Menge unsichtbar bleibt, so ist sie nach Philo und Clemens passend selbst ein Sinnbild der geistigen Welt. Der christliche Exeget deutet sie auch auf Gott. Daß zwischen der platonischen Idealwelt und Gott ein enger Zusammenhang besteht, wurde bereits erwähnt[1]). Clemens mochte die Symbolik Philos um so lieber erweitern, weil Gott ja über den Cherubim auf der Bundeslade thront und somit in einem besonderen Verhältnis zu dieser steht. Der Kirchenschriftsteller führt außerdem noch an, daß die Bundeslade *(κιβωτός)* auf Hebräisch ϑηβωϑά

---

[1]) Vgl. S. 196.

§. 14. Die Kultusorte: Die Stiftshütte.

(תֵּיבוּתָא) heißt [1]), und nennt sie endlich „das Wissen göttlicher und menschlicher Dinge", weil sie die Gesetzestafeln enthielt.

Die Cherubim [2]) (= ἐπίγνωσις πολλή Philo und Clemens) sind nach Clemens ein Hinweis auf die Sternbilder des großen und des kleinen Bären. Sie können aber nach einer von dem jüdischen Exegeten und im Anschluß an diesen von dem Kirchenschriftsteller erwähnten Symbolik auch die beiden Hemisphären bedeuten. Clemens verwechselt nun die Cherubim mit den Seraphim Jes. 6, die je sechs Flügel haben, und erklärt, indem er jetzt wieder sich nach Philo richtet, die zwölf Flügel als den in die zwölf Tierzeichen eingeteilten Zodiakus und die im Zusammenhange mit jenem stehende Zeit, welche in zwölf Monaten dahineilt. Da die Cherubim auch diese Bedeutung besitzen, stellen sie im Gegensatz zur Bundeslade die sinnlich wahrnehmbare Welt vor.

Die beiden Exegeten begnügen sich aber nicht mit diesen herkömmlichen Auslegungen der Cherubim, sondern wollen eine bessere bieten. Philo sieht an vielen Stellen in ihnen einen Hinweis auf die obersten Kräfte Gottes, die schöpferisch wirkende

---

[1]) In der hl. Schrift wird die Bundeslade אֲרוֹן הָעֵדוּת, אֲרוֹן הַבְּרִית genannt. Die Arche Moses heißt תֵּבָה (LXX ebenfalls κιβωτός). Die neuhebräische Form des Wortes ist תֵּבוּתָא, welche ebenso wie das davon abgeleitete arabische تابوت und das äthiopische ታቦት auch in der Bedeutung »Bundeslade« gebraucht wird. Die LXX setzt hierfür κιβωτός, offenbar dasselbe Wort (Wechsel von t und k), da κιβωτός aus dem Griechischen nicht befriedigend erklärt werden kann. Vgl. Gesenius, Thesaurus ling. hebr. et chald. Lipsiae 1839 s. v. Clemens gibt תֵּבוּתָא mit ἓν ἀνθ' ἑνὸς πάντων τόπων wieder. Zwar gebraucht er hier den Ausdruck ἑρμηνεύεται. Wenn wir uns aber daran erinnern, daß er sämtliche Erklärungen der Eigennamen aus Philo übernommen hat und die zwei einzigen »Etymologien« (auch: ἑρμηνεύεται), die er selbständig gibt, nämlich der Worte Judas = δυνατός und Rebekka = θεοῦ δόξα, nicht wörtliche Übertragungen, sondern nur allegorische Deutungen vorstellen (vgl. S. 111), so dürfen wir annehmen, daß er auch hier auf kein hebräisches Wort zurückgeht (sonst könnte man vielleicht an תָּא בְתָא denken). Nun fügt er seiner Auslegung selbst erklärend (οὖν) hinzu, daß die Bundeslade Symbol der geistigen Welt bzw. Gottes ist. Insofern kann er sie mit ἓν ἀνθ' ἑνὸς πάντων τόπων bezeichnen, da nämlich die Bundeslade als ein solches Sinnbild im Verhältnis zu allen anderen Orten (ἀνθ' ἑνὸς πάντων τόπων) einzig (ἕν) dasteht. Zu dieser Auffassung mag auch Philo dadurch beigetragen haben, daß er unter dem Ausdruck τόπος Gott als den Ort der Ideen versteht (de somn. I, 63 [M, I, 630]).

[2]) Vgl. P. Scholz, Theologie des A. B. (Regensburg 1861) II, 40 ff. Nikel, Die Lehre des A. T. über die Cherubim u. Seraphim (Breslau 1890) 33 f.

und die herrschende Kraft (de vita Mosis II, 99 [M. II, 150]; de cherub. 27 [M. I, 144]; de fuga et inv. 100 [M. I, 561]; quis rer. div. heres 166 [M. I, 496]; Quaest. in Ex. II, 62 [A. 512]). Daß dem Kirchenschriftsteller diese Erklärung bekannt war, ist selbstverständlich. Wie er nun die Erscheinung, die Abraham hatte, zwar im Anschluß an den jüdischen Exegeten deutet, die δυνάμεις aber als Engel auffaßt [1]), so versteht er auch hier unter den δυνάμεις bei Philo nicht unpersönliche Kräfte Gottes, sondern persönliche Wesen, nämlich Engel. Wie Philo in den Cherubsgestalten nur einen symbolischen Hinweis auf die Kräfte findet, so macht auch Clemens darauf aufmerksam, daß die Engel nicht abgebildet werden können, weil sie unsichtbar sind, wie ja im Himmel kein sinnlich wahrnehmbares Wesen herrsche. Übrigens werde Moses doch nicht seinem eigenen Gesetze entgegengehandelt haben, nach welchem Bilder himmlischer Dinge nicht hergestellt werden durften (Ex. 20, 4; Deut. 4, 16). Zeigen uns nach Clemens somit die Cherubsgestalten nicht, wie die Engel aussehen, so belehren sie uns doch über deren Eigenschaften. Das menschliche Antlitz der Bilder ist nämlich ein Symbol der Vernünftigkeit der Seele, d. h. der geistigen Natur der Engel; ihre Flügel sind ein Hinweis auf die stete Dienstbereitschaft der Engel, die Gott umstehen [2]); ihr Zuruf „Heilig, heilig, heilig ist der Herr Gott Sabaoth" (wieder eine Verwechselung mit den Seraphim) ist ein Zeugnis für ihren nie aufhörenden Lobpreis und Dank.

Quaest. in Ex. II, 68 [A. 515]: Area est intelligibilis mundi (κόσμου νοητοῦ) symbolum et habet omnia.

De vita Mosis II, 97 [M. II, 150]: τὸ δ' ἐπίθεμα τὸ προσαγορευόμενον ἱλαστήριον βάσις ἐστὶ πτηνῶν δυοῖν, ἃ πατρίῳ μὲν γλώττῃ προσαγορεύεται Χερουβίμ, ὡς δ' ἂν Ἕλληνες εἴποιεν, ἐπίγνωσις καὶ ἐπιστήμη πολλή. ταῦτα δέ τινες μέν φασιν εἶναι σύμβολα τῶν ἡμισφαιρίων ἀμφοῖν κατὰ τὴν ἀντιπρόσωπον θέσιν, τοῦ τε ὑπὸ γῆν καὶ ὑπὲρ γῆν· πτηνὸν γὰρ ὁ σύμπας οὐρανός. ἐγὼ δ' ἂν εἴποιμι δηλοῦσθαι δι' ὑπονοιῶν τὰς πρεσβυτάτας καὶ ἀνωτάτω δύο

Str. V, 6, 35 P. 667: τά τε ἐπὶ τῆς ἁγίας κιβωτοῦ ἱστορούμενα μηνύει τὰ τοῦ νοητοῦ κόσμου τοῦ ἀποκεκρυμμένου καὶ ἀποκεκλεισμένου τοῖς πολλοῖς. καὶ μὴν καὶ τὰ χρυσᾶ ἐκεῖνα ἀγάλματα, ἐξαπτέρυγον ἑκάτερον αὐτῶν, εἴτε τὰς δύο ἄρκτους, ὡς βούλονταί τινες, ἐμφαίνει, εἴτε, ὅπερ μᾶλλον, τὰ δύο ἡμισφαίρια, ἐθέλει δὲ τὸ ὄνομα τῶν Χερουβὶμ δηλοῦν ἐπίγνωσιν πολλήν. ἀλλὰ δώδεκα πτέρυγας ἄμφω ἔχει καὶ διὰ τοῦ ζῳδιακοῦ κύκλον καὶ τοῦ κατ' αὐτὸν φερομένου χρόνον τὸν αἰσθητὸν κόσμον δηλοῖ ... (§ 36): ἄμεινον δ' ἡγοῦμαι τὴν κιβωτὸν ἐκ τοῦ Ἑβραϊκοῦ ὀνόματος θηβωθὰ

---

[1]) Vgl. S. 194.
[2]) Jes. 6, 2 ist von vielen Seraphim die Rede: σεραφεὶμ εἰστήκεισαν κύκλῳ αὐτοῦ.

§ 14. Die Kultusorte: Die Stiftshütte.

τοῦ ὄντος δυνάμεις, τήν τε ποιητικὴν καὶ βασιλικήν. Zur Zwölfzahl vgl. de fuga et inv. 184 [M. I, 573]: τέλειος δ᾽ ἀριθμὸς ὁ δώδεκα, μάρτυς δ᾽ ὁ ζῳδιακὸς ἐν οὐρανῷ κύκλος, τοσούτοις κατηστερισμένος φωσφόροις ἄστροις· μάρτυς καὶ ἡ ἡλίου περίοδος· μησὶ γὰρ δώδεκα τὸν ἑαυτοῦ περατοῖ κύκλον.

καλουμένην ἄλλο τι σημαίνειν. ἑρμηνεύεται μὲν ἐν ἀνθ᾽ ἑνὸς πάντων τόπων. εἴτ᾽ οὖν ὀγδοὰς καὶ ὁ νοητὸς κόσμος εἴτε καὶ ὁ πάντων περιεκτικὸς ἀσχημάτιστός τε καὶ ἀόρατος δηλοῦται θεός, τὰ νῦν ὑπερκείσθω λέγειν· πλὴν ἀνάπαυσιν μηνύει τὴν μετὰ τῶν δοξολόγων πνευμάτων, ἃ αἰνίσσεται Χερουβίμ· οὐ γὰρ ἄν ποτε ὁ μηδὲ γλυπτὸν εἴδωλον δημιουργεῖν παραινέσας αὐτὸς ἀπεικόνιζεν τῶν ἁγίων ἄγαλμα, οὐδ᾽ ἔστι τὴν ἀρχὴν ἐπισύνθετόν τι καὶ αἰσθητὸν ζῷον ἐν οὐρανῷ ᾧδέ πως ἔχον, σύμβολον δ᾽ ἐστὶ λογικῆς μὲν τὸ πρόσωπον ψυχῆς, πτέρυγες δὲ λειτουργίαι τε καὶ ἐνέργειαι αἱ μετάρσιοι δεξιῶν τε ἅμα καὶ λαιῶν δυνάμεων, ἡ φωνὴ δὲ δόξα εὐχάριστος ἐν ἀκαταπαύστῳ θεωρίᾳ.

Str. VI, 16, 133 P. 807: ἡ κιβωτὸς δὲ ἡ τῶν θείων τε καὶ ἀνθρωπίνων γνῶσις εἴη ἂν καὶ σοφία.

2. Im Heiligen befanden sich der Rauchopferaltar, der goldene Leuchter und der Schaubrotetisch. Ex. 30, 1—6; 25, 31—39; 25, 23—28.

a) Der Rauchopferaltar ist deshalb, weil er sich in der Mitte zwischen dem Leuchter und dem Schaubrotetisch (Philo) oder zwischen den beiden Tempelvorhängen (Clemens[1])) befindet, ein Symbol der Erde als des Mittelpunktes der Welt; denn wie die Weihrauchwolken vom Altare, so steigen von der Erde Danksagungen und Lobpreisungen zu Gott empor.

De vita Mosis II, 101 [M. II, 150]: ἐν δὲ τῷ μεθορίῳ τῶν τεσσάρων καὶ πέντε κιόνων, ὅπερ ἐστὶ κυρίως εἰπεῖν πρόναον εἰργόμενον δυσὶν ὑφάσμασι... τὰ λοιπὰ τρία σκεύη τῶν προειρημένων ἱδρύετο· μέσον μὲν τὸ θυμιατήριον, γῆς καὶ ὕδατος σύμβολον εὐχαριστίας, ἣν ἕνεκα τῶν γινομένων ἀφ᾽ ἑκατέρου προσῆκε ποιεῖσθαι· τὸν γὰρ μέσον ταῦτα τοῦ κόσμου τόπον κεκλήρωται.

Str. V. 6, 33 P. 665: ἀνὰ μέσον δὲ τοῦ καλύμματος καὶ τοῦ παραπετάσματος, ἔνθα τοῖς ἱερεῦσιν ἐξῆν εἰσιέναι, θυμιατήριον ἔκειτο σύμβολον τῆς ἐν μέσῳ τῷ κόσμῳ τῷδε κειμένης γῆς, ἐξ ἧς αἱ ἀναθυμιάσεις.

---

[1]) Die Begründung Philos ist überzeugender; denn auch der Leuchter und der Schaubrotetisch standen, weil sie im Heiligen sich befanden, »zwischen den beiden Vorhängen«. Wie die Vergleichung der Parallelstellen zeigt, ist die Darstellung des Clemens auf Flüchtigkeit beim Abschreiben aus Philo zurückzuführen.

Wenn Philo den Altar Symbol der Erde und des Wassers nennt, Clemens dagegen in ihm nur ein Sinnbild der Erde sieht, so ist dies kein Widerspruch, weil die Erde hier nicht als Element, sondern als Himmelskörper gedacht ist. Auch nach dem jüdischen Exegeten weist der Altar auf die Erde (de vita Mosis II, 105) und erinnert an den Dank, den wir Gott für die vier Elemente, von denen er selbst seinen Teil empfängt, schuldig sind (quis rer. div. heres 226 [M. I, 504]).

b) Der goldene Leuchter ist ein Sinnbild des Himmels. Seine sieben Arme mit den Lampen stellen die Planeten vor. Die mittelste Lampe ist die Sonne, die drei Lampen auf der einen Seite sind Saturn, Jupiter und Mars, die drei Lampen auf der anderen Seite sind Merkur, Venus und Mond. Ins Ganze bringt die Sonne göttliche Harmonie. Der Leuchter steht südlich vom Rauchopferaltar, weil die Planeten ihre Bahnen am südlichen Himmel haben.

De vita Mosis II, 102. 103 [M. II, 150]: τὴν δὲ λυχνίαν ἐν τοῖς νοτίοις, δι᾽ ἧς αἰνίττεται τὰς τῶν φωσφόρων κινήσεις ἀστέρων· ἥλιος γὰρ καὶ σελήνη καὶ οἱ ἄλλοι πολὺ τῶν βορείων ἀφεστῶτες νοτίους ποιοῦνται τὰς περιπολήσεις· ὅθεν ἓξ μὲν κλάδοι, τρεῖς δ᾽ ἑκατέρωθεν, τῆς μέσης λυχνίας ἐκπεφύκασιν εἰς ἀριθμὸν ἕβδομον· ἐπὶ δὲ πάντων λαμπάδιά τε καὶ λύχνοι ἑπτά, σύμβολα τῶν λεγομένων παρὰ τοῖς φυσικοῖς ἀνδράσι πλανήτων. ὁ γὰρ ἥλιος, ὥσπερ ἡ λυχνία, μέσος τῶν ἓξ τεταγμένος ἐν τετάρτῃ χώρᾳ φωσφορεῖ τοῖς ὑπεράνω τρισὶ καὶ τοῖς ὑπ᾽ αὐτὸν ἴσοις, ἁρμοζόμενος τὸ μουσικὸν καὶ θεῖον ὡς ἀληθῶς ὄργανον.

Str. V, 6, 34 P. 666: καὶ μὴν ἥ τε λυχνία ἐν τοῖς νοτίοις ἔκειτο τοῦ θυμιατηρίου, δι᾽ ἧς αἱ τῶν ἑπτὰ φωσφόρων κινήσεις δεδήλωνται νοτίους τὰς περιπολήσεις ποιουμένων. τρεῖς γὰρ ἑκατέρωθεν τῆς λυχνίας ἐμπεφύκασι κλάδοι καὶ ἐπ᾽ αὐτοῖς οἱ λύχνοι, ἐπεὶ καὶ ὁ ἥλιος ὥσπερ ἡ λυχνία μέσος τῶν ἄλλων πλανητῶν τεταγμένος τοῖς τε ὑπὲρ αὐτὸν τοῖς τε ὑπ᾽ αὐτὸν κατά τινα θείαν μουσικὴν ἐνδίδωσι τοῦ φωτός.

Dieselbe Erklärung mit Angabe der Namen der sieben „Planeten" bietet Philo auch quis rer. div. heres 221—225 [M. I, 504] und Quaest. in Ex. II, 73—75 [A. 519f.].

Beide Exegeten geben außer dieser noch eine zweite allegorische Deutung des Leuchters, und zwar ist in derselben Clemens von Philo nicht abhängig. Nach dem jüdischen Schriftsteller ist nämlich der Leuchter mit seinen sieben Armen ein Sinnbild der Seele; denn dieselbe nimmt im Menschen, dem Mikrokosmos, die gleiche Stellung ein wie der Himmel im Weltall, dem Makrokosmos. Diese Erklärung ist mithin eine Weiterentwickelung

§. 14. Die Kultusorte: Die Stiftshütte. 247

der vorhin angeführten Symbolik, nach welcher der Leuchter den Himmel bedeutet. Die Seele ist nun nach Philo in ψυχή, λόγος und αἴσθησις geteilt, wobei die Seele in den vernünftigen und den unvernünftigen Seelenteil und das Wort in Wahrheit und Lüge zerfällt, während bei der Sinnlichkeit Vorstellung und Trieb zu unterscheiden ist. Als siebenter Teil kommt noch der λόγος τομεύς hinzu, welcher dem mittelsten Schaft des Leuchters entspricht: δέδεικται δὲ καὶ ἡ πρὸς ψυχὴν ἐμφέρεια αὐτῆς (τῆς λυχνίας)· ψυχὴ γὰρ τριμερής μέν ἐστι, δίχα δὲ ἕκαστον τῶν μερῶν, ὡς ἐδείχθη [1]), τέμνεται, μοιρῶν δὲ γενομένων ἐξ ἕβδομος εἰκότως τομεὺς ἦν ἁπάντων ὁ ἱερὸς καὶ θεῖος λόγος (quis rer. div. heres 225 [M. I, 504]). Diese sehr willkürliche Einteilung der Seele ist von Philo nur vorgenommen worden, um die Siebenzahl zu erhalten.

Clemens deutet an zweiter Stelle den Leuchter auf Christum: ἔχει δέ τι καὶ ἄλλο αἴνιγμα ἡ λυχνία ἡ χρυσῆ τοῦ σημείου τοῦ Χριστοῦ, οὐ τῷ σχήματι μόνῳ, ἀλλὰ καὶ τῷ φωτεμβολεῖν „πολυτρόπως καὶ πολυμερῶς" τοὺς εἰς αὐτὸν πιστεύοντας ἐλπίζοντάς τε καὶ βλέποντας διὰ τῆς τῶν πρωτοκτίστων διακονίας. φασὶ δ' εἶναι „ἑπτὰ ὀφθαλμοὺς" κυρίου τὰ „ἑπτὰ πνεύματα", τὰ ἐπαναπαυόμενα τῇ ῥάβδῳ τῇ ἀνθούσῃ „ἐκ τῆς ῥίζης Ἰεσσαί" (Str. VI, 6, 35 P. 667). Angespielt ist hier auf Apc. 5, 6: „Ein Lamm mit sieben Hörnern und sieben Augen", und auf Jes. 11, 1. 2: Es wird hervorgehen ein Reis aus der Wurzel Jesse, und eine Blume wird aufsteigen aus seiner Wurzel, und ruhen wird auf ihm der Geist Gottes, der Geist der Weisheit und der Einsicht, der Geist des Rates und der Stärke, der Geist der Wissenschaft und der Frömmigkeit, und erfüllen wird ihn der Geist der Furcht Gottes".

Zu dieser Deutung fühlte sich Clemens nicht nur dadurch bewogen, daß zwischen dem goldenen Leuchter und dem mit ausgespannten Armen am Kreuze hängenden Jesus eine gewisse äußere Ähnlichkeit besteht, sondern auch durch den Umstand, daß Christus das Licht der Welt ist, das die erleuchtet, welche an ihn glauben, auf ihn hoffen und zu ihm hin ihre Blicke wenden, wobei ihm die „Ersterschaffenen" behilflich sind. Unter letzteren können die Apostel [2]) nicht verstanden werden, weil sie

---

[1]) Vgl. quis rer. div. heres 132 [M. I, 491]: ἕκαστον οὖν τῶν τριῶν διεῖλε μέσον, τὴν μὲν ψυχὴν εἰς λογικὸν καὶ ἄλογον, τὸν δὲ λόγον εἰς ἀληθές τε καὶ ψεῦδος, τὴν δὲ αἴσθησιν εἰς καταληπτικὴν φαντασίαν καὶ ἀκατάληπτον.

[2]) So Stählin in seiner Clemensausgabe z. d. St.

mit den Lampen des Leuchters in Parallele stehen. Während dieser deren sieben zählte, gab es zwölf Apostel; die allegorische Exegese aber legt, wie wir wissen, das Hauptgewicht auf die Übereinstimmung in den Zahlenangaben. Die Schwierigkeit, die in der Deutung des Kirchenschriftstellers besteht, findet ihre Lösung durch Adumbr. in I. Petr. 1, 11 (P. 996): declaratur per hoc, cum sapientia locutos esse prophetas et spiritum in eis Christi fuisse secundum possessionem et subiectionem Christi; per archangelos enim et propinquos angelos, qui Christi vocantur spiritus, operatur dominus. Weil die Erzengel Geister sind und Christo von jeher als Mittler der Offenbarung gedient haben, heißen sie „Geist Christi". Sie dienen dem Heiland zur Erleuchtung der Welt, wie die Lampen des goldenen Leuchters zur Erleuchtung des Heiligen dienen. Daher faßt Clemens die Lampen als Symbole der Erzengel auf, und zwar um so lieber, als er gerade sieben Erzengel annimmt: ἑπτὰ μέν εἰσιν οἱ τὴν μεγίστην δύναμιν ἔχοντες πρωτόγονοι ἀγγέλων ἄρχοντες (Str. VI, 16, 143 P. 813). „Ersterschaffene" (πρωτόκτιστοι, πρωτόγονοι) heißen die Erzengel, weil sie vor der Schöpfung der irdischen Welt und des Menschen ins Dasein gerufen worden waren. Wegen der Siebenzahl kombiniert sie der Kirchenschriftsteller mit den sieben Geistern (Augen) der Apokalypse, welche er auf die Gnadengaben des hl. Geistes deutet, die bei Jesaja genannt sind. Christus wirkt also durch die sieben Erzengel in siebenfachem Gnadenstrahle, entsprechend den sieben Lampen des Leuchters, auf die Menschheit ein und bringt ihr das Licht des Glaubens: δι' οὗ (τοῦ λόγου) παραλαμβάνομεν τὴν γνῶσιν (Str. VII, 6 P. 848). Auch bei anderer Gelegenheit äußert sich Clemens dahin, daß Christus durch die sieben Gnadengaben des hl. Geistes die Menschheit zum Heile führt: „Gar viele Schätze werden von dem einen Gott gespendet; die einen werden durch das Gesetz, die anderen durch die Propheten enthüllt, wieder andere durch den göttlichen Mund; ein anderer Schatz tröstet uns durch die Siebenzahl des Geistes; aber da der Herr einer ist, ist in all dem derselbe Pädagog" (Paed. III, 12, 87 P. 304).

c) Der Schaubrotetisch ist nach Philo und Clemens ein Sinnbild der Nahrungsmittel, weil er an der Nordseite des Heiligen steht, die Nordwinde aber für Alexandria fruchtbare Winde sind im Gegensatz zu den trockenen Wüstenwinden. Der jüdische Ausleger führt noch als Grund an, daß der Tisch in der Nähe des Leuchters und des Rauchopferaltares steht, Himmel und Erde aber, welche durch jene Geräte symbolisiert werden, zusammenwirken müssen, um etwas hervorzubringen.

De vita Mosis II, 104 [M. II, 151]:
ἡ δὲ τράπεζα τίθεται πρὸς τοῖς βορείοις,
ἐφ᾽ ἧς ἄρτοι καὶ ἅλες, ἐπειδὴ τῶν πνευμάτων τὰ βόρεια τροφιμώτατα καὶ διότι
ἐξ οὐρανοῦ καὶ γῆς αἱ τροφαί, τοῦ μὲν
ὕοντος, τῆς δὲ τὰ σπέρματα ταῖς τῶν
ὑδάτων ἐπιρροίαις τελειογονούσης. οὐρανοῦ δὲ καὶ γῆς παρίδρυνται τὰ σύμβολα,
ἡ λυχνία, τὸ θυμιατήριον.

Str. V, 6, 35 P. 667: πρὸς δὲ τοῖς
βορείοις τοῦ θυμιατηρίου τράπεζα εἶχε
τὴν θέσιν, ἐφ᾽ ἧς ἡ παράθεσις τῶν
ἄρτων, ὅτι τροφιμώτατα τῶν πνευμάτων
τὰ βόρεια.

Indem beide Exegeten von dieser Symbolik ausgehen und berücksichtigen, daß auf dem Tische die Schaubrote lagen, bieten sie noch eine zweite Erklärung. Nach Philo bedeutet der Tisch auch die Körperwelt, weil sie der Speise bedarf: Mensa receptaculum ciborum est. Cibum autem sumit quicumque naturam sortitus est corporalitatis; ideo symbolum ponit mensam sensibili ac corporis formam habenti essentiae (Quaest. in Ex. II, 69 [A. 516]). Clemens erklärt den Schaubrotetisch als Symbol der Erde, da diese alle Nahrungsmittel hervorbringt, und beweist dies nach philonischer Methode mit Hilfe der Zahlenspekulation, wobei er die Maße des Tisches zu Grunde legt. Da seine Länge zwei Ellen, die Breite eine Elle und die Höhe ein einhalb Ellen betrug (Ex. 25, 23), so erhält man, wenn man die Länge der Seiten des Tisches und die Länge seiner Füße addiert, zwölf Ellen ($2 \times 2 + 2 \times 1 + 4 \times \frac{3}{2}$), ein Sinnbild der zwölf Monate, in deren Wechsel die Erde alles hervorbringt[1]). Die vier Füße, auf welchen der Tisch ruht, weisen auf die vier Jahreszeiten hin, in denen das Jahr seinen Lauf vollendet. Die geschwungene Leiste, die den Tisch umgibt, erinnert an die Zeitperioden, in welchen alles wie im Kreise sich bewegt, oder an den Ozean, der die Erde rings umfließt (Str. VI, 11, 87 P. 784).

§ 15. Die Kultuszeiten.

1. Die Bedeutung der Feste im allgemeinen.

Philo betont, daß das Gesetz, indem es den Menschen zu einem tugendhaften Leben anleitet, jeden Tag zu einem Festtage macht; denn jeder Gott wohlgefällig zugebrachte Tag ist in Wahrheit ein Festtag. Auch Justin ist der Ansicht, daß die

---

[1]) Bei Philo bedeuten die zwölf Schaubrote die zwölf Monate oder den Tierkreis (de fuga et inv. 184 [M. I, 573]).

250 Der Einfluß Philos auf die Erklärung des Alten Testaments im besonderen.

rechte Festfeier nicht im bloßen Ruhen besteht, sondern in der gottesfürchtigen Gesinnung, weshalb das ganze Leben ein ununterbrochenes Fest sein kann und sein soll. Dieselbe Auffassung wird von Clemens vertreten.

| De special. leg. II (de sept.) 42 [M. II, 278]: ἅπασαν ἡμέραν ἑορτὴν ἀναγράφει ὁ νόμος πρὸς τὸν ἀνεπίληπτον βίον ἁρμοζόμενος ὁσίων ἀνθρώπων ἑπομένων τῇ φύσει καὶ τοῖς ταύτης διατάγμασι. | Dial. 12: σαββατίζειν ὑμᾶς ὁ καινὸς νόμος διαπαντὸς ἐθέλει, καὶ ὑμεῖς μίαν ἀργοῦντες ἡμέραν εὐσεβεῖν δοκεῖτε. | Str. VII, 7 P. 860: ἅπας ὁ βίος τοῦ γνωστικοῦ παρ' ἥγνοις ἁγία. |

2. Der Sabbat.

Das Gebot, welches fordert, daß der Mensch am siebenten Tage der Woche sich der Arbeit enthalte, soll nach Philo daran erinnern, daß nur Gott das Schaffen eigen ist, während der Mensch aus sich nichts vermag: ἡ ἑβδόμη δυνάμεως μὲν τῆς περὶ τὸ ἀγένητον, ἀπραξίας δὲ τῆς περὶ τὸ γενητὸν δίδαγμά ἐστι (de migr. Abr. 91 [M. I, 450]; vgl. quis rer. div. heres 170 [M. I, 497]).

Mit dieser Erklärung steht nicht im Zusammenhang die Deutung des Clemens, nach welcher der Sabbat als Ruhetag ein Bild der Enthaltung von der Sünde und des ewigen seligen Friedens im Jenseits ist. Insofern er der siebente Tag der Woche, die Sieben aber die jungfräuliche Zahl ist[1]), kann man ihn auch als einen Hinweis auf die Seligkeit ansehen, in welcher es, wie der Heiland sagt (Luc. 20, 35), keine Heiraten geben wird (Str. VI, 16, 138. 140 P. 810; Str. IV, 3, 8 P. 566).

3. Das Paschafest.

Die Vorbereitung auf das Paschafest begann am zehnten Nisan, indem an diesem Tage das Osterlamm ausgesucht werden mußte (Ex. 12, 3). Da nun die Neun die Zahl der Sinnlichkeit ist[2]), so bedeutet das Paschafest (Pascha = διάβασις), das gewissermaßen am zehnten des Monats beginnt, das Verlassen der Leidenschaft und Sinnlichkeit und den Übergang zur Zehn, zum Geistigen, zu Gott. So Philo und Clemens.

---

[1]) Zur Zahlensymbolik vgl. S. 105.
[2]) Vgl. S. 106.

§ 15. Die Kultuszeiten.

De congr. erud. gr. 106 [M. I, 534]: τοῦτ' ἐστὶ κυρίως εἰπεῖν τὸ ψυχικὸν Πάσχα, ἡ ἀπὸ παντὸς πάθους καὶ παντὸς αἰσθητοῦ διάβασις πρὸς τὸ δέκατον, ὃ δὴ νοητόν ἐστι καὶ θεῖον· λέγεται γάρ (Ex. 12, 3)· „δεκάτῃ τοῦ μηνὸς τούτου λαβέτωσαν ἕκαστος πρόβατον κατ' οἰκίαν".

Str. II, 51 P. 456: καὶ ἡ τοῦ πάσχα ἑορτὴ ἀπὸ δεκάτης ἤρχετο, παντὸς πάθους καὶ παντὸς αἰσθητοῦ διάβασις οὖσα.

Justin sieht darin, daß am Paschafeste ungesäuerte Brote genossen wurden, eine Mahnung, nicht die alten Werke des schlechten Sauerteiges zu tun, also nicht wieder in die früheren Sünden zurückzufallen (Dial. 14). Obwohl er mithin dieselbe Auffassung vom Paschafeste hat wie Philo, so ist er trotzdem von diesem nicht abhängig, weil sein Beweisgang ein anderer ist. Er lehnt sich nämlich an I. Kor. 5, 8 an: „So lasset uns also die Festfeier halten nicht im alten Sauerteige, nicht im Sauerteige der Bosheit und Schlechtigkeit, sondern im Ungesäuerten der Wahrheit und Lauterkeit".

4. Sabbatjahr und Jobeljahr.

Im siebenten und im fünfzigsten Jahre durften nach dem Gesetze Äcker und Pflanzungen nicht bestellt werden. Das Getreide, das aus den ausgefallenen Körnern der letzten Ernte gewachsen war, sowie die Früchte des Weinstocks und des Ölbaumes waren Gemeingut, so daß auch der Arme nach Belieben seinen Bedarf sich vom Felde holen konnte. Im Jobeljahr fiel außerdem alles unbewegliche Eigentum, das ein Israelit aus Not veräußert hatte, an seinen früheren Besitzer zurück (Ex. 23, 10; Lev. 25, 2—7; Lev. 25, 8—55). Aus diesen Bestimmungen geht, wie von Philo und von Clemens, der sich an jenen anschließt, betont wird, die Gerechtigkeit und die Menschlichkeit des Gesetzes hervor; denn einerseits sorgt es für die Armen, so daß sie in ihrer traurigen Lage nicht ihr ganzes Leben bleiben müssen, sondern, nachdem sie lange in dürftigen Verhältnissen geseufzt haben, endlich einmal aufatmen können, anderseits dämmt es die Habsucht der Besitzenden ein, da sie die erworbenen Ländereien nur eine Zeitlang, nur zur Nutznießung, nicht zum dauernden Besitz, haben dürfen und von ihren Landgütern den Ertrag des siebenten Jahres andern überlassen müssen.

De virt. (de human.) 97—100 [M. II, 391 f.]: τὰ δὲ περὶ τοῦ ἑβδόμου ἔτους νομοθετηθέντα, καθ᾿ ὃ δεῖ τὴν μὲν χώραν ἀνίεσθαι πᾶσαν ἀργὴν ἀφιεμένην ... ἆρ᾿ οὐ χρηστὰ καὶ φιλάνθρωπα; ... τί δ᾿ ὅσα περὶ τοῦ πεντηκοστοῦ ἐνιαυτοῦ διατέτακται, οὐχὶ πᾶσαν ὑπερβάλλει φιλανθρωπίαν; ... ἐπιτελεῖται μὲν γὰρ ἃ καὶ τῷ ἑβδόμῳ, προσείληφε δὲ ἔτι μείζονα, ἀνάληψιν τῶν ἰδίων κτημάτων, ἃ διὰ καιροὺς ἀβουλήτους παρεχώρησαν ἑτέροις· οὔτε γὰρ παγκτησίαν ἔχειν τῶν ἀλλοτρίων ἐφίησι, τὰς εἰς πλεονεξίαν ἐπιφράττων ὁδοὺς ἕνεκα τοῦ στεῖλαι τὴν ἐπίβουλον καὶ πάντων κακῶν αἰτίαν ἐπιθυμίαν, οὔτε τοὺς κληρούχους εἰς ἅπαν ᾠήθη χρῆναι τῶν οἰκείων ἀποστερεῖσθαι, πενίᾳ διδόντας δίκας, ἣν κολάζεσθαι μὲν οὐ θέμις, ἐλεεῖσθαι δὲ ἀναγκαῖον.

Str. II, 18, 86 P. 474: οὐχὶ διὰ μὲν τοῦ ἑβδόμου ἔτους ἀρχὴν ἀνίεσθαι τὴν χώραν προστάττει ... πῶς οὖν οὐ χρηστὸς ὁ νόμος καὶ δικαιοσύνης διδάσκαλος; πάλιν τε αὖ τῷ πεντηκοστῷ ἔτει τὰ αὐτὰ ἐπιτελεῖν κελεύει, ἃ καὶ τῷ ἑβδόμῳ, προσαποδιδοὺς ἑκάστῳ τὸ ἴδιον εἴ τις ἐν τῷ μεταξὺ διά τινα περίστασιν ἀφῃρέθη χωρίον, τήν τε ἐπιθυμίαν τῶν κτᾶσθαι ποθούντων περιορίζων χρόνῳ μεμετρημένῳ καρπώσεως τούς τε πενίᾳ μακρᾷ ὑποσχόντας δίκην καὶ διὰ βίου κολαζομένους ἐλεῶν.

§ 16. Die Kultushandlungen.

1. Die Opfer.

Bei allen Opfern ist es nicht die Größe der Gabe, welche ihnen vor Gott einen Wert verleiht, da der Schöpfer des Himmels und der Erde keines Geschenkes von seiten des Menschen bedarf, sondern die rechte Gesinnung des Opfernden. Diese vom Alten Testament an vielen Stellen (Ps. 50, 8 ff.; Jes. 1, 11—18; Mal. 1, 10 u. a.) ausgesprochene Wahrheit wird auch von Philo betont: ἡ γὰρ ἀληθὴς ἱερουργία τίς ἂν εἴη πλὴν ψυχῆς θεοφιλοῦς εὐσέβεια; (de vita Mosis II, 108 [M. II, 151]; vgl. de sacrif. Ab. et Caini 74 [M. I, 177]; de special. leg. I, 277 [M. II, 254]). Clemens erblickt, wohl in Erinnerung an Ps. 50, 19 „ein Opfer vor Gott ist ein zerknirschter Geist", und an Phil. 4, 18 „ein angenehmes, Gott wohlgefälliges Opfer" das Wesentliche des Opfers gleichfalls darin, daß man der Sünde entsagt und im Guten standhaft verharrt: θυσία δὲ ἡ τῷ θεῷ δεκτὴ σώματός τε καὶ τῶν τούτου παθῶν ἀμετανόητος χωρισμός. ἡ ἀληθὴς τῷ ὄντι θεοσέβεια αὕτη (Str. V, 11, 67 P. 686). Wie Justin glaubt, beabsichtigte Moses auch, als er die alttestamentlichen Opfer anordnete, die Israeliten vom Götzendienste, zu dem sie bei ihrer Herzenshärte nur zu oft hinneigten, abzuhalten (Dial. 19 u. ö.). Daher weisen nach Philo

§ 16. Die Kultushandlungen. 253

und Clemens, wie die folgende Darstellung zeigt, alle Opferhandlungen den Menschen auf die geistige Beschaffenheit hin, welche er besitzen muß, um das Wohlgefallen Gottes zu erlangen: αἱ μὲν γὰρ κατὰ τὸν νόμον θυσίαι τὴν περὶ ἡμᾶς εὐσέβειαν ἀλληγοροῦσι (Str. VII. 6, P. 849).

a) Die blutigen Opfer.

1. Am Versöhnungsfeste wurden zwei Böcke ausgesondert, einer, um Gott geopfert, der andere, um in die Wüste getrieben zu werden (Lev. 16, 7. 8). Philo sieht im Bocke wegen seiner störrischen Natur und seiner Geilheit ein Symbol des Lasters. Daß am Versöhnungstage ein Bock in die Wüste getrieben wurde, lehrt also, worauf uns schon der Name ἀποπομπαῖος hinweist, daß der Mensch das Laster entfernen muß, wenn er mit Gott sich aussöhnen will.

Clemens schließt sich an Philo an.

Leg. alleg. II, 52 [M. I, 75]: τοῦ γὰρ φιλοπαθοῦς ἐστι κλῆρος ὄντως τὸ ἀποπόμπιμον πάθος. Vgl. quis rer. div. heres 179 [M. I, 498]; de plant. 61 [M. I, 339].

Str. VII, 6 P. 850: ταύτῃ οὐδὲ τὸν τράγον ὁ νόμος θύει[1]), πλὴν ἐπὶ μόνῃ τῇ διαπομπήσει τῶν κακῶν. ἐπεὶ μητρόπολις κακίας ἡδονή[2]).

Daß Clemens nicht darauf hinweisen will, daß der Bock die Sünden des Volkes trägt (Lev. 16, 21), sondern ihn als ein Symbol der Sünde auffaßt, geht daraus hervor, daß er unmittelbar vorher erwähnt, manche äßen das Fleisch des Schweines nicht, weil dieses Tier zur Fleischeslust geneigt sei, also auch eine symbolische Deutung gibt. Ob aber der christliche Exeget den Ausdruck θύειν in einem weiteren Sinne versteht und mit ihm daran erinnern will, daß der Bock in eine Schlucht gestürzt wurde (vgl. de plant. l. c.), oder ob er auch den anderen Bock, welcher geschlachtet wurde, als Symbol der Bosheit auffaßt, so daß der Sinn der Stelle wäre, es müßten am Versöhnungsfeste alle Sünden Gott zuliebe getötet d. i. beseitigt werden, läßt sich nicht entscheiden. Die Abhängigkeit von Philo bleibt in beiden Fällen bestehen.

---

[1]) Hier irrt sich Clemens; es wurden auch bei anderen Gelegenheiten Böcke geopfert. Vgl. Num. 7.

[2]) Vgl. leg. alleg. III, 38 [M. I, 94]: ἡ τῶν παθῶν ἡγεμονὶς κακία, und leg. alleg. III, 113 [M. I, 110]: Die ἡδονή ist ἀρχὴ καὶ θεμέλιος der Leidenschaften.

2. Beim **Sündopfer** durften in Ermangelung eines größeren Tieres von Armen ein Paar **Tauben** oder ein Paar Turteltauben dargebracht werden, die eine als Sündopfer, die andere als Schuldopfer. Lev. 5, 7.

Philo erblickt in den Vögeln, die, weil beflügelt, schwer eingeholt werden können, wenn sie einmal davongeflogen sind, ein Symbol des Wortes. Daher bedeutet nach ihm die Taube als Sündopfer dargebracht die Lüge, als Brandopfer die Wahrheit (de mut. nom. 247 [M. I, 616]). Auch als Sinnbilder der Sanftmut können als Opfer dargebrachte Tauben aufgefaßt werden (de special. leg. I, 162 [M. II, 238]).

Clemens geht bei der Erklärung des Taubenopfers von dem an zweiter Stelle erwähnten Gedanken Philos aus. Das Opfer der Tauben „für die Sünden" weist nach ihm darauf hin, daß der Mensch die Tugend der Sanftmut besitzen, sich vor der Sünde fürchten, den unvernünftigen Seelenteil reinigen, die Leidenschaft aufgeben und die Begierlichkeit bekämpfen muß, wenn er das Wohlgefallen Gottes erlangen will: νεοττούς τε ἔτι δύο περιστερῶν ἢ τρυγόνων ζεῦγος ὑπὲρ ἁμαρτίας κελεύει διὰ Μωσέως προσφέρεσθαι, τὸ ἀναμάρτητον τῶν ἁπαλῶν καὶ ἄκακον καὶ ἀμνησίκακον τῶν νεοττῶν εὐπρόσδεκτον εἶναι λέγων τῷ θεῷ καὶ τὸ ὅμοιον τοῦ ὁμοίου καθάρσιον ὑφηγούμενος (Paed. I, 5, 14 P. 106). ὁ τρυγὼν καὶ ἡ περιστερὰ ὑπὲρ ἁμαρτιῶν προσφερόμεναι τὴν ἀποκάθαρσιν τοῦ ἀλόγου μέρους τῆς ψυχῆς προσδεκτὴν μηνύουσι τῷ θεῷ (Str. VII, 6 P. 849).

3. Den **Opfertieren** muß nach Lev. 1, 6 die Haut abgezogen werden. Die Haut bedeutet die Leiblichkeit mit ihren Begierden und Leidenschaften, welche eine Folge falscher Anschauungen sind[1]. Legt der Mensch jene ab, so bringt er durch die Selbstüberwindung und Selbstentäußerung, die er dadurch beweist, Gott ein wohlgefälliges Opfer dar. Dies ist der allegorische Sinn der Stelle Lev. 1, 6 nach **Philo** und **Clemens**.

De sacrif. Ab. et Caini 84 [M. I, 179]:	Str. V, 11, 67 P. 686: προστάσσει
προστέτακται μέντοι καὶ „τὸ ὁλοκαύτωμα δείραντας εἰς μέλη διανεῖμαι", ὑπὲρ τοῦ πρῶτον μὲν γυμνὴν ἄνευ σκεπασμάτων, ὅσα περιποιοῦσιν αἱ κεναὶ καὶ ψευδεῖς	γὰρ „τὰ ὁλοκαυτώματα δείραντας εἰς μέλη διανεῖμαι", ἐπειδὴ γυμνὴν τῆς ὑλικῆς δορᾶς γενομένην τὴν γνωστικὴν ψυχὴν ἄνευ τῆς σωματικῆς φλυαρίας

---

[1] Vgl. S. 94.

§ 16. Die Kultushandlungen. 255

ὑπολήψεις, τὴν ψυχὴν φανῆναι, εἶτα δέ- | καὶ τῶν παθῶν πάντων, ὅσα περιποιοῦσιν
ξασθαι διαιρέσεις ἐμμελεῖς. | αἱ κεναὶ καὶ ψευδεῖς ὑπολήψεις, ἀπο-
δυσαμένην τὰς σαρκικὰς ἐπιθυμίας, τῷ
φωτὶ καθιερωθῆναι ἀνάγκη.

b) Die unblutigen Opfer.

1. **Philo und Clemens** finden, wie wir gesehen haben[1]), im Rauchopferaltar eine Mahnung, zu Gott Gebete emporzusenden. Dagegen weichen sie in der Erklärung der vier Bestandteile, aus denen das Rauchwerk zusammengesetzt ist (Ex. 30, 34), von einander ab. Der jüdische Exeget erblickt in ihnen Symbole der vier Elemente, welche, indem sie sich vereinigen, die Welt bilden, welche ihrem Schöpfer Dank sagt, wie die Weihrauchwolken zu Gott emporsteigen (quis rer. div. heres 196—199 [M. I, 500]). Nach Clemens aber weist der Weihrauch dadurch, daß er aus mehreren Stoffen besteht, geheimnisvoll darauf hin, daß sich viele Sprachen oder besser viele Völker zum Lobe Gottes in dem einen christlichen Glauben vereinigen sollten (Str. VII, 6, P. 850).

2. Das **Speiseopfer**, das der Hohepriester täglich darzubringen hatte, bestand aus einem Zehntel Epha feinen Mehles (Lev. 6, 20), nachdem während des Wüstenzuges auch vom Manna ein Zehntel Epha im hl. Zelte aufgestellt worden war (Ex. 16, 33).

Daß gerade der zehnte Teil des Epha geopfert wurde, wird von **Philo** dahin erklärt, daß die Welt, das sinnlich Wahrnehmbare, aus neun Teilen besteht, nämlich aus der Erde, den sieben Planeten und dem Fixsternhimmel, so daß Gott, ihr Schöpfer, das Zehnte alles Existierenden ist. Wer im Sinnlichen befangen ist, der verehrt die Geschöpfe und bleibt somit bei der Neun stehen. Über diese muß man sich aber erheben, von der Neun zur Zehn übergehen, von der Verehrung der Geschöpfe zur Anbetung des Schöpfers sich emporschwingen. Dies ist in Wahrheit der Zehnte, der Gott dargebracht werden soll und an den das Speiseopfer täglich erinnert.

Clemens übernimmt die Deutung des jüdischen Exegeten, sucht sie aber noch zu vertiefen, indem er, wiederum im Anschluß an Philo, eine Zehnteilung des Menschen, des Mikrokosmos, vornimmt. Dieser besteht nach beiden Schriftstellern nämlich aus dem Leibe, der (vegetativen) Seele und den sieben leiblichen Ver-

---

[1]) Vgl. S. 245.

mögen, während die Vernunft, das Geistige, das Zehnte im Menschen ist, wie Gott als das Zehnte alles Existierenden, des Makrokosmos, aufgefaßt werden kann. Den Zehnten opfern wir mithin Gott, wenn wir unsere Geisteskräfte dazu verwenden, ihn kennen zu lernen und zu verehren.

Die Septuaginta erklären Ex. 16, 36 הָאֵפָה durch τρία μέτρα, d. i. drei Seah. Dies ist für Philo und Clemens Veranlassung, darauf hinzuweisen, daß im Menschen drei Maße sind, Verstand, Rede und Wahrnehmung, mit denen alles gemessen wird, Gedanken, Worte und das sinnlich Wahrnehmbare. Die hl. Schrift verlangt also Ex. 16, 36 nach beiden Exegeten, daß der Mensch vom Denken, Reden und sinnlichen Erkennen Gott den Zehnten darbringt, d. h. sich vor Sünden in Gedanken, Worten und Werken (die durch die Sinne begangen werden) hütet.

De congr. erud. gr. 100—105 [M. I, 533 f.]: ἡνίκα τῆς οὐρανίου καὶ θείας τροφῆς τὸ μνημεῖον ἐν στάμνῳ χρυσῷ καθιεροῦτο, φησὶν ὡς ἄρα „τὸ γομὸρ τὸ δέκατον τῶν τριῶν μέτρων ἦν". ἐν ἡμῖν γὰρ αὐτοῖς τρία μέτρα εἶναι δοκεῖ, αἴσθησις, λόγος, νοῦς· αἰσθητῶν μὲν αἴσθησις, ὀνομάτων δὲ καὶ ῥημάτων καὶ τῶν λεγομένων ὁ λόγος, νοητῶν δὲ νοῦς. ἀφ᾿ ἑκάστου δὴ τῶν τριῶν μέτρων τούτων ἀπαρκτέον ὥσπερ τινὰ ἱερὰν δεκάτην, ἵνα καὶ τὸ λέγειν καὶ τὸ αἰσθάνεσθαι καὶ τὸ καταλαμβάνειν ἀνυπαιτίως καὶ ὑγιεινῶς κατὰ θεὸν ἐξετάζηται. τὸ γὰρ ἀληθινὸν καὶ δίκαιον μέτρον τοῦτ᾿ ἐστί, τὰ δὲ καθ᾿ ἡμᾶς ψευδῆ τε καὶ ἄδικα … τὸ γὰρ δέκατον τὸ τοῦ οἶφι σεμιδάλεως ἀεὶ διείρηται προσφέρειν αὐτοῖς. ἔμαθον γὰρ τὸν ἔνατον ὑπερβαίνοντες αἰσθητὸν δοκήσει θεὸν τὸν δέκατον καὶ μόνον ὄντα ἀψευδῶς προσκυνεῖν. ἐννέα γὰρ ὁ κόσμος ἔλαχε μοίρας, ἐν οὐρανῷ μὲν ὀκτώ, τήν τε ἀπλανῆ καὶ ἑπτὰ τὰς πεπλανημένας ἐν τάξεσι φερομένας ταῖς αὐταῖς, ἐνάτην δὲ γῆν σὺν ὕδατι καὶ ἀέρι … ὁ δὲ τέλειος … ὅλον ὑπερκύψας τὸ ἔργον ἐπόθει τὸν τεχνίτην, καὶ ἱκέτης καὶ θεραπευτὴς ἐσπούδαζεν αὐτοῦ γενέσθαι· διὰ τοῦτο δεκάτην ἐνδελεχῆ τῷ

Str. II, 11, 50 P. 455: ἡνίκα γοῦν τῆς οὐρανίου καὶ θείας τροφῆς τὸ μνημόσυνον ἐν στάμνῳ χρυσῷ καθιεροῦσθαι προσετάττετο, „τὸ γόμορ" φησί „τὸ δέκατον τῶν τριῶν μέτρων ἦν". ἐν ἡμῖν γὰρ αὐτοῖς τρία μέτρα, τρία κριτήρια μηνύεται, αἴσθησις μὲν αἰσθητῶν, λεγομένων δὲ καὶ ὀνομάτων καὶ ῥημάτων ὁ λόγος, νοητῶν δὲ νοῦς, ὁ τοίνυν γνωστικὸς ἀφέξεται μὲν τῶν κατὰ λόγον καὶ τῶν κατὰ διάνοιαν καὶ τῶν κατὰ αἴσθησιν καὶ ἐνέργειαν ἁμαρτημάτων … τοῦτ᾿, οἶμαι, τὸ κατὰ θεὸν ἀληθινὸν καὶ δίκαιον μέτρον, ᾧ μετρεῖται τὰ μετρούμενα, ἡ τὸν ἄνθρωπον συνέχουσα δεκάς, ἣν ἐπὶ κεφαλαίων τὰ προειρημένα τρία ἐδήλωσεν μέτρα. εἴη δ᾿ ἂν σῶμά τε καὶ ψυχὴ αἵ τε πέντε αἰσθήσεις καὶ τὸ φωνητικὸν καὶ σπερματικὸν καὶ τὸ διανοητικὸν ἢ πνευματικὸν ἢ ὅπως καὶ βούλει καλεῖν. § 51. χρὴ δὲ ὡς ἔπος εἰπεῖν τῶν ἄλλων πάντων ὑπεραναβαίνοντας ἐπὶ τὸν νοῦν ἵστασθαι, ὥσπερ ἀμέλει κἂν τῷ κόσμῳ τὰς ἐννέα μοίρας ὑπερπηδήσαντας, πρώτην μὲν τὴν διὰ τῶν τεσσάρων στοιχείων ἐν μιᾷ χώρᾳ τιθεμένων διὰ τὴν ἴσην τροπήν, ἔπειτα δὲ τὰς ἑπτὰ τὰς πλανωμένας τήν τε ἀπλανῆ ἐνάτην, ἐπὶ τὸν τέλειον ἀριθμὸν τὸν

§. 16. Die Kultushandlungen. 257

δεκάτῳ καὶ μόνῳ καὶ αἰωνίῳ ὁ ἱερεὺς ἀνατίθησι.
Quaest. in Gen. IV, 110 [A. 331]; Nunc tamen tantum est dicendum, quod et in mundo decem sunt omnia et in homine ... In nobis autem corpus et anima et septem irrationales partes; mens autem unica portione constat. Itidem de istis novem distinctionibus disponit ipse Deus Verbum, harmoniae dux princepsque.

ὑπεράνω τῶν ἐννέα, τὴν δεκάτην μοῖραν, ἐπὶ τὴν γνῶσιν ἀφικνεῖσθαι τοῦ θεοῦ, συνελόντι φάναι μετὰ τὴν κτίσιν τὸν ποιητὴν ἐπιποθοῦντας. διὰ τοῦτο αἱ δεκάται τοῦ τε οἴφι τῶν τε ἱερείων τῷ θεῷ προσεκομίζοντο.

2. Die Vorschriften über die levitische Reinheit.

1. Philo macht nachdrücklich darauf aufmerksam, daß die levitische Unreinheit in Beziehung zur Sünde steht. Die leibliche Reinheit ist das Symbol der geistigen Reinheit, die leibliche Unreinheit aber das Sinnbild der sittlichen Unreinheit, der Sünde. Die wahre Reinheit, welche die Reinigkeitsvorschriften bezwecken, besteht nach dem jüdischen Schriftsteller nicht in der äußeren, körperlichen Reinheit, sondern in einem sündenlosen, heiligen Lebenswandel. „Eine allgemeine Vorschrift scheint dieses Gesetz über die Verunreinigung durch einen Leichnam (Num. 19, 11 ff.) zu erlassen, indem es nicht nur in Bezug auf den Leib gegeben ist, sondern auch noch die Sitten und Zustände der Seele prüft; denn unrein im eigentlichen Sinne ist der Ungerechte und Gottlose, der weder vor Gott noch vor den Menschen Scheu hat, indem er alles vermischt und verwirrt wegen der Unzahl der Leidenschaften und der Größe der Laster" (de special. leg. III, 208. 209 [M. II, 333]). „Diejenigen, welche ins Heiligtum zur Teilnahme am Opfer eingehen wollen, müssen ihren Leib waschen und noch mehr die Seele" (de special. leg. I, 269 [M. II, 253]).

Nachdem der Heiland selbst eindringlich darauf hingewiesen, daß es die Sünde ist, welche den Menschen verunreinigt (Matth. 15, 11—20), übernimmt Clemens die Idee, daß die äußere Reinheit das Symbol der inneren Reinheit ist: „Nachdem wir gebadet, heißt es, sollen wir zu den Opfern und Gebeten gehen, rein und glänzend, und dies geschieht zum Sinnbild, daß wir äußerlich geschmückt und gereinigt sind; denn die Reinheit besteht darin, heilige Gedanken zu haben ... Denn die vollkommene Reinheit ist die Tadellosigkeit des Geistes, der Werke, der Gedanken und der Reden und schließlich die Sündenlosigkeit selbst im Schlafe" (Str. IV, 22, 141. 142 P. 628). Daß der Kirchenschriftsteller diese Ansicht nicht allein biblischen Einflüssen verdankt, sondern auch hierin von den Ideen Philos berührt worden ist, erkennen wir aus seiner eng an den jüdischen Exegeten sich anschließenden Erklärung des Aussatzes.

2. Der Aussatz beginnt mit weißen oder rötlichen Flecken, wobei die Haare weiß oder gelb werden, verbreitet sich allmählich weiter und endet mit dem Tode. Weil dieser Aussatz ein Verwesen bei lebendigem Leibe, also ein Ebenbild des Todes ist, wurde durch das mosaische Gesetz der damit behaftete Mensch für unrein erklärt (Lev. 13). Bricht dagegen der Aussatz auf einmal, wie mit Gewalt, am ganzen Körper aus, so daß er vom Kopf bis zu den Füßen weiß erscheint, so wird der Krankheitsstoff rasch ausgeschieden, und es tritt baldige Heilung ein. Diese Art des Aussatzes verunreinigte den Erkrankten nicht, weil sie ungefährlich war (Lev. 13, 12).

Die erste Art des Aussatzes, die mit ihren Flecken an die bunten Schuppen der Schlange, des Symbols der Lust (leg. alleg. II, 74 [M. I, 79]), erinnert, ist nach Philo und Clemens ein Bild der Leidenschaft, von welcher der Mensch in Wahrheit verunreinigt wird, und die wir ablegen und mit der einfachen Farbe der Wahrheit (weiß, das Zeichen des ungefährlichen Aussatzes) vertauschen müssen, um an der Seele rein zu werden.

De plant. 111 [M. I, 346]: παρὸ καὶ ἐν τῷ περὶ τῆς λέπρας τεθέντι νόμῳ, διείρηται τὸν μηκέτι διηρθισμένον ποικιλίᾳ χρωμάτων ὅλον δὲ λευκωθέντα δι᾽ ὅλων ἀπὸ κεφαλῆς ἄκρας ἕως ποδῶν ἐσχάτων καθαρὸν εἶναι, ἵνα κατὰ τὴν ἀπὸ τοῦ σώματος μετάβασιν τὸ ποικίλον καὶ πανοῦργον καὶ ἀντίρροπον καὶ ἐπαμφοτερίζον τῆς διανοίας μεθέμενοι πάθος τὸ ἀποίκιλον καὶ ἀνενδοίαστον ἀληθείας ἁπλοῦν χρῶμα δεξώμεθα.

Paed. III, 11, 54 P. 286: παρ᾽ ὃ καὶ ὁ ἐν τῷ νόμῳ περὶ τῆς λέπρας διὰ Μωυσέως τεθεὶς νόμος τὸ ποικίλον καὶ πολύστικτον ὡς οὐχ ὅσιον ἀπωθεῖται ταῖς ποικίλαις τοῦ ὄφεως φολίσιν ἐοικός. τὸν γοῦν μηκέτι διηρθισμένον ποικιλίᾳ χρωμάτων, ὅλον δὲ λευκωθέντα δι᾽ ὅλων ἀπὸ κεφαλῆς ἄκρας ἄχρι ποδῶν ἐσχάτων καθαρὸν εἶναι ἐθέλει, ἵνα κατὰ τὴν ἀπὸ τοῦ σώματος μετάβασιν τὸ ποικίλον καὶ πανοῦργον τῆς διανοίας μεθέμενοι πάθος τὸ ἀποίκιλον καὶ ἀνενδοίαστον τῆς ἀληθείας ἁπλοῦν ἀγαπήσωμεν χρῶμα.

Das Opfer Feinmehl, welches der für rein erklärte Aussätzige darbringen mußte (Lev. 14, 10), wird von Justin als ein Vorbild des eucharistischen Opfers erklärt, welches Jesus zur Erinnerung an sein Leiden, durch das er die Menschheit von der Sünde erlöste, eingesetzt hat (Dial. 41). Der Gedanke, welcher

§ 16. Die Kultushandlungen.

dieser Typologie zu Grunde liegt, daß nämlich der Aussatz ein Bild der Sünde ist, ist indes biblisch und vom Gesetze schon dadurch angedeutet, daß es den Aussätzigen für levitisch unrein erklärte. Brauchen wir deshalb auch nicht anzunehmen, daß der Kirchenvater an dieser Stelle die Deutung Philos vor Augen hatte, so ließ er sich von dem jüdischen Exegeten doch wenigstens methodisch beeinflussen, wie aus der gesuchten Symbolik des Opfers hervorgeht.

3. Die Speisegesetze.

1. **Der Zweck der Speisegesetze.** Philo stellt als die erste Absicht, von der Moses bei dem Erlaß der Speisevorschriften sich leiten ließ, die hin, daß er durch sie die Juden zur Enthaltsamkeit anleiten und ihre Begierlichkeit eindämmen wollte. Den gleichen Zweck gibt das vierte Makkabäerbuch an. Eleazar erklärt in demselben, das Gesetz wolle die Beherrschung der Lüste und Begierden lehren. Zwar ist hier von den mosaischen Vorschriften im allgemeinen die Rede; allein Eleazar will doch hauptsächlich über die Speisegesetze sprechen. Daher lehrt er auch sofort, daß die letzteren den geistigen Nutzen des Menschen im Auge hätten; sie erlaubten, was der Seele angemessen, und verböten, was ihr zuwider sei (IV. Macc. 5, 23—26). Clemens schließt sich an Philo an.

De special. leg. IV, 101 [M. II, 352] πρὸς γὰρ ἐγκράτειαν, εἰ καί τις ἄλλος, ἱκανὸς ὢν ἀλεῖψαι τοὺς εὐφυῶς ἔχοντας πρὸς ἄσκησιν ἀρετῆς δι᾽ ὀλιγοδεΐας καὶ εὐκολίας γυμνάζει.

IV. Macc. 5, 25. 26: διὸ οὐ μιεροφαγοῦμεν· πιστεύοντες γὰρ θεοῦ καθεστάναι τὸν νόμον, οἴδαμεν ὅτι καὶ κατὰ φύσιν ἡμῖν συμπαθεῖ νομοθετῶν ὁ τοῦ κόσμου κτίστης· τὰ μὲν οἰκειωθησόμενα ἡμῶν ταῖς ψυχαῖς ἐπέτρεψεν ἐσθίειν, τὰ δὲ ἐναντιωθησόμενα ἐκώλυσεν σαρκοφαγεῖν.

Str. II, 20, 105 P. 484: πάσης τοίνυν ἀρετῆς μεμνημένος ὁ θεῖος νόμος ἀλείφει μάλιστα τὸν ἄνθρωπον ἐπὶ τὴν ἐγκράτειαν, ... ἀπὸ τῆς τῶν ζῴων χρήσεως ἀπαγορεύων ...

Da nun das Fleisch des Schweines und der unbeschuppten Fische das fetteste und wohlschmeckendste ist, so war es folgerichtig, daß Moses, um seine Absicht zu erreichen, gerade den Genuß dieser Tiere verbot.

De special. leg. IV, 100. 101 [M. II, 352]: ὅσα τῶν χερσαίων ἢ ἐνύδρων ἢ πτηνῶν ἐστιν εὐσαρκότατα καὶ πιότατα ...

Str. II, 20, 105 P. 484: ἀπαγορεύων μεταλαμβάνειν τῶν ὅσα φύσει πίονα καθάπερ τὸ τῶν συῶν γένος εὐσαρκότατον ἀπεῖπεν ... χερσαίων μὲν οὖν τὸ σῦων γένος ἥδιστον ἀνωμολόγηται παρὰ τοῖς χρωμένοις, ἐνύδρων δὲ τὰ γένη τῶν ἀλεπίδων ... πρὸς ἄσκησιν ἀρετῆς γυμνάζει καὶ συγκρατεῖ, πειρώμενος ἀφελεῖν πολυτέλειαν.

τυγχάνον. τρυφητιῶσι γὰρ ἡ τοιαύτη χρῆσις χορηγεῖται ... τῶν τε ἰχθύων ὁμοίως ἀπηγόρευσε μεταλαμβάνειν, στέλλων ἡμῶν τὰς ἐπιθυμίας ἐκείνων οἷς μήτε πτερύγια μήτε λεπίδες εἰσίν. εὐσαρκίᾳ γὰρ καὶ πιότητι τῶν ἄλλων ἰχθύων οὗτοι διαφέρουσιν.

Wie aber überhaupt der Inhalt der Schrift mit dem Literalsinn nicht erschöpft ist, so dürfen wir uns besonders bei den Speisegesetzen mit dem angeführten Zwecke, daß Moses die Juden durch sie zur Enthaltsamkeit anleiten wollte — gleichsam dem Literalsinn —, nicht zufrieden geben. Moses ließ sich bei den einzelnen Anordnungen noch durch höhere, geistige Absichten leiten. Er wollte den Juden Lebensregeln geben, die zwar unter der Hülle des Gesetzes verborgen sind, die aber dadurch, daß die Gebote fortwährend beobachtet werden müssen, immer von neuem in Erinnerung gebracht werden. Diese Ansicht trägt bereits der Aristeasbrief vor [1]). Philo spricht sie zwar nicht mit Worten aus, forscht aber in seinen Erklärungen überall nach dem geistigen Sinne der Speisevorschriften. Barnabas und Clemens dagegen vertreten auch in der Theorie den Gedanken, daß ihnen ein geheimnisvoller Inhalt eigen ist. „Inbetreff der Speisen, so äußert sich der erstere, stellte also Moses in seinen Reden drei Lehrsätze in geistigem Sinne auf" (τρία ἔλαβεν ἐν τῇ συνέσει δόγματα Barn. 10, 1), und zwar wollte er den Juden Regeln geben, wie sie mit ihren Mitmenschen verkehren sollten. Nur deren Befolgung, nicht aber die buchstäbliche Erfüllung der Speisegesetze verlangte Moses von ihnen (10, 2). Barnabas leugnet also geradezu deren Literalsinn [2]). Clemens dagegen schließt sich auch hier an Philo an, indem er am Wortsinn festhält und über demselben stehende geistige Gründe annimmt: „Den Juden wird durch das Gesetz eine starke Diät auferlegt; denn der Genuß von unzähligen Dingen entzog ihnen der Pädagog durch Moses, indem er auch Gründe beifügte, zum Teil verborgene, geistige, zum Teil offenkundige, fleischliche; letztere haben sie auch geglaubt" (Paed. II, 1, 17 P. 175). Einen geheimen Sinn findet Clemens in dem Verbot, die Fettstücke der Rinder, Schafe und Ziegen, also der drei größten Tiere, die man Gott darbrachte, zu genießen (Lev. 7, 23. 25;

---

[1]) Vgl. S. 23.
[2]) Vgl. S. 58 f.

§ 16. Die Kultushandlungen.

vgl. 3, 17): „Manche Teile der Opfertiere entzog Moses dem Gebrauch aus Gründen, welche die Eingeweihten wissen" (Str. II, 20, 106 P. 485). In dem Gesetze ist nämlich nach dem Kirchenschriftsteller, wie aus dem Zusammenhange hervorgeht, die Aufforderung enthalten, aus unserem Herzen die bösen Lüste und Begierden zu entfernen.

2. Von größter Wichtigkeit war die Unterscheidung zwischen **reinen und unreinen Tieren.** Im allgemeinen werden diese in der allegorischen Erklärung auf gute und böse Menschen gedeutet.

Von den größeren Vierfüßlern waren nach dem Gesetze rein und genießbar alle diejenigen, welche **wiederkäuen** und **ganz durchgespaltene Klauen** haben (Lev. 11, 2. 3; Deut. 14, 6). Dagegen waren alle als unrein zu essen verboten, denen diese beiden Merkmale oder auch nur eins fehlt (Lev. 11, 4—8; Deut. 14, 7, 8).

Schon Aristeas sieht in den gespaltenen Klauen einen Hinweis auf die Pflicht, zwischen Recht und Unrecht zu unterscheiden und nur das Gute zu tun, jedoch auch von der unreinen Sitte anderer Völker sich abzusondern (150—152). Das Wiederkäuen aber bedeutet nach ihm die Erinnerung und enthält die Mahnung, an Gott oft zu denken (153—157). Eine ähnliche Erklärung, man möchte sagen, nur eine Übersetzung des Aristeas in die philosophische Sprache, gibt Philo. Das Wiederkäuen ist nach diesem zu verstehen von der wiederholten Beschäftigung mit den Gegenständen des Wissens, die man immer von neuem erwägen, gleichsam wiederkäuen muß, um sie im Gedächtnis zu behalten. Doch nicht jede Erinnerung ist gut, sondern nur das Denken an das Gute. Daher müssen die Wiederkäuer, wenn sie rein sein sollen, auch gespaltene Klauen haben. Dies bedeutet, daß wir scheiden müssen zwischen Gut und Böse, Nützlich und Schädlich, daß wir die Tugend wählen und das Laster fliehen sollen: ὥσπερ γὰρ τὸ μηρυκώμενον τὴν προκαταβληθεῖσαν ἐπαναπλέουσαν αὖθις ἐπιλεαίνει τροφήν, οὕτως ἡ ψυχὴ τοῦ φιλομαθοῦς, ἐπειδάν τινα δι' ἀκοῆς δέξηται θεωρήματα, λήθῃ μὲν αὐτὰ οὐ παραδίδωσιν, ἠρεμήσασα δὲ καθ' ἑαυτὴν ἕκαστα μεθ' ἡσυχίας τῆς πάσης ἀναπολεῖ καὶ εἰς ἀνάμνησιν τῶν πάντων ἔρχεται. μνήμῃ δ' οὐ πᾶσα ἀγαθόν, ἀλλ' ἡ ἐπὶ μόνοις τοῖς ἀγαθοῖς, ἐπεὶ τό γε ἄληστα εἶναι τὰ κακὰ βλαβερώτατον· οὗ ἕνεκα πρὸς τελειότητα χρεία τοῦ διχηλεῖν, ἵνα τοῦ μνημονικοῦ δίχα τμηθέντος ὁ λόγος ... διαστείλῃ τό τε ὠφέλιμον καὶ τὸ ἐπιζήμιον μνήμης γένους εἶδος (de agric. 132. 133 [M. I, 320]; vgl. de special. leg. IV, 106—108 [M. II, 353]).

Der Barnabasbrief zeigt sich von Philo abhängig, da auch er das Wiederkäuen auf die Beschäftigung mit den Worten des Herrn in Gedanken und auf deren Beherzigung in Wort und Tat deutet. „Man soll, so mahnt das Gesetz, sich innig an die anschließen, welche Gott fürchten, an die, welche das Gebot, das sie von ihm empfangen haben, im Herzen erwägen, an die, welche die Satzungen des Herrn im Munde führen, aber sie auch beobachten, an die, welche erkennen, daß die Beherzigung ein Werk reich an Freude ist". Das Speisegesetz ist mithin eine Aufforderung zum Verkehr mit den Frommen, welche an der Beschäftigung mit dem Worte des Herrn Freude haben, wie der Wiederkäuer mit Behagen wiederkäut (10, 11). Auch in der Auslegung der gespaltenen Klauen ist Barnabas von Philo beeinflußt; doch entwickelt er dessen Erklärung selbständig weiter. Die Spaltung der Klauen weist nämlich nach dem apostolischen Vater ebenfalls hin auf das Scheiden der Begriffe, die Unterscheidung zwischen Gut und Böse, nur wird dies von ihm im christlichen Sinne auf das Diesseits und Jenseits bezogen. Der Christ lebt in dieser Welt und erwartet eine andere, die Seligkeit des Himmels (10, 11).

Da Irenäus sieht, daß die Schrift selbst (Jer. 5, 8; Ps. 48, 23) den Menschen mit einem Tiere vergleicht, so trägt er kein Bedenken, die Erklärung, welche Barnabas von den reinen und unreinen Tieren gibt, sich zu eigen zu machen. Aber ein zu tiefsinniger Spekulation veranlagter Kopf, wie er ist, begnügt sich nicht mit der bloßen Wiedergabe einer vorgefundenen Deutung. In dem schweren Kampfe, den er mit dem Gnostizismus auszufechten hat, erscheinen ihm die Tiere, welche, weil sie wiederkäuen und gespaltene Klauen haben, rein und Gott wohlgefällig sind, als ein Bild der Christen, welche die Aussprüche Gottes beständig erwägen — darauf weist das Wiederkäuen hin —, und welche im Glauben an den Vater und den Sohn einen sicheren Halt besitzen — dies besagt die Spaltung der Klauen, welche ein festeres Stehen verbürgt. Wem eine dieser Eigenschaften fehlt, der ist unrein. Die Juden führen zwar die Worte Gottes im Munde, besitzen hingegen nicht den christlichen Glauben, sind also Wiederkäuer, aber nicht Zweihufer. Die Häretiker (die

§ 16. Die Kultushandlungen.

gnostischen Sekten) glauben wohl an den Vater durch den Sohn, verstehen jedoch nicht, in die Tiefe des göttlichen Wortes einzudringen und können daher auch nicht gute Werke tun. Sie sind Zweihufer, aber nicht Wiederkäuer. Keines der geforderten Merkmale endlich besitzen die Heiden. „Alle Tiere, die gespaltene Klauen haben und wiederkäuen, erklärt das Gesetz als reine; alle dagegen, die beides oder eins von beiden nicht haben, scheidet es als unreine aus. Welche sind also rein? Die zum Vater und Sohne durch den Glauben fest ihren Weg gehen; denn dies ist die Festigkeit der Zweihufer, und die in den Worten Gottes forschen Tag und Nacht (Ps. 1, 3), um mit guten Werken sich zu schmücken; denn dies ist die Stärke der Wiederkäuer. Unrein aber sind diejenigen, welche weder gespaltene Klauen haben noch wiederkäuen d. h. die weder den Glauben an Gott haben noch seine Worte überdenken; dies ist der Gräuel der Heiden. Die aber zwar wiederkäuen, jedoch keine Doppelklauen haben, sind gleichfalls unrein; dies ist die bildliche Zeichnung der Juden, die zwar die Worte Gottes im Munde führen, die aber das Feststehen ihrer Fußwurzel nicht befestigen im Vater und im Sohne. Darum ist auch hinfällig ihr Geschlecht; denn die einhufigen Tiere gleiten leicht aus; fester stehen die doppelhufigen, weil die gespaltenen Hufe je nach dem Wege sich nacheinander fügen und der eine Huf den anderen unterstützt. Unrein sind desgleichen, die zwar einen Doppelhuf haben, aber nicht wiederkäuen. Das ist die Kennzeichnung aller Häretiker, also derer, die nicht die Worte Gottes überdenken noch mit Werken der Gerechtigkeit sich schmücken ... Denn diese geben zwar vor, an den Vater und den Sohn zu glauben, forschen aber nie in den Worten Gottes, wie es sich gehört, noch haben sie sich mit gerechten Werken geschmückt" (Adv. haer. V, 8, 3).

Clemens handelt an drei Stellen von der in Frage stehenden gesetzlichen Bestimmung. Str. V, 8, 51 P. 677 bietet er ein wörtliches Zitat aus Barnabas mit ausdrücklicher Angabe der Quelle. Die Erörterung Str. VII, 18 P. 900 ist eine fast durchweg wörtliche Wiedergabe der Irenäusstelle. Paed. III, 11, 76 P. 298 schließt er sich sowohl an Philo als auch an Barnabas an. Die Erlaubnis, die reinen Tiere zu genießen, faßt er mit dem apostolischen Vater als eine Empfehlung des Umganges mit Gerechten auf. Die gespaltenen Hufe deutet er ebenfalls mit Barnabas auf das Diesseits und Jenseits. Das Wiederkäuen aber versteht er ganz wie Philo und Barnabas dahin, daß die Lehren, die der Mensch in dem Unterricht vernommen hat, durch wiederholtes Erwägen und Erinnern zu seinem geistigen Eigentume werden müssen. Die Ähnlichkeit der Wendung διὰ κατηχήσεως ... εἰς ἀνάμνησιν λογικήν mit den Worten Philos de agric. l. c. δι' ἀκοῆς ... εἰς ἀνάμνησιν τῶν πάντων zeigt, daß der Kirchenschriftsteller hier den jüdischen Exegeten, und zwar die Stelle de agric., vor Augen oder wenigstens in Erinnerung hatte: „Mit wem muß man umgehen? Mit dem Gerechten, und dies drückt Moses wieder allegorisch aus. Alles, was „zwei Hufe hat und wiederkäut", ist rein. Das „Zweihufig" bedeutet die gleichabwägende Gerechtigkeit, welche die eigentliche Nahrung der Gerechtigkeit, den Logos, wiederkäut. Sie geht von außen hinein durch die Katechese, wie jede Speise, sie kommt von innen wieder herauf wie aus dem Magen mittelst der Erkenntnis zur betrachtenden Erinnerung. Der Gerechte ist ein Wiederkäuer der geistigen Nahrung und hat den Logos im Munde. Zweihufig aber ist die Gerechtigkeit gewiß, da sie uns für das Diesseits heiligt und in ein seliges Jenseits hinüberführt".

3. Das Schwein ist unrein und darf nicht genossen werden, weil es zwar gespaltene Klauen hat, aber nicht wiederkäut (Lev. 11, 7; Deut. 14, 8).

Philo deutet dieses Gesetz auf die Menschen, welche sich zwar auf das Scheiden der Begriffe verstehen, wie die Sophisten (gespaltene Klauen), die sittlichen Wahrheiten aber nicht erwägen und sich nicht zu Herzen nehmen (wiederkäuen), infolge dessen in schmutzigen Lastern und Leidenschaften versinken, dem Schweine gleich, das sich im Kote wälzt. „Viele Sophisten, die in den Städten bewundert werden und bei der ganzen Welt in Ehren stehen wegen ihrer scharfsinnigen Untersuchungen und ihrer Geschicklichkeit in der Beweisführung, werden in Leidenschaften alt und bringen in ihnen das Leben hin, indem sie sich in nichts von den unerfahrensten und schlechtesten Menschen unterscheiden. Daher vergleicht sehr richtig der Gesetzgeber diejenigen Sophisten, welche so leben, mit der Gattung der Schweine, welche keineswegs ein glänzendes und reines Leben führen, sondern im Schmutz und Mist und in den schimpflichsten Lastern vegetieren; denn das Schwein ist unrein, weil es zwar zweihufig ist, aber nicht wiederkäut" (de agric. 143—145 [M. I, 322]).

Der Barnabasbrief faßt das Schwein, das nicht genossen werden darf, auch als ein Symbol schlechter Menschen auf, deren

Umgang man meiden muß, versteht aber die Bosheit näherhin als Undankbarkeit gegen Gott, wie sie dem Schweine seinem Herrn gegenüber eigen ist, indem es zu ihm schreit, solange es hungert, sich jedoch um ihn nicht kümmert, wenn es zu fressen hat. „Das Schweinefleisch hat er zu dem Zwecke genannt: Schließe dich, sagt er, nicht an Menschen an, welche Schweinen ähnlich sind; denn wenn sie vollauf haben, so vergessen sie ihres Herrn, leiden sie dagegen Mangel, so anerkennen sie den Herrn. So kennt auch das Schwein, so lange es zu fressen hat, den Herrn nicht, wenn es aber hungert, so grunzt es, und wenn es bekommen hat, so schweigt es wieder" (10, 3). Dasselbe Verbot findet Barnabas auch angedeutet in Ps. 1, 1: „Glückselig der Mann, der auf dem Wege der Sünder nicht steht", nämlich, so erklärt er, „wie diejenigen, welche scheinbar den Herrn fürchten, aber sündigen wie das Schwein" (10, 10).

Clemens faßt an einer Stelle unter Berufung auf Barnabas und in Anlehnung an ihn das Schwein als ein Symbol des gegen Gott undankbaren Menschen auf. „„Stehe nicht auf dem Wege der Sünder" (Ps. 1, 1) wie die, welche scheinbar den Herrn fürchten, aber sündigen wie das Schwein; denn wenn es hungert, grunzt es, ist es aber gesättiget, so kennt es den Herrn nicht" (Str. II, 15, 67 P. 464). An den drei anderen Stellen, wo er vom Genuß des Schweinefleisches handelt, schließt er sich aber an Philo an, und zwar, obwohl er an zwei dieser Stellen ein Zitat aus Barnabas 10 bietet. Hier ist ihm das Schwein, das am Schmutze Gefallen findet, das Symbol des lasterhaften Menschen, der sich der Eßlust und der Unkeuschheit rückhaltslos hingibt und daher als unrein zu meiden ist. „Der allweise Pädagog bezeichnet durch Moses den Verkehr mit schlechten Menschen als schweinisch, indem er dem alten Volke verbot, vom Schweine zu genießen, und zeigt damit, daß denen, welche Gott anrufen, es nicht erlaubt ist, unter unreine Menschen sich zu mischen, die gleich Schweinen der Fleischeslust, der geilen Nahrung und dem sinnlichen Kitzel ergeben sind und sich an böser Liebeslust ergötzen" (Paed. III, 11, 75 P. 297). „Das Schwein bezeichnet die lüsterne und unreine Begierde nach Speise und die sinnliche und ekelhafte Zügellosigkeit im Liebesgenuß, die immer Kitzel empfindet und im Schmutze liegt und nur fett wird, um getötet zu werden und unterzugehen" (Str. V, 8, 51 P. 677). Vgl. Str. VII, 6 P. 849.

4. Auch der Hase und die Hyäne[1]) gehörten zu den unreinen Tieren und durften nicht gegessen werden (Lev. 11, 5. 6: Deut. 14, 7).

Philo selbst behandelt dieses Gesetz nicht. In ganz philonischem Geiste aber erklärt Barnabas den Hasen wegen seiner Unreinlichkeit als Symbol des Unzüchtigen, speziell des Knabenschänders, die Hyäne als Symbol des Ehebrechers und Knabenschänders, überhaupt des Unkeuschen, da sie hermaphroditisch sei und jedes Jahr das Geschlecht wechsle — ein im Altertum weit verbreiteter Irrtum, den bereits Aristoteles[2]), aber, wie wir sehen, erfolglos, widerlegt hat.

Clemens übernimmt aus Barnabas die Deutung des Hasen, und wenn er auch der Meinung, die Hyäne sei hermaphroditisch, widerspricht, so sieht er doch wegen ihrer nie zu befriedigenden Geilheit in ihr ebenfalls ein Sinnbild des Unkeuschen, des Ehebrechers, Knabenschänders und Sodomiters.

Das Verbot, Hasen und Hyänen zu essen, ist also nach Barnabas und Clemens eine Aufforderung, Unzuchtssünden zu meiden.

Barn. 10, 6: Ἀλλὰ καὶ τὸν δασύποδα οὐ φάγῃ· πρὸς τί; οὐ μὴ γένῃ, φησίν, παιδοφθόρος[3]) οὐδὲ ὁμοιωθήσῃ τοῖς τοιούτοις, ὅτι ὁ λαγωὸς κατ' ἐνιαυτὸν πλεονεκτεῖ τὴν ἀφόδευσιν· ὅσα γὰρ ἔτη ζῇ, τοσαύτας ἔχει τρύπας. (10, 7): ἀλλὰ οὐδὲ τὴν ὕαιναν φάγῃ· οὐ μή, φησίν, γένῃ μοιχὸς οὐδὲ φθορεὺς οὐδὲ ὁμοιωθήσῃ τοῖς τοιούτοις. πρὸς τί; ὅτι τὸ ζῶον τοῦτο παρ' ἐνιαυτὸν ἀλλάσσει τὴν

Paed. II, 10, 83 P. 220: „οὐκ ἔδεσαι" λέγων „τὸν λαγὼν οὐδὲ τὴν ὕαιναν". οὐ βούλεται τῆς ποιότητος αὐτῶν μεταλαμβάνειν τὸν ἄνθρωπον οὐδὲ μὴν τῆς ἴσης ἀσελγείας ἀπογεύσασθαι· κατακόρως γάρ τοι περὶ τὰς μίξεις τὰ ζῷα ταῦτα ἐπτόηνται· καὶ τὸν μὲν λαγὼ κατ' ἔτος πλεονεκτεῖν φασι τὴν ἀφόδευσιν, ἰσαρίθμους οἷς βεβίωκεν ἔτεσιν ἴσχοντα τρύπας· ταύτῃ ἄρα τὴν κώλυσιν τῆς ἐδωδῆς

---

[1]) Mas.: שָׁפָן Klippdachs, LXX: χοιρογρύλλιον, Barn. und Clem.: ὕαινα.

[2]) Arist. Hist. an. VI, 32 p. 579 B. De anim. gen. III, 6 p. 757 A.

[3]) Mit Berufung auf Barn. 19, 5: οὐ φονεύσεις τέκνον ἐν φθορᾷ versteht Müller, Erklärung des Barnabasbriefes (z. d. St.) παιδοφθόρος vom Abtreiben der Leibesfrucht. Allein 19, 4 ist angeführt: οὐ μοιχεύσεις, οὐ παιδοφθορήσεις; letzteres bedeutet hier also eine Unzuchtssünde, die Päderastie. Daher verdient die Auffassung, 10, 6 beziehe sich auf Knabenschändung, welche schon von Clemens vertreten wird, unbedingt den Vorzug. Auch in der folgenden Stelle 10, 7, wo μοιχός und φθορεύς ebenfalls zusammengestellt sind, ist unter dem letzteren unbedingt der Knabenschänder zu verstehen.

§ 16. Die Kultushandlungen. 267

φύσιν, καὶ ποτὲ μὲν ἄρρεν, ποτὲ δὲ θῆλυ γίνεται.

τοῦ λαγὼ παιδεραστίας ἐμφαίνειν ἀποτροπήν. τὴν δὲ ὕαιναν ἐναλλὰξ ἀμείβειν τὸ ἄρρεν εἰς τὸ θῆλυ παρ᾿ ἔτος ἕκαστον, αἰνίττεσθαι δὲ μὴ χρῆν ἐπὶ μοιχείας ὁρμᾶν τὸν τῆς ὑαίνης ἀπεχόμενον . . . οὐ μέντοι τῇδε τῇ ἐξηγήσει τῶν συμβολικῶς εἰρημένων συγκατατίθεμαι . . . (§ 87): ἐντεῦθεν συμφανὲς ἡμῖν ὁμολογουμένως παραιτεῖσθαι δεῖν τὰς ἀρρενομιξίας καὶ τὰς ἀκάρπους σπορᾶς.

5. Das Wiesel wird vom Gesetz gleichfalls für unrein erklärt und sein Genuß verboten (Lev. 11, 29).

Von der irrtümlichen Ansicht der antiken Naturwissenschaft ausgehend, daß das Wiesel durch das Ohr empfängt und durch den Mund gebärt, faßt Aristeas dieses Tier als Symbol des Ohrenbläsers und Verleumders auf: „Darum ist auch ein solcher Charakter der Menschen unrein. Indem sie nämlich, was sie durchs Ohr aufnahmen, durch Worte ausgestalteten, brachten sie andere ins Unglück und vollbrachten keine kleine Unreinheit, selbst befleckt vom Makel der Gottlosigkeit. Ich (Aristeas) aber sprach: Ich glaube, du meinst die Angeber. Er (Eleazar) erwiderte: Gewiß meine ich diese; denn das Lauern auf anderer Menschen Verderben ist gottlos" (165—167).

Indem Barnabas irrtümlich annimmt, daß das Wiesel durch den Mund empfängt, versteht er das Verbot vom Meiden unkeuscher Menschen, die wie das Wiesel mit dem Munde widernatürliche Unzucht treiben (10, 8).

6. Nach dem Gesetze verunreinigte ferner der Genuß verschiedener Vögel, welche Fleisch, zum Teil Aas fressen (Lev. 11, 13—19; Deut. 14, 12—18).

Der Aristeasbrief sieht in dieser Vorschrift, da sie sich auf Raubvögel bezieht, eine Mahnung, Gewalt und Unrecht als die Seele befleckend zu meiden: „Die verbotenen Vögel aber sind, wie du finden wirst, wild und fleischfressend, vergewaltigen mit ihrer Kraft die übrigen und nähren sich, indem sie frevelhafter Weise die vorhin genannten zahmen fressen. Und nicht nur diese, sondern auch Lämmer und junge Ziegen rauben sie und fallen Menschen an, Leichen und Lebende. Moses deutete nun, indem er sie unrein nannte, an, daß die, welchen das Gesetz gegeben ist, in ihrer Seele Gerechtigkeit pflegen und niemanden im Vertrauen auf ihre Kraft vergewaltigen und ihm etwas nehmen, sondern in Gerechtigkeit ihr Leben führen sollen" (146—148).

Im Anschluß an Aristeas macht auch Philo darauf aufmerksam, daß dieses Gesetz in der Hauptsache die Raubvögel betrifft, welche ihre überlegene Kraft zum Schaden anderer mißbrauchen: σαρκοβόρα καὶ ἰοβόλα καὶ συνόλως ἐπιβούλοις κεχρημένα ταῖς δυνάμεσι (de special. leg. IV, 116 [M. II, 355]). Im Raben, der unter jenen Vögeln genannt wird, sieht er ein Symbol der Schlechtigkeit (signum malitiae est Quaest. in Gen. II, 35. 38 [A. 115 f.]) [1]).

Barnabas findet, an diese Vorgänger sich anlehnend, in der Speisevorschrift ein Verbot, mit Räubern und Ungerechten zu verkehren, die nicht durch eigene Arbeit ihren Unterhalt verdienen, sondern an fremdem Gute sich vergreifen und mühelos von dem leben, was andere ehrlich sich erworben haben, gerade so wie jene Vögel ihre Nahrung sich nicht beschaffen, indem sie sich selbst anstrengen, sondern auf Raub lauern: „Auch iß, sagt Moses, keinen Adler noch Habicht noch Geier noch Raben. Er will sagen: Schließe dich nicht an solche Menschen an, die nicht mit Mühe und Schweiß ihren Lebensunterhalt sich zu beschaffen wissen, sondern in ihrer Ungerechtigkeit fremdes Gut rauben, auf die lauern, welche in ihrer Unschuld wandeln, und umherschauen, wen sie ausziehen könnten, wegen ihrer Habsucht, gerade so wie diese Vögel ihre Nahrung sich nicht durch eigene Mühe verschaffen, sondern untätig dasitzen und suchen, wie sie fremdes Fleisch zu fressen bekommen könnten, eine wahre Pest durch ihre Schlechtigkeit" (10, 4). Dasselbe Verbot ist, wie Barnabas glaubt, auch in Ps. 1, 1 enthalten: „Lasse dich nicht nieder auf dem Sitze der Pestilenz, wie die Vögel, die auf Beute lauern" (10, 10).

Von Barnabas hat Clemens diese Allegorie übernommen. „Aber auch den Genuß des Geiers, des Habichts und des Adlers verbietet Moses. Nähere dich nicht, will er sagen, denen, welche ihren Lebensunterhalt durch Raub sich verschaffen" (Paed. III, 11, 75 P. 298). Die gleiche Erklärung gibt er Str. V, 8, 52 P. 677 mit ausdrücklicher Berufung auf Barnabas. An dieser Stelle versucht

---

[1]) Wenn Philo hier auch den Raben im Auge hat, der von Noe aus der Arche entlassen wird, so bleibt die Allegorie deshalb doch bestehen.

er auch die Raubvögel einzeln zu deuten. Der Adler symbolisiere die Raubgier, der Habicht die Ungerechtigkeit und der Rabe die Habsucht. Sachlich ist durch eine derartige Unterscheidung freilich nichts gewonnen.

7. Endlich war durch das Gesetz der Genuß jener Fische verboten, die weder Flossen noch Schuppen haben oder denen doch eins von beiden fehlt, weil sie scheinbar mangelhaft und nicht der Natur entsprechend ausgebildet sind. Fische aber, die Flossen und Schuppen haben, waren erlaubt (Lev. 11, 9. 10; Deut. 14, 10).

Da Philo annimmt, daß die zuerst genannten Fische der Gewalt des Wassers nicht widerstehen können und daher von der Strömung mitgerissen werden, so sieht er in ihnen ein Symbol jener Menschen, welche der Lust ergeben sind und auf diesem abschüssigen Wege, ohne Widerstand zu leisten, sich dahintreiben lassen, bis sie ins Verderben stürzen. Die Fische mit Flossen und Schuppen aber sind, weil sie die Strömung überwinden können, ein Bild der Enthaltsamen, welche dem Ansturm der Leidenschaften nicht nachgeben. „Symbole sind auch diese (die Fische), die ersteren der lüsternen Seele, die letzteren der nach Selbstbeherrschung und Enthaltsamkeit verlangenden Seele; denn der Weg, der zur Lust führt, geht bergab und ist sehr leicht (zu beschreiten), bewirkt mehr ein Gleiten als ein Wandeln; aufwärts dagegen führt der Weg zur Enthaltsamkeit; er ist zwar mühselig, aber immer nützlich. Der Weg der Lust führt herab und zwingt herunterzugleiten, indem er nach unten zieht, bis er den Menschen in den äußersten Abgrund stürzt; der Weg der Enthaltsamkeit aber führt zum Himmel" (de special. leg. IV, 112 [M. II, 354]; vgl. Quaest. in Gen. II, 56 [A. 139]).

Abweichend von Philo findet Barnabas den Unterschied der Fische nicht in ihrer Fähigkeit bezw. Unfähigkeit, der Strömung des Wassers Widerstand zu leisten, sondern darin, daß die schuppigen Fische an der Oberfläche des Wassers schwimmen, die anderen aber unten in der Nähe des Meeresbodens sich aufhalten und zum Tageslicht nicht hinaufsteigen. Daher versteht er unter letzteren die Bösen, die von Gott nichts wissen wollen und in der Finsternis des Unglaubens Gefallen finden. Das sind diejenigen, welche, wie der Psalmist sagt (1, 1), wandeln im Rate der Gottlosen.

Clemens schließt sich an Barnabas an.

Barn. 10, 5: „καὶ οὐ φάγῃ, φησίν, σμύραινα οὐδὲ πολύποδα οὐδὲ σηπίαν"[1]). οὐ μή, φησίν, ὁμοιωθήσῃ κολλώμενος ἀνθρώποις τοιούτοις, οἵτινες εἰς τέλος εἰσὶν ἀσεβεῖς καὶ κεκριμέναι ἤδη τῷ θανάτῳ, ὡς καὶ ταῦτα τὰ ἰχθύδια, μόνα ἐπικατάρατα, ἐν τῷ βυθῷ νήχεται, μὴ κολυμβῶντα ὡς τὰ λοιπά, ἀλλὰ ἐν τῇ γῇ κάτω τοῦ βύθου κατοικεῖ. (10, 10): μακάριος ὁ ἀνήρ, ὃς οὐκ ἐπορεύθη ἐν βουλῇ ἀσεβῶν, καθὼς οἱ ἰχθύες πορεύονται ἐν σκότει εἰς τὰ βάθη.

Str. II, 15, 67 P. 464: „μακάριος ἀνὴρ ὃς οὐκ ἐπορεύθη ἐν βουλῇ ἀσεβῶν", καθὼς οἱ ἰχθύες πορεύονται ἐν σκότει εἰς τὰ βάθη· οἱ γὰρ λεπίδα μὴ ἔχοντες, ὧν ἀπαγορεύει Μωυσῆς ἐφάπτεσθαι, κάτω τῆς θαλάσσης νέμονται.

8. Ausgehend von der Bemerkung des Barnabas: „Inbetreff der Speisen stellte Moses drei Lehrsätze in geistigem Sinne auf" (10, 1) findet Clemens in den Speisevorschriften auch ein Verbot der Gedanken-, Wort- und Tatsünden, indem er die von Philo und Barnabas gegebenen Erklärungen weiter entwickelt. Da die Fische stumm sind, so sieht er in ihnen eine Mahnung, schweigsam zu sein, also Zungensünden zu meiden [2]). Die Raubvögel repräsentieren nach Barnabas und Clemens zunächst die Ungerechtigkeit, können also von letzterem allgemein auf die Tatsünden bezogen werden. Das Schwein ist nach Philo ein Symbol der Unzucht. Da diese mit Gedanken und Begierden beginnt, so faßt der Kirchenschriftsteller dasselbe allgemein als Sinnbild der Gedankensünden auf (Str. II, 15, 68 P. 465).

4. Die Beschneidung.

Die Beschneidung bewirkte die Aufnahme in das auserwählte Gottesvolk. Nach der Schrift selbst ist die leibliche Beschneidung ein Symbol der geistigen Beschneidung, der Beschneidung und Reinigung des Herzens (Deut. 10, 16; 30, 6; Lev. 26, 41; Jer, 4, 4 u. ö.). Damit stimmt Philo überein, welcher die Beschneidung als ein „Ausschneiden der Lust und aller Leidenschaften und das Hinwegnehmen der gottlosen Ruhmsucht" bezeichnet (de migr. Abr. 92 [M. I, 450]; vgl. de special. leg. I, 304 [M. II, 258]).

Barnabas und Justin erklären gleichfalls die alttestamentliche Zeremonie als ein Symbol der „Beschneidung an Herz und

---

[1]) Die hl. Schrift führt die Fische nicht mit Namen an.

[2]) Diese Deutung ist verfehlt. In dem Verbote, die stummen Fische zu genießen, würde ja analog den gesetzlichen Bestimmungen über die Raubvögel und das Schwein gerade die Mahnung liegen, zu reden.

§ 16. Die Kultushandlungen. 271

Ohren" (Barn. 9; Justin Dial. 15. 16). Von dem jüdischen Exegeten aber sind die beiden christlichen Schriftsteller nicht abhängig oder lehnen sich wenigstens nicht mit Bewußtsein an ihn an, weil sie zur Begründung eine Menge Stellen aus der Schrift, auch die oben erwähnten, anführen. Darauf, daß Barnabas es für absurd hält, daß die göttliche Anordnung der Beschneidung im Fleische wörtlich aufzufassen sei, wurde bereits aufmerksam gemacht [1]).

In die Gemeinde des Herrn durften aber nicht eintreten die **Eunuchen und die in Unzucht Erzeugten** (Deut. 23, 1. 2).

Philo findet in dieser Vorschrift allegorisch Zustände der Seele angedeutet. Der Eunuch ist Symbol des Gottlosen, der unfähig ist, etwas Gutes hervorzubringen; der Sohn der Hure ist das Sinnbild des Polytheisten, welcher seinen wahren Vater, den einen Gott, nicht kennt und sich viele Väter zuschreibt d. h. an viele Götter glaubt.

An Philo schließt sich Clemens aufs engste an.

De migr. Abr. 69 [M. 447]: ὥσπερ δὲ τὸ πολύπουν καὶ ἄπουν, ἐναντία ὄντα ἐν τῷ γένει τῶν ἑρπετῶν, ἀκάθαρτα ἀναγράφεται, οὕτως καὶ ἡ ἄθεος καὶ πολύθεος ἀντίπαλοι ἐν ψυχῇ δόξαι βέβηλοι. σημεῖον δέ· ἀμφοτέρας ὁ νόμος ἐκκλησίας ἱερᾶς ἀπελήλακε, τὴν μὲν ἄθεον θλαδίαν καὶ ἀποκεκομμένον εἴρξας ἐκκλησιάζειν, τὴν δὲ πολύθεον τὸν ἐκ πόρνης ὁμοίως κωλύσας ἀκούειν ἢ λέγειν· ἄθεος μὲν γὰρ ὁ ἄγονος, πολύθεος δὲ ὁ ἐκ πόρνης τυφλώττων περὶ τὸν ἀληθῆ πατέρα καὶ διὰ τοῦτο πολλοὺς ἀνθ' ἑνὸς γονεῖς ἐπιγραφόμενος. Vgl. leg. alleg. III, 8 [M. I, 89]; de ebr. 211 [M. I, 389]; de mut. nom. 205 [M. I, 609].

Protrept. 2, 25 P. 21: οὐχ ὁρᾷς τὸν ἱεροφάντην τῆς ἀληθείας Μωυσέα προστάττοντα θλαδίαν καὶ ἀποκεκομμένον μὴ ἐκκλησιάζειν, καὶ προσέτι τὸν ἐκ πόρνης; αἰνίττεται δὲ διὰ μὲν τῶν προτέρων τὸν ἄθεον τρόπον τὸν τῆς θείας καὶ γονίμου δυνάμεως ἐστερημένον, διὰ δὲ τοῦ λοιποῦ τοῦ τρίτου τὸν πολλοὺς ἐπιγραφόμενον ψευδωνύμους θεοὺς ἀντὶ τοῦ μόνου ὄντος θεοῦ, ὥσπερ ὁ ἐκ τῆς πόρνης τοὺς πολλοὺς ἐπιγράφεται πατέρας ἀγνοίᾳ τοῦ πρὸς ἀλήθειαν πατρός. Vgl. Str. III, 15, 99 P. 556.

5. Das Nasiräergelübde (Num. 6).

Trat in der Nähe eines Nasiräers ein plötzlicher Todesfall ein, so daß er wider seinen Willen und ohne seine Schuld sich verunreinigte, so blieb er eine Woche unrein, hatte am siebenten Tage, an dem er wieder rein wurde, sein Haupthaar zu scheren (6, 9) und mußte am achten Tage ein Opfer darbringen. Die

---

[1]) Vgl. S. 59.

vorhergehenden Tage seiner Weihe galten nicht (יִפֹּל, LXX ἄλογοι); sie waren verfallen und wurden nicht gerechnet (6, 12).

Der plötzliche Tod, welcher den Nasiräer verunreinigt, wird von Philo und Clemens allegorisch als die unfreiwillige Sünde erklärt, von welcher die Seele befleckt wird. In dem Worte „plötzlich" liegt nach beiden Exegeten der Begriff des Unfreiwilligen; denn zu jeder freiwilligen Handlung gehört Überlegung, also auch Zeit. Der Ausdruck „unvernünftig" [1]) weist auf das Sündigen hin"; denn wenn wir sündigen, handeln wir, richtig betrachtet, unvernünftig. Philo gibt als Grund dafür, daß die vorhergehenden Tage ἄλογοι genannt werden, außerdem an, daß man von den unfreiwilligen Sünden keine Rechenschaft (λόγος) abzulegen braucht. Daß der Nasiräer sich den Kopf scheren muß, wird von Clemens folgerichtig dahin gedeutet, daß der Mensch die Unwissenheit ablegen muß, damit sein Verstand, dessen Sitz das Haupt ist, zur Sinnesänderung gelangt und von der Sünde sich abwendet.

De agric. 175—179 [M. I, 327]: δι' ἀμφοτέρων τοίνυν, τοῦ τε „αἰφνίδιον" [2]) καὶ τοῦ „παραχρῆμα" εἰπεῖν, ἡ ἀκούσιος παρίσταται τῆς ψυχῆς τροπή· πρὸς μὲν γὰρ τὰ ἑκούσια τῶν ἁμαρτημάτων εἰς τὸ βουλεύσασθαι ποῦ καὶ πότε καὶ πῶς πρακτέον χρόνου δεῖ, τὰ δὲ ἀκούσια ἐξαίφνης, ἀπερισκέπτως καί, εἰ οἷόν τε τοῦτ' εἰπεῖν, ἀχρόνως κατασκήπτει ... παγκάλως δὲ τὰς τῆς ἀκουσίου τροπῆς ἡμέρας εἶπεν ἀλόγους, οὐ μόνον ἐπειδὴ τὸ ἁμαρτάνειν ἄλογον, ἀλλ' ὅτι καὶ τῶν ἀκουσίων λόγον οὐκ ἔστιν ἀποδοῦναι. Vgl. quod Deus sit immut. 89. 90 [M. I, 286]; leg. alleg. I, 17 [M. I, 46].

Paed. 1, 2, 5 P. 100: τὴν ἀκούσιον ἁμαρτίαν αἰφνίδιον [2]) θάνατον προσειπών· μιαίνειν δὲ αὐτὸν λέγει κηλιδοῦντα τὴν ψυχήν· διὸ καὶ τὴν θεραπείαν ᾗ τάχος ὑποτίθεται ξυράσθαι παραχρῆμα τὴν κεφαλὴν συμβουλεύων, τὰς ἐπισκιαζούσας τῷ λογισμῷ τῆς ἀγνοίας κόμας ἀποψήξασθαι παραινῶν, ὡς γυμνὸν δασείας καταλειφθέντα ὕλης (τῆς κακίας) τὸν λογισμὸν (ἐνθρονίζεται δὲ οὗτος ἐν ἐγκεφάλῳ) ἐπὶ τὴν μετάνοιαν παλινδρομῆσαι. ... „αἱ δὲ ἡμέραι αἱ πρότεραι ἄλογοι", δι' ὧν δῆλον ὅτι αἱ ἁμαρτίαι μηνύονται αἱ μὴ γεγονυῖαι κατὰ λόγον. καὶ τὸ μὲν ἀκούσιον αἰφνίδιον προσεῖπεν, τὸ δὲ ἁμαρτάνειν ἄλογον.

B. Sittengesetze.

§ 17.

1. Die steinernen Tafeln.

Die beiden steinernen Tafeln, auf welche die zehn Gebote geschrieben waren (Ex. 31, 18; 32, 16), sind nach Clemens zunächst Symbole des Himmels und der Erde; denn diese lassen sich in zehn Teile zerlegen und sind, wie die Tafeln, eine Schöpfung

---

[1]) So wird das Wort ἄλογοι bei Philo und Clemens verstanden.
[2]) LXX hat ἐξάπινα statt αἰφνίδιον.

des „Fingers" d. i. der Macht Gottes[1]). Ferner weisen die Tafeln, da die, welche Gott zuerst angefertigt hatte, von Moses zerschlagen und an ihrer Stelle neue gegeben wurden (Ex. 32, 19; 34, 4), hin auf die beiden Testamente, da auch hier das Alte dem Neuen weichen mußte. Endlich sind sie Symbole des vernünftigen und des unvernünftigen Seelenteils im Menschen, und zwar auch deshalb, weil sich bei letzterem die Zehnzahl wiederfindet. „Wenn die beschriebenen Tafeln ein Werk Gottes sind, so wird man auch finden, daß sie das physische Werk Gottes zeigen; denn unter dem „Finger Gottes" ist die Macht Gottes zu verstehen, durch welche die Schöpfung des Himmels und der Erde bewirkt wurde; als Symbole dieser beiden erkennt man die Tafeln. Schrift und Gestaltung, welche der Tafel zu Grunde liegt, ist nämlich die Schöpfung der Welt. — Diese beiden Tafeln sind auch eine Prophetie (ein Typus) der beiden Testamente; denn sie wurden geheimnisvoll erneuert, als Unwissenheit und Sünde zugleich überwog. Doppelt werden sie geschrieben, wie es scheint, als Gebote, gegeben den beiden Geistern (Seelenteilen), dem leitenden und dem untergebenen (dem vernünftigen und dem unvernünftigen). Denn das Fleisch gelüstet wider den Geist und der Geist wider das Fleisch. Es ist aber die Zehnzahl auch im Menschen" (Str. VI, 16, 133. 134 P. 807 f.).

In der an letzter Stelle angeführten Symbolik der Gesetzestafeln ist Clemens von Philo abhängig. Nach diesem deuten sie ebenfalls den vernünftigen und den unvernünftigen Seelenteil an, welche beide erzogen und geleitet werden müssen, wie es durch die Gebote geschieht (quis rer. div. heres 167 [M. I, 496]). Daß der jüdische Exeget auch eine Zehnteilung der Welt und des Menschen annimmt, wurde bereits erwähnt[2]), und obwohl der christliche Schriftsteller hier die zehn Teile der Welt anders bestimmt als jener, so müssen wir bei dieser Symbolik der Gesetzestafeln doch den Einfluß des jüdischen Allegoristen erkennen.

2. Die zehn Gebote.

1. Die Reihenfolge. Von den Handschriften der Septuaginta zeigen *AF* ebenso wie Mas. Vulg. folgende Ordnung in den zehn Geboten: Mord, Ehebruch, Diebstahl. *B* hat die Reihenfolge: Ehebruch, Diebstahl, Mord. Philo benutzte eine Hand-

---

[1]) Aristobul versteht unter der »Hand« Gottes die göttliche Macht; vgl. S. 19.
[2]) Vgl. S. 159, 167, 255 u. ö.

schrift, welche die Gebote in einer von jeder der beiden Gruppen abweichenden Reihenfolge las. Er zählt sowohl quis rer. div. heres 167—173 [M. I, 496 f.] als auch de decal. 52—153 [M. II, 189 ff.] die Gebote folgendermaßen auf: 1) das Abgöttereiverbot, 2) das Bilderverbot, 3) das Verbot, den göttlichen Namen zu verunehren, 4) das Sabbatgesetz, 5) das Gebot, die Eltern zu ehren, 6) das Verbot des Ehebruchs, 7) das des Mordes, 8) das des Diebstahls, 9) das Verbot, falsches Zeugnis zu geben, 10) das Verbot böser Begierden.

Clemens führt an einer Stelle die Gebote nahezu vollständig an, nämlich Str. VI, 16, 137 ff. P. 809 ff. Nachdem er das Abgöttereiverbot und das Bilderverbot erwähnt, nennt er das Verbot, den göttlichen Namen zu verunehren, und bezeichnet es als zweites, handelt hierauf vom Sabbatgebot als drittem und führt dann das Gebot der Elternliebe als fünftes an. In der Zählung des fünften, sechsten, siebenten und achten Gebotes stimmt er mit Philo überein: das neunte übergeht er und nennt als zehntes mit Philo das Verbot der Begierden. Der Text bei Clemens ist offenbar verdorben, und da er unmittelbar vor der Aufzählung der Gebote dieselbe Erklärung der Gesetzestafeln bietet, welche der jüdische Exeget quis rer. div. heres ebenfalls unmittelbar vor der Behandlung des Dekalogs gibt, so ist der Text des christlichen Schriftstellers nach dem des Philo zu verbessern. Das Bilderverbot ist als zweites, das Verbot der Verunehrung des göttlichen Namens als drittes zu zählen und als viertes dann das Sabbatgebot, indem mit Änderung der Interpunktion zu lesen ist (§ 137): $\mu\dot{\eta}$ $\delta\varepsilon\tilde{\iota}\nu$ $\lambda\alpha\mu\beta\acute{\alpha}\nu\varepsilon\iota\nu$ $\mu\eta\delta\grave{\varepsilon}$ $\dot{\varepsilon}\pi\iota\varphi\acute{\varepsilon}\rho\varepsilon\iota\nu$ $\tau\dot{o}$ $\mu\varepsilon\gamma\alpha\lambda\varepsilon\tilde{\iota}o\nu$ $\varkappa\rho\acute{\alpha}\tau o\varsigma$ $\tau o\tilde{\nu}$ $\vartheta\varepsilon o\tilde{\nu}$ ... $\tau\rho\acute{\iota}\tau o\varsigma$ $\dot{\varepsilon}\sigma\tau\grave{\iota}$ $\lambda\acute{o}\gamma o\varsigma$. $\dot{o}$ $\delta\grave{\varepsilon}$ $\tau\acute{\varepsilon}\tau\alpha\rho\tau o\varsigma$ $\dot{o}$ $\mu\eta\nu\acute{\nu}\omega\nu$ $\varkappa\tau\lambda$.[1]) Infolge eines Lesefehlers ist $\tau\acute{\varepsilon}\tau\alpha\rho\tau o\varsigma$ ausgefallen. Damit erhalten wir dieselbe Reihenfolge und Zählung, wie Philo sie bietet, abgesehen vom neunten Gebot, das von Clemens nicht behandelt wird.

Protrept. 10, 108 P. 85 ist die Reihenfolge abweichend: Mord, Ehebruch, Knabenschändung, Diebstahl, Meineid. Paed. III, 12, 89 P. 305 nennt Clemens Ehebruch, Bilderanbetung, Knabenschändung, Diebstahl, Meineid, Elternliebe. Diese Aufzählung ist durch eine Erinnerung an Matth. 5, 27 ff. und besonders Luc. 18, 20 veranlaßt. Die Verbindung mit dem Verbot der Knabenschän-

---

[1]) Diese Änderung wird auch vorgeschlagen von Sylburg und Mayor.

§ 17. 2. Die zehn Gebote.

dung Lev. 18, 22; 20, 13 (vgl. auch Paed. II, 10, 89; Str. III, 4, 36) stammt aus Barnabas 19, 4 *(οὐ πορνεύσεις, οὐ μοιχεύσεις, οὐ παιδοφθορήσεις,* ebenso Paed. II, 10, 89: *οὐ πορνεύσεις, οὐ μοιχεύσεις, οὐ παιδοφθορήσεις),* und der Didache 2, 2 *(οὐ φονεύσεις, οὐ μοιχεύσεις, οὐ παιδοφθορήσεις, οὐ πορνεύσεις, οὐ κλέψεις).*

2. Bei der Erklärung des **Bilderverbots** (Ex. 20, 4) macht Philo nur auf die Gefahr des Polytheismus aufmerksam, welche entstehe, wenn man Bilder von Gott anfertige, und schildert das Lächerliche der Bilderanbetung, welche von den Heiden geübt werde (quis rer. div. heres 169 [M. I, 496]; de decal. 70—75 [M. II, 192]; de special. leg. I, 21—29 [M. II, 214]).

Unabhängig von dem jüdischen Exegeten findet Clemens in dem Bilderverbot die auch von Philo [1]) oft ausgesprochene Mahnung enthalten, nicht bei dem Sinnlichen stehen zu bleiben, sondern zur geistigen Erkenntnis fortzuschreiten, und weist ferner darauf hin, daß es Gottes als eines Geistes unwürdig ist, unter einem sinnlichen Bilde sich verehren zu lassen (Str. V, 5, 28 P. 662). Moses befolgte, wie der christliche Schriftsteller weiter erklärt, sein von ihm selbst gegebenes Verbot, indem er in der Stiftshütte kein Bild Gottes aufstellte. Dadurch wollte er die Juden zum Verständnis der Wahrheit führen, daß der über jeden Raum erhabene Gott unsichtbar und unendlich ist (Str. V, 11, 74 P. 691). Diese Eigenschaften Gottes werden auch von Philo oft hervorgehoben [2]), wenn sie von ihm auch nicht daraus bewiesen werden, daß in der Stiftshütte keine Bildsäule sich befand.

Zum **Sabbatgebot** vgl. S. 250.

3. **Die Kindespflichten** (Ex. 20, 12). Ausgehend von Deut. 21, 18—21, wo vom Ungehorsam der Kinder gegen Vater und Mutter und ihrer Strafe die Rede ist, deutet Philo allegorisch den Vater auf Gott, den Schöpfer aller Dinge, und die Mutter auf die göttliche Weisheit, die sich selbst als das erste der Werke Gottes bezeichne (Spr. 8, 22) und die, nachdem sie von Gott empfangen, die Welt als Sohn geboren habe.

Clemens erklärt in der Stelle Ex. 20, 12 den Vater gleichfalls als Gott, der alles erschaffen habe, und die Mutter als die Weisheit. Wie der jüdische Exeget, beruft er sich hierbei auf Salomo, welcher die Weisheit „Mutter der Gerechten" nenne. In

---

[1]) Vgl. S. 187 ff.
[2]) Vgl. S. 126 ff.

den Sprichwörtern wird die Weisheit unter dem Bilde einer Mutter vorgeführt (1, 8; 31, 1 [= LXX 24, 69]). Da diese Stellen für die Allegorie beweiskräftiger sind als die von Philo angezogene, so können wir in dieser Abweichung des christlichen Schriftstellers eine absichtliche Verbesserung seiner Vorlage erblicken.

De ebr. 30 [M. I, 361]: τὸν γοῦν (πατέρα) τόδε τὸ πᾶν ἐργασάμενον δημιουργὸν ὁμοῦ καὶ πατέρα εἶναι τοῦ γεγονότος εὐθὺς ἐν δίκῃ φήσομεν, μητέρα δὲ τὴν τοῦ πεποιηκότος ἐπιστήμην, ᾗ συνὼν ὁ θεὸς οὐχ ὡς ἄνθρωπος ἔσπειρε γένεσιν. ἡ δὲ παραδεξαμένη ... ἀπεκύησε τόνδε τὸν κόσμον. εἰσάγεται ... ἡ σοφία περὶ αὑτῆς λέγουσα τὸν τρόπον τοῦτον· „ὁ θεὸς ἐκτήσατό με κτλ. (Spr. 8, 22).

Str. VI, 16, 146 P. 816: ὁ δὲ πέμπτος ἑξῆς ἐστι λόγος περὶ τιμῆς πατρὸς καὶ μητρός. πατέρα δὲ καὶ κύριον τὸν θεὸν λέγει σαφῶς. διὸ καὶ τοὺς ἐπιγνόντας αὐτὸν υἱοὺς ἀναγορεύει καὶ θεούς. κύριος οὖν καὶ πατὴρ ὁ κτίστης πάντων, μήτηρ δὲ οὐχ, ὥς τινες, ἡ οὐσία ἐξ ἧς γεγόναμεν, οὐδ᾽, ὡς ἕτεροι ἐκδεδώκασιν, ἡ ἐκκλησία, ἀλλ᾽ ἡ θεία γνῶσις καὶ ἡ σοφία, ὥς φησι Σολομών, μητέρα δικαίων ἀνακαλῶν τὴν σοφίαν.

4. Den Ehebruch, der im Dekalog verboten wird (Ex. 20, 14), versteht Clemens in allegorischer Erklärung vom Götzendienst, da in der hl. Schrift der Götzendienst der Juden Ehebruch genannt wird, weil er eine Untreue gegen Gott vorstellt, der mit dem Volke einen Bund geschlossen und dadurch sich gleichsam mit ihm vermählt hat. Auf solche Stellen, wie Jer. 3, 9 und 2, 27, beruft sich der Kirchenschriftsteller und erinnert daran, daß auch der Apostel die Abgötterei mit dem Ehebruch auf gleiche Stufe stellt (Gal. 5, 20; Kol. 3, 5) (Str. VI, 16, 146 f. P. 816). Auf diesen Zusammenhang zwischen Ehebruch und Götzendienst wird von Philo nicht hingewiesen.

Eine spezielle Ausführung zum sechsten Gebote ist die Bestimmung, daß ein Weib nicht Männerkleidung und ein Mann nicht Weiberkleidung anziehen darf, wie es bei dem mit Unzucht verbundenen Kulte der Aphrodite und der Kybele in Asien geschah (Deut. 22, 5).

Philo und Clemens fassen dieses Gesetz nicht als ein Verbot von Unkeuschheitssünden auf, sondern finden darin eine Mahnung, nicht verweichlicht zu sein und allezeit eine männliche, starkmütige und standhafte Gesinnung zu betätigen. Beide Exegeten beachten nur den zweiten Teil des Gesetzes und lassen den ersten unberücksichtigt.

De virt. (de fort.) 18 [M. II, 378]: τοσαύτη δέ τίς ἐστι τῷ νόμῳ σπουδὴ καὶ φιλοτιμία περὶ τοῦ γυμνάσαι καὶ συγκροτῆσαι ψυχὴν πρὸς ἀνδρείαν, ὥστε

Str. II, 18, 81 P. 471: ἐπεὶ τίνα λόγον ἔχει τὸ ἀπειπεῖν τὸν νόμον ἀνδρὶ γυναικὸς ἀμπεχόνην ἀναλαμβάνειν; ἢ οὐχὶ ἀνδρείζεσθαι ἡμᾶς βούλεται μήτε

§ 17. 3. Sünden und Tugenden.

καὶ περὶ ἐσθημάτων ὁποῖα ἐχρῆν ἀμπ-
έχεσθαι διετάξατο ἀπειπὼν ἀνὰ κράτος
ἀνδρὶ γυναικὸς ἀμπεχόνην ἀναλαμβάνειν
... (20) ἠρρενῶσθαι γὰρ τόν γε πρὸς
ἀλήθειαν ἄνδρα κἂν τούτοις ἠξίωσε καὶ
μάλιστα ἐν ἐσθήμασιν, ἃ ἐπιφερόμενος
ἀεὶ μεθ᾽ ἡμέραν τε καὶ νύκτωρ ὀφείλει
μηδὲν ἔχειν ἀνανδρίας ὑπόμνημα.

κατὰ τὸ σῶμα καὶ τὰ ἔργα μήτε κατὰ
τὴν διάνοιαν καὶ τὸν λόγον ἐκθηλυνο-
μένους; ἠρρενῶσθαι γὰρ τὸν ἀληθείᾳ
σχολάζοντα ... νύκτωρ τε καὶ μεθ᾽
ἡμέραν ... βούλεται.

3. Sünden und Tugenden.

1. Unter den guten Menschen, welche in der Furcht Gottes leben und sich rein von schweren Verfehlungen bewahren, sind nach Philo und Clemens folgende Abstufungen zu unterscheiden:

1) Am besten und vollkommensten wäre es natürlich, überhaupt nicht zu sündigen. Für ein unvollkommenes Wesen aber, wie es der Mensch ist, ist dies unmöglich; es ist ein Vorrecht des allheiligen Gottes.

2) Es will viel heißen, wenn der Mensch keine freiwillige Sünden begeht und nur sehr wenige unfreiwillige. Aus einem solchen tugendhaften Leben kann man schließen, daß der Mensch ein Weiser ist.

3) Tiefer steht der, welcher wenigstens nicht in viele unfreiwillige Sünden fällt.

4) Den untersten Rang nimmt derjenige ein, welcher wohl in freiwillige Sünden fällt, jedoch in ihnen nicht lange verharrt, sondern sich zur Buße wendet. Wenn aber auch dieser zuletzt zu nennen ist, so darf man deshalb doch noch nicht glauben, daß er ein schlechter Mensch ist; denn die Umkehr zu Gott ist schwer und nicht jedermanns Sache. Es ist daher die Reue ein Zeichen der Weisheit und Tugendhaftigkeit eines Menschen, gerade so wie die Sündenlosigkeit eine Eigenschaft Gottes ist.

De fuga et inv. 157 [M. I, 569]:
τὸ μὲν μηδὲν ἁμαρτεῖν ἴδιον θεοῦ, τὸ δὲ
μετανοεῖν σοφοῦ· παγχάλεπον δὲ καὶ
δυσεύρετον τοῦτό γε.

De agric. 177. 178 [M. I, 327]:
χαλεπὸν γὰρ ὥσπερ τοὺς δρομεῖς ἀρξα-
μένους ὁδὸν τῆς πρὸς εὐσέβειαν ἀπταίστως
καὶ ἀπνευστὶ διευθῦναι τὸν δρόμον,
ἐπειδὴ μυρία ἐμποδὼν παντὶ τῷ γενο-
μένῳ. πρότερον μὲν οὖν, ὃ ἓν καὶ μόνον

Paed. III, 12, 93 P. 307: ... τὴν
ἑπομένην ταῖς ἁμαρτίαις μετάνοιαν ἀγα-
πῶν· μόνος γὰρ ἀναμάρτητος αὐτὸς ὁ
λόγος.
τὸ μὲν γὰρ ἐξαμαρτάνειν ἅπασιν ἔμφυτον
καὶ κοινόν, ἀναδραμεῖν δὲ τὴν ἁμαρτίαν
οὐ τοῦ τυχόντος ἀνδρός, ἀλλὰ ἀξιολόγου [1]).

Paed. I, 2, 4 P. 99: ἄριστον μὲν οὖν
τὸ μηδ᾽ ὅλως ἐξαμαρτάνειν κατὰ μηδένα
τρόπον, ὃ δή φαμεν εἶναι θεοῦ· δεύτερον

---

[1]) Verse Menanders.

εὐεργεσία, μηδενὸς τῶν κατὰ γνώμην ἀδικημάτων ἐφάψασθαι πᾶσάν τε τὴν ἀμήχανον τῶν ἀκουσίων πληθὺν ἰσχῦσαι διώσασθαι· δεύτερον δὲ τὸ μήτε πολλοῖς τῶν ἀκουσίων μήτ' ἐπὶ μήκιστον χρόνον ἐνδιατρῖψαι.

δὲ τὸ μηδενὸς τῶν κατὰ γνώμην ἐφάψασθαί ποτε ἀδικημάτων, ὅπερ οἰκεῖον σοφοῦ· τρίτον δὲ τὸ μὴ πάνυ πολλοῖς τῶν ἀκουσίων περιπεσεῖν, ὅπερ ἴδιον παιδαγωγουμένων εὐγενῶς. τὸ δὲ μὴ ἐπὶ μήκιστον διατρῖψαι τοῖς ἁμαρτήμασι τελευταῖον τετάχθω· ἀλλὰ καὶ τοῦτο τοῖς εἰς μετάνοιαν ἀνακαλουμένοις ἀναμαχέσασθαι σωτήριον.

2. In Str. II, 18, 78 ff. P. 469 f., einem Abschnitt, welcher zum größten Teil und fast wörtlich der Schrift Philos de virtutibus (de fort. und de human.) entlehnt ist, gibt Clemens Definitionen stoischer Tugenden, die, wenn nicht immer gleichlautend, so doch ähnlich in der genannten Abhandlung des jüdischen Schriftstellers vorkommen. Wir haben daher anzunehmen, daß Clemens dieselben aus Philo geschöpft hat. Die Abweichungen erklären sich dadurch, daß er den Satz des Philo nach einer Definition, die ihm im Gedächtnis und geläufig war, umänderte. Daß er die Abhandlungen stoischer Philosophen nachschlug, ist bei seiner Schätzung des jüdischen Exegeten nicht wahrscheinlich.

Die Frömmigkeit ist diejenige Tugend, welche das höchste Gut fürchten und ehren lehrt.

De virt. (de fort.) 34 [M. II, 381]: οἱ Ἑβραῖοι τὸ ἀνωτάτω καὶ πρεσβύτατον αἴτιον σέβουσι καὶ τιμῶσι.

Str. II, 18, 78 P. 469: ἡ μὲν εὐσέβεια παντί που δήλη τὸ ἀνωτάτω καὶ πρεσβύτατον αἴτιον σέβειν καὶ τιμᾶν διδάσκουσα.

Die Tapferkeit ist das Wissen von dem, was drohend bevorsteht, und zeigt sich im Ausharren und Dulden.

De special. leg. IV (de inst.) 145 [M. II, 360]: τὴν ἀνδρείαν, ἀρετὴν περὶ τὰ δεινὰ πραγματευομένην, ἴσασιν οἱ μὴ παντελῶς ἄμουσοι καὶ ἀχόρευτοι ... τῶν ὑπομενετέων οὖσαν ἐπιστήμην. leg. alleg. I, 68 [M. I, 57]: ἀνδρεία ... ἐπιστήμη ἐστὶν ὑπομενετέων καὶ οὐχ ὑπομενετέων καὶ οὐδετέρων.

§ 79: τὴν μὲν ἀνδρείαν ὁρίζονται ἐπιστήμην δεινῶν καὶ οὐ δεινῶν καὶ τῶν μεταξύ ... παράκειται τῇ μὲν ἀνδρείᾳ ἥ τε ὑπομονή, ἣν καρτερίαν καλοῦσιν, ἐπιστήμην ἐμμενετέων καὶ οὐκ ἐμμενετέων.

Die Definition der Stoiker, die Philo im Sinne hat, lautet bei Diog. Laert. VII, 93: τὴν δὲ καρτερίαν ἐπιστήμην ἢ ἕξιν ὧν ἐμμενετέον καὶ μὴ καὶ οὐδετέρων, bei Cicero Tusc. IV, 24, 53: fortitudo est, inquit (Chrysippus), scientia perferendarum rerum.

Die Mäßigkeit (Selbstbeherrschung) ist das Wissen von dem, was zu wählen und was zu fliehen ist.

§ 17. 3. Sünden und Tugenden.

De virt. § 14 [M. II, 377]: σωφροσύνη, σωτηρίαν τῷ φρονοῦντι τῶν ἐν ἡμῖν ἀπεργαζομένη.

§ 79: τὴν δὲ σωφροσύνην (ὁρίζονται) ἕξιν ἐν αἱρέσει καὶ φυγῇ σῴζουσαν τὰ τῆς φρονήσεως κρίματα.

So lautet die Definition der Tapferkeit bei Diogenes VII, 92: ἐπιστήμη ὧν αἱρετέον καὶ ὧν εὐλαβητέον καὶ οὐδετέρων. In gleicher Weise wird von Cicero der Begriff der φρόνησις bestimmt: Off. I, 43, 153: prudentiam enim, quam Graeci φρόνησιν dicunt, aliam quandam intellegimus, quae est rerum expetendarum fugiendarumque scientia. Da von den Stoikern alle Pflichten auf die ποιητέα und die οὐ ποιητέα zurückgeführt werden, so mußten unvermeidlich die Definitionen der übrigen Tugenden mit der der φρόνησις und dadurch auch mit einander bis zu einem gewissen Grade zusammenfließen.

Eine Tugend, welche dem Weisen eigen ist, ist die Bedürfnislosigkeit. Zwar ist nur Gott als reiner Geist so beschaffen, daß er nichts nötig hat und sich selbst genügt; denn da der Mensch aus Leib und Seele besteht und der Leib seine Ansprüche macht, so kann er der geschaffenen Dinge nicht völlig entbehren. Der Weise aber legt das Hauptgewicht auf die Seele und gewährt dem Leibe nur das Notwendige, um Gott möglichst ähnlich zu werden.

De virt. 9 [M. II, 377]: ἔστι γὰρ ὁ μὲν θεὸς ἀνεπιδεής, οὐδενὸς χρεῖος ὤν, ... ὁ δὲ σπουδαῖος ὀλιγοδεής, ἀθανάτου καὶ θνητῆς φύσεως μεθόριος, τὸ μὲν ἐπιδεὲς ἔχων διὰ σῶμα θνητόν, τὸ δὲ μὴ πολυδεὲς διὰ ψυχὴν ἐφιεμένην ἀθανασίας.

§ 81: ἀνενδεὲς μὲν γὰρ τὸ θεῖον καὶ ἀπαθές, ὅθεν οὐδὲ ἐγκρατὲς κυρίως· ... ὁ γὰρ σπουδαῖος ὀλιγοδεής, ἀθανάτου καὶ θνητῆς φύσεως μεθόριος, τὸ μὲν ἐνδεὲς διά τε τὸ σῶμα διά τε τὴν γένεσιν αὐτὴν ἔχων, ὀλίγων δὲ διὰ τὴν λογικὴν ἐγκράτειαν δεῖσθαι δεδιδαγμένος.

Will jemand in der Tugend verharren, so muß er im Umgange vorsichtig sein; denn das Böse ist weit verbreitet, das Gute aber selten anzutreffen. Moses will diese Lehre geben, wenn er Ex. 23, 2 mahnt, „nicht mit vielen zusammen zu sein zum Bösen" [1]).

De ebr. 26 [M. I, 361]: „μὴ γίνεσθαι μετὰ πολλῶν ἐπὶ κακίᾳ"· τῷ γὰρ ὄντι πολύχουν μὲν καὶ πολυφορώτατον ἐν

Paed. III, 4, 27 P. 269: „οὐκ ἔσῃ δὲ μετὰ πολλῶν", φησίν, „ἐπὶ κακίᾳ, οὐδὲ προσθήσῃ μετὰ πλήθους", ὅτι ἡ σοφία

---

[1]) In Wirklichkeit gibt diese Stelle nach ihrem Zusammenhange Anweisungen über das Verhalten vor Gericht. Die Zeugen werden durch die Worte des Moses daran erinnert, daß sie bei ihren Aussagen nur auf die Wahrheit zu achten haben und nicht auf die anderen Zeugen, ihre Zahl und ihr Ansehen, Rücksicht nehmen dürfen.

ἀνθρώπων ψυχαῖς τὸ κακόν, ἐσταλμένον δὲ καὶ σπάνιον τἀγαθόν. παραίνεσις οὖν ὠφελιμωτάτη μὴ τοῖς πολλοῖς μεθ᾿ ὧν τὸ ἀδικεῖν, ἀλλὰ τοῖς ὀλίγοις, μεθ᾿ ὧν τὸ δικαιοπραγεῖν, συμφέρεσθαι.

ἐν ὀλίγοις, ἀταξία δὲ ἐν πλήθει καταφαίνεται.

C. Bürgerliche Gesetze.

§ 18.

1. Nächstenliebe.

1. Das Gesetz verbietet, seinen Nebenmenschen im geschäftlichen Verkehr zu übervorteilen, und verlangt daher, daß niemand in seinem Sacke zweierlei Gewichte und Maße habe (Deut. 25, 13—15).

In allegorischer Erklärung deuten Philo und Clemens das richtige Maß aller Dinge, das allein man haben darf, auf Gott, der das wahre Maß aller Dinge ist. Als das ungerechte Maß bezeichnet Philo die menschliche Vernunft, während der christliche Exeget dasselbe in den Götzen erblickt. Diese Abweichung hat ihren Grund im Zweck und Inhalt des Protreptikus, in welchem die Schriftstelle behandelt wird, nämlich die heidnischen Religionen zu bekämpfen.

De somn. II, 194 [M. I, 684]: ἀληθὲς δὲ καὶ δίκαιον μέτρον τὸ τὸν μόνον δίκαιον θεὸν ὑπολαβεῖν πάντα μετρεῖν καὶ σταθμᾶσθαι καὶ ἀριθμοῖς καὶ πέρασι καὶ ὅροις τὴν τῶν ὅλων περιγράψαι φύσιν, ἄδικον δὲ καὶ ψευδὲς τὸ νομίσαι κατὰ τὸν ἀνθρώπινον νοῦν ταῦτα συμβαίνειν.

Protrept. 6, 69 P. 60: σταθμὸν καὶ μέτρον καὶ ἀριθμὸν τῶν ὅλων ὑπολαμβάνων τὸν θεόν· τὰ μὲν γὰρ ἄδικα καὶ ἄνισα εἴδωλα οἴκοι ἐν τῷ μαρσίππῳ καὶ ἐν τῇ ὡς ἔπος εἰπεῖν ῥυπώσῃ ψυχῇ κατακέκρυπται. τὸ δὲ μόνον δίκαιον μέτρον, ὁ μόνος ὄντως θεός, ἴσος ἀεὶ κατὰ τὰ αὐτὰ καὶ ὡσαύτως ἔχων, μετρεῖ τε πάντα καὶ σταθμᾶται, οἱονεὶ τρυτάνῃ τῇ δικαιοσύνῃ.

2. Damit der Nächste nicht an seinem Eigentume Schaden leidet, dürfen Brunnen nicht offen gelassen werden. Wer diese Vorschrift nicht beachtet, muß, wenn ein Rind oder ein Esel in den Brunnen fällt, dem Herrn des Tieres den Wert desselben erstatten (Ex. 21, 33. 34).

Philo berührt dieses Gesetz nur de special. leg. III, 146 [M. II, 324] und gibt keine allegorische Erklärung desselben. In der Allegorie, die Clemens bietet, bedeutet der Brunnen die Weisheit, die Gnosis, Rind und Esel aber den Unverständigen. Der Gnostiker, der Herr des Brunnens, wird also durch das Gesetz ermahnt, die

Weisheit wohl zu bewahren und in der Mitteilung derselben vorsichtig zu sein. Nur solchen soll er davon zu trinken geben, die nach der Wahrheit verlangen. Den Unverständigen gegenüber, die zur Aufnahme des Wissens nicht fähig sind, die in die Tiefe des Brunnens nicht eindringen können, muß man mit seinem Wissen zurückhaltend sein; denn da sie in ihrer „Glaubenseinfalt von wissenschaftlichem Streben eine verkehrte Meinung haben, können sie leicht straucheln und zum Falle kommen, indem sie an den von den kirchlichen Gnostikern ihnen mitgeteilten spekulativen Sätzen als vermeintlich glaubenswidrigen und unchristlichen Lehren Ärgernis nehmen. Wenn der Gnostiker durch seine Unvorsichtigkeit ein solches Unglück herbeigeführt hat, muß er Gott dem Allmächtigen Rechenschaft geben und hat Strafe zu gewärtigen (Str. V, 8, 54 P. 678).

Um zu zeigen, daß Philo, indem er allegorisch den Brunnen auf die Weisheit deutete, die Erklärung des Kirchenschriftstellers vorbereitet hat, und daß in dieser selbst sich die Zeitverhältnisse widerspiegeln, sei an das erinnert, was bei der Behandlung von Gen. 37, 23 gesagt wurde [1]).

3. Bei der Erklärung der übrigen Gesetze, welche hierher gehören, wird von Philo und Clemens auf die Entwickelung des allegorischen Sinnes verzichtet. Beide Exegeten begnügen sich mit der wörtlichen Auslegung und weisen dabei nachdrücklich auf die große **Menschenfreundlichkeit** des Alten Testamentes hin. So ist nach dem jüdischen und dem christlichen Schriftsteller durch das Gesetz „**Du sollst deinem Bruder nicht auf Zinsen leihen**" (Deut. 23, 19; Ex. 22, 25) nicht nur untersagt, vom Bruder d. i. dem Volksgenossen Zinsen zu nehmen, sondern es ist in ihm auch die Weisung enthalten, freigebig und mildtätig zu sein. Dies wird Gott vergelten, und der Zins, den er erstatten wird, besteht in nichts Geringerem als der Tugend.

De virt. 82—84 [M. II, 388]: ἀπαγορεύει τοίνυν ἀδελφῷ δανείζειν, ἀδελφὸν ὀνομάζων οὐ μόνον τὸν ἐκ τῶν αὐτῶν φύντα γονέων, ἀλλὰ καὶ ὃς ἂν ἀστὸς καὶ ὁμόφυλος ᾖ, τόκους ἐπὶ χρήμασιν οὐ δικαιῶν ἐκλέγειν ὡς ἀπὸ θρεμμάτων ἔγγονα. καὶ προτρέπει … ἀνειμέναις χερσὶ καὶ γνώμαις μάλιστα μὲν

Str. II, 18, 84 P. 473ᵃ: ὁ νόμος ἀπαγορεύει ἀδελφῷ δανείζειν (ἀδελφὸν ὀνομάζων οὐ μόνον τὸν ἐκ τῶν αὐτῶν φύντα γονέων, ἀλλὰ καὶ ὃς ἂν ὁμόφυλος ᾖ …), οὐ δικαιῶν ἐκλέγειν τόκους ἐπὶ χρήμασιν, ἀλλὰ ἀνειμέναις χερσὶ καὶ γνώμαις χαρίζεσθαι τοῖς δεομένοις. θεὸς γὰρ ὁ κτίστης τοιᾶσδε χάριτος· ἤδη δὲ

---

[1]) Vgl. S. 207 ff.

χαρίζεσθαι τοῖς δεομένοις. Die Wohltätigen aber erlangen τὰ κάλλιστα καὶ τιμιώτατα τῶν ἐν ἀνθρώποις, ἡμερότητα, κοινωνίαν, χρηστότητα, μεγαλόνοιαν, εὐφημίαν, εὔκλειαν.

ὁ μεταδοτικὸς καὶ τόκους ἀξιολόγους λαμβάνει, τὰ τιμιώτατα τῶν ἐν ἀνθρώποις, ἡμερότητα, χρηστότητα, μεγαλόνοιαν, εὐφημίαν, εὔκλειαν.

4. Auch die Vorschrift über das **Pfandnehmen** (Deut. 24, 10. 11) ist ein Beweis für die Menschlichkeit des mosaischen Gesetzes; denn sie verbietet dem Gläubiger jede Anwendung von Gewalt dem Schuldner gegenüber, schützt aber auch den Gläubiger, indem der Schuldner die Erfüllung der Forderung nicht verweigern darf.

§ 89 [M. II, 390]: ἔτι φησί· δανειστὴς μὴ ἐπεισίτω χρεωστῶν οἰκίαις ἐνέχυρόν τι καὶ ῥύσιον ἐπὶ τῷ δανείῳ μετὰ βίας ληψόμενος, ἀλλ' ἐν προθύροις ἔξω παρεστὼς ἀναμενέτω κελεύων ἡσυχῇ προφέρειν. οἱ δέ, ἂν ἔχωσι, μὴ ἀναδυέσθωσαν.

§ 85: ἔτι, φησί, δανειστὴς μὴ ἐπιστῇ χρεώστου οἰκίᾳ, ἐνέχυρον μετὰ βίας ληψόμενος, ἀλλ' ὁ μὲν ἔξω προφέρειν κελευέτω, ὁ δὲ ἔχων μὴ ἀναδυέσθω.

5. Die Nächstenliebe, so wie sie das Gesetz gebietet, verlangt ferner, daß man **verirrtes** Vieh seinem Eigentümer zurückgibt und in dem Falle, daß der Herr weit entfernt ist, es wie ein Pfand d. h. sorgfältig bei sich unterbringt, bis der Besitzer es abholt (Deut. 22, 1—3).

§ 96 [M. II, 391]: πάλιν ἐὰν ἴδῃς, φησί, τινὸς τῶν οἰκείων ἢ φίλων ἢ συνόλως ὧν οἶδας ἀνθρώπων ὑποζύγιον ἐν ἐρημίᾳ πλανώμενον, ἀπαγαγὼν ἀπόδος· κἂν ἄρα τύχῃ μακρὰν ἀφεστὼς ὁ δεσπότης, μετὰ τῶν σαυτοῦ διαφύλαξον, ἄχρις ἂν ἐπανελθὼν κομίσηται παρακαταθήκην ἣν οὐκ ἔδωκεν, ἀλλ' ἣν αὐτὸς ἐξευρὼν ἕνεκα φυσικῆς κοινωνίας ἀποδίδως.

§ 87: πάλιν „ἐὰν ἴδῃς" φησί „τῶν οἰκείων ἢ φίλων ἢ καθόλου ὧν γνωρίζεις ἀνθρώπων ἐν ἐρημίᾳ πλανώμενον ὑποζύγιον, ἀπαγαγὼν ἀπόδος. κἂν οὖν τύχῃ μακρὰν ἀφεστὼς ὁ δεσπότης, μετὰ τῶν σαυτοῦ διαφυλάξας ἄχρις ἂν κομίσηται ἀπόδος". διὰ φυσικὴν κοινωνίαν διδάσκει τὸ εὕρημα παρακαταθήκην λογίζεσθαι μηδὲ μνησικακεῖν τῷ ἐχθρῷ.

6. Die Bestimmung, nach welcher dem Lohnarbeiter an demselben Tage der Lohn **ausgezahlt** werden muß (Lev. 19, 13), ist ebenfalls ein Beweis für die Menschlichkeit des Gesetzes. Diese Vorschrift hat zugleich den praktischen Nutzen, daß der Arbeiter im Eifer erhalten wird, da er sieht, daß ihm sein Recht zu teil wird.

§ 88 [M. II, 389]: ἔν τι τῶν εἰς φιλανθρωπίαν τεινόντων παράγγελμα κἀκεῖνο διατάττεται, μισθὸν πένητος αὐθημερὸν ἀποδιδόναι, οὐ μόνον ὅτι τὴν χρείαν ἐφ' ἣν παρελήφθη παρασχόντα

§ 85: ἆρ' οὐ δοκεῖ σοι φιλανθρωπίας εἶναι τὸ παράγγελμα τοῦτο ὥσπερ κἀκεῖνο, „μισθὸν πένητος αὐθημερὸν ἀποδιδόναι"; ἀνυπερθέτως δεῖν διδάσκει ἐκτίνειν τὸν ἐπὶ ταῖς ὑπηρεσίαις μισθὸν·

§ 18. 1. Nächstenliebe.

δίκαιον ἦν τὸν ἐπὶ τῇ ὑπηρεσίᾳ μισθὸν
ἀνυπερθέτως ἀπολαβεῖν... ὃν εἰ μὲν εὐθὺς
κομίσαιτο, γήθει καὶ ῥώννυται πρὸς τὴν
ἐπιοῦσαν προθυμίᾳ διπλασίονι ἐργασόμενος.

παραλύεται γάρ, οἶμαι, ἡ προθυμία τοῦ
πένητος ἀτροφήσαντος πρὸς τοὐπιόν.

7. Auch das Gesetz über die Ernte (Deut. 24, 19—21;
Lev. 19, 9. 10) ist von der Liebe diktiert. Es befiehlt, von den Feldern nicht alles einzusammeln, sondern einen Teil des Getreides zurückzulassen; ähnliches gilt von den Olivengärten und Weinbergen. Dadurch sollen einerseits die Reichen zum Mitleid und zur Großmut ihren Mitmenschen gegenüber angeleitet werden; anderseits soll den Armen die Möglichkeit geboten werden, sich zu ernähren. Gott erweist sich dadurch nicht nur als gerecht, sondern zeigt auch, daß seine Liebe sich auf alle seine Kinder, selbst auf die Armen, erstreckt, indem er allen freigebig den Lebensunterhalt spendet.

§ 90. 91 [M. II, 390]: κελεύει γὰρ ἐν
μὲν τῷ ἀμήτῳ μήτε τὰ ἀποπίπτοντα τῶν
δραγμάτων ἀναιρεῖσθαι μήτε πάντα τὸν
σπόρον κείρειν, ἀλλ᾽ ὑπολείπεσθαί τι τοῦ
κλήρου μέρος ἄτμητον, ἅμα μὲν τοὺς
εὐπόρους μεγαλόφρονας καὶ κοινωνικοὺς
κατασκευάζων ἐκ τοῦ τι προϊέναι τῶν
ἰδίων... ἅμα δὲ τοὺς πένητας εὐθυμοτέρους ἀπεργαζόμενος... ἐν δὲ καιρῷ
τῆς ὀπώρας πάλιν δρεπομένοις κληρούχοις
προστάττει μήτε ῥῶγας ἀποπιπτούσας
συλλέγειν μήτε ἐπανατρυγᾶν ἀμπελῶνας.
τὰ δ᾽ αὐτὰ καὶ τοῖς ἐλαιολογοῦσι διατάττεται, καθάπερ φιλοστοργότατος καὶ
δικαιότατος πατὴρ... ἐλεῶν καὶ οἰκτείρων.

§ 85: ἔν τε τῷ ἀμήτῳ τὰ ἀποπίπτοντα
τῶν δραγμάτων ἀναιρεῖσθαι κωλύει τοὺς
κτήτορας, καθάπερ κἀν τῷ θερισμῷ
ὑπολείπεσθαί τι παραινεῖ ἄτμητον, διὰ
τούτου εὖ μάλα τοὺς μὲν κτήτορας εἰς
κοινωνίαν καὶ μεγαλοφροσύνην συνασκῶν
ἐκ τοῦ προϊέναι τι τῶν ἰδίων τοῖς δεομένοις, τοῖς πένησι δὲ ἀφορμὴν πορίζων
τροφῶν. ὁρᾷς ὅπως ἡ νομοθεσία τὴν
τοῦ θεοῦ δικαιοσύνην ἅμα καὶ ἀγαθότητα καταγγέλλει, τοῦ πᾶσιν ἀφθόνως
χορηγοῦντος τὰς τροφάς; ἔν τε αὖ τῇ
τρυγῇ τὸ ἐπιέναι πάλιν τὰ καταλειφθέντα
δρεπομένους καὶ τὸ τὰς ἀποπιπτούσας
ῥῶγας συλλέγειν κεκώλυκεν. τὰ δ᾽ αὐτὰ
καὶ τοῖς ἐλάας συλλέγουσι διατάσσεται.

8. Die Untergebenen erfahren ebenfalls die Menschlichkeit des jüdischen Gesetzes. Diejenigen, welche aus Not gezwungen dienen, weil sie sich dadurch ihren Lebensunterhalt verschaffen müssen, dürfen nicht unwürdig behandelt werden. Die Juden, welche infolge großer Verschuldung in Knechtschaft geraten sind, müssen im siebenten Jahre ihrer Dienstbarkeit frei gelassen werden. Sklaven, die schutzsuchend zu einem Juden fliehen, werden ihrem Herrn nach den Bestimmungen des Moses nicht ausgeliefert, sondern genießen Asylrecht (Deut. 15, 12; Lev. 25, 39. 40; Ex. 21, 2). Philo handelt über diese Vorschriften in längerer Ausführung (§§ 121—124 [M. II, 395]), Clemens streift sie nur kurz (§ 91).

9. Selbst die im Lande wohnenden Nichtisraeliten sind von der Milde des Gesetzes nicht ausgeschlossen. Den Juden ist von Moses befohlen worden, jene zu lieben nicht nur wie Freunde und Verwandte, sondern wie sich selbst. Dies gilt sogar in Bezug auf die Egypter, die gegen die Juden einst so feindselig waren. Die Israeliten sollen ihnen das Böse, was sie von ihrer Seite erfahren haben, nicht nachtragen, da sie vorher die Gastfreundschaft der Egypter genossen haben (Lev. 19, 33. 34; Ex. 22, 21; 23, 9; Deut. 23, 7).

§§ 103: 106 [M. II, 392 :.]: κελεύει δὴ τοῖς ἀπὸ τοῦ ἔθνους ἀγαπᾶν τοὺς ἐπηλύτας, μὴ μόνον ὡς φίλους καὶ συγγενεῖς ἀλλὰ καὶ ὡς ἑαυτούς, κατά τε σῶμα καὶ ψυχήν ... ὁ δέ γε προσυπερβάλλων τοὺς ἐπιεικείας ὅρους αὐτῆς οἴεται δεῖν καὶ τοῖς κακῶς πεποιηκόσι τῶν ξενοδόχων μὴ μνησικακεῖν, εἰ καὶ μὴ τὰς πράξεις, ὄνομα γοῦν ἔχουσι φιλάνθρωπον. ἄντικρυς γοῦν φησιν· „οὐ βδελύξῃ Αἰγύπτιον, ὅτι πάροικος ἐγένου κατ' Αἴγυπτον".

§ 88: τί δέ; οὐχὶ τοὺς ἐπήλυδας ἀγαπᾶν κελεύει, οὐ μόνον ὡς φίλους καὶ συγγενεῖς, ἀλλ' ὡς ἑαυτούς, κατά τε σῶμα καὶ ψυχήν; ναὶ μὴν καὶ τὰ ἔθνη τετίμηκεν καὶ τοῖς γε κακῶς πεποιηκόσιν οὐ μνησιπονηρεῖ. ἄντικρυς γοῦν φησιν· „οὐ βδελύξῃ Αἰγύπτιον, ὅτι πάροικος ἐγένου κατ' Αἴγυπτον", ἤτοι τὸν ἐθνικὸν ἢ καὶ πάντα τὸν κοσμικὸν Αἰγύπτιον προσειπών.

2. Feindesliebe.

1. Selbst den Feind müssen wir lieben. Wir dürfen weder sein Glück mit scheelem Auge ansehen noch uns über sein Unglück freuen. Begegnen wir einem Feinde, dessen Lasttier unter seiner Bürde niedergesunken ist, so sollen wir nicht vorübergehen, sondern dem Tiere aufzuhelfen suchen. Ebenso verlangt das Gesetz, daß wir auch dem Feinde das verirrte Vieh zuführen (Ex. 23. 4. 5). Vergessen wir so des Unrechts, das uns zugefügt worden ist, überwinden wir unsere Abneigung, so haben wir selbst den größten Nutzen; denn indem wir eine gute Tat vollbringen, werden wir selbst rechtschaffen und tugendhaft. Überdies erreichen wir die Auflösung der Feindschaft und als Folge Eintracht und Glück.

§ 116 ff. [M. II, 394]: κἂν ἐχθρῶν ὑποζύγια ἀχθοφοροῦντα τῷ βάρει πιεσθέντα προπέσῃ, μὴ παρελθεῖν, ἀλλὰ συνεπικουφίσαι καὶ συνεγεῖραι (προστάττει) πόρρωθεν ἀναδιδάσκων τὸ μὴ τοῖς ἀβουλήτοις τῶν ἐχθραντων ἐφήδεσθαι ... ὁ μὲν ἐπὶ τοῖς τοῦ πέλας ἀγαθοῖς λύπην, ἡ δὲ ἐπὶ τοῖς τοῦ πλησίον κακοῖς ἡδο-

§ 90 P. 476: καὶ ἐχθρῶν ὑποζύγια ἀχθοφοροῦντα συνεπικουφίζειν καὶ συνεγείρειν προστάσσει πόρρωθεν διδάσκων ἡμᾶς ὁ κύριος ἐπιχαιρεκακίαν μὴ ἀσπάζεσθαι μηδὲ ἐφήδεσθαι τοῖς ἐχθροῖς ... οὔτε γὰρ φθονεῖν καὶ ἐπὶ τοῖς τοῦ πέλας ἀγαθοῖς λυπεῖσθαι προσῆκεν οὐδὲ μὴν ἐπὶ τοῖς τοῦ πλησίον κακοῖς ἡδονὴν

§ 18. 2. Feindesliebe.

νὴν ἀπεργάζεται. κἂν πλανώμενον μέντοι, φησίν, ἐχθροῦ τινος ἴδῃς ὑποζύγιον, τὰ τῆς διαφορᾶς παραλιπὼν ὑπεκκαύματα βαρυτέροις ἤθεσιν ἀπαγαγὼν ἀπόδος . . . σοὶ δὲ τὸ μέγιστον καὶ τιμιώτατον τῶν ἐν τῇ φύσει, καλοκἀγαθία (περιγίνεται). ἕπεται . . . τῆς ἔχθρας διάλυσις . . . ὁμόνοιαν, κοινωνίαν, ἐξ ὧν . . . εἰς τὴν ἀνωτάτω προέλθοιεν εὐδαιμονίαν.

καρποῦσθαι. κἂν πλανώμενον μέντοι φησίν, ἐχθροῦ τινος ὑποζύγιον εὕρῃς, τὰ τῆς διαφορᾶς παραλιπὼν ὑπεκκαύματα ἀπαγαγὼν ἀπόδος. τῇ γὰρ ἀμνηστίᾳ ἕπεται ἡ καλοκἀγαθία, καὶ ταύτῃ ἡ τῆς ἔχθρας διάλυσις. ἐντεῦθεν εἰς ὁμόνοιαν καταρτιζόμεθα, ἡ δὲ εἰς εὐδαιμονίαν χειραγωγεῖ.

2. Kriegsrecht. Deut. 20, 5—7 wird von Moses angeordnet, daß diejenigen vom Kriegsdienst frei sein sollen, die ein Haus gebaut und es noch nicht bezogen haben, die einen Weinberg gepflanzt und noch nicht geerntet haben, die sich verlobt und noch nicht geheiratet haben. Clemens folgt auch bei diesem Gesetze nicht dem biblischen Texte, sondern der Paraphrase des Philo. Zur Begründung gibt er nicht nur an, was die Schrift sagt, sondern macht mit dem jüdischen Exegeten auch darauf aufmerksam, daß jene Männer mit ihren Gedanken nicht beim Kampfe, sondern zu Hause sein und daher lässig streiten würden. Indem das Gesetz auf die persönlichen Umstände des einzelnen Rücksicht nehme, erweise es sich als menschenfreundlich[1]).

§ 28 ff. [M. II, 380]: εἰ γάρ τις, φησί, νεωστὶ δειμάμενος οἰκίαν οὐκ ἔφθη εἰσοικίσασθαι ἢ ἀμπελῶνα φυτεύσας νεόφυτον, αὐτὸς εἰς γῆν τὰ κλήματα καθεὶς, μήπω τῆς ἐπικαρπίας καιρὸν ἔσχεν ἢ παρθένον ἐγγυησάμενος οὐκ ἔγημεν, ἀφεῖσθω πάσης στρατείας . . . ἵνα, ἐπειδὴ τὰ κατὰ πολέμους ἄδηλα, μὴ τὰ τῶν πονησάντων ἀταλαιπώρως ἄλλοι λαμβάνωσι . . . ἵνα μὴ σώματι στρατευόμενοι ταῖς ψυχαῖς ὑστερίζωσιν . . . τούτους οὐκ οἴεται δεῖν εἰς τὸν στρατιωτικὸν ἄγειν κατάλογον . . . ὅπως ἐλευθέροις καὶ ἀφέτοις ὁρμαῖς ἀπροφασίστως τοῖς δεινοῖς ἐπαποδύωνται.

§ 82: πάλιν εἴ τις, φησί, νεωστὶ δειμάμενος οἰκίαν οὐκ ἔφθη εἰσοικίσασθαι, ἢ ἀμπελῶνα νεόφυτον ἐργασάμενος μηδέπω τοῦ καρποῦ μετείληφεν, ἢ παρθένον ἐγγυησάμενος οὐδέπω ἔγημεν, τούτους ἀφεῖσθαι τῆς στρατείας ὁ φιλάνθρωπος κελεύει νόμος, στρατηγικῶς μέν, ὡς μὴ περισπώμενοι πρὸς τὰς ἐπιθυμίας ἀπρόθυμοι τῷ πολέμῳ ἐξυπηρετῶμεν (ἐλεύθεροι γὰρ τὰς ὁρμὰς οἱ ἀπροφασίστως τοῖς δεινοῖς ἐπαποδυόμενοι) . . . ἄδικον εἶναι λογισάμενος τὸν μὲν μὴ ὄνασθαι τῶν αὑτοῦ πόνων, ἕτερον δὲ τὰ τῶν καμόντων ἀταλαιπώρως λαβεῖν.

Auch das Verhalten gegen die Feinde im Felde soll von Liebe geleitet sein. Deut. 20, 10 enthält die Bestimmung, daß die Israeliten einer feindlichen Stadt den Frieden anbieten sollen. Dies muß, so fügen Philo und Clemens hinzu, selbst dann noch geschehen, wenn man zum Sturme bereit an den Mauern

---

[1]) Darüber, daß Philo den Wortsinn dieses Gesetzes bei anderer Gelegenheit leugnet, vgl. S. 74.

steht, und vor dieser Aufforderung zur Übergabe darf die Stadt nicht als feindlich angesehen werden.

§ 109 [M. II, 393]: ἀξιοῖ γὰρ αὐτούς, κἂν ἐπὶ θύραις ὦσιν ἤδη τοῖς τείχεσιν ἐφεστῶτες ἐν ταῖς παροπλίαις καὶ τὰς ἑλεπόλεις ἐφιστάντες, μήπω νομίζεσθαι πολεμίους, ἄχρις ἂν αὐτοὺς ἐπικηρυκευσάμενοι προκαλέσωνται πρὸς εἰρήνην.

§ 88: τούς τε πολεμίους, κἂν ἤδη τοῖς τείχεσιν ἐφεστῶτες ὦσιν ἑλεῖν τὴν πόλιν πειρώμενοι, μήπω νομίζεσθαι πολεμίους, ἄχρις ἂν αὐτοὺς ἐπικηρυκευσάμενοι προσκαλέσωνται πρὸς εἰρήνην.

Zu der Vorschrift Deut. 20, 19, die **Fruchtbäume** vor einer belagerten Stadt **nicht umzuhauen**, wird von Philo (§ 149 [M. II, 400]) und Clemens (§ 95 P. 479) ergänzend bemerkt, man dürfe den Feinden auch nicht das Getreide vor der Ernte verbrennen, die Früchte nicht vernichten und ihr Land nicht verwüsten. Als Grund gibt Philo an, alle diese Dinge seien am Kriege nicht schuld; außerdem könnten die Feinde nach dem Friedensschluß zu Freunden werden und müßten dann Mangel leiden.

Moses gibt Deut. 21, 10—14 auch der **weiblichen Kriegsgefangenen** Rechte gegenüber dem Sieger, der also nicht nach Belieben mit ihr verfahren darf. Ehe es ihm erlaubt ist, sich ihr zu nahen, erhält sie dreißig Tage Zeit, um zu trauern. Schon dadurch wird der Sieger angehalten, seine Begierde zu bezähmen, wie Clemens nach Philo begründend angibt. Außerdem muß sich die Gefangene die Haare scheren, weil, wie der Kirchenschriftsteller meint, der unschöne Anblick, den sie mit ihrem bloßen Haupte bietet, ein Prüfstein ist, ob die Liebe des Herrn eine wahre Zuneigung oder nur eine aufflackernde, bald vorübergehende Leidenschaft ist. Nach den dreißig Tagen darf er mit ihr verkehren, aber nicht, um der Lust zu fröhnen, sondern um Kinder zu zeugen; die Gefangene ist seine Gattin, nicht seine Dirne. Philo de virt. 110—115 [M. II, 393 f.]; Clemens Str. II, 18, 88. 89 P. 475; vgl. Str. III, 11, 71 P. 543.

3. Tier- und Pflanzenwelt.

1. Das Gesetz verbietet, dem **dreschenden Ochsen** das Maul zu verbinden (Deut. 25, 4). Als Grund gibt Clemens nach I. Tim. 5, 18 an, daß der Arbeiter seines Lohnes wert sei. Auf die Beziehung der alttestamentlichen Stelle, die Paulus auf den apostolischen Arbeiter, der Kirchenschriftsteller auf den Ochsen anwendet, wurde dieser durch Philo hingewiesen, welcher in der Parallelstelle de virtutibus ebenfalls die Arbeit des Ochsen beim Pflügen und Dreschen zur Begründung des Gesetzes anführt.

Durch Deut. 22, 10 ist es untersagt, **Ochs und Esel zusammen vor den Pflug zu spannen**. Der Grund ist nach Philo und Clemens darin zu suchen, daß die beiden Tiere von verschiedener Kraft sind und der schwächere Esel zu leiden haben würde, wenn er neben dem stärkeren Ochsen arbeiten müßte. Das Gesetz erweist sich somit auch gegen die Tiere als milde und barmherzig. Mit diesem Wortsinn ist aber der Inhalt der mosaischen Vorschrift nicht erschöpft. Der Ochs ist levitisch rein, der Esel unrein. Indem nun das Gesetz verbietet, den Esel neben den Ochsen einzuspannen, will es darauf hinweisen, daß die Fremden, welche der levitisch unreine Esel repräsentiert, von den Juden, deren Sinnbild der levitisch reine Ochs ist, nicht bedrückt und ungerecht behandelt werden dürfen, da sie nicht schuld daran sind, daß sie einem anderen Volke angehören, und die Abstammung weder eine Sünde noch die Folge einer Sünde ist. So weit stimmen Philo und Clemens überein. Von dieser allegorischen Deutung ausgehend sieht der christliche Exeget in dem reinen Ochsen ferner den Gläubigen, in dem unreinen Esel den Ungläubigen symbolisiert und findet infolge dessen in dem Gesetze auch eine Mahnung, Gläubige und Ungläubige nicht auf gleiche Stufe zu stellen und ihnen die Glaubenswahrheiten nicht in derselben Weise und in demselben Umfange mitzuteilen.

De virt. 145 f. [M. II, 400]: διαγορεύει βοῦν ἀλοῶντα μὴ φιμοῦν. οὗτος γάρ ἐστιν ὁ ἀνατέμνων τὰς αὔλακας ... ἀπαγορεύει γὰρ ἐν ταὐτῷ καταζευγνύναι πρὸς ἄροτον γῆς βοῦν καὶ ὄνον, οὐ μόνον τοῦ περὶ τὰ ζῷα ἀνοικείου στοχασάμενος, διότι τὸ μέν ἐστι καθαρόν, ὄνος δὲ τῶν οὐ καθαρῶν ... ἀλλ' ἐπειδὴ καὶ τὴν ἰσχύν ἐστιν ἄνισα ... ἀλλ' ὅμως οὔτε τῆς τῶν ἀκαθάρτων ἀσθενείας ὠλιγώρησεν οὔτε τοῖς καθαροῖς ἐφῆκεν ἰσχύϊ πρὸ δίκης χρῆσθαι, μόνον οὐκ ἀντικρυς βοῶν καὶ κεκραγὼς τοῖς ὠτα ἔχουσιν ἐν ψυχῇ, μηδένα τῶν ἑτεροεθνῶν ἀδικεῖν, οὐδὲν ἔχοντας αἰτιάσασθαι ὅτι μὴ τὸ ἀλλογενές, ὅπερ ἐστὶν ἀναίτιον. ὅσα γὰρ μήτε κακία μήτε ἀπὸ κακιῶν ἔξω παντὸς ἐγκλήματος ἵσταται.

Str. II, 18, 94 P. 478: ὁ δὲ αὐτὸς νόμος διαγορεύει „βοῦν ἀλοῶντα μὴ φιμοῦν". δεῖ γὰρ καὶ „τὸν ἐργάτην τροφῆς ἀξιοῦσθαι". ἀπαγορεύει τε ἐν ταὐτῷ καταζευγνύναι πρὸς ἄροτον γῆς βοῦν καὶ ὄνον, τάχα μὲν καὶ τοῦ περὶ τὰ ζῷα ἀνοικείου στοχασάμενος, δηλῶν δ' ἅμα μηδένα τῶν ἑτεροεθνῶν ἀδικεῖν καὶ ὑπὸ ζυγὸν ἄγειν, οὐδὲν ἔχοντας αἰτιάσασθαι ἢ τὸ ἀλλογενές, ὅπερ ἐστὶν ἀναίτιον, μήτε κακία μήτε ἀπὸ κακίας ὁρμώμενον. ἐμοὶ δὲ δοκεῖ καὶ μηνύειν ἡ ἀλληγορία, μὴ δεῖν ἐπ' ἴσης καθαρῷ καὶ ἀκαθάρτῳ, πιστῷ τε καὶ ἀπίστῳ τῆς τοῦ λόγου μεταδιδόναι γεωργίας, διότι τὸ μέν ἐστι καθαρόν, ὁ βοῦς, ὄνος δὲ τῶν ἀκαθάρτων λελόγισται.

An Philos Symbolik sich anlehnend erklärt Clemens die Stelle Jes. 32, 20 „Glücklich diejenigen, die an jenem Wasser säen, wo Rind und Esel wandeln", als erfüllt im Christentum, da nun

Juden und Heiden sich in einem Glauben zusammenfinden: „*μα-κάριος ὁ σπείρων* [LXX *μακάριοι οἱ σπείραντες*] *ἐπὶ πᾶν ὕδωρ, οὗ μόσχος καὶ ὄνος πατεῖ", ὁ ἐκ νόμου καὶ ἐξ ἐθνῶν εἰς τὴν μίαν πί-στιν συναγόμενος λαός* (Str. VI, 1, 1 P. 736).

2. Es seien hier die Deutungen zweier Vorschriften des Pentateuchs angereiht, welche nicht im Sinne des Gesetzgebers, wohl aber nach der Auffassung des Philo und des Clemens in diesem Abschnitte ihre Stelle haben.

Was die Zubereitung der Speisen anlangt, so schärft die Schrift an drei Stellen ein, das **Fleisch eines Böckchens nicht in der Milch seiner Mutter zu kochen** (Ex. 23, 19; 34, 26; Deut. 14, 21). Es ist aber hier mit Änderung der Punktation חֵלֶב statt חָלָב zu lesen, so daß es nach diesem Gesetze verboten ist, das zarte Böckchen in dem Fette der Mutter zuzubereiten; um ein besonders wohlschmeckendes Gericht zu erhalten[1]). Die Bestimmung gehört also ihrer wirklichen Bedeutung nach unter die Speisegesetze. Während die späteren Juden diese Vorschrift, die sie, wie die masoretische Punktation zeigt, von der Milch der Mutter verstanden, dahin erweiterten, daß man überhaupt nicht Fleisch in Milch kochen und genießen dürfe[2]), so faßt auch Philo das Gesetz, wie es die Septuaginta bot, wörtlich auf und findet seinen Grund in der Roheit und Grausamkeit einer solchen Handlungsweise, die das, was die Nahrung des lebendigen Geschöpfes war, als Würze des getöteten benutzt und sich dessen, was die Ursache des Lebens ist, als Mittel zur Auflösung des Leibes bedient. Clemens schließt sich an Philo an.

De virt. 143 [M. II, 399]: „*οὐχ ἑψή-σεις ἄρνα ἐν γάλακτι μητρός". πάνυ γὰρ ἄτοπον ὑπέλαβεν εἶναι τὴν τροφὴν ζῶν-τος ἥδυσμα γενέσθαι καὶ παράρτυσιν ἀναιρεθέντος ... τὴν δὲ τῶν ἀνθρώπων ἀκρασίαν τοσοῦτον ἐπιβῆναι, ὡς τῷ τῆς ζωῆς αἰτίῳ καταχρήσασθαι καὶ πρὸς τὴν τοῦ ὑπολοίπου σώματος ἀνάλωσιν.*

Str. II, 18, 94 P. 478: „*ἀλλ' οὐδὲ ἑψήσεις ἄρνα ἐν γάλακτι μητρὸς αὐτοῦ". μὴ γὰρ γινέσθω ἡ τοῦ ζῶντος τροφὴ ἥδυσμα τοῦ ἀναιρεθέντος ζῴου, φησίν, μηδὲ τὸ τῆς ζωῆς αἴτιον συνεργὸν τῇ τοῦ σώματος καταλώσει γινέσθω.*

Weil als Opfer für Gott sich nur etwas Vollkommenes eignet, bestimmt das Gesetz, daß jedes **Opfertier** wenigstens acht Tage alt sein müsse, also sieben Tage bei seiner Mutter bleiben solle (Lev. 22, 27; Ex. 22, 30). Auch durften Rinder, Schafe und

---

[1]) Vgl. Hummelauer, Commentarius in Exodum 243f. (zu Ex. 23, 19).
[2]) Mechilta z. d. St. Vgl. Ritter, Philo und die Halacha 128. P. Scholz, Die hl. Altertümer des Volkes Israel (Regensburg 1868) II, 262.

Ziegen nicht an demselben Tage wie ihre Jungen dargebracht werden (Lev. 22, 28).

Philo, an welchen sich Clemens wörtlich anschließt, dehnt diese Bestimmungen auch auf den Genuß der Tiere aus, so daß ihr eigentlicher Inhalt als Vorschriften, welche die Darbringung von Opfern betreffen, gar nicht zur Geltung kommt. Als Zweck derselben gibt er an, daß der Gesetzgeber die Juden zur Barmherzigkeit und Nächstenliebe anleiten wollte, wobei er mit den Anordnungen über die Tiere den Anfang machte; denn wenn die Menschen schon gegen die Tiere mitleidig wären, so würden sie erst recht milde und nachsichtig gegen ihre Nebenmenschen sein. Die Vorschrift, das Junge der Mutter sieben Tage lang zu lassen, beruhe auf einem natürlichen Rechte, das die Mutter auf ihr Junges habe, und sei daher eine Verurteilung der heidnischen Sitte, die Kinder auszusetzen, die doch noch weniger von ihrer Mutter getrennt werden dürften, als das Junge eines Tieres [1]. Die gleiche Rücksichtnahme auf die natürliche Liebe des Muttertieres zu ihrem Jungen sei auch der Grund gewesen, daß Moses verbot, die Mutter und das junge Tier an demselben Tage zu töten, wie auch ein trächtiges Tier nicht geschlachtet werden dürfe, damit man nicht das Leben des Jungen zugleich vernichte. Manche heidnischen Gesetzgeber hätten dieses Mitleid, das Moses hier den Tieren erwiese, wenigstens den Menschen nicht versagt, indem sie die Todesstrafe an Frauen, die vor der Geburt ständen, nicht eher vollstrecken ließen, als sie dem Kinde das Leben gegeben hätten [2].

---

[1] Im antiken Staat galt die Mißgeburt, weil sie nur Schutz und Hilfe in Anspruch nahm, ohne etwas dafür zu leisten, als ein schädliches Glied. Weder die Person des Kindes noch das Gefühl der Eltern fand in ihm Berücksichtigung, da ihm das Individuum nur insofern in Betracht kam, als es fähig war, das Wohl des Staates zu fördern. Dieser Anschauung entsprach das Aussetzen und Töten der verstümmelten oder schwächlichen Kinder, das sogar zur Pflicht gemacht wird: Aristot. De re publ. IV, 16 Bekker: περὶ δὲ ἀποθέσεως καὶ τροφῆς τῶν γιγνομένων, ἔστω νόμος μηδὲν πεπηρωμένον τρέφειν. Seneca De ira I, 15, 2: Portentosos fetus exstinguimus, liberos quoque, si debiles monstrosique editi sunt, mergimus. Daß Philo hier nachdrücklich diese Handlungsweise als gegen das Naturrecht verstoßend verurteilt, läßt erkennen, daß sie auch in Egypten zu seiner Zeit häufig war.

[2] Das römische Gesetz bestimmte: Praegnantis mulieris consumendae damnatae poena differtur quoad pariat. Diese Vorschrift steht bei Philo, nicht aber bei Clemens an der richtigen Stelle.

§§ 126 ff. [M. II, 396]: κελεύει γὰρ
ἐν ταῖς ἡμέροις ἀγέλαις, κατά τε ποίμνας καὶ αἰπόλια καὶ βουκόλια, τῆς παραχρῆμα τῶν γεννωμένων ἀπολαύσεως
ἀπέχεσθαι, μήτε πρὸς ἐδωδὴν μήτε ἐπὶ
προφάσει θυσιῶν λαμβάνοντας ... τοῦτον
ἀναγνόντες τὸν νόμον, οἱ χρηστοὶ καὶ
περιμάχητοι γονεῖς, ἐγκαλύψασθε, οἱ ἐπὶ
τοῖς βρέφεσιν ἀεὶ φονῶντες, οἱ κακὴν
ἐφεδρεύοντες ἐφεδρείαν τοῖς ἀποκυομέ-
νοις εἰς ἔκθεσιν, οἱ τοῦ σύμπαντος ἀνθρώπων γένους ἄσπονδοι πολέμιοι ...
ἀπαγορεύων ἡμέρᾳ τῇ αὐτῇ συγκαταθύειν μητέρα καὶ ἔγγονον ... ἀλλ᾽ ὅ γε
νόμος ἔξω τῶν περιρραντηρίων ἐλαύνει
καὶ ὅσα τῶν ζώων κυοφορεῖ, μὴ ἐπιτρέπων ἄχρις ἂν ἀποτέκῃ σφαγιάζεσθαι, τὰ
κατὰ γαστρὸς ἐν ἴσῳ τοῖς ἀποκνηθεῖσιν
ἤδη λογισάμενος. ... ἐντεῦθέν μοι δο-
κοῦσιν ὁρμηθέντες ἔνιοι τῶν νομοθετῶν
τὸν ἐπὶ ταῖς κατακρίτοις γυναιξὶν εἰσηγή-
σασθαι νόμον, ὃς κελεύει τὰς ἐγκύους,
ἐὰν ἄξια θανάτου δράσωσιν, φυλάττεσθαι
μέχρις ἂν ἀποτέκωσιν, ἵνα μὴ ἀναιρου-
μένων συναπόληται τὰ κατὰ γαστρός.
ἀλλ᾽ οὗτοι μὲν ἐπ᾽ ἀνθρώπων ταῦτα
ἔγνωσαν· ὁ δὲ καὶ προσυπερβάλλων ἔτι
ἄχρι καὶ τῶν ἀλόγων ζώων τὸ ἐπιεικὲς
ἀπέτεινεν, ἵν᾽ ἐν τοῖς ἀνομοιογενέσιν ἀσκήσαντες πολλῇ τινι περιουσίᾳ, χρώμεθα
φιλανθρωπίας ἐν τοῖς ὁμογενέσι.

§ 92 f.: αὐτίκα τῶν γεννωμένων κατά
τε τὰς ποίμνας κατά τε τὰ αἰπόλια καὶ
βουκόλια τῆς παραχρῆμα ἀπολαύσεως,
μηδὲ ἐπὶ προφάσει θυσιῶν λαμβάνοντας,
ἀπέχεσθαι διηγόρευσεν, ἐκγόνων τε ἕνεκα
καὶ μητέρων, εἰς ἡμερότητα τὸν ἄνθρωπον κάτωθεν ἀπὸ τῶν ἀλόγων ζώων
ἀνατρέφων ... δυσωπείσθωσαν οὖν
Ἕλληνες καὶ εἴ τις ἕτερός ἐστι τοῦ νόμου
καταφρονῶν, εἰ ὁ μὲν καὶ ἐπ᾽ ἀλόγων
ζώων χρηστεύεται, οἱ δὲ καὶ τὰ τῶν
ἀνθρώπων ἐκτιθέασιν ἔκγονα ... πάλιν
αὖ ὁ χρηστὸς νόμος ἀπαγορεύει ἡμέρᾳ
τῇ αὐτῇ συγκαταθύειν ἔκγονον καὶ μητέρα. ἐντεῦθεν καὶ Ῥωμαῖοι, εἰ καί τις
ἔγκυος καταδικασθείη τὴν ἐπὶ θανάτῳ,
οὐ πρότερον ἐῶσιν ὑποσχεῖν τὴν τιμω-
ρίαν πρὶν ἢ ἐκτεκεῖν. ἄντικρυς γοῦν καὶ
ὅσα τῶν ζώων κυοφορεῖ, ὁ νόμος οὐκ
ἐπιτρέπει ἄχρις ἂν ἀποτέκῃ σφαγιάζεσθαι,
μακρόθεν ἐπισχὼν τὴν εὐχέρειαν τῶν εἰς
ἄνθρωπον ἀδικούντων. οὕτως ἄχρι καὶ
τῶν ἀλόγων ζώων τὸ ἐπιεικὲς ἀπέτεινεν,
ἵνα ἐν τοῖς ἀνομογενέσιν ἀσκήσαντες
πολλῇ τινι περιουσίᾳ φιλανθρωπίας ἐν
τοῖς ὁμογενέσι χρησώμεθα.

3. Lev. 19, 23. 24 wird vorgeschrieben, daß man die Baum-
früchte der ersten drei Jahre als unrein entferne, die des
vierten Jahres Gott opfere und erst die Früchte der folgenden
Jahre für sich verwende. Der Literalsinn dieses Gesetzes ist nach
Philo und Clemens eine Belehrung darüber, wie man das Gedeihen der Bäume am besten fördern kann. Die Früchte der
ersten drei Jahre sollen entfernt werden, weil sonst der Baum im
Wachstum zurückbleiben würde und die Früchte selbst, weil von
zu jungen Bäumen hervorgebracht, keinen Wert haben.

In allegorischer Erklärung deutet der christliche Exeget die
Seitenzweige und Fruchtansätze, die entfernt werden müssen, auf
die Sünden, die man nicht aufkommen lassen darf, bis der Sproß
des Glaubens erstarkt und vollendet ist. Ist das geschehen, so
werden die vier Kardinaltugenden Gott dargebracht, wie auch die

Erlösung zu stande kam, indem die zweite Person der Gottheit die menschliche Natur annahm und diese mit den drei göttlichen Personen die heilige Vierzahl bildete. Diese vier Kardinaltugenden sind symbolisch die Früchte des vierten Jahres, die geopfert werden müssen.

§ 156 ff.: κελεύει γὰρ τὰ νεόφυτα τῶν δένδρων ἐπὶ τριετίαν ἑξῆς τιθηνεῖσθαι τάς τε περιττὰς ἐπιφύσεις ἀποτέμνοντας, ὑπὲρ τοῦ μὴ βαρυνόμενα πιέζεσθαι καὶ ὑπὲρ τοῦ μὴ κατακερματιζομένης τῆς τροφῆς δι᾽ ἔνδειαν ἐξασθενεῖν, γυροῦν τε καὶ περισκάπτειν, ἵνα μηδὲν τῶν ἐπὶ ζημίᾳ παραβλαστάνῃ τὴν αὔξησιν κωλύον· τόν τε καρπὸν οὐκ ἐᾷ δρέπεσθαι κατὰ μετουσίαν ἀπολαύσεως ... ἐπειδὴ ἀτελὴς ἐξ ἀτελῶν ἔμελλεν ἔσεσθαι ... μετὰ δὲ τριετίαν ... τετράδι δὲ κελεύει ὅλον αὐτὸν (τὸν καρπὸν) καθιεροῦν ἀπαρχὴν τῷ θεῷ.

§ 95. 96: καὶ μὴν καὶ γεωργικοὶ παρὰ τοῦ νόμου καὶ ταῦτα ὠφέληνται· κελεύει γὰρ τὰ νεόφυτα τῶν δένδρων ἐπὶ τριετίαν ἑξῆς τιθηνεῖσθαι τάς τε περιττὰς ἐπιφύσεις ἀποτέμνοντας, ὑπὲρ τοῦ μὴ βαρυνόμενα πιέζεσθαι καὶ ὑπὲρ τοῦ μὴ κατακερματιζομένης τῆς τροφῆς δι᾽ ἔνδειαν ἐξασθενεῖν, γυροῦν τε καὶ περισκάπτειν, ὡς μηδὲν παραβλαστάνον κωλύῃ τὴν αὔξησιν. τόν τε καρπὸν οὐκ ἐᾷ δρέπεσθαι ἀτελῆ ἐξ ἀτελῶν, ἀλλὰ μετὰ τριετίαν ἔτει τετάρτῳ καθιερώσοντα τὴν ἀπαρχὴν τῷ θεῷ μετὰ τὸ τελεωθῆναι τὸ δένδρον. εἴη δ᾽ ἂν οὗτος ὁ τῆς γεωργίας τύπος διδασκαλίας τρόπος, διδάσκων δεῖν τὰς παραφύσεις τῶν ἁμαρτιῶν ἐπικόπτειν καὶ τὰς συναναθαλλούσας ... ματαίας τῆς ἐννοίας πόας, ἔστ᾽ ἂν τελεωθῇ καὶ βέβαιον γένηται τὸ ἔρνος τῆς πίστεως. τῷ γὰρ τετάρτῳ ἔτει ... ἡ τετρὰς τῶν ἀρετῶν καθιεροῦται τῷ θεῷ, τῆς τρίτης ἤδη μονῆς συναπτούσης ἐπὶ τὴν τοῦ κυρίου τετάρτην ὑπόστασιν.

Schluß.

Wenn wir nun den Einfluß überblicken, welchen Philo auf die Auslegung der hier behandelten kirchlichen Schriftsteller ausgeübt hat, so erscheint uns Barnabas als der verhältnismäßig selbständigste Schüler des jüdischen Exegeten. In der Leugnung des Wortsinnes der Bibel übertraf er weit seinen Lehrer, ja er widersprach ihm, indem er auch bei den meisten mosaischen Gesetzen den Literalsinn in Abrede stellte. Den typischen Sinn der Schrift dehnte er unter der Einwirkung der philonischen Allegoristik maßlos aus.

Justin war weit zurückhaltender als der apostolische Vater. Daß er aus Philo nicht mehr Erklärungen entlehnte, sondern hauptsächlich nur in der Methode sich abhängig erwies, hatte seinen Grund darin, daß er von apologetischen Interessen sich leiten ließ, wobei ihm die mehr spekulativen Erörterungen des jüdischen Exegeten wenig nutzen konnten. Zudem kamen für ihn hauptsächlich die Propheten in Betracht, da er im Dialoge die Messianität Jesu Christi nachweisen wollte, während Philo sich auf die Auslegung des Pentateuchs beschränkte.

Clemens überließ sich völlig der Führung des jüdischen Lehrers. In der Auslegung des Alten Testaments verzichtete er, wie wir sehen, fast ganz auf selbständige Exegese und begnügte sich, die Deutungen Philos abzuschreiben, und zwar meist wörtlich, so daß bei der textkritischen Bearbeitung des einen Schriftstellers der andere zu Rate gezogen werden muß[1]). In jenen Erklärungen, auf die er als sein Eigentum Anspruch machen kann, erweist er sich wenigstens methodisch von Philo abhängig. Die allegorischen Auslegungen neutestamentlicher Stellen sowie die wenigen — meist typologischen — Deutungen von Stellen des Alten Testaments zeigen indessen, daß der Kirchenschriftsteller, was die Exegese anlangt, doch nicht ein bloßer Plagiator war, sondern daß er von Philo auch gelernt hatte, die hermeneutischen Regeln seiner Schriftauslegung anzuwenden, und daß die Methode der Allegorie ihm in Fleisch und Blut übergangen war.

So sehr aber die allegorische Schriftauslegung in den Zeitverhältnissen begründet war, so sehr sie als hohe Weisheit galt, so mußte ein Verfahren, welches dem subjektiven Urteil des einzelnen es überließ, den Wortsinn einer Stelle der Schrift anzuerkennen oder abzulehnen, doch bald Widerspruch erfahren. Erreichte die allegorische Exegese auf kirchlicher Seite in Origenes ihren Höhepunkt, so zeigt auch des Pamphylus „Apologie für Origenes", daß man diesen größten Vertreter der alexandrinischen Schule bereits anklagte, er leugne die ganze heilige Geschichte hinweg und untergrabe selbst den Glauben an die Tatsachen des Lebens Jesu (M. XVII, 585 ff.). Tatsächlich öffnete die allegorische Methode der Schriftauslegung der Willkür Tür und Tor. Mochte das philonische System noch so durchdacht sein, mochte diese Exegese, von Geist und Gelehrsamkeit getragen, auch viele schöne und erhabene Wahrheiten zu Tage fördern, so trug die Allegorie doch den Keim des Verfalls in sich. Sie artete notwendig in reine Spielerei aus, führte zu den gefährlichsten Verirrungen und mußte zuletzt an der Macht der schlichten Tatsachen, wie sie von der hl. Schrift erzählt werden, zu Grunde gehen.

---

[1]) Vgl. z. B. Wendland, Philo und Clemens Alexandrinus, im Hermes XXXI (1896), 435—456.

Stellenregister.

Genesis.	Seite	Genesis.	Seite	Genesis.	Seite
1,1	147.	4,9	71.	18,2	133. 145.
1,1 ff.	151 ff.	4,10	177.	18,6	88. 89.
1,5	152.	4,12	178.	18,8	53. 71. 82.
1,6	153.	4,15	178.	18,12	197.
1,24	67.	4,16	70. 177.	18,22. 23	193.
1,26	115. 118. 164.	4,17	73. 178.	18,25	116.
1,26. 27	83. 84. 85.	4,25	85.	19,20	90.
1,27	159 ff.	5,5	115.	19,23. 24	149.
1,28	76.	5,18	178.	19,24	82. 115.
2	169 ff.	5,24	178.	19,26	199.
2,2	84. 114. 158.	6,2	65. 179.	19,31 ff.	200.
2,4	114. 148. 155.	6,7	70.	20,7	113.
2,7	118. 159 ff.	6,15	183.	21,8	99.
2,8	70.	9,21	88. 184.	22,3. 4	195.
2,8 ff.	27.	11,6	73.	22,6	202.
2,9	103.	12 ff.	185 ff.	22,17	97. 196.
2,11	47.	12,1	167.	23,4	169.
2,15	39.	12,2	87. 193.	23,6	87.
2,17	73. 115.	12,19	197.	24,16	111. 203.
2,18	67.	14,14	48. 107. 189.	24,16. 20	47.
2,19	67. 173.	14, 18—20	198.	26,8	201.
2,21	72. 162.	15,5	81.	27,27	102.
2,23	86.	15,9 ff.	160.	28,10. 11	120.
2,25	165.	15,10	142.	28, 11	113.
3,9	71. 78. 91.	15,11	87.	28,11 ff.	144.
3,10	73.	15,12	113.	28,12	78.
3,12	86.	15,15	47.	30,37	100.
3,18	89.	16,1	187 ff.	31,13	85. 143.
3,21	94.	16,6	190.	31,20	81.
3,22	115. 169 ff.	16,13	143.	32,10	80. 100.
3,24	78. 141.	17,1	144.	32,24 ff.	82.
4,1	86.	17,5	192.	32,24. 25	121.
4,1. 2. 25	174.	17,16	78. 84.	32,28	144.
4,8	91.	17,23. 27	107.	32,30	104.
4,8. 10	73. 77.	18,1. 6	194.	37 ff.	205 ff.
				37,14	80.

Stellenregister.

Genesis.

	Seite
37,23 ff.	207.
38,7	82.
38,14 ff.	210.
39,7 ff.	209.
39,11	82.
47,4	83.
48,14	102.
49,11	64. 84. 98.
49,17	83.
49,19	119.

Exodus.

2	212 ff.
3,1	217.
3,2	144.
3,14	128.
4,10	56.
7,7	213 f.
10,23	149.
12,3	250.
12,7	98.
12,36	220.
12,40	213.
13,13	88.
13,18	222.
13,21	222.
15,1	83. 223.
16,33—36	255.
17,6	223.
17,8 ff.	102.
19,15	225.
20,2 ff.	273.
20,4	87. 244. 275.
20,8	75.
20,12	77. 275.
20,14	276.
20,21	224.
21,2	283.
21,33. 34	280.
22,21	284.
22,25	281.
22,30	288.
23,2	279.
23,4. 5	284.
23,9	284.
23,10	251.
23,19	288.

Exodus.

	Seite
24,10	120.
24,18	224. 225.
25,10—22	242 ff.
25,18	78.
25,23—28	248.
25,31—39	246.
26	240 ff.
28	236.
28,15. 26	237.
28,32	239.
30,1—6	245.
30,7	232.
30,34	255.
31,8	71.
31,18	71. 272.
32,16	272.
32,19	273.
33,1	78.
33,1. 3	114.
33,13	224.
34,4	273.
34,26	288.

Leviticus.

1,6	254.
1,9	47. 83.
3,17	260.
5,7	254.
6,20	255.
7,23. 25	260.
9,14	47. 83.
11,2.3	261.
11,4—8	261.
11,5. 6	266.
11,7	264.
11,9. 10	269.
11,13—19	267.
11,29	267.
13	258
14,10	258.
16,7. 8	253.
16,7—10	100.
16,23	232.
19,9. 10	283.
19,13	282.
19,23. 24	90. 290.
19,33. 34	284.

Leviticus.

	Seite
21,1 ff.	230.
22,27	288.
22,28	289.
25,2—7	251.
25,8—55	251.
25,10	184.
25,39. 40	283.
26,41	270.
27,30. 32	231.

Numeri.

6,9. 12	271.
13,17	37. 102.
13,24	99.
18,21	231.
19,1 ff.	101.
19,11 ff.	257.
19,11. 12	230.
21,7	25.
21,8. 9	87. 102.
22,22	144.
23,19	55.
25,1 ff.	225.
25,7. 8	209.
29,11	100.
31,16	225.
35,6	133.

Deuteronomium.

1,31	55.
4,12	225.
4,16	244.
8,3	113.
8,4	62.
8,5	55.
10,16	59. 270.
13,4	164. 170.
14,6	261.
14,7	266.
14,7. 8	261.
14,8	264.
14,10	269.
14,12—18	267.
14,21	288.
15,12	283.
17,15. 16	74.
20,5—7	74. 285.

Deuteronomium.

	Seite
20,10	285.
20,19	286.
21,10—14	286.
21,18—21	275.
22,1—3	282.
22,5	276.
22,10	287.
23,1. 2	271.
23,7	284.
23,19	281.
24,10. 11	282.
24,19—21	283.
25,4	35. 286.
25,13—15	280.
27,15	87.
29,5	62.
30,6	270.
30,15. 19	174.
32,13	99.
33,17	76.
34	225.

I. Kg. 3	219.
III. Kg. 19	219.
IV. Kg. 6,1—7	41.
Job 1,21	81. 115.
Job 42, 6	115.

Psalmen.

1,1	265. 268. 269.
5,7	93.
17,12. 13	66.
21,3	48.
21,14	79.
23,6	104.
26,1	113.
71	62.
77,2	35.
79,9—15	15.
81,7	48.
89,4	114. 115.
109	62.
109,2	98.
109,4	199.
113,24	154.
127,3	115.

Sprichwörter.

	Seite
1,8	276.
1,17	96.
5,3	34.
8,21	107.
8,21—25	115.
8,22	275.
14,3	98.
31,1 (LXX 24,69)	276.

Buch der Weisheit.

2,24	172.
7,26	161.
10,1—11,4	146.
10,17	222.
14,7	25.
16,6	25.
16,25—29	25.
17,21	25.
18,24	25. 235.

Jesaja.

1,2	116.
1,20	76.
8,4	110.
9,6	62.
11,1. 2	247.
11,7	95
28,16	75.
32,20	287.
42,6	98.
42,8	118.
43,15	77.
49,6	98.
53,2	84. 119.
57,2	91.
61,2	41.
65,2	62. 119.
65,22	115.

Jer. 2,13	97.
4,4	270.
22,29. 30	116.

Ez. 11,19	114.
15	15.
16,3	35.
17,1—21	15.

	Seite
Dan. 7,2	96.
7,13	86.
Mich. 4,4	115.
Zach. 2,10—3,2	44.
9,9	64. 82.

Matthäus.

1,1—17	102.
3,7	95.
3,9	97.
5,5	40.
5,9	79.
5,10	92.
7,15	95.
8,20	95. 96.
12,39	15.
14,15—21	116. 122.
15,11—20	257.
17,1—5	105.
18,3	115.
18,20	79.
21,1—7	64.
25,1 ff.	100.
25,35. 40	72.
26,64	101.

Marcus.

6,35—44	116. 122.
9,2—7	105.
14,62	136.

Lucas.

1,35	121. 140.
3,7	95.
3,8	97.
4,19	41. 184.
9,12—17	116. 122.
9,28—35	105.
9,58	95. 96.
14,26	77.
18,20	274.
20,35	250.
24,27. 45	52.

Johannes.

1,9	99. 225.
1,17	85. 86.
1,18	131.
3,14	15. 25.

Johannes.			Seite				Seite
	Seite	I. Kor. 10,4	35.	Hebr.	4,14		231.
5,19	134. 239.	10,11	35.		7,1. 2		198.
6,5—15	116. 122.	II. Kor. 6,12	94.	Jud.	9		227.
6,9	104.	11,2	94.	I. Joh.	1,6		103.
10,8	31.	Gal. 4,22 ff.	35.		1,7		98.
14,9	104.	5,24	86.		3,9		98.
Röm. 5,14	15.	Eph. 5,2	232.		4,16		136.
I. Kor. 1,20	34. 92.	Kol. 1,15	239.	Ape.	1,7		101.
3,2	85. 100.	2,8	34.		5,6		247.
3,16	98.	2,16. 17	35. 92.		13,18		107.
5,8	251.	I. Thess. 2,7	89.		17,15		96.
9,9	35.	II. Tim. 3,15	50.		20,4—6		115